权威·前沿·原创

皮书系列为
"十二五""十三五""十四五"时期国家重点出版物出版专项规划项目

BLUE BOOK

智库成果出版与传播平台

祝贺《中国传媒产业发展报告》连续出版20年

传媒蓝皮书
BLUE BOOK OF CHINA'S MEDIA

中国传媒产业发展报告
（2024）

REPORT ON DEVELOPMENT OF
CHINA'S MEDIA INDUSTRY (2024)

主　编／崔保国　赵　梅　丁　迈
执行主编／杭　敏

社会科学文献出版社
SOCIAL SCIENCES ACADEMIC PRESS (CHINA)

图书在版编目（CIP）数据

中国传媒产业发展报告 . 2024 ∕ 崔保国，赵梅，丁迈主编；杭敏执行主编 . --北京：社会科学文献出版社，2024. 9. --（传媒蓝皮书）. --ISBN 978-7-5228-4036-9

Ⅰ. G219. 2

中国国家版本馆 CIP 数据核字第 20240PP174 号

传媒蓝皮书

中国传媒产业发展报告（2024）

主　　编 ∕ 崔保国　赵　梅　丁　迈
执行主编 ∕ 杭　敏

出 版 人 ∕ 冀祥德
责任编辑 ∕ 韩莹莹
文稿编辑 ∕ 孙玉铖　张　爽　李惠惠　白　银
责任印制 ∕ 王京美

出　　版 ∕ 社会科学文献出版社·人文分社（010）59367215
　　　　　 地址：北京市北三环中路甲 29 号院华龙大厦　邮编：100029
　　　　　 网址：www. ssap. com. cn
发　　行 ∕ 社会科学文献出版社（010）59367028
印　　装 ∕ 三河市东方印刷有限公司

规　　格 ∕ 开本：787mm×1092mm　1/16
　　　　　 印张：29　字数：479 千字
版　　次 ∕ 2024 年 9 月第 1 版　2024 年 9 月第 1 次印刷
书　　号 ∕ ISBN 978-7-5228-4036-9
定　　价 ∕ 138. 00 元

读者服务电话：4008918866

本书为 CSSCI 来源集刊

This Blue Book is authenticated as a source
periodical of CSSCI

传媒蓝皮书出品方

清华大学传媒经济与管理研究中心
央视市场研究股份有限公司
中国广视索福瑞媒介研究有限责任公司
清华—日经传媒研究所
中国新闻史学会传媒经济与管理研究委员会
清华大学文化创意发展研究院
清华大学经济传播研究中心
中国新闻出版研究院《传媒》杂志社

传媒蓝皮书课题组

组　长　崔保国　赵　梅　丁　迈

副组长　杭　敏　姜　涛　段春卉　郑维东　陈媛媛

成　员　（以姓氏拼音为序）

陈国权　邓小院　关博韬　林　杨　刘金河
邵　鹏　孙　平　徐　佳　杨　乐　虞　涵
周　逵

传媒蓝皮书编委会

主要编撰者简介

崔保国　清华大学新闻与传播学院教授、博士研究生导师，清华大学文化创意发展研究院副院长，清华大学传媒经济与管理研究中心主任，海南大学国际传播与艺术学院特聘教授，中国新闻史学会传媒经济与管理研究委员会副会长。从 2004 年开始一直担任"传媒蓝皮书"主编。主要从事传播学理论、传媒经济与管理、互联网治理等方面的研究。近年来，作为首席专家承担了国家社科基金重大项目"下一代互联网与国际传播新秩序研究"、教育部重大项目"构建全球化互联网治理体系研究"等。

赵　梅　央视市场研究（CTR）董事长，媒体经营管理和营销传播领域资深专家。对市场研究行业的转型发展和业务创新，以及数据分析和洞察有独到的理解和丰富的经验。同时，在媒体融合发展、企业营销传播、消费者洞察等领域拥有超过 20 年的研究实践，担任多家知名媒体和企业的经营管理资深顾问，是中国市场研究第三方监测领域的奠基人之一，率先创立了中国媒体广告监测与评估标准，并将国外先进监测技术引入中国市场，还参与并推动了市场研究行业多项国标的建立工作。

丁　迈　中国广视索福瑞媒介研究（CSM）董事、总经理。中国传媒大学传播学专业博士。具有 20 余年市场研究行业的实践经验、丰富的社会调研和跨行业客户服务的经历，多篇论文和多部专著屡获省部级和行业大奖。在应用统计学、定性定量研究方法、数据处理与分析技术、测量体系以及传媒市场研究等领域具有高端专业知识。加入 CSM 前为中国传媒大学教授、博士研究生导师。现全面负责 CSM 的经营和管理工作，主导构建融合媒体数据云平台

"V+Scope"，研发省级电视台融合传播指数、全国短视频用户价值报告等重量级新产品，推进全媒体视听同源测量项目实施落地。

　　杭　敏　清华大学新闻与传播学院副院长、教授、博士研究生导师，清华大学经济传播研究中心主任，全球财经新闻项目主任。获得瑞典延雪平大学工商管理与经济学博士，曾先后在美国哥伦比亚大学商学院和瑞典隆德大学商学院工作。主要研究领域为传媒经济管理、财经新闻与经济传播。出版著作有 *Media Corporate Entrepreneurship: Theories and Cases*、《国际财经媒体发展研究》、《全球网播：新媒介商业运营模式》等。

为传媒发展刻下时代的年轮

——《中国传媒产业发展报告》连续出版 20 年纪念

  《中国传媒产业发展报告》在 2024 年正好连续出版 20 年，而且自 2012 年起就被认证为 CSSCI 来源集刊，这是一件颇有成就感的事，是该报告发展过程中具有里程碑意义的事件，这主要靠"传媒蓝皮书"专家团队的持续付出和坚持努力。20 年风雨兼程，20 年筚路蓝缕，20 年探索创新，我们既要向那些陪伴"传媒蓝皮书"一路走来的专家学者，如编委会主任柳斌杰教授、喻国明教授、尹鸿教授、黄升民教授、熊澄宇教授、唐绪军教授、胡正荣教授等致以崇高的敬意，也要向后来加入"传媒蓝皮书"并给予巨大支持的 CTR、CSM 的领导徐立军、王兰柱、赵梅、丁迈、郑维东等致以衷心的感谢，还要感谢社会科学文献出版社的领导及宋月华、范迎、韩莹莹等编辑老师们一如既往的支持，更要感谢清华大学新闻与传播学院"传媒蓝皮书"团队的同事们，如杭敏教授、史安斌教授、胡钰教授、周庆安教授、张莉教授、张铮教授等，陈永、姚林等业内专家，团队成员陈媛媛、林杨、徐佳、周逵、孙平、何丹嵋等的一路陪伴和支持。

  "传媒蓝皮书"诞生于 20 年前风起云涌的传媒产业化的改革浪潮中，那是文化产业和传媒产业大发展、大繁荣开始的时代，那时的传媒产业和媒介形态还是以传统媒体为中心，互联网产业才刚刚起步，20 年后的今天，媒介形态和媒体业态已经发生了翻天覆地的变化。传媒产业的规模与结构、媒体的类别与属性已全然不同于 20 年前，这期间课题组虽然对传媒产业的分类和统计方法做过几次调整，但为保持统计和数据的连续性与可比性，一直保持在十几个细分行业的范围内做统计与分析，没有进行很大的调整。现在，已经到了需要重新认识传媒产业，并不得不对产业结构和产业分类做重大调整的时候了。

"传媒蓝皮书"要"为传媒发展刻下时代的年轮",这是本书编委会主任柳斌杰教授所说的一句话,这也正是"传媒蓝皮书"的定位和使命。今天,传媒的发展日新月异,有关媒体的各种概念、各种分类方法纷纷涌现,如主流媒体、传统媒体、数字媒体、市场媒体、资本媒体、平台媒体、电商媒体、微博、播客、自媒体、长视频、中视频、短视频等,人工智能、5G、6G 技术的发展给传媒产业带来巨大的乘积效应,媒体分类和统计测算方法都需要我们重新梳理和思考。

社交媒体平台的全球发展已经促成了全球传播"巨无霸"的诞生,全球的传播秩序也随着国际秩序的演变和互联网科技、产业的发展发生根本性的变化。数字时代的国家主权意识在广泛觉醒,人工智能带来的治理难题需要世界各国协作解决和共同面对。

我们要用全球视野考虑 80 亿人的事情,更要探索中国特色的现代传媒产业发展道路。我们将在前 20 年积累的基础上,与学界业界的同人一起开始新的探索和创新。

传媒蓝皮书课题组

2024 年 8 月

摘　要

《中国传媒产业发展报告》自 2004 年开始每年出版，是由清华大学传媒经济与管理研究中心联合 CTR、CSM 以及国内外著名学者专家共同参与的协同创新项目。《中国传媒产业发展报告》自 2012 年起被认证为 CSSCI 来源集刊，已成为研究和分析中国传媒产业以及了解全球传媒产业的权威专业工具书。

《中国传媒产业发展报告（2024）》持续观察传媒生态各个领域的发展，从内容生产、场景开发、经营创新、科技应用、资本运营等多角度对 2023 年中国传媒细分领域相关发展状况进行系统梳理，对新技术变革影响下的发展趋势进行分析与预测。另外，本书对全球主要区域和代表性国家的传媒产业发展状况有专门论述并进行综合对比研究。

2023 年，受线下消费的复苏、企业经营的降本增效和科技新概念的影响，传媒产业经营环境逐渐恢复正常，修复与增长成为主旋律，传媒产业总规模增速回归正增长。二次元游戏的竞争、直播电商的崛起、短剧赛道的火爆等现象的出现，表明在传媒领域，拓展新的玩法赛道或者弥补已有潜力赛道，是传媒企业在存量竞争中突围的关键。资本市场中，传媒行业指数走势与科技行业指数走势趋同，折射出传媒产业发展的新质生产力导向。从趋势看，创新性解决方案的构建以及与大模型技术共生的新逻辑体系是传媒产业发展要抓住的技术机遇。

本书对传媒产业生态和未来发展趋势所做的分析，对政府主管部门、业界、学界及传媒管理机构具有多方面的参考意义，对国家信息传播体制的设计规划、传媒政策的制定、媒体组织的发展等产生重要影响。对于从事新闻传播研究和传媒经济研究的专业人员来说，本书也是一本实证性的基础书。

关键词： 传媒生态　传媒产业　生成式人工智能　数字平台

目 录 ⤵

Ⅳ 传媒资本市场与创新篇

Ⅴ　全球传媒发展篇

皮书数据库阅读**使用指南**

总 报 告

B.1

2023~2024年中国传媒产业发展报告

崔保国　虞涵　关博韬*

摘　要： 　2023年的中国传媒产业发展状况较2022年有了很大的好转，产业规模恢复增长，总产值达到31518.23亿元，同比上升8.38%，首次突破3万亿元。人工智能技术创新重塑媒介形态与传媒业态，成为推动传媒生态发展的核心动力。中国传媒产业呈现数字技术大范围研发与应用、媒体积极布局AIGC赛道、受众主体性凸显、细分行业数智化发展的明显特征。发展传媒新质生产力、加强人工智能与数据治理、创新国际传播模式将成为未来传媒产业发展的重点。

关键词： 　传媒生态　传媒产业　人工智能　数字平台

---

* 崔保国，清华大学新闻与传播学院教授、博士研究生导师，海南大学国际传播与艺术学院特聘教授；虞涵，清华大学新闻与传播学院博士研究生；关博韬，清华大学新闻与传播学院博士研究生。

一 2023年中国传媒产业发展概况

2023年，中国国民经济持续恢复向好，国内生产总值超126万亿元，同比增长5.2%；全国规模以上文化及相关产业企业营业收入12.95亿元，同比增长8.2%。尽管国际局势仍然复杂多变，各种挑战与竞争依旧存在，但2023年中国传媒产业勠力同心，止跌回升，迎来全新的发展。

（一）中国传媒产业总规模

据"传媒蓝皮书"课题组统计，2023年中国传媒产业总产值为31518.23亿元，首次突破3万亿元，同比上升8.38%（见图1）。

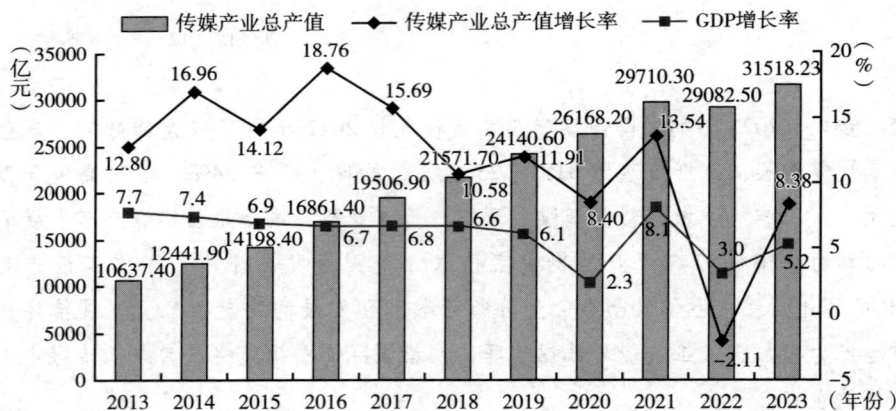

图1 2013～2023年中国传媒产业总产值与增长率

资料来源："传媒蓝皮书"课题组整理。

在媒体业态层面，2023年中国传媒产业主要细分行业实现一定的恢复与发展，且多个细分行业的收入达到3年来最佳水平（见图2）。数字技术的发展深刻改变了报刊、广电等传统媒体的经营结构。报刊行业收入正在逐步从传统的发行收入、版面广告收入向发行收入、版面与数字广告收入、多元化经营收入等多重收入结构转变。据此，2024年起，课题组将"报刊行业收入"调整为"报刊经营收入"。2023 年,互联网营销收入为 6750 亿元,同比增长 9.76%,稳居传媒产业大盘核心位置。互联网广告收入为 5732 亿元,同比增长 12.66%,扭转了 2022 年的下跌趋势,但互联网广告市场规模仍处在缓慢增长的结构性调整周期中①。与此同时,中国移动互联网已进入深度存量时代,加之用户线下消费潜力充分释放,2023 年移动数据与互联网业务收入稍有下降。

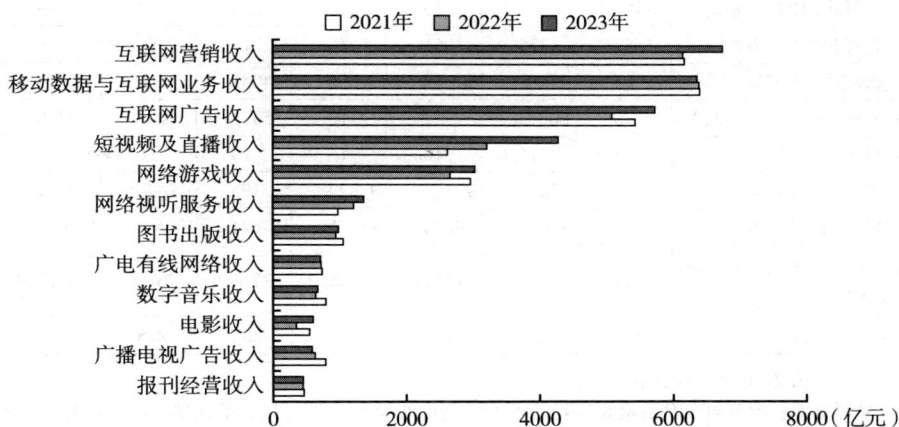

图 2 2021~2023 年中国传媒产业主要细分行业的收入

资料来源:"传媒蓝皮书"课题组整理。

从媒介形态来看,相较于传统媒介形态,数字媒介发展态势强劲,手机用户数量、移动互联网接入流量等数据整体保持上升状态;广播、电视播出时间波动较小,用户已显著向在线音频、在线视频迁移;受线下观影需求增多的影响,电影院数量、营业电影银幕数量稍有增加,但增速趋缓,市场处于基本饱和状态;传统纸媒站在数字化转型的岔路口,报纸、期刊等出版总印数均处于下降状态(见表 1)。但报刊行业多元化经营新领域业务的发展有效减少了报纸、期刊的发行、广告收入流失。

---

① 中关村互动营销实验室:《2023 中国互联网广告数据报告》,2024 年 1 月。

表1　2017～2023年中国传媒产业各媒介形态发展情况

项目	2017年	2018年	2019年	2020年	2021年	2022年	2023年
报纸种类（种）	1884	1871	1851	1810	1752	1709	—
期刊种类（种）	10130	10139	10171	10192	10185	10139	—
报纸出版总印数（亿份）	362.50	337.30	317.60	289.14	276.00	266.00	258.00
期刊出版总印数（亿册）	24.92	22.90	21.90	20.35	20.00	20.00	18.00
图书出版总印数（亿册）	92.40	100.10	105.78	103.73	110.00	114.00	102.56
广播播出时间（万小时）	1491	1526	1553	1580	1589	1602.15	—
电视播出时间（万小时）	1881	1925	1951	1988	2014	2003.64	—
电影院数量（家）	9504	10463	11309	11856	14201	12568	12725
营业电影银幕数量（块）	50776	60079	69787	72710	75377	76486	86310
手机用户数量（亿户）	14.17	15.66	16.01	15.94	16.43	16.83	17.27
网民总人数（万人）	77198	82851	90359*	98899	103195	106744	109225
手机上网人数（万人）	75265	81698	89690*	98576	102874	106510	109072
移动互联网接入流量（亿GB）	245.9	711.1	1220.0	1656.0	2216.0	2618.0	3015.0
App数量（万款）	403	452	367	345	252	258	261

注：＊为2020年3月数据。

资料来源：课题组根据国家统计局、国家广播电视总局、工业和信息化部、CNNIC公开数据整理。

（二）中国传媒产业细分行业状况

中国传媒产业包含很多细分行业，但主流的行业还是比较集中的。本报告对构成传媒产业的主要十二大细分行业进行统计分析。

1. 互联网广告

根据《2023中国互联网广告数据报告》，2023年中国互联网广告市场规模达5732亿元，呈增长态势[1]。从互联网广告格局来看，电商广告与展示类广告为最主要的两种形式。而得益于短视频与直播带货的崛起，视频广告保持高速增长态势，2023年视频与短视频平台的广告收入合计1433.08亿元[2]，几

---

[1]　中关村互动营销实验室：《2023中国互联网广告数据报告》，2024年1月。

[2]　中关村互动营销实验室：《2023中国互联网广告数据报告》，2024年1月。

近达到电商广告、展示类广告收入。从广告市场集中度来看，行业排名前四的巨头公司（字节跳动、阿里巴巴、腾讯、百度）的市场份额达到75.54%。

2023年，字节跳动全球营收达到1200亿美元，同比增长约40%[1]。其短视频、直播带货等模式正在重塑广告变现与商业模式，2023年国内互联网广告收入达1448亿元，一举实现对阿里巴巴的反超[2]。腾讯财报显示，其全年营收累计6090.15亿元，同比增长10%，广告收入达到1014.82亿元，腾讯广告收入首次突破千亿元，其视频号带货技术服务、微信生态的强商业价值、云服务收入、金融科技服务收入等是主要动力。阿里巴巴2023年营收为9275亿元，同比增长7.28%。但是，因受众消费习惯改变以及行业竞争加剧，阿里巴巴的广告收入增速已连续六年呈现下滑趋势，实现高增长相对有难度。

2. 互联网营销

互联网营销是广告主的战略核心。2023年，互联网营销市场规模达到6750亿元[3]。70%的广告主加大了在移动互联网上的广告投入，数字媒体占广告主预算的六成[4]。随着数字经济的崛起与数字技术的广泛应用，互联网营销形式日趋多样，形成包括社交媒体营销、视频营销、内容营销、直播营销等形式在内的全渠道营销生态，元宇宙、增强现实（AR）/虚拟现实（VR）、算法、生成式人工智能（AIGC）等都为互联网营销的重要手段。互联网营销也日趋精细化。数字技术精细刻画了用户画像和应用场景，传媒企业得以利用机器深度学习，分析市场趋势、识别潜在用户、预测用户购买行为，实现传媒产品与用户的高效匹配。

从渠道与业务模式角度分析，电商、社交媒体、短视频为互联网营销主要渠道，且三者呈现深度融合的趋势。第一，内容与产品边界模糊，内容产品化与产品内容化相结合。例如，"小红书"等社交平台利用内容种草将品牌植入用户社交，满足用户多重需求。第二，"兴趣"为数字营销的有效抓手。基于兴趣圈层化趋势，以"圈层"为路径开发IP产品或IP联名能够准确定位消费

---

① 《消息称字节跳动2023年全球营收1200亿美元，TikTok在美营收160亿美元》，IT之家网站，2024年3月17日，https：//m.ithome.com/html/756189.htm。
② 中关村互动营销实验室：《2023中国互联网广告数据报告》，2024年1月。
③ 中关村互动营销实验室：《2023中国互联网广告数据报告》，2024年1月。
④ 中国商务广告协会数字营销专业委员会：《2023年中国数字营销年度报告》，2023年11月。

者，如以品牌与国潮、二次元等兴趣圈层为基底的达人合作，在与粉丝的情感联结中激发购买潜力。第三，人工智能（AI）应用于互联网营销成为新常态，推动数字营销实现个性化、场景化与情感化。生成式人工智能赋能内容生产全流程；VR技术让虚拟与现实相连接，打造电商服务新场景；虚拟主播、虚拟偶像、虚拟客服等形式帮助企业降本增效，实现提供24小时在线的消费服务等。

3. 移动数据与互联网业务

手机（移动智能终端）成为大众最主要使用的媒介，移动数据流量成为衡量媒介使用情况的重要指标。2023年，中国移动数据与互联网业务收入6368亿元，比上一年下降0.9%；新兴业务则迎来快速发展，其中，云计算、大数据业务收入均比上一年增长37.5%[1]。

智能终端是承载移动数据流量的主要媒介，流量的动态能够反映互联网内容创作趋势与用户的App使用习惯。由于5G带动新用户的效应逐渐减弱，中国移动互联网已进入深度存量时代。从具体数据来看，2023年移动独立设备数为13.93亿台，几乎未实现增长；移动互联网人均单日使用时长为271.7分钟，较上一年呈现0.4%的负增长。垂直内容领域方面，生活、社交、汽车和美食等内容的流量增长较为明显。App使用情况呈现此消彼长的局面，新闻资讯和浏览器的流量在2023年呈现较为明显的负增长；短视频应用的流量在2020~2023年均增长明显；资讯类、社交类和娱乐类应用的流量增长受到短视频应用的挤占效应影响[2]。技术发展方面，6G（卫星互联网）已经开始进行初步的布局，有望在2030年左右实现全面的商业化落地，也将给传媒产业发展带来想象空间。

4. 网络视听服务

2023年，网络视听继续蓬勃发展，稳居第一大互联网应用的地位。截至2023年底，网络视听用户规模达到10.74亿人，较2022年新增0.34亿人[3]；互联网视频年度付费用户7.32亿户，音频年度付费用户1.82亿户[4]；持证及

---

① 工业和信息化部：《2023年通信业统计公报》，2024年1月。
② 艾瑞咨询：《2023年中国移动互联网流量年度报告》，2024年3月。
③ 中国网络视听协会：《中国网络视听发展研究报告（2024）》，2024年3月。
④ 国家广播电视总局：《2023年全国广播电视行业统计公报》，2024年5月。

备案的网络视听机构 2989 家[1]。从营收层面来看，用户付费、节目版权等服务收入 1360.29 亿元，同比增长 12.48%[2]，增长势头迅猛。2022 年以来，腾讯视频、爱奇艺等头部网络视听服务平台相继实现赢利，摆脱了长期亏损的困境。值得注意的是，网络视听正在面临付费用户数量见顶的挑战，调整会员付费体系、提升与付费相匹配的视听服务水平、深耕优质内容、延长 IP 产业链是网络视听服务收入可持续增长的关键。

2023 年，网络视听服务主要呈现以下三大特点。第一，网络视听精品创作能力提升，内容供给丰富多元，注重社会效益与经济效益相统一。网络视听一方面在重大主题、重要活动、重大时间节点的宣传中发挥着愈加重要的作用；另一方面在"提质减量"的整体趋势下为用户提供多元化、精品化内容，并日益成为文化创造性转化和创新性发展的重要载体。第二，市场格局稳定，头部集聚效应显著。爱奇艺、腾讯视频、芒果 TV、优酷视频、哔哩哔哩、咪咕视频等中长视频平台，抖音、快手系短视频平台，喜马拉雅系网络音频平台仍在其所属赛道拥有主要市场份额。第三，微短剧迅速崛起，在"野蛮生长"中注入理性思考。网络视听用户中，微短剧的用户占比达到 39.9%，有 31.9%的用户表示愿意为微短剧内容支付费用[3]。各参与方也在进一步探索微短剧健康、正向的发展模式，在满足人民群众网络视听文化需求的同时促进微短剧市场的良性循环。

5. 短视频及直播

短视频、网络直播是网络视听业务的主要收入来源。2023 年，短视频、网络直播等其他收入 4282.52 亿元，同比增长 33.39%[4]。截至 2023 年底，在以网络视听业务为主的平台上短视频账号总数达到 15.5 亿个，职业网络主播数量达 1508 万人[5]，短视频上传用户超过 7.5 亿户[6]。随着庞大的用户规模、快速增长的市场规模、强劲和较高的市场吸引力与活跃度，网络视听行业，尤

---

① 国家广播电视总局：《2023 年全国广播电视行业统计公报》，2024 年 5 月。
② 国家广播电视总局：《2023 年全国广播电视行业统计公报》，2024 年 5 月。
③ 中国网络视听协会：《中国网络视听发展研究报告（2024）》，2024 年 3 月。
④ 国家广播电视总局：《2023 年全国广播电视行业统计公报》，2024 年 5 月。
⑤ 中国网络视听协会：《中国网络视听发展研究报告（2024）》，2024 年 3 月。
⑥ 国家广播电视总局：《2023 年全国广播电视行业统计公报》，2024 年 5 月。

其是短视频及直播以其强劲的赢利能力正在成为推动数字经济发展的重要引擎。

短视频及直播也深刻改变了商业消费模式，是不可忽视的消费新领域。中国网络视听协会调查显示，七成以上用户因看短视频或直播购买商品，超四成用户认为短视频或直播已成为主要消费渠道①。目前，广告营销、直播带货、电商分成、本地服务是短视频内容变现的最主要模式。"短视频直播+"的应用场景也在进一步拓展，既为线下文旅消费注入动力，又是中国传媒产业进军海外市场、布局全球发展的重要载体。

6. 数字音乐

2023 年数字音乐市场规模接近 700 亿元。数字音乐用户规模达到 7.26 亿人，主要数字音乐平台的付费用户数量实现两位数增长②。"两强争霸"的市场格局在 2023 年继续保持稳定，腾讯音乐娱乐集团（TME）和网易云音乐合计市场份额保持在 90% 以上。用户付费是数字音乐赢利的主要方式。

网易云音乐基于差异化会员订阅模式与降本增效的运营策略，2023 年在线音乐服务月活跃用户数量达 2.06 亿人，同比增长 8.7%；在线音乐服务收入为 43.5 亿元，首次实现年度扭亏为盈。字节跳动在推动抖音短视频平台布局流媒体服务的同时，积极布局海外数字音乐市场，于 2023 年 7 月在印度尼西亚和巴西上线音乐流媒体 TikTok Music。

虽然国内数字音乐市场集中度高，但是音乐流媒体平台类型日趋多样化，既包括网易云音乐、QQ 音乐等传统数字音乐流媒体平台，又包含短视频音乐平台、社交性音乐平台，市场活力被进一步激发。抖音等短视频平台正强势入局流媒体服务，原声带（OST）的音乐版权付费意识逐步增强③。同时基于与音乐版权方的紧密合作，短视频及直播正在成为音乐版权收益的新增长点。在"解除独家音乐版权"等反垄断措施下，数字音乐由流量导向转为价值导向，以生产高品质音乐内容为行业的核心。此外，AIGC 也为数字音乐平台在智能歌曲讲解、开发个性化与定制化功能、提升互动体验等方面赋能，助力平台提高用户黏性。

---

① 中国网络视听协会：《中国网络视听发展研究报告（2024）》，2024 年 3 月。
② 中国传媒大学音乐产业发展研究中心：《2024 中国音乐产业发展总报告》，2024 年 6 月。
③ 中国传媒大学音乐产业发展研究中心：《2024 中国音乐产业发展总报告》，2024 年 6 月。

7. 广播电视广告

广播电视收入的新媒体转向显著。传统广播电视广告收入逐年下降。2023年传统广播电视广告收入仅583.66亿元，同比下降6.90%。其中，广播广告收入67.31亿元，同比下降8.70%；电视广告收入516.35亿元，同比下降6.67%[①]。但是，电视大屏的观众存量仍然可观，2023年电视大屏观众规模达到12.6亿人[②]。基于用户，利用技术融合与数字营销是广播电视增加广告收入的有效方式。同时，广播电视机构基于互联网等多元渠道的广告收入呈现强劲发展势头，进一步反映出数字化转型的必然性和紧迫性。

从广播电视业态来看，在"降本增效"的行业常态与对电视"套娃"收费和操作复杂问题的"双治理"下，电视节目更趋专业化、精品化与多元化。其中，电视剧供应端"提质减量"趋势明显。除老牌综艺节目外，聚焦年轻受众、重视内容创新和形式创新的文旅类综艺、音乐类综艺更受青睐。就广播而言，以5G网络、AI技术和物联网为基础，以车载端和手机端为主流收听方式，广播和在线音频正共同形成"耳朵经济"新生态。CSM数据显示，2023年，广播或音频每日人均收听时长达到126分钟，收听总量同比增长9.9%，电台自有App人均消费时长同比增长125.9%[③]。各广播媒体加速融合转型，搭建直播平台、移动客户端、自办App等，全方位抢抓发展机遇，综合形成从销售作品向用户运营、从提供内容向提供服务的模式转型[④]。

8. 广电有线网络

2023年，广电有线网络收入712.06亿元，同比下降1.04%[⑤]，相较于高歌猛进的网络视听业务呈现一定的颓势，但其收入仍远超IPTV分成收入（174.71亿元）和OTT集成服务业收入（96.56亿元）。

其中，传统业务，如收视维护费、付费数字电视等收入412.97亿元，同比下降8.58%；新兴业务，如有线电视网络增值业务、广电5G、集团客户等

---

① 国家广播电视总局：《2023年全国广播电视行业统计公报》，2024年5月。

② 《热点聚焦映时代 大屏融合创辉煌——2023年电视大屏收视洞察》，"收视中国"微信公众号，2024年2月26日，https://mp.weixin.qq.com/s/VfUOaROgXM3gTyvcmxOZhQ。

③ CSM：《2023声景洞察》，2024年3月。

④ 赛立信媒介研究：《2023：中国在线音频市场发展研究报告——"耳朵经济"商业价值及其用户洞察》，2024年2月。

⑤ 国家广播电视总局：《2023年全国广播电视行业统计公报》，2024年5月。

收入 299.09 亿元，同比增长 11.68%①。传统业务收入虽有下降，但仍为广电有线网络收入的主要来源；新兴业务发展强劲，后期可通过开发新的增值业务，将营收重点转向内容接入、多屏融合、数字营销、数字服务等新兴前沿业态，在此消彼长的动态过程中支撑广电有线网络收入。

9. 报刊

中国报刊行业的经营结构出现明显变化，不能以过去单纯的广告、发行收入评估报刊行业的业绩，报刊行业的收入变得多元化。2023 年，全国主要报业传媒集团和报社经营规模与营收总额同比增幅达 6.8%②，报业融合转型、经营模式创新取得显著成效。例如，南方都市报社在聚焦主业基础上，以"产业+"的模式来增产增收，以"产品+"的模式来持续创收，以"整合+"的模式来串联资源，实现 2023 年整体营收同比增长 4.1%③。作为长江日报报业集团旗下的全资电商平台，长江严选成为品牌、传播、销售一体化的传媒电商平台，为"媒体+"打造了富有创意和价值的营销范本。新华报业传媒集团在报业多元化经营方面探索出一些创新模式，实现了比报业高峰期还高的经营利润。

期刊方面，财经类期刊在用户付费阅读方面取得突破，《财新周刊》《财经》《第一财经周刊》等已卓有成效地积累了一定的付费用户。截至 2024 年 5 月，财新系产品已拥有订阅用户超过 120 万人，跻身全球付费订阅媒体前列④。期刊通过深度报道、数据挖掘、圈层运营等获得广泛的流量基础，推动付费订阅用户的增长，从而拓宽收入来源。

10. 图书出版

图书出版的数字化转型主要分为图书的数字化（电子书）与销售渠道的数字化（数字零售）。2023 年，图书零售市场规模约 912 亿元，同比增长 4.72%⑤。电子书收入预计超过 70 亿元，但在图书行业中的占比相对较小。面

---

① 国家广播电视总局：《2023 年全国广播电视行业统计公报》，2024 年 5 月。
② 中国广告协会报刊工作委员会：《2023 年度全国报业经营整体分析报告》，2024 年 2 月。
③ 《陈文定：南都智媒运营稳增长方法论——夯实影响力 强化"营"响力》，"中国广告协会报刊工作委员会"微信公众号，2024 年 4 月 9 日，https：//mp. weixin. qq. com/s/d4rwOg9jgiL0RPteClsz5A。
④ 《厉害了！财新付费阅读用户超 120 万，稳居全球付费媒体前列》，网易，2024 年 5 月 31日，https：//www. 163. com/dy/article/J3H8R3MH0519QQUP. html。
⑤ 北京开卷信息技术有限公司：《2023 年图书零售市场年度报告》，2024 年 1 月。

对版权费较高、电子书内容滞后以及新媒介冲击等问题，电子书发展进入了"瓶颈期"。2023年6月30日，亚马逊在中国停止Kindle电子书店运营。依赖会员订阅的微信读书则面临着高昂的版权费。未来的电子书行业需要深入探索付费制度和赢利模式。

2023年图书零售市场码洋增长率由负转正，网络平台是图书销售的主要渠道。其中，平台电商为规模最大的渠道，码洋比重为41.46%；短视频电商发展迅猛，对图书销售的带动作用明显。2023年短视频电商渠道规模同比增长70.1%，为第二大销售渠道①。但是，短视频图书销售也存在各类问题。第一，图书市场有强大的头部效应，销量前5%的品种能为零售市场贡献80%以上的码洋，与短视频自身的头部效应叠加或将扭曲市场机制。第二，图书的销售生命周期过短，首次动销6个月之后就不再动销的品种占比超过60%。第三，受流量见顶与存量转化效率降低等因素的影响，短视频图书销售对节庆大促的依赖较强，消费者在其余时段则更趋于理性。此外，短视频电商渠道中近80%的份额其实是被民营出版公司及渠道掌控的，出版社并没有获得整个增长板块的红利②。

11. 电影

2023年，中国电影市场快速复苏，产业活跃度提升，多项数据达到或超过历史最好水平。国家电影局数据显示，2023年，中国电影总票房达549.15亿元，同比增长83.4%，国产影片票房达460.05亿元，占总票房的83.77%。影片供给方面，影片总产量为971部。全年共有11部影片票房破10亿元，均为国产影片；票房5亿元以上的影片为29部，其中国产影片为24部③。影片类型多样化，科幻片、悬疑片、犯罪片、神话片等均有一定市场份额，呈现类型片崛起的趋势。

从影片宣发与营销模式来看，"超长点映"新模式在2023年有诸多成功案例。例如，《八角笼中》10天的点映票房为4.2亿元，最终票房高达22亿元。在影片宣发长周期的趋势下，影片宣发由过往的侧重映前预热正在转向"以映

---

① 北京开卷信息技术有限公司：《2023年图书零售市场年度报告》，2024年1月。
② 北京开卷信息技术有限公司：《2023年图书零售市场年度报告》，2024年1月。
③ 《【票·数据】2023中国电影市场年度盘点报告》，"电影票房"微信公众号，2024年1月1日，https://mp.weixin.qq.com/s/9DU9nQNwMt-pL3Yiv9_dkw。

代宣",精细化运营成为行业共识。从国内市场与全球市场来看,好莱坞电影在国内市场呈现预势,在全球市场的表现也不及预期,依赖 IP 续集的商业模式受到挑战。值得注意的是,"芭比海默"现象的出现预示全球电影观众审美趣味的转型,创作者的个人风格、非套路化的故事情节等创新点更容易打动观众。

12. 网络游戏

网络游戏行业释放积极信号。2023 年 12 月 25 日,国家新闻出版署发布新批准的 105 款国产游戏版号,单次审批数量首次突破百款,涉及游戏企业范围更广。2023 年发放的游戏版号达到 1075 款[①],进口版号共发放 98 款,超过 2020 年的数据,也是 2022 年最低谷的两倍有余[②]。2023 年,国内游戏市场实际销售收入 3029.64 亿元,同比增长 13.95%,首次突破 3000 亿元关口;游戏用户规模 6.68 亿人,同比增长 0.61%,为历史新高点[③]。

政策"暖风"、用户消费意愿回升、多端并发投放产品、新款爆款产品面市,是国内游戏市场增收的主要原因。以腾讯、网易为例,腾讯《元梦之星》与网易《蛋仔派对》两款合家欢游戏的激烈角逐受到行业广泛关注。从运营模式来看,腾讯《元梦之星》更偏向 PGC 模式,通过快速响应市场需求,精准研发玩法,保证其高效高质量落地;网易《蛋仔派对》则更多鼓励用户自主创作内容,通过"乐园模式"、蛋壳种草小程序等功能激发用户群体智慧,推动爆款玩法的生成。

在游戏出海方面,2023 年,中国自研游戏的海外市场收入为 163.66 亿美元[④],约 24%的海外移动游戏市场用户支出来自中国发行商旗下产品,而在全球海外收入排行前 100 名的发行商中,29 家为中国发行商[⑤]。米哈游超越腾讯,首次登顶中国游戏厂商出海收入排行榜。受国际局势动荡、汇率波动频繁、海外支付平台不稳定、本土人才难挖掘、隐私政策变动等影响,游戏厂商海外经营成本增加,长期留存策略与长线运营策略是破题方案。

---

① 数据来源:国家新闻出版署、游戏产业网。
② 数据来源:国家新闻出版署。
③ 中国音数协游戏工委、中国游戏产业研究院:《2023 年中国游戏产业报告》,2023 年 12 月。
④ 中国音数协游戏工委、中国游戏产业研究院:《2023 年中国游戏产业报告》,2023 年 12 月。
⑤ 《【出海榜单】2023 年中国游戏厂商及应用出海收入 30 强》,"dataai CN"微信公众号,2024 年 2 月 28 日,https://mp.weixin.qq.com/s/v6N0YA-E4wRUfxV6wCpQdw。

二 中国传媒产业发展环境分析

传媒业可视为由各种形态的媒介、各种业态的媒体所构成的生态群落与其生存环境之间相互联系的复杂生态系统（见图3）。传媒生态的发展有自身的演绎逻辑，但始终依赖于生存环境。2023年，传媒的政策、技术、资本、用户环境都发生了一些变化，但整体环境在经济回暖、政策扶持、技术推动、文化消费活跃等方面呈现向好趋势，为传媒产业生态化发展提供支持。

（一）政策环境：放管并重，重视防范风险

面对数据要素价值的日益凸显、生成式人工智能技术的突破、受众媒介使用需求与偏好的转变，以及传媒产业亟待提振的客观需求，2023年，传媒政策环境呈现放管并重的特征，面向主流舆论格局、面向产业生态健康繁荣的主调不变，为传媒领域人工智能应用、优质内容建设以及产业高质量、可持续发展指明方向。

第一，促进产业复苏。2023年2月，中共中央、国务院印发的《数字中国建设整体布局规划》指出，要打造自信繁荣的数字文化，加强优质网络文化产品供给，引导各类平台和广大网民创作生产积极健康、向上向善的网络文化产品。传媒产业迎来更多数字化发展的可能。同时，各类优秀作品推优工作、阶段性免征国家电影事业发展专项资金、游戏版号发放频次回升等利好政策，既明确了何为精品传媒产品，又为传媒内容供给提供了方向性指引，增强了2023年传媒市场的整体活力。

第二，引导规范发展。《全国广播电视和网络视听"十四五"人才发展规划》《广播电视和网络视听标准化管理办法》《关于加快推进视听电子产业高质量发展的指导意见》《关于实施网络游戏精品出版工程的通知》《互联网广告管理办法》《网络游戏管理办法（草案征求意见稿）》《市级融媒体中心总体技术规范》等各项意见、办法的出台，为传媒发展提供了规范化、标准化、制度化的保证，也是推进网络文明建设、活跃传媒经济、促进产业发展的重要举措。

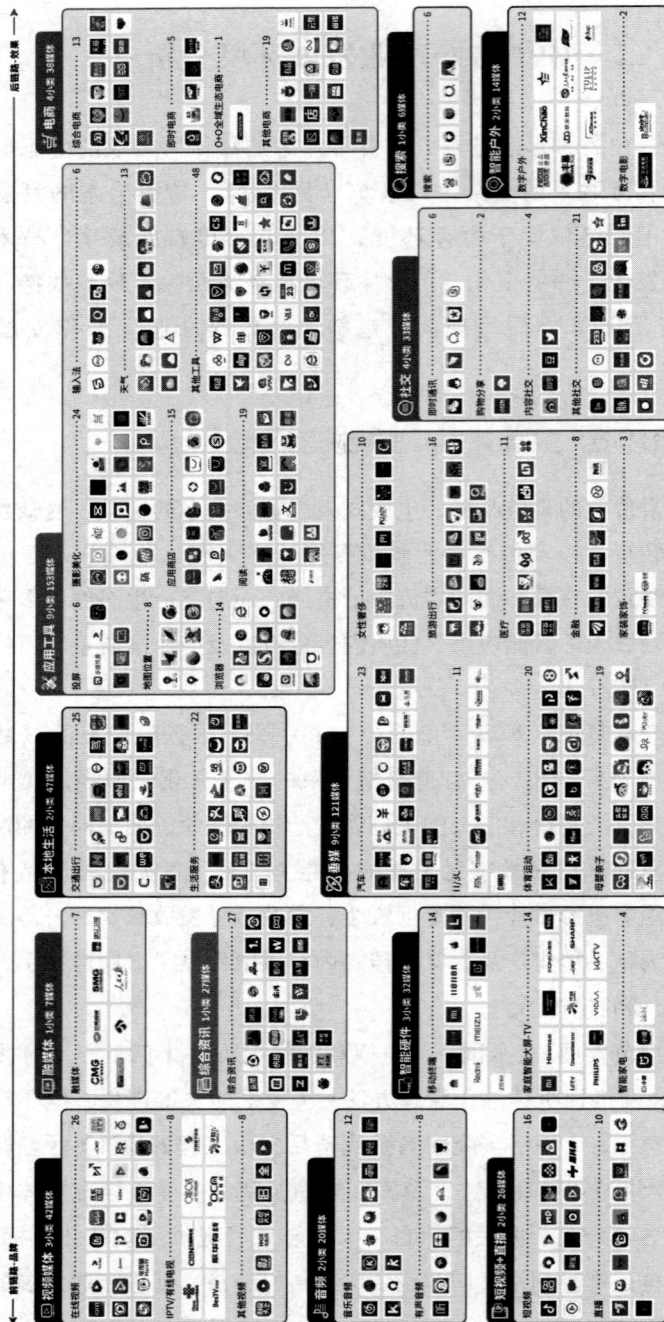

图 3　中国数字媒介生态地图 2023 版

资料来源：秒针营销学院、清华大学传媒经济与管理研究中心。

第三，聚焦生态治理。生成式人工智能技术的快速发展在带来新机遇与新挑战的同时，对传媒生态治理提出更高要求。作为全球范围内针对生成式人工智能治理的首部专门立法，2023年7月发布的《生成式人工智能服务管理暂行办法》在鼓励创新发展的基础上，涉及数据整理、数据安全、内容管理、规制主体、行为规范、内容安全等多个层面。此外，打击网络乱象、强调内容治理仍为2023年的重点，如《未成年人网络保护条例》《国家广播电视总局关于进一步规范电视剧、网络剧、网络电影规划备案和内容审查等有关事项的通知》等政策的落实以及"清朗"系列专项行动的持续开展。

（二）技术环境：机遇与挑战并存

数字技术的发展尤其是生成式人工智能技术的突破对全球经济、社会和文化转型发挥着重要作用，技术的底座效应更加明显。一方面，生成式人工智能基于其模型、算力、多模态多任务处理能力的迭代，推动了文字、图片、视频等多模态大模型相继出现，推动了应用版图与市场规模快速扩张。另一方面，万物互联时代已经到来。终端、操作系统与数据的结合以及相对标准化、统一化规则的逐步形成为传媒产业提供了新的交互与融合机遇。例如，由谷歌、苹果和亚马逊等200家公司共同推广的Matter协议，华为开发的鸿蒙系统（Harmony OS）等，均旨在实现智能设备之间的互联互通与协同运作。

与此同时，生成式人工智能在传媒领域的广泛应用产生版权侵犯、隐私泄露、信息失序等问题，对技术价值和伦理观念造成冲击。例如，AI"复活"以图像和视音频技术打造了"数字人"，还原、重现逝者。其尽管以情感慰藉为核心，但仍存在流量导向"复活"已故明星、借助"数字人"发布虚假信息等现象，加剧数据归属的混乱，并对个人权益、公共利益造成损害。2023年11月，在英国布莱奇利庄园举办的首届全球人工智能安全峰会上，中国等28国及欧盟签署了首个全球性AI声明《布莱奇利宣言》，鼓励AI以安全方式发展。

（三）资本环境：投资趋于理性

2023年，传媒资本环境逐渐重回正轨，传媒市场缓慢复苏和增长。国际货币基金组织数据显示，全球经济增速从 2022 年的 3.5%放缓至 2023 年的 3.0%，并预计在 2024 年将进一步下调至2.9%①。这一数据说明世界经济虽充满韧劲，但普遍出现新冠疫情后经济的疤痕效应，仍面临挑战②。从中国经济环境来看，中国是全球经济增长的最大贡献者，且溢出效应明显③。

在大经济环境背景下，中国传媒资本环境呈现以下特征。第一，AI 概念受到资本青睐。一方面，基于对 AIGC 与内容、营销深度应用的预期，在 A 股市场，出版、游戏和广告营销等与 AI 概念密切相关的子板块涨幅超 30%；另一方面，除头部互联网企业跟进 AIGC 外，2023 年上半年涨幅超过 100%的 32 只"AI 概念股"中有 5 家来自传媒产业，传媒产业正在进入技术驱动发展的新常态④。第二，传媒产业投融资依旧谨慎、理性。2023 年第三季度，传媒板块的重仓持股市值继续下滑，较第一季度下降 1.62%，较上半年下降 31.59%⑤。此外，截至 2023 年 7 月，传媒产业的投融资事件共 65 起，较 2022 年有所下降⑥。第三，资本积极拓展海外市场，寻找新增量，如阿里巴巴收购欧洲本土 B2B 数字贸易平台 Visable。面对国内趋于见顶的用户市场，海外市场或将带来新的机遇。

（四）用户环境：主体性凸显，聚焦情绪价值与实用价值

中国消费市场开启韧性时代，互联网消费转型是核心趋势，具体表现为消费者更加注重商品的总体价值，兼具实用价值与情绪价值的商品获得更多消费者的青睐；消费者呈现多平台、多渠道比价等决策理智化倾向；"消费平权"与互联网、物流等基础设施推动下沉市场成为新的消费增长点。

从消费场景来看，2023 年，聚焦地域、沉浸式、情绪价值等的多元化消

① 国际货币基金组织：《世界经济展望报告》，2023 年 10 月。
② 《应对全球分化：全球经济局势概览》，"IMI 财经观察"微信公众号，2023 年 10 月 24 日，https://mp.weixin.qq.com/s/uG9rp_Sl7Gwa-Z9NzvcAog。
③ 国际金融论坛：《IFF2023 年全球金融与发展报告》，2023 年 10 月。
④ 喻国明、刘彧晗：《通用式媒介技术驱动下的传媒经济研究的现状与走势》，《全球传媒学刊》2024 年第 1 期。
⑤ 《财信证券-传媒行业深度：Q3 重仓持股总市值环比回落，前三季度业绩复苏稳健》，同花顺网站，2023 年 12 月 6 日，https://t.10jqka.com.cn/pid_327628563.shtml。
⑥ 《【投资视角】中国传媒行业投融资及兼并重组分析》，"前瞻IPO"微信公众号，2023 年 8 月 17 日，https://mp.weixin.qq.com/s/RSm_GDeaqRZhu0ADmMsbRw。

费场景涌现，"山东淄博烧烤""哈尔滨花式宠粉"等依托地域的消费场景成为热点。此外，以"村超"为代表的原生态场景消费、以"City Walk"为代表的新概念场景消费、以"线上烧香"为代表的情绪价值消费、以"酱香拿铁"为代表的国潮国风消费、以"饭搭子"为代表的社交陪伴消费等形式同样受到消费者关注①。用户呈现追求便捷、美好、智能的消费心理，数字内容、健康疗愈、智能消费、悦己经济与轻量化户外成为趋势。

从消费人群来看，当前消费人群主要包括Z世代、小镇青年、精致妈妈、资深中产、都市银发、都市蓝领、小镇中年和新锐白领等②。其中，Z世代逐步走向舞台中心，银发经济继续蓬勃发展。

三　中国传媒产业发展的新赛道与新领域

智媒时代创造了一个传媒技术高速迭代、传媒主体泛媒介化、信息渠道去中心化、用户个体感知进化的传媒生态系统③。2023年，在政治、经济、技术、社会等多重因素作用下，传媒生态系统中出现了一些新的媒介形态、媒体业态。这些新变化一方面增强了生态多样性，传媒产业从恢复性增长向主动型、活力型发展转向，并涌现新的赛道；另一方面在竞争、互构中改变甚至重塑了原有的媒体生态链，对人类社会的信息传播、舆论生态，乃至政治、经济和文化形态产生了深远的影响④。

（一）突破性技术广泛应用，多主体进入AIGC赛道

在扩展现实技术方面，VR领域市场相对疲软，AR领域市场发展火热。调查显示，2023年第二季度，全球VR销量为144万台，同比下降37%。其中，国内市场VR头显销量为12万台，同比下滑65%；海外市场VR头显销量

① 《人民网研究院发布〈2023年度消费热点观察报告〉》，人民网，2024年2月2日，http：//yjy. people. cn/n1/2024/0202/c244560-40172117. html。
② CTR：《2023年度移动互联网用户消费洞察报告》，2024年1月。
③ 相德宝、曾睿琳：《人工智能：数智时代中华文明国际传播新范式》，《对外传播》2023年第10期。
④ 郭全中：《技术迭代与深度媒介化：数智媒体生态的演进、实践与未来》，《编辑之友》2024年第2期。

为 132 万台，同比下滑 33%[①]。在国际 VR 设备厂商中，苹果在 2023 年 6 月发布了 Apple Vision Pro VR 头显，但高达 3499 美元的价格对其销售产生一定的影响。国内 VR 设备厂商中，字节跳动旗下的 PICO 宣布开展组织架构调整，究其原因为 VR 产业发展停滞不前，技术前景尚未明朗。消费级 AR 眼镜则有望成为除移动端与 PC 端之外的个人"第三块屏幕"。从资本市场动态来看，阿里巴巴在 2023 年加速布局 AR 领域，先后领投 AR 硬件公司致敬未知、战略投资 AR 硬件企业奇点临近。

在 AIGC 方面，2023 年为大模型爆发元年。谷歌发布的 Genie 和 OpenAI 发布的 Sora 融合了 AIGC、混合现实、计算机视觉等前沿技术，开启了互动世界模型与沉浸式体验的技术新纪元。同时，AI 虚拟人表现亮眼。根据天眼查数据，2023 年与数字人、虚拟人相关的企业达 99.3 万余家，2023 年新增相关企业 41.7 万余家[②]。AI 虚拟人应用主要分为演绎型和服务型两类，传媒产业中的应用大多为第一类，即通过数字人的虚拟化载体来模拟高质量的虚拟主播。结合大模型的技术赋能效果，AI 虚拟人的技术发展取得较大进步，主要体现在渲染、拟真、超写实技术，自然语言处理技术和文本转语音技术方面。目前，百度、阿里巴巴、腾讯等平台均已上线大模型支持的数字人服务。

（二）多元布局，直播电商实现虚拟与现实的"破壁"

直播把媒体和电商融合在一起，成为媒体融合变现的主要形式。2023 年，电商市场格局趋于稳定，以传统货架为核心形态的主流综合电商发展步伐稳健，以外卖业务、同城业务为核心的即时零售类电商是对行业外围的重要补充，兴趣电商与内容电商则飞速增长。其中，电商"直播+"持续赋能细分消费赛道，延展出"直播+健身""直播+探店""直播+教育"等新兴内容与消费形式，增强了直播业务的场景效应。而从产品角度来看，电商行业的原有生态格局正在被打破，不同生态圈在完善内部体系与流程闭环的同时，积极向外拓展，寻求壁垒破除与业务互通。

---

① 《VR/AR 产业 2023 年度销量跟踪报告》，"维深 Wellsenn XR"微信公众号，2024 年 3 月 26 日，https：//mp. weixin. qq. com/s/4PY5BfQgUeiQEADwLMiUvg。
② 《重磅发布 | 2024 年度〈中国虚拟数字人影响力指数报告〉》，"中国传媒大学"微信公众号，2024 年 3 月 31 日，https：//mp. weixin. qq. com/s/TtJ9oJtpww2eSLk7YINWqA。

面对线上流量封顶、线下消费回暖，各大电商开始加码本地生活领域，布局半日达和送货上门等供应链模式，开辟外卖直播与团购直播等销售形式。此外，直播电商服务商在资本端发力明显。直播电商服务商处于产业链中间部位，能够协同上游品牌商品供应方与下游互联网平台，提供营销渠道、市场洞察与研发生产建议等服务。当前，直播电商服务商正在加速数智化转型，在业务流程、服务、营销、消费者聚焦等多层面降本增效。2023年，中国直播电商领域共发生11起融资事件，融资方均为直播电商服务商①。

（三）媒体融合：AIGC深度应用与数智化发展

作为媒体融合上升到国家战略高度的第十个年头，2023年不仅是媒体融合成果验收期，也是发展关键期。数智技术更迭驱动着人机关系的重塑，网络传播生态更具多元属性，中国媒体进行了多元聚合、深度融合、灵活拓展内容外延的有效尝试，在新兴技术应用、生产优质内容、平台化转型等方面取得一定的成效。

第一，新兴技术应用。2023年主流媒体积极开拓AIGC的内容生产模式，利用AI模型抓住媒体融合的突破性机会，借助"人机共生"实现价值共创与高效传播。《中国日报》号召采编部门积极把ChatGPT作为辅助工具，提高采编生产效率②。2023年2月7日，百度项目"文心一言"面世，2月14日，澎湃新闻、封面新闻、每日经济新闻、上游新闻、海报新闻、齐鲁壹点、爱南京、深圳报业集团旗下客户端等媒体成为百度首批生态合作伙伴。

第二，生产优质内容。广电媒介与短视频融合，立足精品化策略，细化用户需求，打造"内容+服务"的融合产品。在中央级媒体层面，杭州亚运会期间，央视频推出《不一young的杭州——亚洲航家》《乘着大巴看中国·杭州站》等融媒体节目，形成具有强传播力的视觉符号，对外推动中国文化走出去、对内强化主流舆论共识。在省级媒体层面，湖北国际传播中心按照"以体塑旅、以旅彰文、带动消费"的思路，打造了"2023世界超级球星足球赛"，获得国内外广泛关注；河南卫视《2023中秋奇妙游》围绕"家""和"

---

① 艾瑞咨询：《2023年中国直播电商行业研究报告》，2024年3月。
② 李春艳：《科学应对传播媒介变革带来的机遇和挑战——以ChatGPT为例》，《传媒》2024年第2期。

"归"文化的内涵，通过诗歌、汉字、中国舞等形式与群众共情①。

第三，平台化转型。各级媒体瞄准用户高增长平台发力，以平台功能链接基础服务，不断拓展融合边界，推动协同和集约发展，平衡社会效益与经济效益，助力主流媒体再中心化。CTR数据显示，截至2023年底，45家主流媒体机构在抖音、快手、微信视频号、微博等社交媒体平台上共开设官方机构账号超6600个，其中粉丝量、季度阅读量、推荐量在百万级以上的头肩部账号超1600个。2023年，潮新闻客户端、四川天府融媒联合体、中国经济特区主流客户端联盟、南方智媒云等的成立或上线，标志着在移动互联网主战场的主流媒体开始从"破冰"向"出海"推进、从"单兵突进"向"集团作战"跃进②。

（四）传媒新"物种"：走向精品化的网络微短剧

微短剧是传媒生态中继网剧、网络电影、网络动画片后出现的新"物种"，在网络视听行业生态中展现强劲的竞争力。在全国最大的影视文化集聚区横店，大量微短剧剧组的涌入使横店片场竖屏微短剧开机数量已远超横屏影视剧，横店也因此被称为"竖店"。

作为一种新"物种"，微短剧进一步激发了网络视听行业的活力。一方面，微短剧参与主体多元化，推动了微短剧产业链的形成；另一方面，尽管微短剧大多仍为"网络爽文"的视听化呈现，但因入局者增多，大量同质化内容的出现倒逼微短剧参与方提高产品质量，创新内容供给。

当下，尚不成熟的微短剧正从野蛮生长的1.0阶段向主流化、精品化的2.0阶段转型③。一是微短剧的监管治理正在不断加强。国家广播电视总局自2023年11月起开展为期1个月的网络微短剧专项整治工作，并将于2024年6月开展微短剧备案工作，抖音、快手、哔哩哔哩等平台同步加速自治。二是精品微短剧在内容与平台出海、文化传播以及跨界融合等方面的价值正在被看见，并获得政策支持。

---

① 《神仙节目再上新！2023中秋奇妙游巧诉"家"的故事》，"广电时评"微信公众号，2023年9月29日，https://mp.weixin.qq.com/s/UZmsoC9f9lLDiDDsnH1VHw。
② 《盘点2023丨传媒业：媒体系统融合 生产效能重塑》，"中国新闻出版广电报"微信公众号，2023年12月26日，https://mp.weixin.qq.com/s/MQvQGpfa1uezgl4_rPR0dA。
③ 范志忠：《网络微短剧何以成为风口》，《人民论坛》2024年第5期。

四　中国传媒产业发展趋势分析

（一）全球媒体：数字化转型与超级平台垄断

全球传媒业依托媒介技术的突破性创新，表现出强劲的发展动力。2023年，全球媒体市场规模为23887.9亿美元，复合年增长率（CAGR）为6.41%[①]，呈现良好的增长态势。

超级平台垄断的趋势越来越明显，谷歌、苹果、Meta、X（Twitter）等平台横跨全球，都拥有几十亿名的用户。《2024年全球数字化研究报告》显示，截至2024年初，全球社交媒体用户达到50.4亿人，占世界人口的62.3%，Instagram、WhatsApp、Facebook、WeChat、TikTok位居最受欢迎的社交媒体平台前五[②]。BeReal、Poparazzi、Locket、Mastodon等更具真实性的小众新生平台尽管作为一种去中心化的社交网络正在兴起，但目前并未对社交媒体产生根本性影响。作为"超级应用"的数字平台已经全方位嵌入日常生活，并在媒体格局中产生日益重要的影响。

虽然这些超级网络平台和社交媒体每天都发布海量的信息，但世界的真相却越来越扑朔迷离，世界进入"后真相"时代。有些跨国网络平台并不对任何国家和社会负责任，更多的是追求资本的利益。新闻和传播真实信息在平台上的份额越来越小，越来越不受重视。Mate声称，Facebook要脱钩新闻业，新闻业务只占其业务的3%左右，其经营理念更多考虑利益而不考虑社会责任，这必然会导致"娱乐至死"。

从全球广告市场来看，截至2023年底，全球广告收入达到创纪录的8560亿美元，并以5.8%的年增长率持续增长，未来五年的前景依然良好，到2026年将超过1万亿美元，零售媒体和户外数字媒体有望大幅扩张。数字广告引领广告发展，传统广告收支则持续下降。随着越来越多的参与者（包括电子商务、视频游戏和流媒体平台）入场"瓜分"市场，垄断的情况将逐渐减少。

[①] https：//www. thebusinessresearchcompany. com/report/entertainment-and-media-global-market-report.

[②] Meltwater、We are social：《2024年全球数字化研究报告》，2024年4月。

曾由 Meta 和 Alphabet 双寡头占据的全球数字广告总收入份额在 2023 年连续第六年出现下降。

从媒介形态和媒体业态来看，全球传媒业与中国传媒业呈现较为一致的特征，即突破性技术的大面积应用促进传统传媒业数字化转型。美国《福布斯》杂志称，2023 年是技术发展的分水岭[①]。突破性技术在内容创作、个性化推荐、智能对话等多个传媒流程中起到提质增效的作用，并带来传媒应用场景的拓展。到 2032 年，生成式人工智能的影响力将从 IT 硬件、软件服务、广告支出和游戏市场总支出的不到 1% 扩大到 10%[②]。面对技术带来的风险，全球范围内的治理与监管新法案相继出台，国家与个人数据安全、数据隐私、信息失序、版权、伦理等议题都更被关注。

在全球传媒市场中，报刊、图书、广播电视等传统业务收入仍然继续收缩，但传统媒体还是保持相当的市场份额，与中国媒体市场相比，中国传统媒体的市场份额远远低于国际上很多发达国家，而中国的数字媒体占有率相对比较高，这个现象很值得思考。

（二）数据沉淀推动传媒新质生产力场景延伸

2024 年，中国《政府工作报告》提出，要大力推进现代化产业体系建设，加快发展新质生产力。新质生产力是创新起主导作用，摆脱传统经济增长方式、生产力发展路径，具有高科技、高效能、高质量特征，符合新发展理念的先进生产力质态。目前，传媒新质生产力所催生的传媒业务形态主要表现为 AI 技术应用支撑的数字内容创作、平台内容分发的算法推送、技术赋能的传媒新生态、各显神通的自媒体创作和大众自传播等。

数据要素是新质生产力概念下的先进生产要素。驱动数据要素的价值创造，加快形成传媒新质生产力，为打造文化大数据体系明确方向，为传媒产业发展提供新可能，也将推动传媒产业数据资产化、数据产品化，并进一步探索数字文化消费场景、应用场景可成为传媒产业资产增值、多元化经营、融合发

---

① https：//www. forbes. com/sites/janakirammsv/2024/01/02/exploring－the－future－5－cutting－edge-generative-ai-trends-in-2024/？ sh＝683c2bf206e0.

② https：//www. bloomberg. com/company/press/generative-ai-to-become-a-1-3-trillion-market-by-2032-research-finds/.

展的有效路径。

与此同时，数据、传媒与新质生产力之间的互动关系在逐步调整。数据本身只是一种客观的记录，能够被重复采集因而很难被垄断，其蕴含的经济价值往往随时间流逝而快速贬值。数据价值并非规模报酬递增，异质性数据的价值往往更加显著，而来源不同的数据也可以相互替代①。基于上述特性，在传媒业务改造与文化产品创新过程中，数字化转型与数字化赋能必须建立基于数字工具的程序化决策机制，并通过数据在传媒产业多场景复用、全产业链打通和数据产品的数据再生产实现数据要素赋能传媒新质生产力②。

（三）AIGC 赋能传媒生产，传媒竞争出现新机遇

AIGC、Web3、5G、VR 和 AR 等突破性技术的大面积应用，重新塑造了媒体和娱乐的未来轨迹，也给产业带来新的可能。

在数字技术的应用层面，人工智能将在全球范围内为传媒产业提供降本增效和拉动经济新增量的可能③。调查显示，在全球 101 位新闻媒体人中，49%的被调查者表示其编辑部已经开始使用类 ChatGPT 工具，70%的被调查者对AI 的应用前景持积极态度④。从 Midjourney 到 Sora 多模态大模型的相继问世，生成式人工智能显著增强和提升了内容生产力与交互水平，而由 AIGC 生成的图像、视频正在席卷 TikTok 等平台，在策划、开发、制作和宣发等环节为创作者赋能。但是，AIGC 引发的侵权、虚假信息、信任缺失等问题也越来越被各国重视。从总体来看，对全球传媒业而言，拥抱技术创新和控制管理风险将是未来一年的重点。

数字技术和数字媒体的发展为传媒产业开辟了很多新赛道，网络视频、网络音频、网络直播、直播电商、垂类媒体、本地生活、户外智能大屏等媒介形

---

① 《数据的六大经济特性》，"腾讯研究院"微信公众号，2024 年 1 月 8 日，https：//mp. weixin. qq. com/s/c2f6sPP66-05Dt_oIvASgw。

② 《江小涓教授在全球数商大会上的主旨演讲：数据交易与数据交互》，澎湃新闻，2023 年 11 月 27 日，https：//www. thepaper. cn/newsDetail_forward_25451566。

③ 韦路、陈曦：《AIGC 时代国际传播的新挑战与新机遇》，《中国出版》2023 年第 17 期。

④ 《最新报告：近半数新闻媒体使用类 ChatGPT 产品，七步助力开启生成式 AI 之旅 | 德外视窗》，"德外 5 号"微信公众号，2023 年 6 月 13 日，https：//mp. weixin. qq. com/s/IXdZK Iflp92Fr0Pn-nJ4ZQ。

态不断火爆，这些不仅是网络媒体的新赛道，也给传统媒体的转型带来新机遇。

（四）互联网治理与创新发展需要探索平衡点

2023年，中国互联网治理迎来转折之年。在经历了互联网平台金融整改结束、国家数据局组建、全球首部AIGC监管法规落地中国、中国知网被实施网络安全审查、首例"AI文生图"侵权案宣判、"数据二十条"发布、数据资产入表等事件后，中国整治互联网平台企业专项行动落幕，中国互联网呈现创新发展与协同治理并进的局面。2024年将是中国全面走向数字治理的一年，中国的互联网治理将从被动应对互联网风险向主动、前瞻性防御转变，从内容与平台治理向人工智能治理、数据治理调整，并将在全球数字治理秩序构建中发挥更大作用。

在全球范围内，第一，数字平台企业将持续成为各国监管重点。第二，数据治理与人工智能治理进入新阶段，朝着更加完善的立法和更加严格的执法机制发展。第三，2024年是全球"超级大选年"，"深度平台化"让数字平台和地缘政治之间的互构关系更紧密[1]。在充满不确定性的世界格局中，全球数字合作与治理迫在眉睫。2023年以来，联合国层面加速推进制定"全球数字契约"，致力于从互联网接入、数据治理、避免互联网碎片化、人工智能治理、打造数字公共产品、信息内容治理等方面寻求全球性共识。有学者指出，2024年是"检验国际社会能否在不同政治、经济、文化差异下，找到共同推动数字空间进一步发展方案的试金石"[2]。

（五）中国媒体出海与国际传播新趋势

面对日趋饱和的国内市场，尽管海外政策监管的风险和市场竞争加剧的风险仍然存在，但数字技术的发展、传统文化的创新发展以及跨境贸易、文化产

---

① 史安斌、朱泓宇：《2024年全球新闻传播新趋势——基于五大议题的分析与展望》，《新闻记者》2024年第1期。

② "Wolfgang Kleinwächter Internet Governance Outlook 2024：'Win-Win-Cooperation' vs. 'Zero Sum Games'？"，CircleID，Jan. 14，2024，https://circleid.com/posts/20240114-internet-governance-outlook-2024-win-win-cooperation-vs-zero-sum-games.

业出海的政策扶持，共同推动传媒产业探索新的增量空间。

以网络游戏、网络文学、影视为代表的文化产品成为中国传媒产业文化出海的"三驾马车"，特别是中国的游戏产业已经成为世界最大的游戏产业集群，如何让中国文化融入国际大市场，以好内容、好作品连接全球用户仍待探索。

在中国元素、中国故事、中国模式颇受关注的同时，中国主流媒体积极拓展自身传播渠道，通过成立海外传播中心，推动海外内容品牌等战略升级，不断提升国际传播影响力。CTR 海外传播力榜单显示，截至 2023 年底，国内主要媒体机构在海外三大社交媒体平台 Facebook、YouTube、X（Twitter）开设923 个账号，百万级以上头肩部账号共计 168 个，较 2022 年底增加 24 个。中央广播电视总台、新华社、人民日报社在海外三大社交媒体平台上布局全面，百万级以上头肩部账号订阅量多、内容运营力强。

2024 年，中国传媒企业出海业务将持续深入东南亚、北美、欧洲等市场，开拓共建"一带一路"国家市场，并朝年轻化、平台化、精细化、国际化以及更符合出海国家国情的方向发展。

（六）探索媒体融合创新模式

媒体融合走过了十年，如何实现突破、如何开拓新市场值得思考。面对日趋饱和的国内市场，传统主流媒体在媒体与政务融合、直播和电商市场方面进行探索，并且逐渐摸索出一些创新模式，规模也越做越大，市场大有可为。

主流媒体在完全市场化的竞争环境中是无法和有强大资本、技术力量支撑的平台媒体进行竞争的，没有社会责任和义务约束的竞争，必定是资本媒体具有竞争优势并走向垄断，主流媒体被边缘化和逐渐走向衰落。中国传媒产业需要在传统的宣传体制和市场化传媒体制中探索一种新的治理体系，进行分层治理。媒体的使命是帮助人们更客观地认知世界和了解社会，媒体行业是个特殊行业，不能只考虑赢利和资本扩张，必须承担社会责任，也不能只考虑宣传，不考虑效果、不考虑人民的诉求和权利。随着中国国际地位的日益提升，中国主流媒体应该探索一条有中国特色的、有制度适配性的发展道路。

结　语

2023 年是中国传媒产业迎来复苏的一年。中国传媒产业总规模重新呈现稳步上升的发展趋势。得益于政策环境优化与技术创新驱动，2023 年中国传媒产业供需两端更加协调。资本市场中，传媒行业指数走势与科技行业指数走势趋同，折射出传媒产业发展的新质生产力导向。可以确定的是，创新技术，尤其是生成式人工智能是传媒产业必须抓住的技术机遇。传媒产业未来始终要思考与应对以下问题：如何超越传统的认知框架，应用创新性的解决方案构建与大模型技术共生的新逻辑体系[1]；如何实现人工智能技术创新发展和人工智能治理之间的平衡；如何让人工智能"解放"人，而不是"取代"人[2]。

---

[1]　郭全中、苏刘润薇：《大模型驱动下的传媒再造》，《出版广角》2024 年第 3 期。
[2]　陈力丹、荣雪燕：《从 ChatGPT 到 Sora——生成式 AI 浪潮下强化新闻专业意识的再思考》，《新闻爱好者》2024 年第 4 期。

传媒洞察篇

B.2
2024年中国传媒市场十大趋势

丁　迈[*]

摘　要： 2024年，媒体融合进入第二个十年。从"加快主流媒体和新兴媒体融合发展"到"从相'加'迈向相'融'"，再到"加快推进媒体深度融合发展"，媒体融合不仅上升为国家战略，还深刻嵌入整个社会发展的肌理。顶层设计与政策引领共同推动了全媒体传播体系的建设，全媒体矩阵快速成长为主赛道，并引发内容生产机制的变革，新技术全面开辟新阵地，"媒体+"服务真正融入地方经济社会发展。在用户高质轻量的需求驱动下，内容创新模式不断进阶，以品牌为核心进行的产业跨界与下沉，则进一步推动产业链和价值链的重塑与拓展。

关键词： 传媒市场　媒体融合　全媒体传播

　　2024年，媒体融合进入第二个十年。新技术、新终端、新内容、新用户、新营销交织前行，将共同谱写2024年中国传媒市场的新篇章。

---

* 丁迈，中国广视索福瑞媒介研究（CSM）董事、总经理。

趋势一　深度融合：主流媒体加速推动一体化、协同式深融，优化营收结构，强化韧性发展力

2023 年是媒体融合提出的十周年，"扎实推进媒体深度融合"首次被写入《政府工作报告》。十年间，主流媒体积极盘活优势资源，构筑自有传播矩阵，打造融媒体品牌，利用新媒体形式拓展赛道，创新运营与赢利模式。2024 年是媒体融合第二个十年的起点，主流媒体处于深度融合攻坚期，打破内部与外部资源、新媒体与传统媒体、新赛道与传统赛道、视听与其他产业之间的边界，进一步优化配置、提质增效，有望加速推动全面深融。

盘整存量与增量业务，走向大融合。从广电媒体来看，媒体机构积极优化存量业务，大力推进频道频率精简精办，截至 2023 年 12 月，经国家广播电视总局批准先后撤销的频道频率达 188 个。与此同时，作为增量的新媒体业务面临优化升级，部分媒体机构合并同质化客户端，集中优势打造核心品牌，如浙江日报报业集团"三端合一"打造"潮新闻"、浙江丽水"源新闻"整合广电及纸媒客户端等。媒体机构将进一步盘整存量及增量业务，优化配置、提质增效，积极适应融合传播竞争发展趋势。

整合资源与人员，释放一体化效能，积蓄聚合增长力。以建设全媒体传播体系为方向，广电机构通过实行中心制、工作室制等，整合采编、人员、平台、运营等，如河南广电、湖北广电于 2023 年分别成立大象新闻中心、湖北广播电视台新闻中心，开展全媒体业务运营；湖南广电深度融合湖南卫视、芒果 TV、金鹰卡通卫视、小芒电商四大平台，汇聚品牌优势，提升传播价值。主流媒体通过打破机制壁垒，构建一体化高效运作模式，技术与内容契合，将进一步催化融合质变，积蓄协同发展的聚合增长力。

多元创收和造血能力增强，营收结构优化，韧性发展力强化。广电媒体依托视听价值链、产业链，与文化、旅游、教育等产业深度融合，韧性发展力持续显现。比如，SMG 借助"2023 静安国际光影节"打造商业文化 IP，探索"广电+文旅"的共赢新模式；湖南广电迭代升级小芒电商，加速建设"芒果城" 5A 级景区，推进金鹰卡通研学项目；河南广电实现"线上+'中国节日'系列"与"线下+奇遇系列"的产业业态布局。尽管广电媒体经营创收持续承

压，但新媒体、新业态造血能力的增强，将助力其营收结构优化调整，强化长期韧性发展力。

抓住数字化发展机遇，以技术推动深度融合，提升智媒体竞争力。面对以ChatGPT为代表的大模型技术，主流媒体纷纷加速布局，如中央广播电视总台与上海人工智能（AI）实验室联合发布"央视听媒体大模型"，SMG推出媒体专业级AI内容生产平台，提高内容生产效率和质量。再如，中央广播电视总台打造的"总台算法"将价值导向、内容品质等融入算法模型，该算法上线以来在央视频为2亿名用户提供服务。借助大模型、大数据，主流媒体将进一步释放内容生产力，重构生产机制，提升分发效率，丰富应用场景，以自主可控的技术推动深度融合。

强化以评促改，用好全媒体人才，激活内生发展动力。广电媒体进一步完善全媒体人才评价体系，推进内部绩效考核，以盘活"存量"人才，激活内生发展动力。部分广电机构委托第三方，定期对融媒体中心平台建设、内容生产及传播等情况进行综合评估，科学制定考核目标和指标权重，以考核"指挥棒"激发创先争优的积极性。此外，媒体机构强化对全媒体人才的培养，通过专项政策、经费和资源扶持，打造主持人和记者IP。比如，浙江广电培育"中国蓝名嘴"集群，以机制创新进一步拓宽赛道，深化传播力建设。

趋势二　数智化发展：终端数智化发展重塑视听产业格局，大视听生态引领商业新蓝海

随着媒体深度融合的推进，人工智能技术的快速发展，加之大数据、算法模型等软硬件信息技术的强力支撑，超高清、沉浸式、互动式以及AR/VR等视听形态的迭代创新，以数智化为基底的生产和传播，催生出具有更高效能的数智化生产力，不仅提升产业链的效度，还全面重塑视听产业格局。

一方面，在终端层面，手机、Pad、智能电视和互联网电视（OTT）全面实现数智化发展，尤其是在大屏端，智能技术的应用快速持续推进，行业各方在多个维度发力。第一，更易操作。2023年5月，科大讯飞联合中国电信深入社区开展交互式网络电视（IPTV）智能语音遥控的体验推广，支持识别方言和各种业务指令。第二，更多场景。华为发布的新品Vision智慧屏3配备

AI 超感摄像头和 AI 视觉芯片，更好地服务于健身、视频通话和儿童照护场景。2023 年 11 月，长虹发布全球首个基于大模型的智慧家电 AI 平台——长虹云帆，调动健康管理与娱乐服务等多重功能。第三，更好画质。自 2024 年起，Media Tek AI 超级分辨率技术（AI-SR）将应用于海信全系列智能电视产品。AI 技术还被寄予更多期望，如更高效的内容推荐、更精准的广告投放，以及与其他智能设备和应用工具更加紧密地融通。

另一方面，在消费端层面，数智化赋能之下的大视听生态，凭借交互多元的业务形态和虚实融合的传播创新给用户带来全新的娱乐和消费体验，数智化的电视大屏正在触达更多观众，点播、回看及多元互动使用日益普及，由此形成一个更具引领性的商业新蓝海。CSM 电视大屏跨平台收视数据显示，全年重点城市中，与家庭电视终端捆绑相连的 IPTV 和 OTT 两大平台的互动收视份额为 20.2%，累计触达 67.7% 的电视观众。从行业角度而言，提升各项数字化服务的质量、水平和用户体验，从"高速扩张"到"优质发展"是大势所趋。

趋势三　规范化治理：电视大屏提振直播价值，规范化治理引领产业高质量发展

在媒体深度融合向纵深推进、数智化发展不断提速的过程中，随着多种智能化视听设备的出现，传统电视屏的不可替代性减弱，电视大屏面临更为激烈的市场竞争，由此带来新的问题和挑战，对行业的服务质量和用户体验产生了负面的影响。一方面，开机广告、应用启动广告、剧集播放广告乱象频出；另一方面，电视制造商、内容提供方和牌照方各自为政导致的"套娃式收费"严重影响了用户对电视产品的信心，影响了产业链的良性发展。

为此，国家广播电视总局自 2023 年起大力组织开展专项整治，让电视产业重新回到可持续发展轨道。2023 年 4 月，20 个省（区、市）的广播电视台、台授权新媒体机构共同签署并联合发布的《电视频道联合维权声明》引起业界广泛重视。"用电视难""看直播难"等问题多次登上舆论热榜，大屏智能化发展过程中的违规、侵权等乱象暴露在公众视野。8 月，国家广播电视总局联合中央网信办、工业和信息化部、国家市场监管总局、中国消费者协会等部门，在听取产业链参与各方的意见和建议的基础上，按照总体谋划、分步实

施、先易后难、试点先行的思路，分 3 个阶段全力推进治理工作。CSM 全国网数据显示，伴随治理工作的开展，直播收视数据呈现显著变化。截至 2023 年底，第一阶段"开机看直播、收费包压减 50%、提升消费透明度"的工作目标已圆满实现。

2024 年，规范化治理仍将持续，重点任务包括实现一个遥控器看电视、开展酒店电视操作复杂专项治理、优化强化互联网电视播控管理、推进电视机机顶盒一体化、完善长效机制及发挥治理带动效应等。2023 年 12 月初，上海电信向全市推出 4K 智能高清 IPTV 软终端服务，既是对研究推进全内置式电视机机顶盒一体化工作的响应和落实，也是治理带动效应的目标体现。在产业发展不断做"加法"的同时，治理工作无疑是一次"体检"，为推动产业更为健康、高质量发展摆正方向。随着政策引导和技术发展同步深入，规范化发展的智能化电视大屏产业迎来高质量发展的新阶段。

趋势四　新质生产力赋能：广电机构加速布局生成式
人工智能，新质生产力对传媒产业二次赋能

"深化大数据、人工智能等研发应用，开展'人工智能+'行动，打造具有国际竞争力的数字产业集群"在 2024 年全国两会中被写入《政府工作报告》。而广电行业作为运用智能化技术较早的行业，在 2024 年纷纷加大在生成式人工智能领域的投入，以不断升级换代的人工智能技术全面提升内容生产的智能化水平，通过建立专门的生成式人工智能研究团队、与高校和科研机构合作以及搭建生成式人工智能应用平台等模式，立足于技术的研发和创新，推动生成式人工智能技术在内容生产、传播和运营等各个链条的应用。

中央广播电视总台于 2024 年 2 月 23 日成立人工智能工作室，整合总台广播电视和新媒体平台资源，按照节目制作需求对"央视听媒体大模型"进行训练，以人工智能全流程赋能译制的英文版中国龙主题系列微纪录片《来龙去脉》已于 3 月 12 日在央视频首播。上海广播电视台和北京广播电视台分别于 2024 年 2 月 25 日和 3 月 16 日正式挂牌成立"生成式人工智能媒体融合创新工作室"和"人工智能融媒创新实验室"，分别在推进人工智能大视听垂类模型的研发应用及促进人工智能技术在传媒领域的产学研用一体化发展层面，

全面布局生成式人工智能。湖南广电集团（台）首个 AI 导演爱芒（英文名 AIM）于 2024 年 3 月 15 日正式以助理导演的身份亮相，并以助理导演的身份参与湖南卫视《我们仨》节目的录制。

这些项目的集中落地，无疑以创新性和高效性对传媒领域的资源进行新的整合，以人工智能和大数据为驱动，在传媒内容制作、传播和接收等各个环节，推动了生产力质的提升和飞跃，实现新质生产力对传媒产业的二次赋能。在 AI 技术的加持下，内容生产的流程面临新的调整，资源、人员的分配也会发生相应的改变，视听内容资源和数据将在更大范围内被开发和利用。而内容传播的链条也将因人工智能的运用而达到精准传播和高效传播，传播质量和传播效率得以提升。从用户视频消费的角度来看，用户视频消费在个性化推荐、语音交互、智能编辑和剪辑、沉浸式体验以及智能内容分析等技术的加持下，更趋便捷，用户对视频内容的生产又产生新的需求，整个视听内容生产关系在动态中调整从而趋向新的平衡，实现更快速、更高质量地发展。

趋势五　内容轻量化：用户需求与市场变迁碰撞出增量新空间，高质轻量仍是出圈依托

正是在上述技术进步、用户需求转变、内容创新与多元化等多方面因素的共同推动下，视频内容轻量化成为新的发展趋势。在技术上，视频编解码技术、传输技术和存储技术的显著进步使视频内容在保证高质量的同时能显著减少文件储存空间，降低存储和传输成本，在体量上实现轻量化。在用户需求转变上，随着用户娱乐消费碎片化，以及用户观看体验要求不断提高，能够快速加载和播放、情节连贯且剧情精简、便于收藏和分享的轻量化视频内容越来越受到用户的青睐，成为用户日常娱乐消费和社交分享的重要素材。在内容创新上，得益于新质生产力的赋能，视频内容创新不仅在主题和形式上拥有更多可能，还在制作上更加容易实现，尤其是以 Sora 为代表的文本生成视频模型，更是使视频内容创作进入一个崭新的时代，内容创作的门槛进一步降低，轻量化视频内容的创新也进入多元发展时代。不仅如此，在数智化时代，轻量化视频内容更易于满足不同平台和设备的播放需求，具有更强的跨平台适应性与兼容性，进一步提升了用户的观看便利性和观看体验。

短视频作为轻量化内容的代表，尽管近年来用户规模的增速有所放缓，但网民对短视频的综合消费增长预期更为乐观，预计增加短视频观看时长和内容花费的网民占比，较 2022 年均提高超 9 个百分点。不仅如此，短视频用户也趋向对碎片化时间"高质轻量"再分配。CSM 调查显示，在短视频用户日均观看时长缩短的同时，日均观看 1 小时以下的用户占比提升 4.9 个百分点，用户倾向更高效、有价值的观看体验。

微短剧作为成本低、周期短、回报高的代表，在 2023 年被很多人称为"最赚钱赛道"。无论是抖音、快手等短视频平台，还是优酷、爱奇艺、腾讯视频等长视频平台，均已不同程度地布局微短剧。2023 年下半年开始，随着几部"小程序短剧"口碑的提升及市场表现的亮眼，在小程序或社交平台上播放的微短剧开始受到越来越多的关注。2024 年 3 月 15 日，微信视频号开始内测付费竖屏微短剧挂载，这意味着微信视频号将与小程序微短剧彻底打通，形成利好微短剧行业的微信生态闭环，给微短剧行业带来更多机会。

轻量化内容为视频行业提供寻找新的用户增量的全新方向与成长空间，而放眼更长远的发展，精品化内容无疑仍然是视频行业真正赢得市场与用户的重要依托，能够以更加新颖的表达手法，以更具主流化、健康化审美引领，以更能引发用户共鸣的作品出圈，真正给视频行业带来源源不断的生长动力。

趋势六　产业跨界与下沉："广电+文旅"拓展全新业态，下沉市场为文化产业发展提供新动能

随着媒体重构和融媒商业模式的升级，单一广告营收模式面临增长困境，广电不断加深以品牌为核心资源拓展产业链和价值链的探索尝试，产业跨界成为全新命题。与此同时，随着文旅市场的复苏，广电内容的文旅潜质叠加文旅市场的巨大需求，广电与文旅相互借力和融合成为可能，二者共享优势资源，拓展业务领域，创新赢利模式，创造出有目共睹的经济效益。在政策层面，2023 年 5 月，国家广播电视总局、文化和旅游部联合发布《关于促进旅游业与广播电视产业融合发展的指导意见》，为"广电+文旅"齐头并进指明方向和目标。从中央广播电视总台到省市级广电，都在积极寻求与文旅融合的切口和路径。从平台到内容再到品牌 IP，广电与文旅的融合多触点爆发。

2023 年，中央广播电视总台推出《典籍里的中国》《非遗里的中国》《寻古中国》《山水间的家》等节目，产生良好反响；湖南广电及旗下电广传媒打造的"芒果城"，将深入践行"传媒+文旅"跨界融合的全新尝试，将芒果基因融入电广传媒"新文旅"战略；2024 年，SMG 将依托不断增强的大视听能力，探索"广电+文旅"共赢新模式，如上海文广演艺集团推出全新沉浸式产业平台"超沉浸制造局"，打造沉浸式体验文化新场域；北京市广播电视局在2024 年联动北京市文化和旅游局、北京市文物局等多家单位，以"微短剧+北京文旅"的产业融合，探索微短剧与传统文化、旅游资源、线下经济交融创新，延伸价值链条。

广电产业价值的拓展体现为内容和营销的下沉。随着中国城市化进程的加速，一、二线城市的市场红利不断递减，以三线及以下城市/县镇与农村地区为代表的下沉市场，日益成为必争的新增长点，而面对下沉市场的用户，广电的文化属性依然有着独特的巨大优势。2023 年，以"村 BA""村超"为代表的乡村体育赛事成为人们关注的热点，据统计，在"村 BA"的带动下，台江县在一年内共接待游客 200 余万人次，实现旅游收入 23 亿多元。文旅消费不仅使地方经济增长，还将下沉市场对文化产品消费的潜力充分释放。在 2024年各地政府工作报告中，电竞和户外运动分别被写入上海市和山东省政府的工作规划；东北地区以冰雪运动为重点推广内容；福建省将构建"1+4+10"闽台棒垒球交流服务体系，深化两岸体育交流合作。下沉市场成为推动文化产业发展的新动能，文旅消费则成为"点燃"下沉市场经济增长的新引擎，在传媒的助力下，广电有望与地方文旅形成"双轮驱动"，成为地方经济的新增长点。

趋势七　节目发展与模式创新：电视剧市场
"创新为赢"，电视节目不断创新文化
样态，垂直细分探索内容新维度

中国电视剧市场近年来沿着一条曲折的路线砥砺前行，尽管供给侧仍然处于紧缩之旧局，但从剧集市场的反馈来看，俨然已有"大地回春""暖流激荡"之新貌。《大江大河之岁月如歌》和《繁花》等重磅剧目获得认可，电视

剧市场发展势头向好。

2024年，电视剧整体产业链回归以用户为中心，电视剧市场也因此将蜕变为真正的"国民剧"市场。电视剧市场将"品质为王"奉为圭臬。2023年，上星频道晚间档总收视率超过2%的高收视剧目有27部之多，远远超出2022年的12部，甚至不乏在次黄档脱颖而出的佳作。精品剧目方是中流砥柱，是老百姓喜闻乐见的优质精神食粮，也是下一步市场破局的底气所在。未来，电视剧市场"创新为赢"，于守正中创新，包括创作思路创新、题材形式创新、表达方式创新、故事内容创新、人物设定创新等。不仅如此，科技赋能也成为电视剧市场的一个创新点。中国电视剧市场的科技含量越来越高，如《三体》的全新影视化为内地科幻剧正名、中国首部国内"数字演员"参演的真人剧集《异人之下》热播。相信在科技的加持下，中国电视剧的工业化探索之路将越走越宽。

2023年，文化节目领域的精彩纷呈令人瞩目。中央电视台综合频道的《中国书法大会》和《中国中医药大会》、湖北卫视的《奇妙的成语》以及浙江卫视的《丹青中国心》，分别从书法、中医、成语和绘画的角度，展示了中国文化的深邃魅力。值得期待的是，湖南卫视与芒果TV的《国潮手艺人》、江苏卫视的《我在旅途读书》、浙江卫视的《故宫未来城》以及北京卫视的《非遗集有趣》等一系列文化节目计划于2024年推出，这无疑预示着文化节目在新的一年里依然会成为电视荧屏上的一道亮丽风景线。不仅如此，2024年，各家卫视电视节目将进一步提升垂直细分的程度，并持续探索内容的新维度。以2024年计划播出的以女性为主题的"她节目"为例，湖南卫视的《中国村花》是一档聚焦励志成长的女性真人秀节目，《舞蹈狂花》是一档女子舞蹈生存竞技真人秀，《是女儿是妈妈》则是全国首档专注于解构母女关系的女性情感真人秀节目；浙江卫视的《奋斗吧小姐姐》聚焦娱乐圈中初入职场的女性；上海东方卫视的《战斗吧！玫瑰》是全部由女性参与的户外竞技生存真人秀节目。这些节目都围绕女性主题进行了细分，覆盖乡村代言、舞蹈竞技、职场挑战、生存挑战和代际情感等多样化的节目类型。

电视节目原创性和创新性的强调，赋予其更多的独特视角和较大的思考空间。这种趋势使电视节目展现出极大的包容性，也让不同文化、性别、年龄、职业群体都能在荧屏前找到自己喜爱的节目。随着电视节目讲述"中国故事"的能力逐渐提升，传播中国声音的音量和覆盖范围必然会达到前所未有的大。

趋势八　新营销趋势：网络直播/融媒主播成为新营销重要推力，多元化整合营销关注品效合一

种种传播变局之下，传统营销方式无法满足变化的市场和用户的需要，适配新渠道新平台、面向新市场、激发新用户的新营销成为新传播的必然之需。媒体通过直播带货、融媒主播打造、多元化渠道整合等方式，不仅为拓宽赛道、创新机制创造了重要支点，还通过对赢利要素重新组合，推动商业模式的创新与拓展。

《中国网络视听发展研究报告（2024）》显示，经常收看电商直播/直播带货的用户比重达到53.7%，较2022年（30.3%）增加23.4个百分点，增速很快。而看短视频/直播购买商品的用户超过七成，认为短视频/直播已成为主要消费渠道的用户超四成。直播带货成为数智化时代重要的营销模式之一，2023年6月6日，东方卫视联合淘宝直播打造的直播品牌"东方卫视星选"首播获得总成交量破千万元、直播间涨粉30万人的成绩。《中国好声音》于2023年5月6日也开启了"音乐式带货"，伍珂玥、周菲戈等歌手在淘宝直播中带货，将直播间打造成了演唱会现场，首场直播累计成交额达1090万元，累计329万人次观看。《这！就是街舞》于5月23日开启街舞battle式带货，保留赛制，将舞台搬进直播间，推广明星联名款、同款潮流单品，首秀成交额突破1100万元。肩负社会责任、担当和经营模式拓展的双重任务，主流媒体的网络直播探索仍然在路上，尚需深化和重建更加广泛的用户连接、提高互动场活跃性与参与度。

作为扩大主流传播声量、探索新的赢利模式的另一重要支点，2023年，融媒主播短视频传播赛道更加多元化，且向垂直纵深发展。新闻类头部融媒主播流量增长，财经、好物分享、剧情赛道释放潜力；带货类直播愈加吸引用户关注。从融媒主播商业化探索来看，主播账号紧跟社会热点，探索文旅、"三农"等垂类内容的潜力，寻求内容创作与品牌营销间的结合点与平衡点。例如，广东台@小强快评、河北台@主持人桑桑等多名融媒主播参与#江苏文旅

主打一个不听劝#话题活动；湖北台@主持人阿喆与江苏省文化和旅游厅共创短视频，积极探索跨域文旅宣传；山东台@主持人书匀开展公益助农直播，拓宽乡村农业网络销售渠道，带动农民创收。从长期来看，随着主流媒体不断创新运营模式，培育优质主播与媒体机构共同成长、相互赋能，广电主播将在融合转型中表现出更强的实力与韧性发展力。

在上述探索的基础上，媒体通过整合线上线下多种营销渠道，成为赋能品牌、拓展市场的关键。线上渠道如电子商务平台、移动应用等，提高了消费者获知产品及信息的便利性；线下渠道如实体店铺、分销渠道等，则能够提供亲身体验和购买服务的机会。此外，社交媒体渠道如微博、微信公众号、短视频平台等，也为品牌提供了与消费者互动、传播信息的有效平台。通过多元化营销渠道的整合，媒体能够帮助品牌更好地满足消费者需求，提升市场竞争力，最终实现品质和效果合一的目标，实现营销效果的最大化。

趋势九　版权保护与经营：生成式人工智能给全球版权保护带来新挑战；中国将持续版权创新转化，坚定文化自信自强

2023年是互联网技术发展的数字化颠覆之年。以ChatGPT、文心一言为首的各大生成式人工智能，借助深度学习、自然语言处理和计算机视觉等应用，赋予了社会和文化发展变革性的力量，在证明自身商业价值不可忽视的同时，给全球版权保护带来了全新的挑战，对版权的创造、运用和管理等各个方面提出了更高、更细致的规范要求。

生成式人工智能拥有强大的信息处理能力和近乎无限的学习能力，通过预先训练的模型和数据可以快速生成内容，包括图像、音频和视频等。无论是对底层模型和数据的开发者来说，还是对借助AI工具进行创作的使用者来说，整个链路中的侵权行为变得更加隐蔽、更难以界定，因此需要更有效、更合适的版权保护法律对其进行针对性规范。为促进生成式人工智能技术的健康发展、保障知识产权规范应用，国家相关部门于2023年7月10日联合公布《生成式人工智能服务管理暂行办法》，并自2023年8月15日起正式施行。

高质量的文化发展离不开严格的保护，但也需要激励创新，才能促进文化

繁荣，推动版权强国建设。中国的传统节日节庆、习俗礼仪、文物古籍、古建村落、音乐舞蹈、书法绘画、曲艺杂技等表现形式多样、思想内涵丰富，是中华优秀传统文化的重要载体。2024年，围绕以上优秀传统文化开展版权创造和运用，将是实现文化兴盛、切实推动社会主义文化自信自强、继续版权强国建设的重要趋势。

2024年是体育大年，亚洲杯、欧洲杯、奥运会和美洲杯等全球瞩目的大型赛事将陆续举行。这些盛大的国际体育赛事，对全球发展具有重要的社会和经济意义。版权行业需要更加重视其版权价值的影响，实行更多维、更完善的版权管理和保护措施，同时合理、合规地强化赛事版权的创新创造，提高体育版权的商业化水平，为推动版权行业升级发展注入新活力。

趋势十　国际传播："内容+平台"出海模式增强"造船"能力，商业模式出海释放更高价值潜力

融合的市场、快速迭代的技术、高品质的内容、不断完善的产业链条，为中国传媒领域的国际传播价值提升与全球化发展布局提供了坚实的基础。从国际传播的主要模式来看，包括内容出海、"内容+平台"出海和商业模式出海三种。

随着中国影视内容制作水平的日益提高和产能的不断扩大，以长视频、短剧、游戏、网文为代表的精品内容出海加速，使中国文化在海外市场的认可度和关注度不断提升，成为引领文化产业发展的重要路径。电视剧和电影作品近年来出海规模明显增长，2023年热播的电视剧《三体》《狂飙》在海外播放时引发追剧热潮，赢得良好的口碑。从发展趋势看，国产剧出海题材从古装剧走向多元化，出海地区也从日韩、东南亚等地区向欧美地区拓展。国产精品动漫作品持续探索海外市场，根据《2023中国动漫出海前瞻报告》，《哪吒之魔童降世》北美票房约370万美元、《罗小黑战记》电影在日本上映后总票房达5.6亿日元等。

单片出海的内容传播方式在议价权和影响力等方面存在一定的短板且无法形成长期效应，自建海外发行渠道，即"内容+平台"出海的模式，成为各主流平台海外传播的新路径。腾讯视频、爱奇艺于2019年相继推出国际版应用

WeTV 和 iQIYI，优酷 2022 年正式上线优酷国际版应用，推动内容版权与平台服务同步出口，增强本土化能力。根据国家广播电视总局发展研究中心发布的《2023 中国剧集发展报告》，影视制作公司进行海外剧集发行时，42.47%与外国本土电视台或传媒机构合作，28.77%通过 WeTV、iQIYI 等国内视频平台国际版实现海外传播，23.29% 与 Netflix、Disney＋等国际流媒体平台合作，36.99%通过其他方式实现海外传播，如 YouTube 等。2023 年以来，在之前网文出海奠定了用户心智和内容适配基础之上，短剧成为中国内容出海的新晋热门赛道，也采用"内容+平台"的模式进行海外传播。随着主攻北美市场的中国短剧出海平台 ReelShort 加速上线本土原创短剧并扩大投放规模，短剧 App 的海外下载量自 2023 年 6 月开始加速增长，7～10 月海外月度下载量保持在 200 万次以上。不仅如此，TikTok、Kwai 等短视频平台也在加速孵化相关内容。"内容+平台"出海的模式无疑大大提高了头部视频平台的"造船"能力，有助于海外传播的全面提质与提速。

与上述两种出海模式相比，商业模式出海则进一步释放了中国头部短视频平台与电商平台的供应链潜力，成为放大海外传播声量的重要途径。根据 We Are Social，2023 年第三季度全球移动 App 的 MAU、时长、下载量 Top10 排名中，TikTok 的时长、下载量分别排名第四和第二，TEMU 也在 2023 年迅速起量，冲进下载量 Top10，并且或将进一步改变跨境电商竞争格局。流量基础和用户时长优势给出海营销的平台带来更高的广告价值，也推动这些平台从自身出海向品牌出海的头部平台转化。尽管目前 TikTok 面临美国众议院要求字节跳动剥离对 TikTok 控制权法案的危机，但未来商业模式出海这一路径仍是头部平台放大海外声量、释放更高价值潜力的选择。

B.3
2023年中国媒体融合创新发展报告

姜 涛 刘牧嫒 王子纯*

摘 要： 2023 年，中国媒体融合在技术推动下进一步"真融""深融"，创新亮点不断涌现。在大视听时代，主流媒体积极探索内容深度融合，聚焦文化内核，依托自身内容优势，不断拓展"内容+"边界，极大丰富了自有内容产品创新；把握移动互联网动向，积极布局增量平台，利用微短剧风口，为正能量赢得大流量。面对 AIGC 浪潮，主流媒体在研发平台工具的同时，成立融媒创新机构，统筹资源，全力投入；直面媒体行业数字化转型的加速，尝试跨产业合作，探索发展新业态，努力拓展经营新空间；在国际传播方面，主流媒体把握短视频传播趋势，升级国际传播品牌策略，国际传播影响力不断攀升。

关键词： 媒体融合 文化数字化 AIGC 国际传播

一 拓展"内容+"边界 打造深度融合内容产品

在深度融合和数字化转型过程中，主流媒体结合自身多年的融合经验和技术积累，积极实践国家文化数字化战略，打造多元聚合、深度融合、灵活拓展外延的内容产品。

聚焦文化内核，实现内容深度融合。在文化数字化发展的大背景下，主流媒体作为国家文化数字化战略的重要参与者，依托前沿技术和资源聚合能力，聚焦文化内容，实现内容的深度融合。例如，中央广播电视总台推出的文化数字化平台"央博"App，立足于使用前沿科技传播中华优秀传统文化的定位，

---

* 姜涛，央视市场研究（CTR）总经理助理，CTR 媒体融合研究院执行副院长；刘牧嫒，央视市场研究（CTR）媒体融合研究经理；王子纯，央视市场研究（CTR）媒体融合高级研究员。

专注挖掘文化的核心价值，实现文化内容的深度融合。一方面，"央博"App把各大博物馆、美术馆、美术院校及知名艺术家的典藏文物和艺术作品汇集呈现；另一方面，平台通过整合中央广播电视总台如《非遗里的中国》《探索发现》《百家讲坛》等经典的历史文化内容资源和美育课程等资源，让用户可以边看边学。在集纳内容资源的基础上，"央博"App还陆续推出一系列如"何以文明——中华文明探源工程成果数字艺术大展""央博中秋云诗会""央博新春云庙会"等IP项目，在沉浸式体验线上内容的同时，打造线下场景，如2024年"央博新春云庙会"在颐和园、地坛公园设置实景展示位，实现线上虚实内容和线下场景的深度融合。

细化用户需求，打造"内容+服务"的深度融合产品。随着媒体内容的丰富与技术呈现效果的不断提升，用户的需求变化也前所未有地呈现个性化态势。主流媒体依托自有平台的升级优化，从关注用户需求、细分使用场景出发，利用新闻资源和内容聚合能力，为用户提供更多垂直细分的服务，这也是主流媒体发展自有平台产品的重要方向。2023年，更多主流媒体App细分服务场景落地。例如，北京广播电视台旗下的"北京时间"App推出的"爱宠频道"板块，旨在基于线上平台的便捷性，为广大爱宠人士打造一个集动物医院、动物免疫职能部门和政府管理部门于一体的全方位爱宠服务平台。这一平台提供宠物信息注册服务，为宠物主提供爱宠专属免疫身份证，在注册管理信息基础上，还提供宠物免疫信息查询、免疫预约和宠物免疫提醒等实用功能，让爱宠人士能够随时掌握宠物的健康状况，以便宠物主及时为爱宠接种必要的疫苗。佛山人民广播电台基于新闻的信息集成优势，对交通、气象、资讯、汽车服务等方面的新闻资源进行整合、归类、分发，通过"畅驾"App为用户提供权威的交通资讯、汽车和出行相关服务，拓宽新闻资讯在交通出行领域的服务范围。

二 发力高增长平台 入局风口赛道

在大视听时代，移动互联网是媒体融合的主赛道，让正能量拥有大流量是媒体在融合过程中需要关注的重要课题。在融合实践中，媒体机构通过布局高增长的第三方平台，入局风口赛道，积极探索流量转化密码。

主流媒体瞄准用户高增长平台发力。CNNIC 数据显示，2023 年底，中国网络视频（含短视频）用户规模达 10.67 亿人，渗透率达 97.7%，其中短视频用户继 2022 年底破 10 亿人后继续攀升，2023 年底已达 10.53 亿人[①]。主流媒体一方面关注用户聚集的短视频平台，另一方面依托商业平台持续加速移动化布局。CTR 数据统计显示，截至 2023 年底，45 家主流媒体机构[②]在抖音、快手、微信、微博等社交媒体平台上共开设官方账号超 6000 个，其中粉丝量/季度阅读量/推荐量在百万级以上的头肩部账号超 1600 个[③]，与 2022 年相比，官方账号总量增加 9.69%，百万级以上头肩部账号增长 6.05%（见图 1），账号运营力度不断加大，全年作品发布量由 740 万篇/条增加到 911 万篇/条，增长 23%。

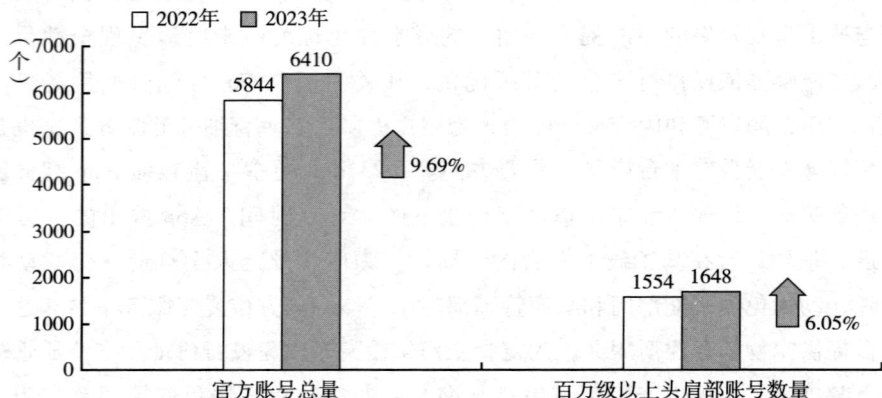

图 1　2022~2023 年主流媒体机构新媒体账号数量对比

资料来源：唯尖-CTR 短视频商业决策系统。

特别是微信视频号与小红书在 2023 年强势崛起，成为网络平台新增量。2022 年 6 月，微信视频号月活用户规模就已超 8 亿人，总播放量同比增长超 50%[④]，且原创内容占微信视频号作品的绝大部分。截至 2024 年 2 月，小红书

---

① CNNIC：《第 53 次〈中国互联网络发展状况统计报告〉》，2024 年 3 月。

② 8 家央媒及 37 家省级广电媒体机构，下同。

③ 《姜涛：2023 年主流媒体网络传播力榜单及解读丨德外独家》，"德外 5 号"微信公众号，2024 年 1 月 17 日，https://mp.weixin.qq.com/s/lUMAXZPkcEBBqye2mtji-Q。

④ 《8 亿月活赶超抖音，微信视频号也想在买量上掺一脚》，雪球网，2022 年 9 月 27 日，https://xueqiu.com/9418247604/231627823。

月活用户规模已超 3 亿人。主流媒体机构关注到这一趋势，不断向用户聚集的平台发力。CTR 唯尖数据监测显示，截至 2023 年底，45 家主流媒体机构已开设微信视频号官方账号数量超过 850 个，体量与快手平台接近；在小红书平台上，中央广播电视总台、新华社、人民日报社、重庆广播电视集团（总台）、云南广播电视台等 18 家主流媒体机构均已开设认证的官方账号，占比已达 40%。

主流媒体入局风口赛道让正能量赢得大流量。微短剧在近两年以轻体量、多反转、强带入、高转化等特点，迅速成为热门内容赛道。国家广播电视总局网站数据显示，2023 年获得发行许可证的短剧数量呈现大幅增长趋势，过审短剧数量由 2023 年第一季度的 83 部增加至 2023 年第四季度的 153 部。2023 年，越来越多的主流媒体躬身入局，打造了高品质精品微短剧。2023 年 12 月，大芒剧场的微短剧《风月变》上星播出，引起行业的广泛关注，说明该剧目的精品化程度得到市场的普遍认可。主流媒体推出的微短剧更是在选题上切准时代脉搏、创新融合丰富的文化内核，如中央广播电视总台在河姆渡文化遗址发现 50 周年之际，推出的 4 集微短剧《河姆渡的骨哨声》，实地取景、融合穿越桥段，打造考古主题的动人故事；2024 年春节期间，四川观察推出的精品微短剧《子曰》，巧妙地融合了中国的传统文化与现代社会场景，通过孔子的语录讲述了感人的温情故事；苏州广电与芒果 TV 合作推出的《一梦枕星河》聚焦苏州老城保护，融合苏绣、评弹、昆曲等非遗元素，在讲述青春故事的同时映射出苏州现代发展的风貌。此外，在 2023 年末备案的剧目中，最高人民检察院影视中心的《刺桐花》，以及中央广播电视总台推出的 AI 全流程微短剧《中国神话》、自制系列微短剧《AI 看典籍》等，皆是值得关注的重点项目。

三 生成式人工智能从研究引领到应用落地全面爆发

近年来，生成式人工智能（AIGC）浪潮当之无愧地成为技术领域的焦点，AIGC 强大的运作能力对媒体内容与分发的底层逻辑产生巨大影响。从 OpenAI 的 ChatGPT 到 2024 年初的文生视频工具 Sora，AIGC 工具的快速迭代不断刷新人们的认知。国内主流媒体在 AIGC 领域的探索、应用亦可圈可点。

积极探索 AIGC 应用场景落地。一是推出集成式平台工具，每日经济新闻推出的"雨燕智宣"全流程 AI 短视频自动生成平台，具有整合数字形象、媒资数据库、元宇宙应用场景等多项特色功能，给视频制作与分发带来革命性的变革。上海广播电视台推出名为 Scube（智媒魔方）的 AIGC 应用集成工具，集成多模态素材识别、横屏转竖屏、智能翻译、自动剪辑等多个 AI 功能，为全流程新闻制播服务提供 AI 支持。二是探索生成式内容量化产出。在 2023 年的积累之后，2024 年初，中央广播电视总台集中推出一系列 AIGC 作品，包括 AI 全流程微短剧《中国神话》、自制系列微短剧《AI 看典籍》、首部文生视频 AI 系列动画片《千秋诗颂》以及首部 AI 全流程赋能译制的英文版微纪录片《来龙去脉》等。此外，中央广播电视总台还制定了国内首部媒体使用人工智能的规范化标准，为媒体机构生成式内容的量化生产提供标准保障。

成立 AIGC 融媒创新机构，推动 AIGC 在传媒领域的产学研用一体化发展。2023 年 4 月，中国新闻技术工作者联合会 AIGC 应用研究中心（广西实验室）正式成立，该中心立足把 AIGC 技术应用到媒体策划、采编、制作、审核、发布等全流程中，通过 AIGC 赋能提升内容生产效率。2024 年 2 月，中央广播电视总台成立人工智能工作室，与多家国内一流的科研机构合作，整合全台优质媒体资源训练"央视听媒体大模型"，助力总台高质量发展。上海广播电视台成立的"生成式人工智能媒体融合创新工作室"主攻财经媒体专属 AI 大模型、新闻资讯类大模型应用等六个重点方向，致力于布局传媒领域 AIGC 应用场景建设、推动沉浸交互式音视频内容生成范式的研究和探索。大象融媒的 AIGC 应用研究室暨产业孵化中心启用，计划从科研应用人才培养、孵化投资、产业项目培育三个方向推动 AI 技术在多元领域的应用和发展。成都市广播电视台的 AIGC 创新应用工作室和北京广播电视台的人工智能融媒创新实验室也相继成立。主流媒体正在不断加大对 AIGC 领域的关注和投入，通过专业垂直的架构组织集中资源，依托自身丰富的影视音乐媒体资源，不断探索多元化合作模式，集纳各方优势资源，促进人工智能技术在传媒领域的一体化发展。

四 探索跨产业合作创收新空间

2023 年，媒体产业数字化转型已成行业共识，经营优化成为新常态，媒体行业积极应对时代变革压力，通过跨产业协同合作、探索新业态不断尝试拓展经营收入新路径。

发力文旅，探索文化消费新场景。2023年，全国文旅行业强势复苏，从贵州"村BA"/"村超"、淄博烧烤到各地文旅局局长"花样整活"、哈尔滨变"尔滨"，文旅热点频繁涌现，媒体机构也在不断尝试"媒体+文旅"跨产业协同合作，在文旅领域创新文化消费场景，探索经营新模式。2023年，上海广播电视台联手上海市静安区政府合作打造首届"静安国际光影节"，通过艺术光影、数字科技、沉浸式展秀、潮流运动、萌宠时尚、二次元和传统节庆活动提高娱乐、餐饮、购物、会展等行业热度，为静安大悦城带来10万人的历史最高单日流量。由SMG阿基米德传媒打造的首个沉浸式广播实体空间——愚园路电台上线，该空间融合了直播演播室、咖啡厅和线下沙龙活动场，通过举办上海故事分享、咖啡生活节、人文行走等城市活动，以独特的海派文化空间和氛围感吸引源源不断的访客前来打卡体验。湘潭市政府与湖南电广传媒股份有限公司深度合作打造的万楼·青年码头景区，作为本地地标性文旅项目，截至2023年11月底，该景区累计接待游客280万人次，日均接待游客1万人次，景区成为当地传统文化创意表达的国潮时尚聚集地，同时成为媒体文旅产业融合、开拓文旅消费场景的典型案例。

"媒体+教育"素质教育业务快速增长。主流媒体利用自身权威、专业能力，从C端获得新营收路径，有利于媒体产业化能力与综合经营能力的提升。例如，广东广播电视台教育中心推出的"进击清北博学旅行"研学团，精心嵌入采编播研学体系，走入清华、北大，与师兄、师姐进行座谈，配合栏目组全程跟拍，展现媒体机构独有的竞争力；湖南广电旗下电广传媒利用自有金鹰影视文化研学基地资源，开展研学营活动，带领学生参观热门节目录制地，完成个人专属媒体作品，体验传媒职业，让研学营学员可以借此开拓创意思维，培养沟通表达能力，提升团队协作和问题解决能力。

五 国际传播战略升级 系统化打造中国叙事体系

2023年，海外社交媒体平台中短视频持续火爆，TikTok对年轻人依然具有极强的影响力。随着短视频的火爆，广西"科目三"成为全球传播样本，中国二三线城市陆续在海外走红，在中国元素、中国故事、中国模式颇受关注的同时，主流媒体积极拓展自身传播渠道，通过成立海外传播中心、推动海外内容品牌等战略升级，不断提升国际传播影响力。

主流媒体机构通过社交媒体触达海外用户，百万级账号数量持续增长。CTR海外传播力榜单显示，截至2023年底，国内主流媒体机构在海外三大社交媒体平台布局923个账号，粉丝量百万级以上的头肩部账号共计168个，较2022年底增加24个①。中央广播电视总台、新华社、人民日报社在海外三大社交媒体平台布局全面、百万级以上订阅量账号数量多、内容运营力强，在2023年国内主流媒体机构海外传播力榜单Top 10中位列前三（见表1）。

表1　2023年国内主流媒体机构海外传播力榜单 Top 10

排名	评价对象（机构）	Facebook 得分	YouTube 得分	X（Twitter） 得分	综合 得分
1	中央广播电视总台	99.56	99.09	98.72	99.15
2	新华社	90.75	90.84	92.59	91.33
3	人民日报社	93.82	85.69	94.79	91.26
4	中国日报社	93.85	86.05	91.57	90.43
5	SMG	85.55	92.72	87.31	88.59
6	湖南广播电视台	82.83	96.01	81.26	86.97
7	中国新闻社	86.48	86.03	83.75	85.50
8	澎湃新闻	84.13	77.79	79.98	80.67
9	上海日报社	81.00	75.83	81.26	79.27
10	江苏广播电视总台	70.96	88.58	72.14	77.48

资料来源：唯尖-CTR短视频商业决策系统（海外版），榜单评估包含Facebook、YouTube和X（Twitter）平台。

把握媒体特点，着力提升新媒体舆论传播力和影响力。抢首发，中国媒体一直在路上。以2023年10月初巴以冲突升级报道为例，"CCTV-4中文国际" YouTube账号相关报道的发布时间在国内诸多出海媒体账号中最早，随后

---

① 《姜涛：2023年主流媒体网络传播力榜单及解读 | 德外独家》，"德外5号"微信公众号，2024年1月17日，https://mp.weixin.qq.com/s/lUMAXZPkcEBBqye2mtji-Q。

"CCTV 法语" YouTube、Facebook 账号不断跟进相关信息，10 月累计发布相关视频 150 余条，累计播放量超 30 万次。重细节，多角度展现具象化的中国故事。主流媒体机构在社交媒体平台上发布的中国百姓日常生活，中国经济社会发展情况，与大自然、动植物和谐相处等内容反响热烈，如中央广播电视总台 "CGTN" Facebook 账号发布的关于野生动物幼崽的视频作品播放量达千万次以上，"中国日报""人民日报" Facebook 账号发布的百姓日常生活及与中国乡村相关的视频作品，播放量也均达 500 万次以上。

适应全球短视频化趋势。各大头部社交平台纷纷开发短视频功能。截至 2023 年底，YouTube Shorts 的月活用户规模已经达到 20 亿人，同比增长近 1/4，每天在全球范围内的浏览量达到 500 亿次。Facebook 的 Reels 也在不断地更新功能，开始允许用户自定义推荐内容，并在观看视频时实现长短视频的无缝滚动观看。国内主流媒体机构也在积极地适应这一趋势。以 YouTube 平台为例，根据 CTR 的监测数据，在主流媒体机构出海的 YouTube 账号中，已经有 76% 的账号开通 Short 功能。其中，中央广播电视总台正常运维更新的 114 个账号中，有 99 个账号已经开通 Shorts 功能，占比达到 87%。人民日报社和新华社这两家主流媒体机构的账号开通率也都保持在 70% 以上。

陆续成立海外传播中心，打造海外内容品牌。2023 年，上海、江苏、深圳、湖北、武汉等地多家广电机构成立国际传播中心。同时，广电机构聚力打造国际传播内容品牌，如四川观察的 "熊猫眼"（Panda Eyes）全球传播计划在海外社交媒体平台打造账号矩阵；江苏广电推出 "Jiangsu＋You" 国际传播核心品牌，向全球推介多部重量级精品力作。

结　语

在数字化浪潮席卷全球的今天，主流媒体基于数字化技术的发展，不断拓展媒体融合创新的边界。2023 年，主流媒体积极拓展 "内容+" 边界，深度实践国家文化数字化战略，给用户带来丰富多元的内容产品。围绕用户不断增加的个性化需求，主流媒体进一步细化服务赛道，提供更多垂直细分的选择，在 AIGC 浪潮下，积极推出 AIGC 工具性平台，探索生成式内容量化产出。从全球来看，在国际传播战略升级的大背景下，中国主流媒体系统化打造中国叙事体系，向世界展示中国文化的独特魅力。这些努力不仅展现了主流媒体的融合创新能力，也为整个内容行业树立了标杆。然而挑战与机遇并存，主流媒体也面临新技术带来的版权保护困难、内容质量较差等问题，这不仅是技术赛道的竞赛，还是创新思维与智慧的较量。当然也正是这些挑战，激发了主流媒体的创新活力，为此它们纷纷成立了 AIGC 融媒创新机构，推动产学研用一体化发展，不断在探索中前行。2024 年，主流媒体将继续深化对 AIGC 技术的应用和研究，以更加开放、包容的姿态拥抱变革，以更加强烈的创新意识和进取精神面对挑战，用智慧和勇气书写媒体融合的崭新篇章。

传媒行业与市场篇 ▷

B.4
2023年中国电视产业发展报告

——媒介深度融合进程中的电视价值再平衡

郑维东*

摘　要：　政策、市场和技术等多方面力量不断调整电视与网络视频的竞争关系和发展轨迹，产业实践紧跟行业变化，市场热点频现并孕育出高质量发展新动能。电视"套娃"收费治理和"开机即直播"政策规范提升大屏开机率，媒体深度融合持续推动广电行业向大视听生态转型，电视和网络之间既同屏相生又跨屏共振，双向赋能推动彼此增长，共铸万亿产业经济。本报告通过观察和分析2023年中国电视产业发展的几个切面，围绕治理、转型、重建和赋能等若干方面，重点讨论了电视在媒介深度融合进程中的价值再平衡问题。

关键词：　电视入口　用户黏性　跨屏共振　营销升维　价值再平衡

---

* 郑维东，Kantar Media Audience 中国区资深数据科学家。

2023 年是电视传媒产业重振和调整的一年，政策面和市场面都发生了比较深刻的变化，用一组关键词表述，即治理、转型、重建和赋能。"开机即直播"政策规范取得初步成果，开机率相关话题引发热议，也引发对电视大屏本体价值的再讨论；电视传播和网络视频继续融合，中短视频赛道升温，市场竞争越发激烈；用户规模红利见顶，平台竞争加剧，广告和付费双混合模式涌现；短视频和直播电商驱动营销升维，人工智能技术和大数据进一步赋能品效协同，但同时引发虚拟现实不当渗透和虚假流量现象泛滥。

一　政策发力，重塑电视入口

自电视融入泛视频化数字媒体以来，观众与电视节目的关系逐步演变为"直播—点播—跨屏"与"数字有线—IPTV—OTT"相互融合的"九宫格"复杂传播矩阵。电视传播深陷所谓"套娃"困局。

为此，国家广播电视总局专门发文、专项整治，要求有线电视终端提供"开机进入全屏直播"和"开机进入突出直播频道的交互主页"两种"开机模式"选项，系统默认设置为"开机进入全屏直播"[①]。这是一种重塑电视入口的管理政策和行动规范。国外不少电视遥控器上有直接进入 Netflix、YouTube 等平台的按键，这也是一种重塑电视入口的方式。

这项被简称为"开机即直播"的治理政策自发布以来取得显著成效，最先受到影响的是数字有线电视平台，其次是 IPTV。此外，该政策还对 OTT 平台的违规电视直播业务做出进一步限制，促使电视端开机即直播新局面形成[②]。

政策在牵头重塑电视入口的同时，也在重塑电视直播频道业务，既涉及经济传播价值层面，又涉及更加重要的社会服务价值层面。仅就经济传播价值而言，CSM 收视率监测数据表明，电视直播频道的收视率，特别是开机即直播的首屏频道收视率有显著提升[③]。

[①] 《治理电视"套娃"收费和操作复杂工作动员部署会在京召开》，2023 年 8 月 21 日，国家广播电视总局网站，https：//www.nrta.gov.cn/art/2023/8/21/art_112_65235.html。

[②] 郑维东：《重塑电视入口》，《上海广播电视研究》2024 年第 1 期。

[③] 郑维东：《重塑电视入口》，《上海广播电视研究》2024 年第 1 期。

收视率受到达率和收视时长（收视黏性）的影响。"开机即直播"解决了观众看直播步骤多、选择难的问题，提升了直播频道特别是首屏频道的到达率。收视传播规律中的"双虞效应"，也将提高这些频道的人均收视时长。不过，收视时长归根结底取决于内容竞争力①。

视频传播的价值链条包括内容、渠道、终端、用户和营销五个环节。"开机即直播"政策强调以观众为中心，通过调整渠道和终端层面的技术与服务方案，改变内容与用户的连接关系，优化电视直播业务，提升电视直播业务双重价值。这必将在营销层面取得新的效果。

2023年，广告市场复苏加速。无论是在电视领域，还是在网络视频领域，广告都是市场的重要增长点。CTR广告监测数据表明，2023年中国广告市场花费同比上涨6%，其中电视广告复苏的步伐加快，"开机即直播"政策成为电视广告增长的"催化剂"。

在耗尽用户红利之后，网络视频平台当下优先考虑的是收入增长和赢利能力提升（而不再是用户数量增长），通过不断发展有广告支持的视频点播（AVOD），补充订阅视频点播（SVOD），打造混合视频点播（HVOD）新业态。在订阅服务中，通过消费者分层，扩大广告的覆盖范围，以进一步改善消费者与优质视频互动的方式，提升观众体验。另外，FAST（免费广告支持型流媒体电视）也得到一定的发展。

智能电视的普及让电视直播与视频点播（VOD）流媒体业务之间的竞争日益激烈。是开机即直播，还是一键VOD，这一入口设置已经超越简单的技术选项。媒体在政策与市场之间不断寻求新的平衡，政策对电视直播的积极扶持为电视直播频道群的优化调整、自我革新与市场重振留出不可多得的时间窗口②。

二　电视市场没必要为开机率焦虑

"开机即直播"政策的出台，让市场重新关注电视开机率的问题。"我国

---

① 郑维东：《重塑电视入口》，《上海广播电视研究》2024年第1期。
② 郑维东：《重塑电视入口》，《上海广播电视研究》2024年第1期。

电视开机率跌至30%"的话题一度冲上新浪微博热搜榜第1位，阅读量高达1.7亿次。笔者曾写过一篇题为《有必要谈谈开机率》①的短文，目的是回应2011年的一条网络新闻——"北京地区开机率从70%跌至30%"②。"开机率大跌"的话题依然不时被翻炒，电视行业焦虑情绪常在。

《有必要谈谈开机率》一文指出，开机率（Households Using TV，HUT）是指特定时段内电视开机户数占电视家庭总户数的比重，一般以目标时段平均每分钟电视开机户数占比表示。2013年，中国城乡居民家庭日均开机率为93%，到2023年，这一指标下降至68%③，这意味着仍有超2/3的家庭每天会打开电视。

综上所述，令电视行业焦虑的"开机率大跌至30%"其实是没有充分科学依据的，只因媒体炒作而不断刷存在感。"看电视"的人群已逐渐演变为"用电视"的人群，从"看"向"用"转变的10年间，电视开机率持续走低让整个电视行业倍感压力。过去10年是传统媒体不断转型和多元媒介融合发展的一段时间。从"电视+"到"+电视"再到"泛视频"的演化来看，仅凭开机率这一指标，已无法全面展现电视传播在媒体融合不断深化时代的本质变迁。

电视媒体转型和创新是以互联网传播为核心特征的，IPTV用户增长、OTT联网电视日渐普及更加凸显电视流量化发展态势。根据《2023年全国广播电视行业统计公报》④，2023年全国IPTV用户约4亿人，OTT平均月活用户数则超过3亿人，城乡家庭复合渗透率高达142%。

在"流量为王"的时代，日活、月活（日/月到达率）等概念将比开机率指标更具现实指导意义，能够体现电视内容在用户复合媒体消费市场结构中的重要性。CSM大屏收视监测数据显示，2023年中国电视用户日活稳定在40%左右；而电视内容基于小屏端传播，通过流媒体平台、短视频平台和社交平台

① 郑维东：《有必要谈谈开机率》，《收视中国》2013年10月。
② 《电视开机率从3年前的70%下降至30% 电视将死?》，人民网，2013年7月22日，http://culture.people.com.cn/n/2013/0722/c172318-22274009.html。
③ 数据来源：CSM收视调查。
④ 《2023年全国广播电视行业统计公报》，国家广播电视总局网站，2024年5月8日，https://www.nrta.gov.cn/art/2024/5/8/art_113_67383.html。

的交互放大，实现日活倍增的效果。在移动化、碎片化、场景化、多线程的复合传播格局中，业界也经常用月活指标表现媒体用户价值体量，这比日活指标更能反映稳定的、可预期的市场投资价值。从月活指标来看，即便仅是电视大屏，如CCTV-1单个频道，2023年月活也稳定在40%以上。

身处流量经济时代，业界关注的重点在于媒体价值的提升，而不是单纯的开机率指标。国家广播电视总局发布的《2023年广播电视行业统计公报》显示，在14126.08亿元行业总收入中，传统广告收入仅占4.1%，网络媒体广告收入则占19.1%；传统有线电视网络收入仅占5.0%，网络视听收入则占39.9%①。在不断调整的广播电视和网络视听产业结构之下，日活、月活指标投射的市场价值显然已远超开机率指标。

更进一步思考，开机率话题之所以被再次翻炒，可能与近期国家治理电视"套娃"现象并要求实现"开机即直播"有关。"开机即直播"在很大程度上解决了观众看直播步骤多、选择难的问题，并且直接提升了直播频道特别是首屏频道的到达率，这在客观上有助于电视开机率回升。

在新时期，电视行业应关注融合传播之下的跨屏总开机率，或者日活、月活之类的新兴业态指标，这样才不会过度焦虑。

三　用户黏性成融合竞争焦点

开机率反映的是用户规模，但用户忠实度是比用户规模更为重要的传播价值评估指标。2019年，笔者写过一篇题为《电视的"月活"分析》②的文章，第一次把电视收视率测量中的到达率指标与互联网行为测量中的活跃用户指标放到一起进行比较研究。在互联网用户行为测量中，还有一项与电视收视率分析中的用户忠实度类似的指标，即用户黏性，被定义为DAU（日活跃用户数）与MAU（月活跃用户数）的比值。如果计算电视日到达率与月到达率的比值，同样可以得到电视的用户（观众）黏性。

例如，爱奇艺、腾讯视频当前日活规模一般为0.8亿~1.0亿人，月活规

---

① 《2023年全国广播电视行业统计公报》，国家广播电视总局网站，2024年5月8日，https：//www.nrta.gov.cn/art/2024/5/8/art_113_67383.html。

② 郑维东：《电视的"月活"分析》，《收视中国》2019年7月。

模一般为 4 亿~5 亿人，用户黏性约为 20%。CCTV-8、CCTV-6 和 CCTV-3 分别专注于电视剧、电影和综艺节目的集成播出，可以与爱奇艺、腾讯视频等互联网平台形成竞争关系。

CSM 收视调查数据显示，2023 年上半年，CCTV-8、CCTV-6 和 CCTV-3 的用户黏性分别为 18.9%、21.3% 和 15.6%，按照各频道收视份额加权求和后，这 3 个频道的综合用户黏性为 19.3%，揭示出在影视剧和综艺节目等内容资源充分竞合的机制下，电视频道和互联网平台处于完全可比的市场位置。

市场一般均衡理论指出，完全竞争市场的一般均衡是指在完全竞争市场的假设下，存在一组价格使所有市场中的商品实现供求平衡，并保持相对稳定。从以上分析可见，在市场头部电视频道和头部网络视频平台完全竞争的市场条件下，观众/用户已形成相对均衡的消费行为模式，其中发挥作用的市场定价机制则由内容版权价值决定。

经济学理论认为，开放市场的一般均衡是动态可变的，是从一个均衡走向另一个均衡的动态过程。我们可对电视的用户黏性指标展开分析，对比不同类型电视节目用户黏性的变化。CSM 收视调查数据显示，2023 年上半年，生活服务类节目的用户黏性最高，达 34.9%；其次是电视剧，为 32.2%；其他依次是新闻/时事（29.6%）、专题（24.1%）、综艺（23.7%）、电影（20.5%）、体育（16.4%）、青少（16.1%）、财经（12.2%）、法制（11.6%）、音乐（10.8%）、戏剧（8.7%）。

把这些不同类型节目的用户黏性与 2018 年上半年数据进行对比，其中电视用户黏性增加的只有财经类节目（2018 年上半年用户黏性为 11.2%），基本保持不变的是体育类节目（2018 年上半年用户黏性为 16.6%）；下降幅度最大的是综艺类节目（2018 年上半年用户黏性为 33.0%），其次是电视剧（2018 年上半年用户黏性为 40.8%），再次是青少类节目（2018 年上半年用户黏性为 24.5%），最后是音乐类节目（2018 年上半年用户黏性为 15.0%）；其他类型的节目用户黏性也有不同程度下降。

电视用户黏性过去 5 年的变化反映出节目类型在电视平台和互联网平台之间动态竞争和再布局的一般过程：互联网平台使部分娱乐态、年轻态的电视节目用户黏性下降，但财经、体育、新闻/时事等内容资源仍在电视大屏上具有优势。

四　跨屏共振，非均衡中显现均衡

在视频市场竞争日益激烈的背景下，强势平台形成寡头垄断格局。据最新发布的《中国网络视听发展研究报告（2024）》[①]，在当前网络长视频平台中，腾讯、爱奇艺、优酷、芒果、B站和咪咕的用户渗透率总和高达92.9%；在网络短视频平台中，抖音、快手的用户渗透率总和高达95.3%。

网络视频市场是比电视市场更加趋向垄断竞争的市场。CSM收视调查数据显示，2023年CCTV各频道及全国排名前15的省级卫视频道在电视大屏中的份额之和为46%，尚不过半。电视多频道选择、内容同质化和线性编播，在客观上降低了垄断的程度。

寡头垄断竞争让市场整体处于非均衡状态。CNNIC最新发布的数据显示，2023年全国网络视频用户规模为10.67亿人，定义口径是"过去半年内使用过互联网的6周岁及以上人口"；CSM基础调查显示，2023年中国电视观众规模为12.9亿人，定义口径是"家中有可使用电视机的4周岁及以上人口"。如果去除电视观众中4~5周岁人口和过去半年内没有看过电视直播的人口，则网络视频用户规模和再定义后的电视观众规模有一定的可比性，但后者仍比前者在规模上略有优势。这是当下可以从非均衡市场竞争中寻找到的第一个均衡：电视直播和网络视频用户的规模总体均衡。

衡量视频媒体价值的基础指标，除用户规模以外，还有人均使用时长。《中国网络视听发展研究报告（2024）》指出，截至2023年12月，网络长视频单日人均使用时长为112分钟，网络短视频单日人均使用时长为151分钟。CSM收视调查数据显示，2023年每观众日均收视时长为238分钟，依份额估算，CCTV与全国排名前15的省级卫视组每观众日均收视时长可达109分钟，这与网络长视频的单日人均使用时长接近。这是本报告寻找到的第二个均衡：强势平台用户使用时长的均衡。

[①] 《〈中国网络视听发展研究报告（2024）〉12个主题发现》，"广电时评"微信公众号，2024年3月27日，https://mp.weixin.qq.com/s/4CBrWmrIZaXRR9uNQTG9RQ。

在数智化时代，电视和网络长视频从内容到终端相互渗透，在竞争中逐步形成市场共振效应；短视频则具有超越性，其移动化、碎片化传播特点和自媒体内容优势反而对电视和网络长视频市场形成挤压。

笔者大约两年前写过一篇《看见视频行业新常态》[①] 的短文，总结了视频行业的三个新常态，包括"OTT 快速发展并引领新增长""用户付费和广告营销双驱动发展""中短视频快速占领市场赛道，通过紧密连接社交和电商，不断改变视频行业竞争规则"。从以上数据分析可见，这几点依然是现阶段视频行业融合发展的主要趋势。

用户对视频媒体的消费缔造了相关领域可观的广告市场价值。中关村互动营销实验室指出，2023 年中国互联网广告市场规模为 5732 亿元[②]，人均广告花费为 44 元/月；与移动互联网运营商的 ARPU 值（人均移动互联网流量花费）处于可比区间（中国移动 45 元/月，中国联通 44 元/月，中国电信 49 元/月）。两者相比较的意义在于，一个货币单位的流量承载一个货币单位的广告，流量即时间。这是我们寻找到的第三个均衡：用户媒介时间向营销价值转换的均衡。

视频行业发展以流量增长及其竞争性分配为前提。广告既是流量产品，又是流量红利。相关数据显示，2023 年抖音平台的广告收入超千亿元[③]，而长视频平台爱奇艺的广告收入不足百亿元[④]。可见，同样是流量，短视频提供了更大的广告变现空间；网络长视频平台则大力发展会员，以应对来自广告收入的挑战。

从用户规模到使用时长再到流量广告，体现了动态变化之中的均衡。透过数据寻找均衡，让价值有所依，让趋势有所见，也是一种打造新质生产力并加以科学运用的过程。

---

① 郑维东：《看见视频行业新常态》，《收视中国》2022 年 4 月。
② 《〈2023 中国互联网广告数据报告〉完整版》，中关村互动营销实验室网站，2024 年 1 月 10 日，https：//www.imz-lab.com/article.html？id=200。
③ 《〈2023 中国互联网广告数据报告〉发布：人工智能推动互联网广告产业链重塑》，"中国经济周刊"百家号，2024 年 1 月 11 日，https：//baijiahao.baidu.com/s？id=1787779461942100558&wfr=spider&for=pc。
④ 《2023 年总营收 319 亿元，爱奇艺看好生成式 AI 发展》，"和讯网"百家号，2024 年 2 月 29 日，https：//baijiahao.baidu.com/s？id=1792199146812528688&wfr=spider&for=pc。

五 营销升维驱动传播价值再提升

在电视内容线性传播时代，时间、节目和观众三个维度（When、What、Who，3W）即可定义收视率。现在是视频内容非线性传播主导的时代，上述三个维度之间的关系不断折叠衍生出各种场景，场景成为定义收视率的第四个维度。

场景是时空的组合，之前看电视的场景是相对固定的，现在移动化、碎片化的视频消费行为融入不同空间，让场景（第4个W：Where）成为不容忽视的重要变量。

收视率维度的增加，提高了收视行为分析和营销传播研究的效度。观众或用户在不同场景下的视频消费也可以定义为不同的内容触点，一个场景就是一个触点。收视率中的到达（Reach）概念正在被场景触点细分。

广告界曾有一句名言："广告费有一半被浪费了，但问题是不知道哪一半。"现在的情况可能比这个简单的比喻更为复杂，因为浪费的一半更加碎片化和不可知，包括无效流量和虚假流量产生的浪费。为此，业界专门提出多触点广告归因模型（Multi-touch Attribution，MTA），试图为复杂的广告投资图谱找到数据表象背后的真实逻辑。

归因是一种由结果反向寻找和检验广告投放策略的方法。广告目标效果常分为三层，即三个存在一定递进关系的不同维度，一是触达，二是转化，三是提升（包括销售提升和品牌提升）。三个维度涉及即期与长期、效率与效益，并关切品效协同增益。

从效度维度来看，影响广告投放策略和投资回报结果的变量其实有很多，这让归因研究变得更加困难。业界总结出三大类变量数十个维度，分别来自经济环境变量、媒介组合变量和竞争结构变量。这些变量维度交织在一起，使广告投放决策成为一门复杂科学。

复杂科学需要更加复杂的分析工具。除了多触点广告归因模型，业界还提出媒介混合分析模型（Media Mix Modeling，MMM），试图在以上众多影响因子与三个递进的结果变量之间建立起一种拟态统计数据关系。互联网营销造就的丰富大数据资源为这种拟态统计数据关系的检测和验证提供了前所未有的可能，数据科学从此派上新用场。

这样看来，媒介混合分析模型与多触点广告归因模型其实是为研究当前复杂的广告营销策略而创建的两种类似的工具，通过更多的影响维度来分析、提高广告营销的效度，达到归因、优化和预算再分配的目的。其中，归因是寻找高效通道，优化是重组通道策略，然后借助预算再分配，提高广告投放效率，减少无效和低效广告花费。

收视率分析只是增加了一个维度，广告营销策略分析增加的维度却多达两位数。维度数量的变化也折射出媒介竞争环境和广告资源环境的变化，及其带给传统媒体营销转型的压力。这些变化带有明显的非对称性特征，倒逼企业做出营销策略变革。

后疫情时代的经济复苏尚需要一定时间，广告投放活动仍不活跃，企业广告营销更加看重如何寻找高效触点和善用不对称头部策略。如此，上述两种研究模型更堪重用，通过数据分析和案例分析，不断迭代优化，在维度与效度之间建立新的平衡。

六 技术赋能应避免过度"脱实向虚"

数据既可以是消费者行为的真实记录，又可以是机器驱动的电子日志。在虚拟与现实之间，也要判别和区分数据的虚假或真实。从 XR 到元宇宙，从具身到分身，从 AI 到 ChatGPT，从沉浸式游戏到沉浸式节目和广告，虚拟现实正在不断侵入和改变人们的生活，人们甚至开始担忧其中潜藏的风险。

在虚拟现实的"视界"，对沉浸式节目和广告的收视率监测成为一项新课题。除对到达率（广度）的监测和使用时长（深度）的统计以外，还需要将数字分身纳入考量范围，即除具身使用内容的部分，是否还有分身生成内容的部分，这可以构成收视率评价的第三项指标，即沉浸强度指标。

在数字网络世界，虚假流量是影响收视率监测的"虚拟现实"。因其流量来自"虚拟"，即非人为，所以这类流量如果不被充分过滤，就会完全混入市场经营的现实，给数据监测带来困扰。

根据《2022 年中国全域广告异常流量白皮书》报告，2022 年中国全域广告异常曝光占比达 25.3%，其中来自长短视频平台的广告异常曝光占比高达 29.0%。CSM 利用上海电信数据分析在线视频平台异常流量的结果也显示，2023 年占比仅为 1% 的家宽路由器非人为访问行为的累计异常流量已占用户总流量的 26%。

无效流量（Invalid Traffic，IVT）是指虚假流量导致的异常曝光，即任何非真实或非人工产生的流量，旨在欺骗或操纵网站、广告、数字内容等的市场表现。无效流量分为两类，即一般无效流量（GIVT）和复杂无效流量（SIVT）[①]。由于 SIVT 具有隐蔽性和欺骗性，以上具有一致性特征的虚假流量占比揭示的主要还是 GIVT 部分。中关村互动营销实验室数据指出，2023 年中国互联网广告市场规模超过 5000 亿元。无效流量对内容和广告市场的冲击与影响程度可见一斑。

虚假流量给互联网视频和广告收视率监测带来挑战。考虑到这种干扰，相较于曝光率，转化率成为越来越多广告客户评价广告效果的标准。与此同时，付费用户规模也在内容侧替代广告经营，成为衡量视频市场价值的关键指标。以爱奇艺为例，其 2023 年用户订阅付费收入和广告营收之比是 3.3∶1[②]。

用户数量和用户使用时长两项指标直接影响收视率数据，所以在虚假流量中，不仅有虚假用户数量，还有虚假用户使用时长。对于传统收视率调查，小样本规模被市场诟病，而在大数据时代，基于流量的收视率也正在遭受无效流量之困。"代表性样本组+流量大数据整合"为收视率测量解决方案指明了方向。

互联网视频发展进入具有挑战性的收视率测量时代，不但要考虑做乘法，而且要做减法，即剔除虚假流量。从当前情况来看，更为迫切的是做减法，而 CSM 跨屏同源样本组将成为其中至关重要的一项参考标准。

2023 年，中国电视产业发展在治理、转型、重建和赋能的过程中获得复苏和重振，经济环境整体向好，市场活跃度逐步提升，新质生产力强劲驱

---

① 《共建互联网广告透明、健康环境——中国广告论坛重磅发布〈2018年中国互联网广告无效流量行业报告〉》，现代广告网站，2019 年 5 月 1 日，https：//www.maad.com.cn/index.php? anu＝news/detail&id＝7847。

② 《爱奇艺发布 2023 财报：全年总营收 319 亿元》，光明网，2024 年 2 月 29 日，https：// economy.gmw.cn/2024−02/29/content_37176290.htm。

动。在此背景下，一方面，政策规划和数智化发展让用户回归大屏；另一方面，电视向大视听的转型与实践持续放大内容产业联动优势。综上所述，此电视已非彼电视，当今电视置身媒体深度融合阶段，正在迎来新的价值再平衡周期。

B.5
2023年中国广播电视整体市场回顾

王　平*

摘　要： 2023年，传统和新兴媒体迎来前所未有的发展机遇和生存挑战。传统大屏电视作为主流媒体，观众到达率和观众忠实度总体保持稳定，仅重度观众收视率有所下降。不同类型频道的市场份额在激烈的竞争中不断变化，中央级频道和省级卫视的上星频道市场份额合计占据半壁江山，头部省级卫视抬高了省级卫视整体市场份额。省市两级地面频道面临的竞争更加严峻，保持多年涨势的其他频道收视份额在2023年出现下降。在传统广播收听市场，在总体收听量与上年同期持平的同时，车载收听量和收听占比持续提升，多数地区省市两级本地广播频道合计占据超过85%的市场份额，且主要通过新闻/时事、交通和音乐类频道赢得听众的喜爱。

关键词： 广播电视　上星频道　传统直播　车载收听　广播频率

2023年，社会生活恢复如常，传统和新兴媒体迎来前所未有的发展机遇和生存挑战。本文利用CSM媒介研究2023年所有调查城市收视和收听数据①，对2023年全国广播电视市场发展情况进行梳理②。

---

　* 　王平，中国广视索福瑞媒介研究（CSM）客户服务事业部经理。

　① 　CSM媒介研究2023年所有电视调查城市有96个，广播连续调查城市有17个。

　② 　除非特别说明，电视收视数据涉及的受众为4岁及以上的电视推及人口，时间段为全天；广播收听数据涉及的受众为15岁及以上的广播推及人口，时间段为全天；收听场所为所有收听场所。

一 电视篇

（一）收视总量的变化

1. 人均日收视时长小幅下降，高学历和中青年等非重度收视人群日收视时长低位趋稳

2023年，在全国所有调查城市电视市场中，人均每日收看电视101分钟，较2022年同期减少9分钟，降幅为8.2%（见图1）。

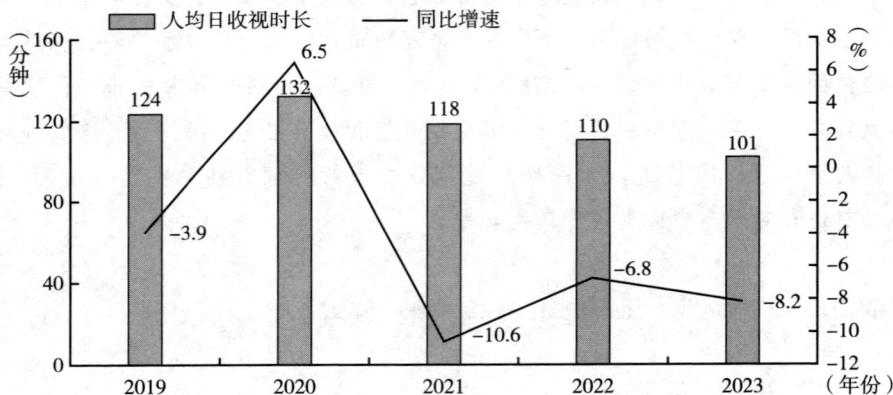

图1　2019~2023年观众人均日收视时长及增速

资料来源：CSM媒介研究。

从2023年不同目标观众的收视数据来看，高收视人群主要为初中及以下学历和年龄在55岁及以上的人群，其人均日收视时长超过100分钟，但其日收视时长较上年减少至少10分钟，降幅明显。而15~44岁的中青年和大学及以上学历人群收视时长较短，其人均日收视时长低于73分钟，但较上年同期减少量较小。可见，重度电视观众收视量的持续减少是传统直播电视总体收视量减少的重要原因（见图2）。

2. 电视媒体日均到达率和到达观众人均日收视时长均小幅下降

2023年，电视媒体日均到达率为40.4%，较2022年降低1.6个百分点，而发

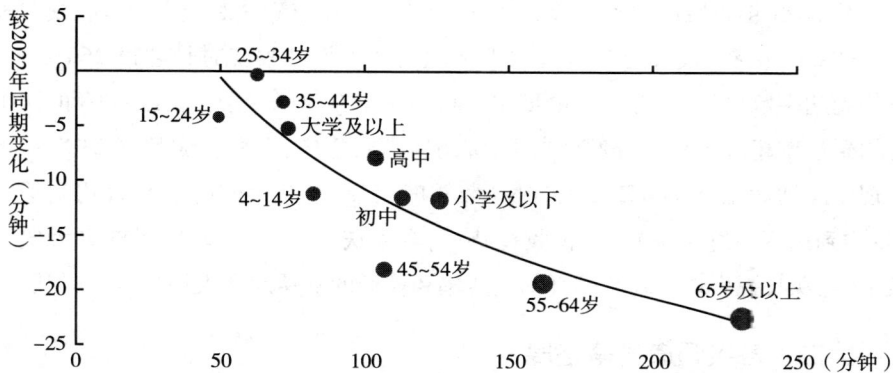

图2　2023年主要目标观众人均日收视时长及变化情况

资料来源:CSM媒介研究。

生实际收视行为的观众每人每天的收视时长为250分钟,较2022年减少12分钟①(见图3)。

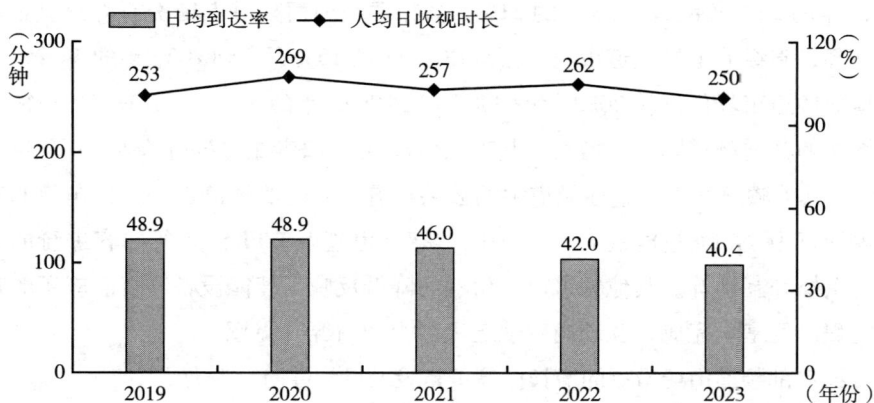

图3　2019~2023年电视媒体日均到达率及到达观众人均日收视时长

资料来源:CSM媒介研究。

---

① 反映电视收视总量的指标主要有两个,一个是整体观众规模(如日平均到达率),另一个是每一位到达电视观众日平均收视分钟数[CSM媒介研究Infosys软件统计指标为"人均收视时长(分钟)"]。

从 2023 年各城市的收视数据来看,近 70%的城市到达观众人均日收视时长为 200~260 分钟,仅有近 20%的城市到达观众人均日收视时长超过 260 分钟;日均到达率数据显示,有 92%的城市日均到达率在 50%及以下,仅有 8%的城市日均到达率超过 50%。分城市来看,济南、贵阳、重庆、上海和成都等 23 个城市表现出高到达观众人均日收视时长(收视时长超过 200 分钟)和高日均到达率(日均到达率超过 40%)的电视收视特征,在安庆、吉林、玉溪、牡丹江和大庆等城市,电视收视表现为较高的日均到达率和较低的到达观众人均日收视时长。

(二)各级频道竞争格局

1.上星频道占据过半市场份额,地面频道市场份额有所回落,其他频道市场份额首次出现下降

2023 年调查数据显示,中央级频道和省级上星频道的市场份额合计为 57%,省市两级地面频道的市场份额合计为 17%,其他频道市场份额为 26%。中央级频道市场份额较 2022 年微降 1 个百分点,省级上星频道市场份额从 2022 年的 26%增长到 2023 年的 31%。省市两级地面频道市场份额均较上年略有下降,省级非上星频道市场份额从 2022 年的 15%下降到 2023 年的 14%,市级地面频道市场份额从 2022 年的 4%下降到 2023 年的 3%。多年来市场份额连续增长的其他频道则停止增长,其市场份额从 2022 年的 27%下降到 2023 年的 26%,其他频道除少量直播频道中的数字频道和非内地频道之外,还包括非直播收视行为,如通过电视大屏对 IPTV、智能电视及 OTT 设备等内容进行的回看、点播和互动等。其他频道市场份额的降低反映了智能设备和智能应用的普及过程已经基本完成、互动内容缺乏吸引力的情况(见图 4)。

2.头部频道市场份额的增长提高了省级上星频道的竞争力

2023 年,省级上星频道的整体市场份额为 31%,较上年同期增长 5 个百分点,主要系头部省级上星频道市场份额增长所致。调查数据显示,2022 年前 10 名省级上星频道合计占 17%的市场份额,而 2023 年,该数值上升至 21%,增加 4 个百分点。

3.少数城市地面频道市场份额实现逆势增长

历史数据显示,近年来省市两级地面频道市场份额下降幅度较大。2023 年的晚间时段(18:00~24:00),省级地面频道在各省(市)的平均市场份

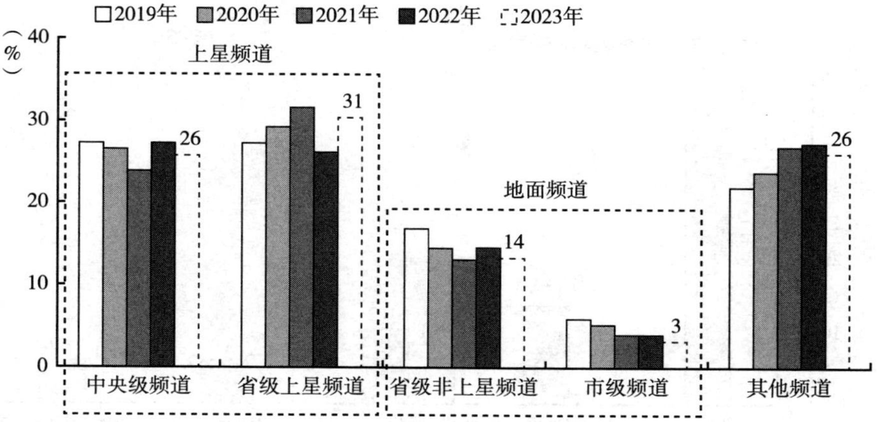

图 4   2019～2023 年各级频道市场份额

资料来源：CSM 媒介研究。

额为 21.4%，在 11 个地区计 46% 的省网市场出现份额增长，其中，贵州（6.8 个百分点）、黑龙江（2.5 个百分点）、四川（1.5 个百分点）和福建（1.5 个百分点）增长幅度较大。市级频道在本地市级市场份额的平均值为 5.5%，其 2023 年晚间时段市场份额在 12 个地区计 14% 的市网出现提升，其中，温州（1.3 个百分点）、拉萨（0.8 个百分点）、大庆（0.6 个百分点）和烟台（0.5 个百分点）的市级频道市场份额增长幅度较大。

（三）节目市场概况及竞争格局

2023 年，在所有电视节目类型中，电视剧（38.1%）、新闻/时事（13.5%）、综艺（10.2%）、专题（5.9%）和生活服务（5.9%）类节目的收视量占其总收视量的比重逾七成。相比于 2022 年数据，电视剧和综艺类节目的收视率有所提高，而新闻/时事类节目的收视率有所下降（见图 5）。

从各类型节目在各级频道的收视情况来看，省级上星频道和省级非上星频道的电视剧收视率增长明显，均较 2022 年提高 3 个百分点左右。省级上星频道的综艺类节目收视率也较 2022 年有所增长。就电视剧而言，省级上星频道的收视率大幅领先，且增长显著。综艺类节目收视方面，省级上星频道的综艺类节目收视率领先，且较 2022 年提高 1.6 个百分点。中央级频道/（新闻/时事）类节目收视率有所回落（见图 6）。

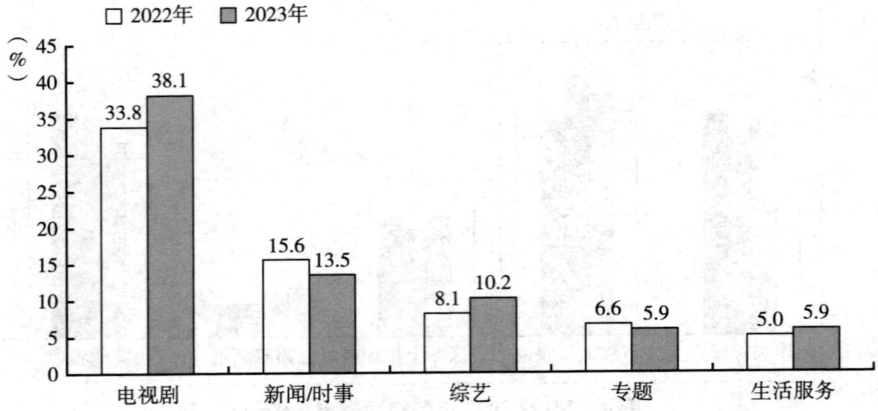

图 5　2022～2023 年各类型节目收视率

资料来源：CSM 媒介研究。

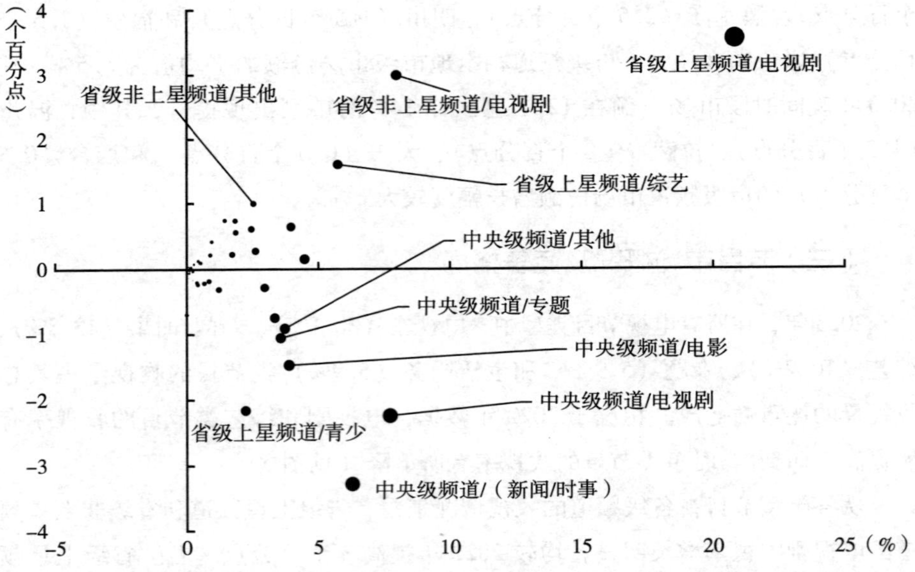

图 6　2022～2023 年各级频道主要节目类型收视率对比（历年所有调查城市）

资料来源：CSM 媒介研究。

二　广播篇

（一）广播市场收听概况

1. 总体直播收听量略有下降，车载收听长盛不衰

2023 年，17 个调查城市数据显示，广播媒体人均日收听时长为 51 分钟，略低于上年同期数据，在家人均日收听时长从 2022 年的 24 分钟下降到 2023 年的 21 分钟，车上人均日收听时长从 2022 年的 22 分钟增加到 2023 年的 24 分钟。从不同收听场所人均日收听时长占比来看，2023 年在家人均日收听时长占比为 41%，较 2022 年下降 6 个百分点。而车上人均日收听时长占比则从 2022 年的 43% 提升到 2023 年的 47%。车上人均日收听时长及其占比持续提升，反映了广播媒体车载收听长盛不衰的特征（见表 1）。

表 1　2022~2023 年广播媒体不同场所人均日收听时长及其占比

单位：分钟，%

收听场所	人均日收听时长		人均日收听时长占比	
	2022 年	2023 年	2022 年	2023 年
在家	24	21	47	41
车上	22	24	43	47
工作/学习场所	3	3	6	6
其他场所	3	3	6	6
所有场所	52	51	100	100

注：因四舍五入，占比之和有不为 100% 的情况。

资料来源：CSM 媒介研究。

2. 广播媒体收听早晚高峰特征鲜明，高峰时段车上收听率显著提升

分时段收听率数据显示，广播媒体整体收听率高峰出现于早间 07：00~09：00 和晚间 17：00~19：00 两个时段。分场所而言，在家收听率波峰出现于 08：00~09：00 和 20：00~21：00，车上收听率波峰出现于 08：00~09：00 和 17：00~19：00，且车上收听率明显高于在家收听率。2022~2023 年，在家收听率在全天绝大多数时段有所下降，而车上收听率在绝大多数时段出现上升，且高峰时段收听率提升更为明显，而在其他场所，2023 年上午时段收听率较 2022 年有所提升（见图 7）。

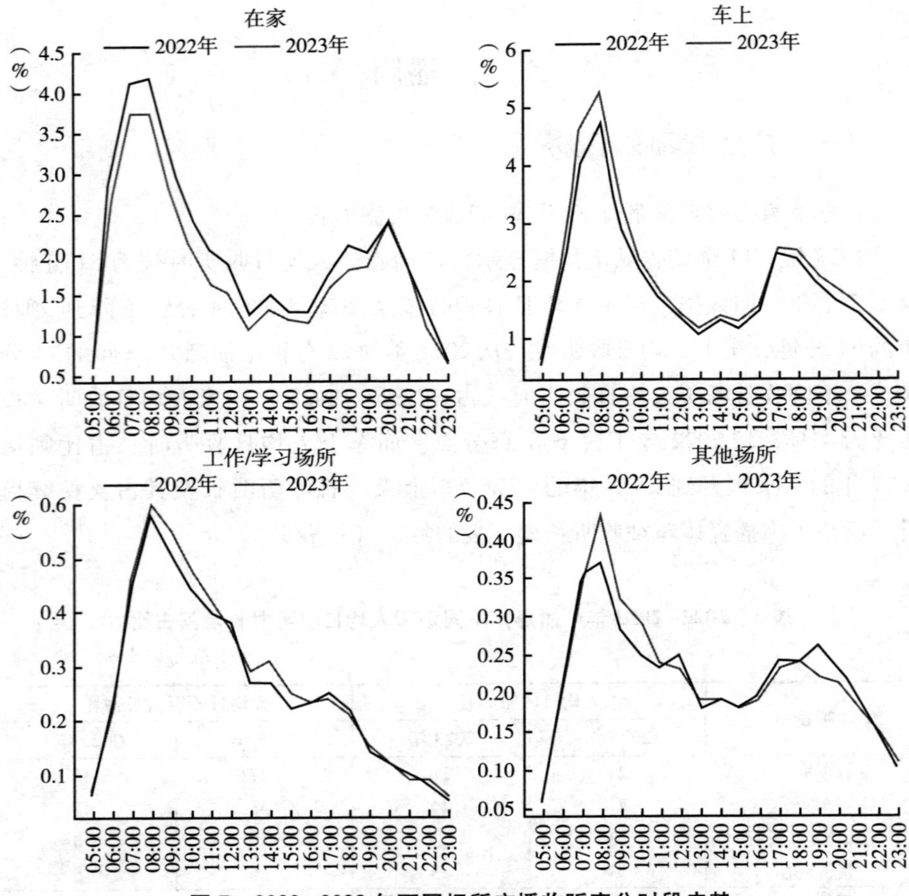

图7 2022~2023年不同场所广播收听率分时段走势

资料来源：CSM媒介研究。

3.电台直播收听率随听众年龄增长而提升，中青年、高学历和高收入听众车上收听率更高

不同目标听众在不同收听场所的收听数据可以形象地描述广播受众的特征。总体收听率数据显示，男性听众收听率高于女性；电台直播收听率随听众年龄的增长而提高；中等学历听众收听率相对较高；月平均收入在2000~4000（含）元的听众收听率较高。车上与在家收听率不分伯仲，车上收听率特征表现为男性听众、25~54岁的中青年听众、中高学历听众收听率相对较高，高收入听众车上收听率明显高于中低收入听众（见图8）。

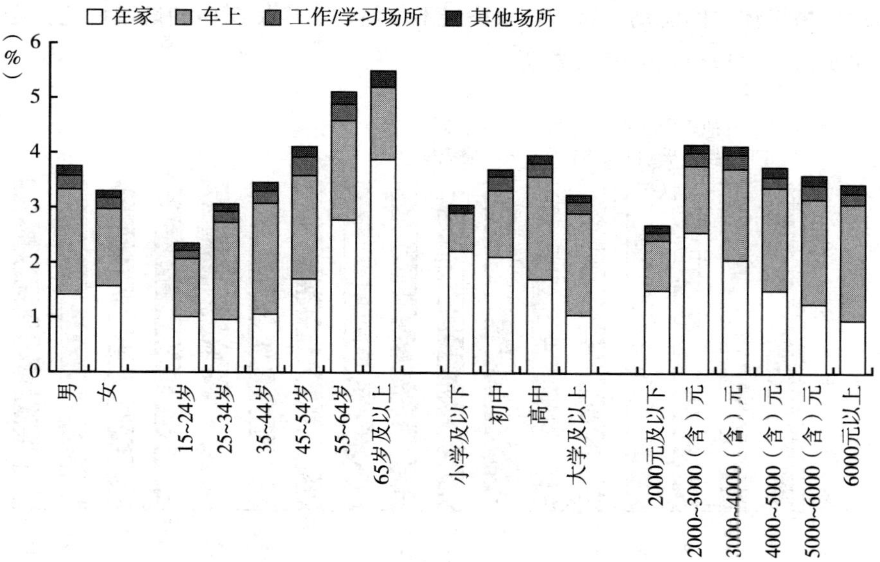

图 8　2023 年各类目标听众在不同收听场所收听率分布

资料来源：CSM 媒介研究。

4. 本地电台市场份额较大，省市两级电台间的竞争最为直接和激烈

地方广播电台凭借其深入本地、专注于服务本土听众的独特优势，精准地满足听众对本地信息的收听需求。相比之下，国家级广播频率在全国各地的落地情况呈现极不均衡的特点，实际参与当地广播市场竞争的频率相对较少。2023 年调查数据显示，广播收听市场的竞争格局主要表现为本地电台竞争优势明显，省级电台多在其省会城市市场领先，而市级电台多在本地城市处于引领地位。值得一提的是，在所有调查城市中，本地省市两级电台的市场份额合计值均达到或超过 85%，这充分展现了广播媒体的地域性和亲民性。调查数据显示，省级电台市场份额领先且超过 80% 的城市主要为直辖市和省会城市，如重庆（97%）、上海（97%）、南京（89%）和北京（86%）；而市级电台市场份额超过 80% 的城市主要以非省会城市为主，如苏州（93%）、无锡（86%）和深圳（82%）。国家级电台仅在武汉（15%）、北京（14%）和杭州（10%）的市场份额达到或超过 10%（见图 9）。在各地广播收听市场中，省级电台和市级电台的市场份额呈现一种此消彼长的竞争态势，听众主要在这两大

本地广播媒体之间流动，这种竞争格局不仅体现了广播媒体的地域特色，也反映出听众对本地信息的强烈需求。

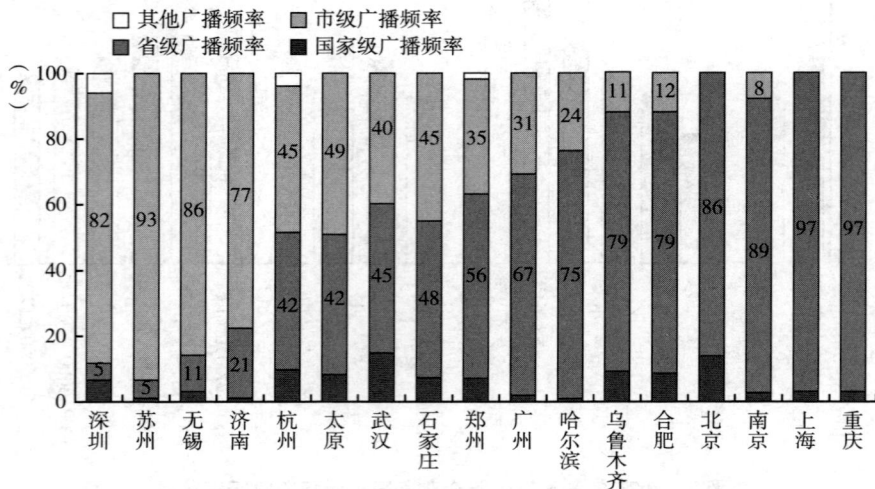

图9　2023年主要城市各级广播频率市场份额

资料来源：CSM媒介研究。

（二）各类广播频率收听特点

通常，一家广播电台由多个播出频率构成，这些频率在内容上各有侧重，播出风格也各不相同，它们的节目编排不仅凸显各自的特点，而且相互补充，旨在最大限度地满足不同听众的需求，从而提升整个电台的市场份额。各类频率的收听数据可以在一定程度上反映电台直播市场的节目竞争格局。按照直播电台频率的名称及其播出的主要节目内容进行分类，2023年各地直播电台频率可以划分为新闻综合、交通、音乐、文艺、都市生活和经济等主要类别。调查数据显示，新闻综合、交通和音乐类广播竞争力名列前茅。具体来看，新闻综合类广播频率的市场份额最大，达到30.75%，与2022年同期基本持平；交通类广播频率的市场份额从2022年的26.93%微升到2023年的27.61%；音乐类广播频率的市场份额从2022年的24.09%微升至2023年的24.97%，其余类别频率的市场份额均与2022年同期基本持平（见图10）。

调查数据显示，广播收听市场上收听率较高的播出内容主要来自省市级新

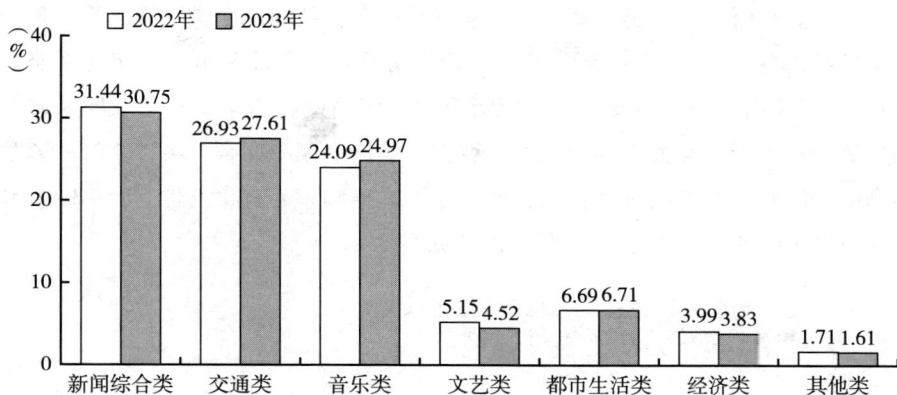

图10　2022~2023年各类广播频率的市场份额

资料来源：CSM媒介研究。

闻综合类广播、省市级交通类广播和省级音乐广播。相比2022年，省级音乐类广播、省级新闻综合类广播和省级交通类广播收听率显著提升，分别增加1.44个百分点、1.35个百分点和0.58个百分点，而市级新闻综合类广播、市级音乐类广播和国家级新闻综合类广播收听率均较2022年同期有所下降（见图11）。

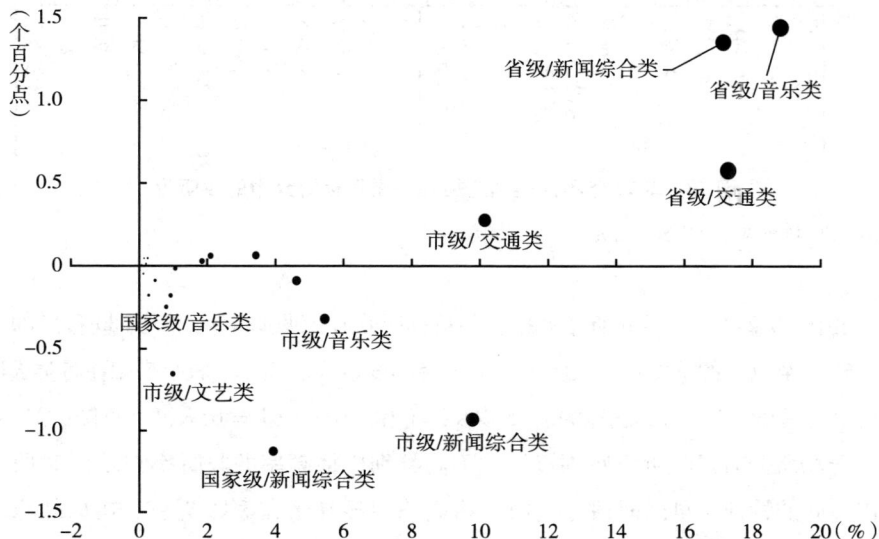

图11　2023年各类广播频率收听率及其较2022年的变化

资料来源：CSM媒介研究。

从主要收听场所各类广播频率听众特征来看，新闻综合类广播频率在家收听率较高，且主要为 55 岁及以上和中低学历听众，与此相似，都市生活类频率在 55 岁及以上和初中及以下学历听众中有较高的收听率。车上收听率较高的广播频率主要为交通类和音乐类。就交通类广播频率而言，男性、35~54 岁和高中学历听众车上收听率较高；就音乐类广播频率而言，女性、25~34 岁和大学及以上学历听众车上收听率较高（见图 12）。

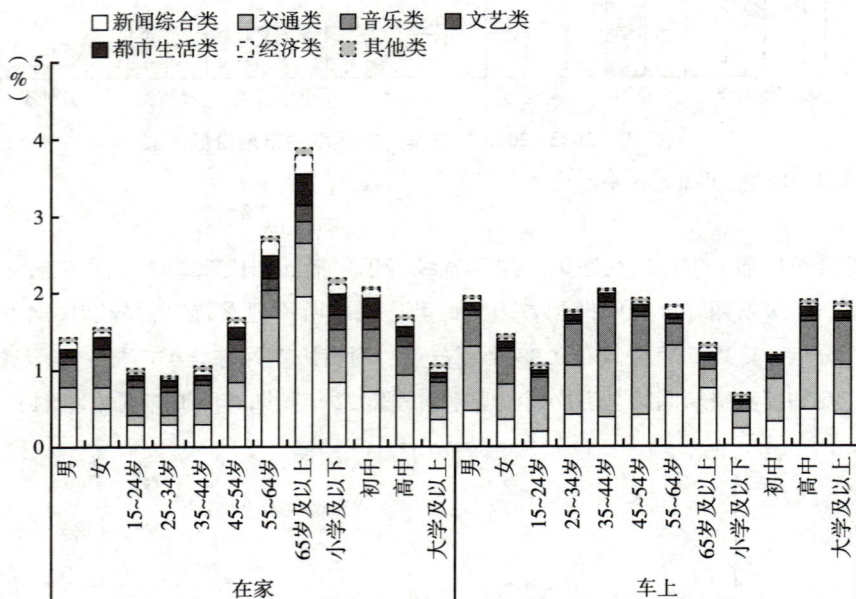

图 12　2023 年不同类别广播在各类目标听众中的收听率

资料来源：CSM 媒介研究。

相比 2022 年同期的收听率数据，各目标听众在家收听率均出现不同程度的下降，65 岁及以上的重度在家收听人群的下降幅度较大。而车上收听率则在各类人群中均出现提升，提升最为明显的是 35 岁及以上和高中及以上学历人群（见图 13）。

分场所分时段收听率数据显示，不同类别广播频率的收听率在不同时段表现出不同的特征。早间时段车上收听率高峰明显高于在家收听率。在早高峰时段，新闻综合类频率在家收听率明显高于其在车上的收听率，而交通类频率车上收听率明显高于其在家的收听率。在家收听率晚高峰出现在 20：00~21：00，主

图 13　2023 年不同目标听众主要收听场所收听率及其较 2022 年的变化

资料来源：CSM 媒介研究。

要由新闻综合类和音乐类广播频率构成，车上收听率晚高峰出现在 17：00～19：00，主要由交通类和音乐类广播频率构成。

　　相比于 2022 年，06：00～08：00 新闻综合类广播频率在家收听率显著下降，而 07：00～09：00 车上交通类广播频率，06：00～08：00 车上新闻综合类广播频率和 07：00～08：00 车上音乐类广播频率的收听率得到显著提升（见图 14）。

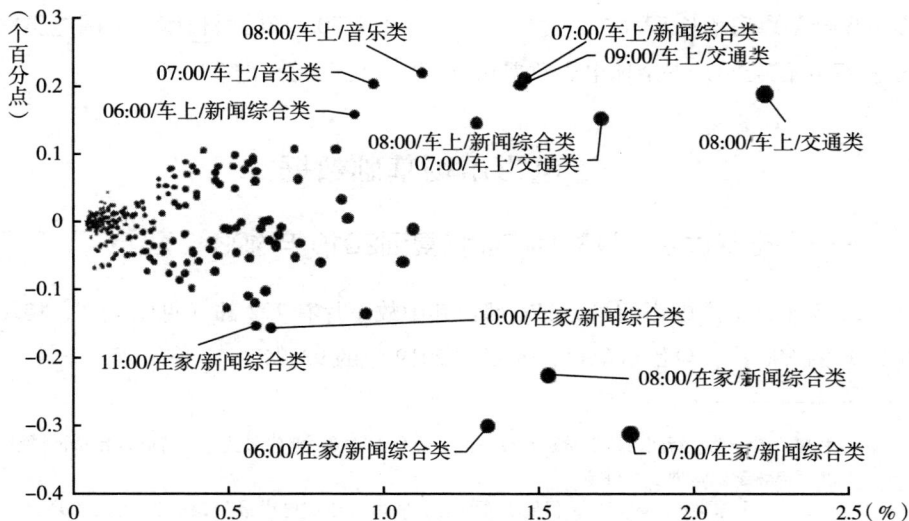

图 14　2023 年不同类别广播在主要时段的收听率及其较 2022 年的变化

资料来源：CSM 媒介研究。

B.6
2023年中国电影产业发展报告

尹 鸿　孙俨斌*

摘　要：　2023年，中国电影市场快速复苏，产业活跃度提升迅速，助力全球电影产业发展。电影市场供给、票房、观影人次等指标均回暖，国产电影表现强劲。票房分布更加均衡，腰部电影进入市场头部，国产电影品质整体提升。资本市场大盘回暖，平台型企业与独立制片公司优势互补，以从产到销全链条创新为突破口，带动中国电影高质量发展。中国电影依然局限于内需型，海外市场较小，优质产品有效供给不足，观影需求受消费能力和媒介分化影响较大。中国电影产业发展面临机遇与挑战并存的现状。

关键词：　中国电影产业　腰部电影　独立制片公司　高质量发展

2023年，中国电影市场快速复苏，电影行业迎来新的春天。中国内地电影市场全年票房增长82.6%，远超全球电影票房30.5%的增长率。中国电影票房达77.1亿美元，占全球电影总票房（339.0亿美元）的22.7%[①]。

一　电影市场基础数据

（一）电影供给：故事片产能恢复到2019年的93.2%

2023年，国产电影数量为971部，其中故事片有792部（见图1）[②]，相较2022年的380部，供给量翻倍，恢复到2019年的93.2%。

---

* 尹鸿，清华大学新闻与传播学院教授、博士研究生导师，澳门科技大学特聘教授；孙俨斌，北京电影学院管理学院讲师。

① 《2023年全球票房增30.5%，仍低于疫情前水平》，"中国电影报"微信公众号，2024年1月11日，https://mp.weixin.qq.com/s/eHfxfVa8pw9WYXdQCzkD0Q。

② 数据来源：国家电影局。

图1　2013~2023年国产故事片产量及其增速

说明：不含港澳台数据。

（二）电影票房：影史第四

2023年，中国电影总票房为549.15亿元（见图2），同比增长82.6%，恢复到2019年票房的85.4%，成绩位列影史年度票房第四。中国以77.1亿美元的成绩居全球第2位，仅次于北美市场（91.0亿美元）①。

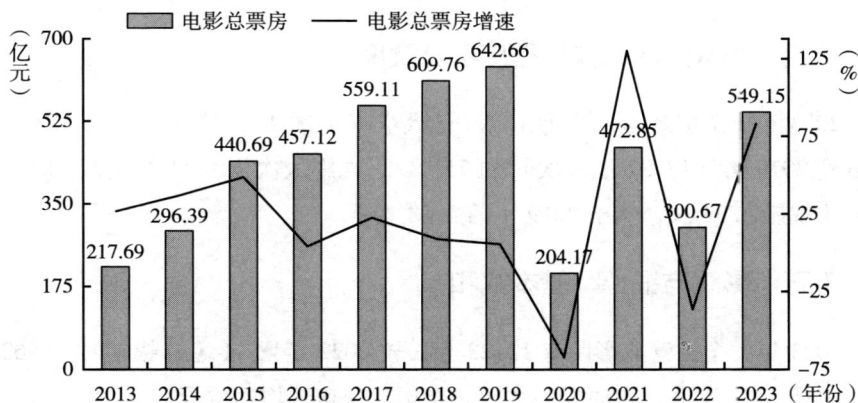

图2　2013~2023年中国电影总票房及其增速

说明：不含港澳台数据。

---

① 《2023年全球票房增30.5%，仍低于疫情前水平》，"中国电影报"微信公众号，2024年1月11日，https://mp.weixin.qq.com/s/eHfxfVa8pw9WYXdQCzkD0Q。

（三）市场份额：国产片份额保持绝对优势

2023年，国产影片票房为460.05亿元，占全年总票房的84%（见图3）①。年度票房前10位均为国产电影，在73部票房过亿元的影片中有50部国产影片。

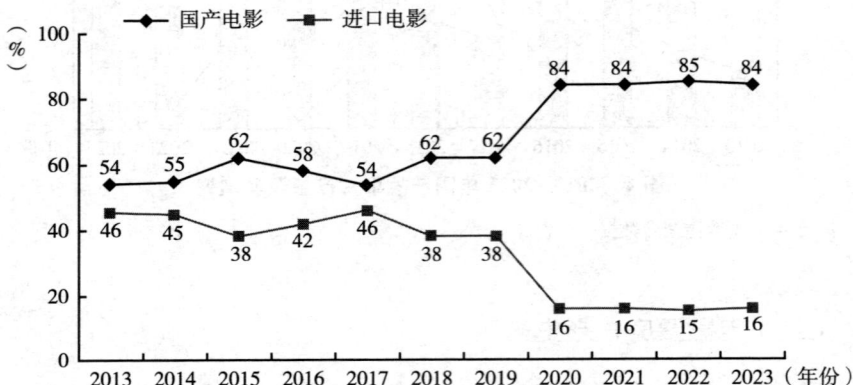

图3　2013~2023年国产电影与进口电影市场份额

说明：不含港澳台数据。

（四）观众人次：恢复程度不及票房

2023年，全国观影人次为12.99亿人次（见图4），同比增长82.4%，已恢复到2019年（17.27亿人次）的75.2%。观影人次恢复程度不及票房。城市人均观影2.34次，低于2019年的2.88次②。

（五）影院与银幕：基本饱和

2023年，全国营业影院有12723家，较2022年增11家；银幕数为86310块（见图5），比上年增加2312块③，全国放映市场增速放缓。

---

① 数据来源：国家电影局。
② 《2023中国电影市场数据洞察报告》，"猫眼专业版"微信公众号，2024年1月1日，https：//mp.weixin.qq.com/s/Xc31JXELavGngASTo4tDwg。
③ 数据来源：国家电影局。

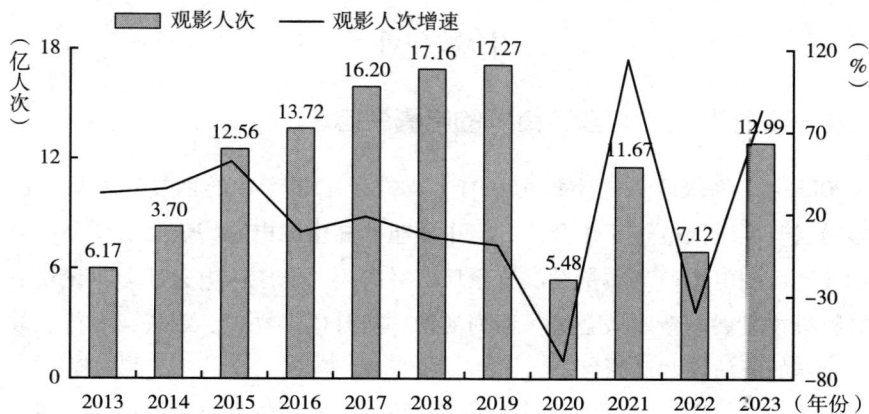

图4　2013~2023年全国观影人次及其增速

说明：不含港澳台数据。

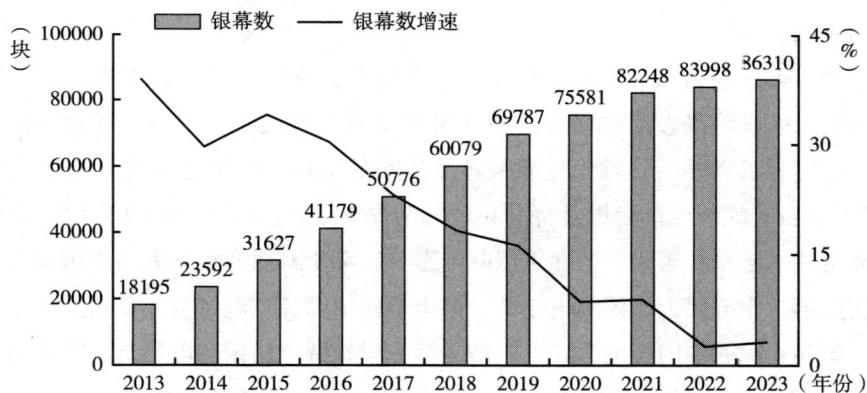

图5　2013~2023年全国银幕数及其增速

说明：不含港澳台数据。

　　2023年的电影市场整体数据表明，中国电影市场正在快速恢复，但与疫情前的最好水平相比还有一定差距，总体而言，中国电影市场和电影文化显示出极高的活跃度。

二 电影产业生态

（一）行业生态：营造良好的电影生态

2023 年，各级政府群策群力，有力支撑了电影产业的恢复和发展。国家电影局召开了全国电影工作会议、集中颁布两届中国电影华表奖、举办电影强国建设论坛的电影业高质量发展分论坛、举办第六届中国电影新力量论坛、主办电影科技发展创新座谈会等一系列活动，提升电影立项、审查、发行、放映全产业链的开放度和活跃度。

与此同时，中央和地方电影主管部门投入真金白银为电影业助力，减免电影专项资金，并且联合财政部、国家税务总局将电影产业的增值税税费优惠政策延续至 2027 年底。2023 年，国家版权局、公安部、文化和旅游部、中央网信办、最高人民法院等均有重大举措支持电影版权保护，协力维护电影行业的法治生态。

2023 年，各种行业论坛、推介会、交易会、座谈会召开，搭建了行业沟通平台，全国院线影片推介会、2023 春华夏繁主题展映、首届全国电影推介交易会等相继举办。针对发行放映环节面临的困境，国家电影局提出"分线发行"，自院线制改革后继续深化电影发行放映机制改革①。与此同时，电影节展也热闹起来，第十三届北京国际电影节、第十八届和第十九届中国电影华表奖、第二十五届上海国际电影节、第十八届中国长春电影节、首届金熊猫盛典、第三十六届中国金鸡百花电影节、第十届丝绸之路国际电影节、第五届海南岛国际电影节等活动②，拉开了中国与全球电影业开放交流的大幕。

（二）资本市场：企稳回升、大盘扭转

2023 年，16 家与影视主业相关的上市公司市值下降，23 家影视公司市值

---

① 《全国电影推介交易会开幕：24 部"分线发行"影片签约》，"中国电影报"微信公众号，2023 年 10 月 26 日，https：//mp.weixin.qq.com/s/KOyifhPNOtenQ3ASPswkTQ。

② 《2023 年全国电影票房 549.15 亿元，国产影片票房 460.05 亿元创历史新高》，"中国电影报"微信公众号，2024 年 1 月 1 日，https：//mp.weixin.qq.com/s/4jOlVpc-lGWzUAFwLVPCJg。

上涨。A 股、港股和美股影视上市公司总市值达 4850 亿元，同比增长 10.40%①。芒果超媒以 471.42 亿元的市值居 A 股首位（见表 1）。万达电影、光线传媒、完美世界、中国电影的市值均超过 200 亿元。上海电影、中文在线市值增速均超过 100%；奥飞娱乐、唐德影视、横店影视、幸福蓝海、浙文影业、华策影视、北京文化、百纳千成等市值均实现明显上涨。另外，在港股上市的影视公司中，中国儒意市值达 182.25 亿元，阿里影业市值达 128.7 亿元。影视资本市场大盘回暖。2022 年，在 A 股上市的博纳影业市值缩水近 40%；新文化于 6 月退出 A 股，部分影视公司的资本市场影响力有待恢复。

表 1　2023 年 A 股市值前十的中国影视上市公司

单位：亿元，%

排名	公司名称	市值	增速	排名	公司名称	市值	增速
1	芒果超媒	471.42	-16.06	6	中文在线	187.81	157.31
2	万达电影	283.75	-7.00	7	华数传媒	136.56	-1.60
3	光线传媒	239.09	-5.89	8	捷成股份	135.32	15.59
4	完美世界	229.69	-6.92	9	奥飞娱乐	129.39	87.77
5	中国电影	228.52	-10.00	10	华策影视	129.27	27.57

注：统计数据截至 2023 年 12 月 31 日，当日汇率为 1 港币 = 0.90923 元，1 美元 = 7.0999 元。
资料来源：同花顺财经。

（三）影视公司：优势互补、结构优化

综合 A 股、港股和美股的 39 家影视上市公司，在已公布业绩预告的 30 家影视公司中，有 11 家影视公司亏损，19 家影视公司赢利。其中，万达电影赢利 9 亿~12 亿元，阅文集团赢利 8.05 亿元，中国电影赢利 2 亿~3 亿元，上海电影赢利 12194 万 ~14568 万元，横店影视赢利 16585 万元，光线传媒赢利 4.1 亿~5.1 亿元。相较而言，部分影视公司因项目等问题本年亏损，其中博纳亏损 36000 万 ~56000 万元，华谊亏损 46000 万 ~69000 万元，文投控股亏损

---

① 在中国影视资本市场中，有 26 家 A 股影视上市公司、11 家港股影视上市公司和 2 家美股影视上市公司。本报告统计了 3 家股市的影视上市公司 2023 年 12 月 31 日的市值，并按照 2023 年 12 月 31 日的国际汇率换算成人民币进行市值计算。

152000 万~182000 万元，幸福蓝海亏损 2500 万~3700 万元。

独立制片公司凭借其对电影项目的把控，运行良好。壹同文化出品了《消失的她》《三大队》两部电影；坏猴子影业贡献了《孤注一掷》《二手杰作》；登峰国际参与《巨齿鲨 2》《流浪地球》等 4 部电影的出品；光线影业有《深海》《茶啊二中》；追光动画出品的《长安三万里》开启"新文化"系列作品的制作；华强方特 2023 年推出的《熊出没·伴我"熊芯"》，以及 2024 年春节档推出的《熊出没·逆转时空》进一步刷新该系列动画电影的票房纪录。

影视公司产业格局持续调整优化。万达影业转让 51% 的股权给中国儒意，打通电影上中下游产业链。抖音电影创造了电影营销新生态，将来有很大可能成为电影行业骨干力量。

三　电影生产

（一）电影出品：平台与内容公司共创共荣

平台型公司的市场地位得到巩固。2023 年，国企龙头中国电影票房位居第一；猫眼凭借宣发的支配性地位，出品电影票房规模位居第二；阿里影业位居第三（见表 2）。动画电影方面，光线影业和追光动画保持领先地位。与此同时，独立电影制片公司成为创作中坚力量。电影生产力向拥有平台实力和创作能力的公司集聚，中国电影走向专业化和市场化。

表 2　2023 年中国电影公司票房排名

单位：亿元，部

排名	电影公司	票房	数量	排名	电影公司	票房	数量
1	中国电影	268.16	36	6	华夏	69.00	12
2	猫眼	191.25	30	7	横店影业	59.32	12
3	阿里影业	182.72	29	8	欢喜传媒	53.34	4
4	淘票票	150.23	23	9	上狮文化	52.24	5
5	光线影业	91.65	10	10	登峰国际	51.69	4

注：票房数据统计的是各公司主出品影片。欢喜传媒集团有限公司、欢+喜文化传媒有限公司、北京欢喜首映文化有限公司系欢喜传媒公司，北京光线影业有限公司、北京光线传媒股份有限公司系光线影业公司，制表时合并统计。

（二）电影主创：多代同堂、薪火相传

中国电影创作力量薪火相传。第五代导演张艺谋、陈凯歌贡献了《满江红》《坚如磐石》《志愿军之雄兵出击》；曹保平、程耳、郭帆、乌尔善等的《涉过愤怒的海》《无名》《流浪地球2》《封神第一部：朝歌风云》等成为年度佳作；"新力量"崛起，申奥的《孤注一掷》、崔睿和刘翔的《消失的她》、戴墨的《三大队》、王宝强的《八角笼中》、田晓鹏的《深海》、董成鹏的《热烈》和《保你平安》、易小星的《人生路不熟》、刘晓世的《长空之王》、韩延的《我爱你!》、苏亮的《学爸》、魏书钧的《河边的错误》和《永安镇故事集》，以及谢君伟、邹靖的《长安三万里》等，体现"新力量"对当下电影观众情绪的深刻洞察，以及对世界电影美学的融会贯通。

与此同时，还能看到"新力量"背后中生代导演的操盘和背书。陈思诚之于《消失的她》《三大队》，宁浩之于《孤注一掷》，郭帆之于《宇宙探索编辑部》，黄渤之于《学爸》等，他们将自己积累的行业经验、人脉资源等传授给青年电影人，确保创作品质维持在较高水准。

（三）电影产品：题材拓展、类型创新

2023年，50部国产电影票房过亿元，票房体量分布更加均衡，腰部电影更为坚挺。11部影片票房过10亿元，4部电影票房过20亿元，2部影片票房在40亿元及以上。

票房前十的影片涵盖悬疑、喜剧、科幻、犯罪、奇幻、剧情、动画等多种题材。在内容和形式上大胆创新，无论是改编自真人真事，还是对他国文本的本土化移植，以"合适"的叙述方式、戏剧类型、演员构成和视听风格呈现独特的题材价值。

2023年，悬疑片大放异彩，30部悬疑片总票房达188.81亿元，《满江红》《消失的她》《孤注一掷》《坚如磐石》《三大队》等多部电影口碑、票房双丰收；奇幻科幻电影有6部，以74.27亿元票房位列第二，《流浪地球2》《封神第一部：朝歌风云》从内容和技术上实现了对该类型电影的突破；25部动画电影取得50.11亿元票房；主旋律影片如《志愿军：雄兵出击》《长空之王》《无名》也在商业化等方向寻求突破。

文艺片特色鲜明、个性突出，如曹保平的《涉过愤怒的海》、孔大山的《宇宙探索编辑部》、李子俊的《第八个嫌疑人》、韩延的《我爱你!》、魏书钧的《永安镇故事集》《河边的错误》、张律的《白塔之光》、刘伽茵《不虚此行》等。

四　电影市场

（一）放映发行：全国院线市场集中度略有提升

全国院线市场集中度略有提升。万达院线以95.7亿元票房连续16年位列榜首；中影数字院线以48.2亿元、上海联合院线以44.7亿元位列第二、第三。万达院线票房占比为17.4%，中影数字院线占比为8.8%，上海联合院线占比为8.1%。票房前三和前五的院线占比分别为34.3%和48.4%（见表3），均为历史最高①。

表3　2023年全国票房前十的院线

单位：亿元，%

排名	院线	票房	票房占比	排名	院线	票房	票房占比
1	万达	95.7	17.4	6	幸福蓝海	23.8	4.3
2	中影数字	48.2	8.8	7	横店	23.5	4.3
3	上海联合	44.7	8.1	8	金逸珠江	22.4	4.1
4	中影南方	40.8	7.4	9	中影院线	18.1	3.3
5	广东大地	37.0	6.7	10	华夏联合	17.5	3.2

资料来源：根据网络公开数据整理。

影院经营效益未见好转，单银幕票房平均产出为64万元，与2019年（92万元）相比，下降30.43%；有70%的影院年票房产出不足500万元；仅有11%的影院年票房产出过千万元②。与此同时，电影票价显著提高。2023

---

① 《2023中国电影院线影院发展备忘》，"中国电影报"微信公众号，2024年1月16日，https：//mp. weixin. qq. com/s/ezMCc2sxv3D9fjid2gJVtg。

② 《2023中国电影市场年度盘点报告》，"灯塔电影实验室"微信公众号，2024年1月1日，https：//mp. weixin. qq. com/s/oAlzav525J2tdcQkimC-7Q。

年，平均票价为 42.3 元，春节档平均票价为 52.3 元，人均电影年消费 109.2 元①。

"分线发行"正式启动试行。中影院线采取预约放映规模和放映周期的模式，落实分线发行。《非诚勿扰3》等10多部影片尝试分区、分众的分线发行。影院摆脱同质化内容竞争，为中小成本影片寻找观众，以差异化的内容满足观众的多元化需求。然而，如何落实影院和院线的差异化定位、提高院线集中度是分线发行需要解决的问题。

（二）观众：女性占比较高、观影趋理性

猫眼和淘票票两大购票平台的统计数据显示，观众结构有所改变。女性观众占比连续3年上升，女性观众占比近六成；观影消费下沉，三线、四线城市票房贡献度走高；观众更加"成熟"，占比最大的25岁以下观众却呈下降趋势，年轻观众有所流失。

30岁以下年轻女性观众偏爱《芭比》《一闪一闪亮晶晶》等女性向和爱情类电影；30岁以上女性"陪娃"进影院看动画片，如《汪汪队立大功》等；男性观众则依旧青睐进口的动作大片，如《敢死队4》《闪电侠》《蚁人与黄蜂女3》等②。

在火热的营销下，观众的消费行为却趋于理性和谨慎。影片的口碑会在很大程度上影响观众的观影选择。电影的预售票房占比和单片首日票房占比数据均呈下降态势。观众倾向在公开渠道询问真实口碑再决定其是否观影，这将给予高口碑影片更多市场机会。

（三）引进片：整体票房低迷

2023年，上映进口片78部，总票房达89.1亿元，市场份额为16.23%。其中，6部日本电影和16部美国电影票房过亿元。《速度与激情10》取得

---

① 《2023中国电影市场年度盘点报告》，"灯塔电影实验室"微信公众号，2024年1月1日，https：//mp. weixin. qq. com/s/oAlzav525J2tdcQkimC-7Q。

② 《2023中国电影市场年度盘点报告》，"灯塔电影实验室"微信公众号，2024年1月1日，https：//mp. weixin. qq. com/s/oAlzav525J2tdcQkimC-7Q。

9.84 亿元票房（见表 4），居中国票房榜第 12 位。在进口电影中，两部日本动画《铃芽之旅》《灌篮高手》的票房位列第二、第三。过去"独占鳌头"的好莱坞动画被日本动画取代。几部迪士尼动画电影票房惨淡，《疯狂元素城》仅获得 1.14 亿元票房，《小美人鱼》《星愿》等的市场表现平平。进口电影的部均票房从 2019 年的 1.94 亿元减少到 1.14 亿元①。放眼全球市场，一些在国际范围内获得高票房的电影未能获得中国市场的青睐。2/3 的好莱坞电影票房较前作减少 60% 以上②。

表 4   2023 年中国票房前十的进口电影

单位：亿元

排名	片名	票房	上映时间	国家	出品公司
1	《速度与激情 10》	9.84	5 月 17 日	美国	环球
2	《铃芽之旅》	8.07	3 月 24 日	日本	东宝
3	《灌篮高手》	6.60	4 月 20 日	日本	东映
4	《变形金刚：超能勇士崛起》	6.55	6 月 9 日	美国	派拉蒙
5	《银河护卫队 3》	6.06	5 月 5 日	美国	漫威影业
6	《奥本海默》	4.50	8 月 30 日	美国	环球
7	《蜘蛛侠：纵横宇宙》	3.57	6 月 2 日	美国	哥伦比亚、漫威影业
8	《碟中谍 7：致命清算（上）》	3.49	7 月 14 日	美国	派拉蒙、天空之舞
9	《海王 2：失落的国家》	3.33	12 月 20 日	美国	华纳
10	《蚁人与黄蜂女：量子狂潮》	2.72	2 月 17 日	美国	漫威影业

资料来源：猫眼专业版。

（四）档期：冷热不均

国家电影局数据显示，2023 年春节档（67.58 亿元）、五一档（15.19 亿元）、端午档（9.09 亿元）、暑期档（206.19 亿元）、国庆档（27.34 亿元）

---

① 《2023 中国电影市场年度盘点报告》，"灯塔电影实验室"微信公众号，2024 年 1 月 1 日，https：//mp.weixin.qq.com/s/oAlzav525J2tdcQkimC-7Q。
② 《2023 中国电影市场年度盘点报告》，"灯塔电影实验室"微信公众号，2024 年 1 月 1 日，https：//mp.weixin.qq.com/s/oAlzav525J2tdcQkimC-7Q。

等档期票房较 2022 年同期大幅上涨。暑期档创影史纪录，观影人次超 5 亿人[①]。2023 年，9 月以后的票房成绩下降明显，国庆档期电影票房未达预期，除了影片供给因素外，也与观众观影热潮消退有关。

档期观影在 2023 年更加明显。非档期票房产出占比仅为 32%，相较 2019 年的 43%，减少了 11 个百分点。档期观影说明观众把进影院观影作为日常生活的一部分，观影活动以"假期娱乐""社交需求""家庭活动"的形态出现。培养观众的日常电影消费需求和习惯，关乎电影产业的稳定发展。

（五）宣传营销：话题营销和抖音平台上的宣传

线下营销活动如火如荼，电影路演数量、形式、创意增加；营销从映前的集中宣传向映后延伸，口碑逆袭、票房逆跌时而上演；以抖音为代表的短视频成为电影营销的主阵地，创新营销思路、制造话题"破圈"。2023 年，多部影片在抖音平台获得较高关注度，《孤注一掷》《消失的她》《封神第一部：朝歌风云》位列抖音营销平台热度前三[②]。

点映时间线呈现向前延长、向后延续至上映的双向延长特点，点映平均天数从 2019 年的 4.6 天延长至 6.0 天[③]。22 部电影点映累计过万场。《孤注一掷》以 4.2 亿元打破影史点映票房纪录，点映阶段排片最多达 24.4%[④]，点映与全线放映的界限逐渐模糊。

短视频营销势头强劲。70% 的影片线上信息出自短视频平台[⑤]。抖音电影话题播放量在暑期档同比增长 163%，投稿量同比增长 68%，点赞次数同比增长 95%[⑥]。电影营销的方法论更加丰富，出现了由影片主创、宣发方和观众三

① 《549.15 亿元收官！2023 年中国电影年度调查报告重磅发布》，"M 大数据"微信公众号，2024 年 1 月 1 日，https：//mp.weixin.qq.com/s/r5r1aDw2jnyoH_rDLS7t6w。
② 《2023 中国电影市场数据洞察报告》，"猫眼专业版"微信公众号，2024 年 1 月 1 日，https：//mp.weixin.qq.com/s/Xc31JXELavGngASTo4tDwg。
③ 《2023 中国电影市场年度盘点报告》，"灯塔电影实验室"微信公众号，2024 年 1 月 1 日，https：//mp.weixin.qq.com/s/oAlzav525J2tdcQkimC-7Q。
④ 数据来源：猫眼专业版。
⑤ 《【重磅】2023 年暑期档电影观众调研报告》，"拓普数据"微信公众号，2023 年 8 月 3 日，https：//mp.weixin.qq.com/s/ZXok2SjsAuOPd27PHrKcbw。
⑥ 《2023 年暑期档电影数据洞察》，"猫眼专业版"微信公众号，2023 年 9 月 1 日，https：//mp.weixin.qq.com/s/jBgZUL_ofi15BwEuEqf0Fw。

方共同营销等新思路。宣发向社会、经济、情感、教育等更多维度延伸，引发社会关注和讨论。《孤注一掷》《封神第一部：朝歌风云》《消失的她》通过制造电诈、女性、神话等话题助力影片出圈。

（六）港台市场：本土影片突围

2023 年，香港地区电影总票房达 14.33 亿港元①，同比增加 25.28%。全年共上映 267 部电影，其中 46 部香港本土电影。《毒舌律师》以 1.15 亿港元居历年港产片票房排行榜首位。《奥本海默》位列进口片票房第一。

据 Box Office Mojo 统计，2023 年台湾地区电影总票房达 8422 万美元，同比提高 18.50%②，《速度与激情 10》以 1006.95 万美元票房夺冠。

（七）国际传播与版权开发：新机遇和新突破

2023 年，电影国际交流再度活跃。一方面，以文化交流为主的中国电影节展走进埃及、智利、哥伦比亚、南非、尼日利亚、肯尼亚、日本、阿联酋、西班牙、波兰、菲律宾等 19 个国家和地区③。中国和肯尼亚、泰国等国签署了政府间电影合作协议。另一方面，《流浪地球 2》《消失的她》《封神第一部：朝歌风云》《热烈》等多部商业影片"出海"。《流浪地球 2》先后在全球 38 个国家和地区上映，总票房超过 1000 万美元④；《热烈》获得近 3 年中国电影泰国票房冠军⑤；《孤注一掷》成为马来西亚史上票房最高的中国电影。与此同时，国际合作有所恢复。由华人影业与华纳合作的《巨齿鲨 2》在北美获得 8200 万美元票房。

电影后产品开发在文旅业回暖的市场环境下取得阶段性突破。《熊出没》系列、《长安三万里》、《流浪地球 2》均有衍生品出圈。尤其是《流浪地球 2》

---

① 数据来源：香港票房有限公司。
② 数据来源：Box Office Mojo。
③ 《2023 年全国电影票房 549.15 亿元，国产影片票房 460.05 亿元创历史新高》，"中国电影报"微信公众号，2024 年 1 月 1 日，https://mp.weixin.qq.com/s/4jOlVpc-lGWzUAFwLVPCJg。
④ 《2023 文化强国建设高峰论坛电影业高质量发展分论坛深圳举办》，国家电影局网站，2023 年 6 月 9 日，https://www.chinafilm.gov.cn/xwzx/gzdt/202306/t20230609_717726.html。
⑤ 《特别策划丨国产电影 海外"破圈"》，"综艺报"百家号，2023 年 11 月 26 日，https://baijiahao.baidu.com/s?id=1783579953327855732&wfr=spider&for=pc。

的模型周边众筹项目机械狗笨笨、人工智能MOSS和数字生命卡三款道具，筹集金额突破1亿元，让人眼前一亮；依托IP的"中国科幻电影乐园"项目也将启动①。

然而，中国电影的国际市场开拓依然不足。《满江红》内地票房为6.54亿美元，而海外总票房只有1300万美元；即便是科幻电影《流浪地球2》的海外票房也仅为3000万美元，海外票房占比不足5%。中国电影的海外票房占比不到10%。

结　语

2023年，中国电影产业取得丰硕成果。历经磨难，中国电影市场迈上新的台阶、达到新的高度。

一是国产新片供给有"断档"的可能。2023年，电影市场凭借过去3年积压影片，确保供给充足。当"存量"基本释放，新片供给可能遭遇瓶颈，全年节假日对头部电影的需求和日常的多样化电影需求是否能得到满足将面临巨大的不确定性。二是引进片市场乏力，空白难以填补。引进片仅占全年总票房的16.2%，与2020年之前40%～48%的市场份额有较大差距。无论从全球电影的供给来看，还是从中国观众的观影偏好，以及国际形势的变化来看，引进片市场乏力的现状难以得到有效改善，需要更多优质国产电影填补。三是多样化的媒介分散了电影观众的注意力。网络、智能手机等媒介，长视频、游戏、直播、短视频、短剧、微短剧等占据了人们更多的时间，争夺着观众注意力，特别是青少年群体更加青睐新媒体，使其观看电影的时间减少。四是消费降级影响观影需求。疫情之后，整体经济发展速度和公众的心理预期将对电影市场产生一定的影响。"口红效应"是否能够放大，观众的观影需求是否会受到经济因素制约成为电影行业亟待解决的问题。

中国电影行业要想实现可持续发展，首先需要保持对现实的深耕，满足观众的观影需求；需要尊重艺术，用好故事、好人物、好细节提升影视作品的质

---

① 《多位电影界人士参加2023北京文化论坛；国庆已有11部电影定档；中国电影股份有限公司将筹建"中国科幻电影乐园"》，"中国电影报"微信公众号，2023年9月15日，https：//mp. weixin. qq. com/s/ko5W9cQzWeCy97VeS6vPVw。

量；需要继续突破创新，不盲目追热点、走老路，着眼新题材、探寻新表达、更新创作模式；需要秉承"长期主义"，从生产到宣发，不急功近利、尊重观众，建立观众与电影之间的良好关系。

期待电影行业以法治促进市场化改革，降低不确定性带来的风险。唯有法治护航，电影企业才能不受外部偶发因素影响，才能专注做大做强；只有企业做大做强，中国电影产业才可能实现更大的发展。"电影产品—电影企业—电影产业—电影文化"构成了电影的强国之路。

B.7
2023年中国电视剧大屏
市场收播特征盘点

摘　要：　2023年，中国电视剧市场取得一定的成绩，市场逐步复苏，"品质为王"得到上下游的普遍认可，无论是台播剧还是纯网剧皆有爆发的可能。从内容到形式，从题材到风格，均涌现一批可圈可点、特点鲜明的爆款新剧。然而，也应看到，劣质剧、悬浮剧、注水剧仍大量存在。未来，电视剧市场信心提振，预示着中国电视剧市场发展势头向好。

关键词：　电视剧市场　大屏市场　收播特征　热播剧目

一　市场总量：供给侧保持紧缩局面，
收视率再创新高

从中国电视剧供给侧10年发展轨迹来看，2023年"冷中回暖"苗头初现。中国电视剧产量自2019年起步入急速下滑通道，2022年跌至谷底，2023年则出现一丝活跃迹象。2023年，全国电视剧拍摄制作备案申报公示达538部17535集，分别较2022年增加66部2106集。

政府仍严格遵循"减量提质、降本增效"的稳步发展思路。2023年，中国生产完成并获得《国产电视剧发行许可证》的剧目共156部4632集，比2022年减少4部651集。电视剧的过审率从2022年的34%下降至29%。平均每部集数跌破30集，缩短3.33集，再次刷新纪录。在此前提下，加上资金

---

* 李红玲，中国广视索福瑞媒介研究（CSM）客户服务事业部经理。

紧张，能够流入上星频道池子里的首轮剧数量不断下降，2023 年仅 96 部，为近年来最低值（见图 1）。

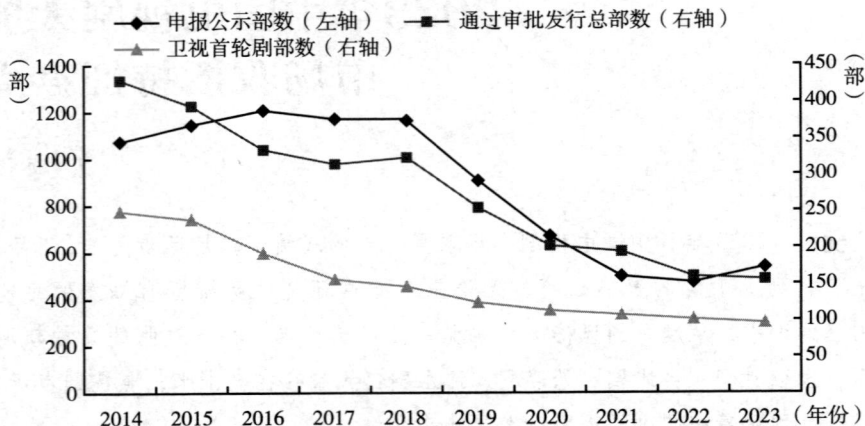

图 1　2014~2023 年电视剧供给情况

资料来源：国家广播电视总局。

再看播出端，依旧火热。电视剧受到广大观众的喜爱，"王牌内容"的地位稳如泰山，无论是播出量还是收视量依然雄踞各类节目之首。在 2023 年全国市场，电视剧播出率为 28.4%，虽然较 2022 年减少 0.4 个百分点，但仍是最重要的节目类型；收视率为 37.7%，比上年增加 2.6 个百分点，创自 2000 年以来的新高（见表 1）。

表 1　2014~2023 年中国电视剧收播率

单位：%

年份	播出率	收视率	资源使用效率	年份	播出率	收视率	资源使用效率
2014	25.0	31.1	24	2019	29.4	33.7	15
2015	26.2	30.0	15	2020	29.8	34.8	17
2016	27.1	29.6	9	2021	28.8	35.9	25
2017	26.8	30.9	15	2022	28.8	35.1	22
2018	28.1	31.8	13	2023	28.4	37.7	33

资料来源：CSM 媒介研究。

二 题材类型：晚间黄金档频道组差异较大，力求时代性、亲民性、可视性

从近 10 年通过政府审批发行的电视剧的各类题材来看，现实题材一直是最为重要的剧目类型，当代剧尤为受重视。在 2023 年全国获批发行的剧目中，当代剧以 121 部高居榜首，占比达 78%。其他类型的剧目长期处于收缩状态，现代剧获批发行量自 2020 年起锐减到个位数，2023 年仅有 3 部。获批发行的近代剧数目也有所下滑，近两年已不足 20 部。获批发行的古装剧数量锐减，近两年维持在 10 部左右。重大题材剧在 2021 年建党百年期间达到高峰，近两年回归到 5~6 部（见表 2）。

表 2 2014~2023 年全国获批发行的不同题材剧目数量

单位：部

年份	当代剧	现代剧	近代剧	古装剧	重大题材剧
2014	234	9	132	46	8
2015	186	16	138	47	7
2016	177	13	99	39	6
2017	174	16	80	38	6
2018	186	18	69	47	3
2019	152	25	43	30	4
2020	138	6	27	25	6
2021	138	6	24	15	11
2022	126	3	15	10	6
2023	121	3	17	10	5

资料来源：国家广播电视总局。

2023 年，不同频道组晚间黄金档主要播出题材存在较大差异。央视播出的剧目突出"时代性"和"亲民性"。19:30~21:30 央视两个电视剧主播频道播出量最大的是时代变迁剧，占 14.8%，凸显中央台"放眼大时代"的播剧策略。《梦中的那片海》《我们的日子》《人生之路》《情满九道弯》《父辈的荣耀》等剧时代跨度大，折射出不同历史阶段国家层面的变化对个体产生

的深刻影响。同时，中央台还重视播出以烟火生活和情感见长的都市生活剧和社会伦理剧，播出率分别为12.2%和10.5%，推出《龙城》《平凡之路》《好事成双》《无所畏惧》《熟年》等有影响力的剧目。

言情、奋斗励志剧和近代传奇剧在中央台的播出率均突破8%，谍战、重大革命和当代主旋律剧播出率为4.0%~5.5%。《一路朝阳》《青春之城》《许你万家灯火》等奋斗励志剧正能量满满，《珠江人家》《南洋女儿情》《一代匠师》等传奇剧将目光投向近代史，以及谍战剧《潜行者》、援藏剧《雪莲花盛开的地方》、重大革命剧《问苍茫》等，共同构筑起一个丰富立体的"剧"阵。

省级上星频道更注重题材的"可视性"，也追求一定的"时代性"。播出率最高的是谍战剧，播出率为12.3%，其次是时代变迁剧，播出率为11.2%，社会伦理剧播出率为10.2%。在其他题材中，都市生活剧和涉案剧播出率较高，分别为8.7%和8.6%。除此以外，重大革命、军事斗争和言情剧播出率均在6%以上。

这种题材分布情况与省级上星频道发展水平参差不齐、以重播剧为主有一定的关系。2023年的晚间黄金档，有51%的上星频道沦为只能播出二轮剧的平台。省级上星频道组共重播剧目近530部次，占该频道组剧目播出总部次的73%。其中，谍战剧重播部次最多，占重播剧的12.7%，时代变迁剧重播量占比为11.0%，社会伦理剧和涉案剧重播量占比均在9%以上。由此可见，省级上星频道整体题材与二轮剧题材的分布情况基本一致。

省级地面频道和市级地面频道主播题材具有集中性，主要为军事斗争、谍战、近代传奇等传统题材，这三大类题材合计占比为57%。其中，军事斗争剧播出量最大，占比近1/4，谍战剧高达18.6%，近代传奇剧突破13%。地面频道资金捉襟见肘，常年来只能紧扣高性价比题材，试图获取最大的剩余价值。

三　竞争格局：上星频道优势突出，头部频道大多实现增长

每年全国各级频道组的电视剧收视份额基本保持稳定，上星频道和地面频道保续"七三开"的格局。2023年，上星频道收视份额达到73.7%，这是自

2014年以来的最高峰；地面频道收视份额跌入近年来的低谷，仅25.3%。其中，省级上星频道组收视份额近年来波动较为剧烈，2023年收视份额回升到53.6%，同比上升6.4个百分点；中央级频道收视份额虽然较2022年有所下滑，但也突破20%。地面频道收视份额下降趋势显著，省级地面频道和市级地面频道收视份额双双下滑，前者减少3.2个百分点，后者减少1.4个百分点。

在各类剧目中，首轮剧是上星频道最炙手可热的内容资源，也是上星频道资金实力的"试金石"。受供应量削减的大趋势影响，2023年中国上星频道晚间黄金档仅推出96部首轮剧，再创历史新低。而电视剧收视排名前7位的强势上星频道牢牢锁定了80%的首轮剧资源。其中，中央台八套以20部名列榜首，占比突破20%。江苏、上海东方、北京3家卫视各有16~18部，中央台综合频道、浙江卫视、湖南卫视各有13~14部。以上头部平台瓜分了大部分首轮剧，有实力播出首轮剧的二线、三线上星频道播出量较少，安徽卫视、广东卫视、湖北卫视、江西卫视等各有3~4部，广西卫视、河南卫视、内蒙古卫视、山东卫视、黑龙江卫视、山西卫视、天津卫视、新疆卫视等均不超过1部。

2023年晚间黄金档，电视剧平均收视率超过1%的五大上星频道分别是湖南卫视、江苏卫视、浙江卫视、上海东方卫视和北京卫视，均实现较大幅度增长。湖南卫视以1.92%的平均收视率荣膺榜首，年度增长近0.6个百分点，彰显老牌龙头卫视的实力。江苏卫视和浙江卫视晚间黄金档电视剧平均收视率均超过1.60%，同比分别增加0.50个百分点和0.37个百分点。上海东方卫视和北京卫视晚间黄金档电视剧平均收视率分别为1.49%和1.19%，分别增长0.58个百分点和0.56个百分点。其他实力较强的省级上星频道电视剧收视率也有不同程度增长，广东卫视、深圳卫视和安徽卫视晚间黄金档电视剧平均收视率都在0.60%及以上。中央台八套晚间黄金档电视剧平均收视率为0.93%，稳中有升（见图2）。

从上星频道晚间黄金档电视剧的收视情况来看，中国电视剧市场低层次竞争特征较为明显。低收视剧目数量居高不下，2023年收视率低于0.5%的电视剧部次占比为73.8%。高收视剧目数量有所增加，2023年收视率为1%（含）~2%的剧目数量大幅增加，占比从2022年的6.0%上升到12.1%。收视率不低于

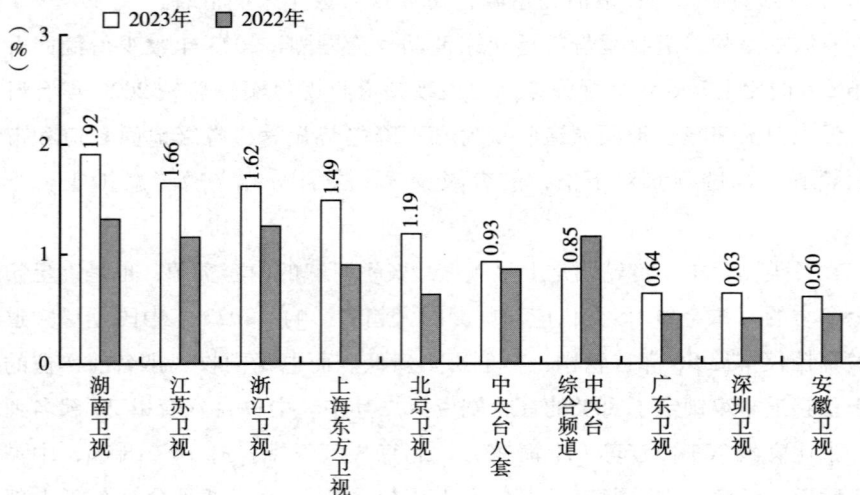

图 2　2022~2023 年主要上星频道晚间黄金档（19：30~21：30）
电视剧平均收视率

资料来源：CSM 媒介研究。

2%的优质剧目也略有增加，但仍是凤毛麟角。收视率为 0.5%（含）~1%的中等档次剧目数量微增，占比为 12.4%（见图 3）。

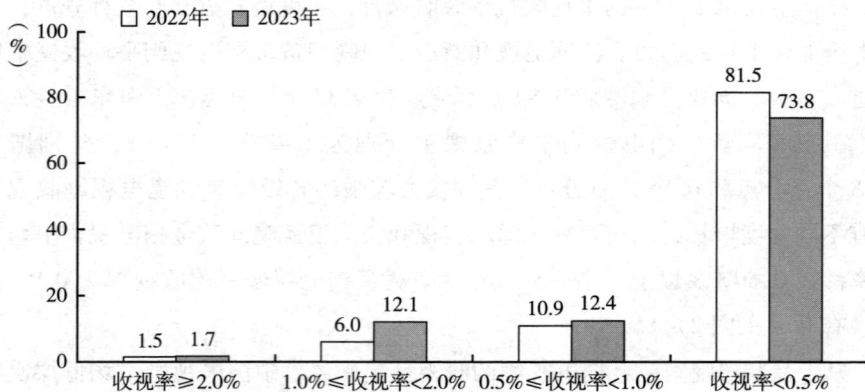

图 3　2022~2023 年上星频道晚间黄金档（19：30~21：30）
电视剧收视率分布情况

四　上星频道热点：优秀作品深耕现实，
多题材构建多元矩阵

2023年，上星频道晚间黄金档有27部电视剧总收视率超过2%。这些头部剧目题材分布相当广泛，大多数题材体现出浓厚的现实主义风格，多家上星频道联播起到收视共振的良好效果。

总收视率不低于4%的头部剧目有3部，分别是都市生活剧《打开生活的正确生活方式》，在江苏卫视和上海东方卫视联播后，收获4.56%的年度最高总收视率。援非医疗剧《欢迎来到麦乐村》凭借国际化视野以及精彩剧情，吸引了湖南、江苏和上海东方3家卫视联播，最终取得4.54%的高收视率。重大革命题材剧《问苍茫》在中央台综合频道首播后，又在湖南卫视和江苏卫视播出，总收视率达到4%。

总收视率超过3%的剧目有6部。其中，《星落凝成糖》作为《香蜜沉沉烬如霜》《冰糖炖雪梨》后的"蜜糖三部曲"的收官之作，在江苏卫视和浙江卫视获得3.83%的高收视率。革命剧《鲲鹏击浪》由浙江卫视、北京卫视和广东卫视联播，最终取得3.09%的高收视率。时代变迁剧《梦中的那片海》（中央台八套、上海东方卫视、北京卫视）、谍战剧《无间》（江苏卫视、东方卫视）、商战剧《纵有疾风起》（北京卫视、江苏卫视）、社会伦理剧《龙城》（中央台八套、上海东方卫视）也在不同题材领域崭露头角。

总收视率超过2%的剧目包括言情剧《无与伦比的美丽》《去有风的地方》《归路》《耀眼的你啊》《听说你喜欢我》，都市生活剧《平凡之路》《我的助理不简单》《有盼头》《女士的品格》，谍战剧《特工任务》《梅花红桃》《薄冰》，涉案剧《狂飙》《公诉》，悬疑剧《不完美受害人》，社会伦理剧《今生也是第一次》，军事斗争剧《冰雪尖刀连》，近代传奇剧《珠江人家》。这些剧目或立足现实，或取材历史，风格迥异，各有千秋。

言情剧以"量大质优"受到欢迎。八成多言情剧首播收视率破1%，近三成剧目收视率破2%，个别剧目还实现了题材和内容上的突破，成为年度爆款。2023年晚间黄金档，上星频道共播出18部言情剧，仅有2部收视率没有破1%。其中,《无与伦比的美丽》在江苏卫视和东方卫视联播后,总收视率达2.96%;湖南卫视《去有风的地方》和《归路》、浙江卫视《耀眼的你啊》和《听说你喜欢我》,单频道收视率均破2%。

近年来各大上星频道在言情赛道相继发力。湖南卫视言情剧《温暖的甜蜜的》《甜蜜的你》《我的人间烟火》《白日梦我》《装腔启示录》收视率均破1%,显示该平台在该领域具有较强的实力。此外,东方卫视《转角之恋》《繁华似锦》《我要逆风去》,浙江卫视《甜小姐与冷先生》《春闺梦里人》,江苏卫视《照亮你》以及中央台八套《爱情而已》也表现较好。

都市情感剧是近年来上星频道播出较多的剧目,整体呈现温暖现实主义风格。虽然缺乏《人世间》那样的爆款,但也出现一批颇具看点的剧目,温暖现实主义手法下出现两个看点。看点一,探讨青年人人生理想。《人生之路》《平凡之路》《有盼头》《心想事成》《故乡别来无恙》《梦中的那片海》,描绘在不同时代背景下年轻人奋力拼搏、逐梦前行的故事。看点二,白描普通百姓的酸甜苦辣。《我们的日子》《打开生活的正确方式》《情满九道弯》《熟年》《小满生活》《我的助理不简单》《好事成双》《龙城》等剧,从各个侧面映射处于不同人生阶段的人们应该如何生活、奋斗,内容相当接地气。

"她剧集"源源不断上市,头部上星频道纷纷播出。2023年晚间黄金档和次黄金档,至少有16部女性剧在上星频道播出。中央台八套推出4部,分别是都市剧《欢乐颂4》、社会伦理剧《无所畏惧》、奋斗励志剧《一路朝阳》、近代传奇剧《南洋女儿情》,从不同层面、不同历史时期描绘中国女性的风采面貌。湖南卫视也推出3部,分别是伦理剧《今生也是第一次》、都市剧《女士的品格》和言情剧《温暖的甜蜜的》,收视率分别为2.50%、2.35%和1.96%。

部分女性剧凭借高热议度的社会话题出圈,主题强调实现自我价值。中央台综合频道的伦理剧《熟年》聚焦中年女性婚姻困境,浙江卫视和江苏卫视播出的《我的助理不简单》聚焦银发就业,浙江卫视的言情剧《耀眼的你啊》的特殊母女情是亮点,江苏卫视的奋斗励志剧《做自己的光》号召女性做自己,悬疑剧《女心理师》则关注心理健康。北京卫视和东方卫视的悬疑剧《不完美受害人》开篇引入"职场性侵"案件,还涉及家暴、网暴、精神控制等敏感话题，鼓励女性勇敢拿起法律武器捍卫自身的合法权益，收视率突破 2.90%。

行业剧聚焦多领域，医疗剧和消防剧成年度两大亮点。与 2022 年着重展现中国硬核"国之重器"不同，2023 年上星频道晚间档的行业剧主打"救"字牌。一是"救命"医疗剧呈现井喷态势，至少有 8 部剧目上映。《问心》《白色城堡》不仅收视率双双破 1%，豆瓣评分也达到 8.4 分、7.0 分，可谓叫好又叫座。二是"救火"消防剧成热剧。湖南卫视《我的人间烟火》、江苏卫视《照亮你》、东方卫视《他从火光中走来》，收视率分别运到 1.70%、1.62%、1.49%，彰显消防题材的强大魅力。

此外，青春励志剧也悄然走红。一是融入大量体育竞技元素。浙江卫视为迎接杭州第 19 届亚运会连续推出《不就是拔河么》《泳往直前》。湖南卫视播出的《极速悖论》以方程式赛车为题材，空气动力学女博士与热血赛车手的 CP 让人耳目一新，获得 1.66% 的高收视率。二是高考剧内容和形式均有所突破。中央台综合频道和中央台八套分别播出高考题材剧《追光的日子》和《鸣龙少年》。《鸣龙少年》在结构形式、影像语言、故事讲述等方面大胆创新，为中国电视剧年轻化表达做出新的示范。

五　地面频道：二轮剧也能创造收视热点，高性价比老剧魅力不减

地面频道在电视剧市场竞争中处于劣势地位，因囊中羞涩只能不断重播老剧，对新剧的掌控力在不断减弱。2023 年，120 多部新剧在大屏播出，其中省级上星频道占 46%，中央台占 33%，而众多地面频道仅分到 25 部，占 21%。

在各类题材中，地面频道更偏爱情节曲折生动、戏剧冲突激烈、爱国爱党的红色题材，数据证明红色剧目收视率较高。

2023 年地面频道晚间黄金档，在进入当地电视剧收视率排名前二十的题材中，军事斗争、谍战和近代传奇三大类题材合计占比为 64%。其中，军事斗争剧占比近 1/3，谍战剧占 1/5，近代传奇剧占近 1/6。其他题材也有不同表现，社会伦理剧占比为 9%，都市生活剧占比为 6%，时代变迁剧占比为 5%，

涉案剧占比为 3%（见图 4）。此外还包括言情、奋斗励志、农村、悬疑、军旅生活、当代主旋律、戏说演绎、重大革命、历史故事、青春等题材。

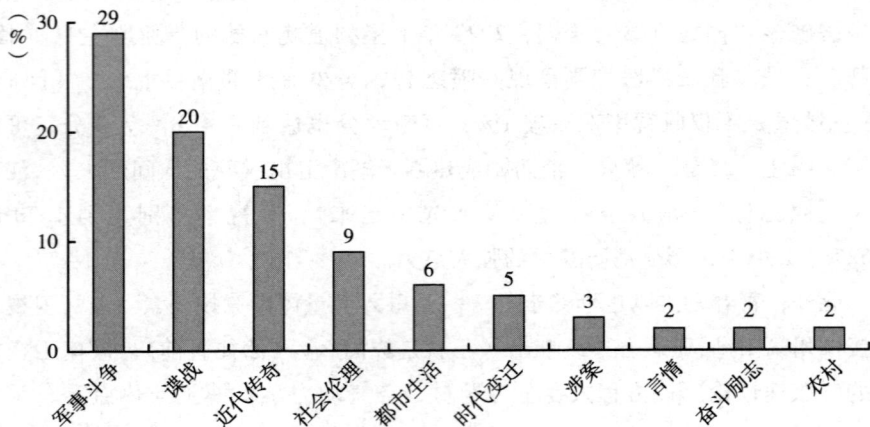

图 4　2023 年地面频道晚间黄金档进入各地电视剧收视率前 20 名的剧目题材占比

资料来源：CSM 媒介研究。

2023 年晚间黄金档，依据各地进入剧目收视率前 20 名的标准，地面频道收视率较高的是言情剧《爱闪亮》，在 21 个城市进入前 20 名；其次是谍战剧《摧毁》，在 14 个城市进入前 20 名。近代传奇剧《良辰好景知几何》在 13 个城市进入前 20 名。军事斗争剧《丁门女将》和《生死黎平》均在 10 个城市进入前 20 名。

收视率在不少于 8 个城市进入前 20 名的电视剧还包括军事斗争剧《北国英雄》《战地青春之歌》《山河同在》《猎杀》《神勇武工队传奇》《雪豹坚强岁月》《津门飞鹰》《民兵康宝》《我是赵传奇》，谍战剧《猎人》《平原烽火》《孤岛飞鹰》《薄冰》《孤胆英雄》《利箭纵横》《殊死七日》《金玉瑶之一诺千金》，近代传奇剧《传家》《上海滩生死较量》《乱世豪情》《罗龙镇女人》，言情剧《锦绣缘华丽冒险》，社会伦理剧《哥哥姐姐的花样年华》等。

结　语

2023 年，中国电视剧市场取得一定的成绩，"品质为王"得到上下游的普遍认可。市场复苏吸引了众多电影导演或演员投身其中，电视剧内卷现象越来越严重。然而也应看到劣质剧、悬浮剧、注水剧仍大量存在。中国电视剧市场正将蜕变为真正的"国民剧"市场。电视剧观众敢于"上桌"倒逼供应端"自我革命"，在守正中创新渐成趋势，也因此催生更多爆款。

B.8
2023年中国报纸产业发展报告

郑立波　郑　雷*

摘　要： 虽然2023年国内报纸的出版数量与总印张数持续下降，但综合收
入较上年增长7%。这反映了报纸产业在转型和探索新发展路径方面做出的积极
尝试，以及国内报纸产业收入触底后开始恢复。人工智能技术赋能和数字化内容
的探索是2023年国内报纸产业发展的亮点。据此，本报告提出以下发展建议。
加强技术驱动的内容创新，提升用户参与度和定制化体验，促进媒体融合及全媒
体发展，加强国际合作，并营造一个责任明确、伦理规范的新闻工作环境。

关键词： 报纸产业　人工智能　媒体融合　多元化经营　数字化

在数字化和信息化的大背景下，全球报纸产业面临前所未有的挑战与机
遇。特别是在中国，随着互联网技术的快速发展和人工智能技术的广泛应用，
报纸产业正在经历一场深刻的变革。

一　报纸产业的发展现状

尽管2023年中国报纸产业的出版数量和广告市场表现欠佳，但其综合收
入较上年有所增长。这反映了报纸产业在转型和探索新发展路径方面做出的积
极尝试，以及国内报纸产业综合收入在触底后进入恢复期。

（一）报纸产业综合收入：同比增长7%

本报告通过汇总和分析多方数据发现，2023年国内报纸产业综合收入同

---
* 郑立波，海南大学国际传播与艺术学院院长、教授、博士研究生导师；郑雷，中央民族大学
新闻与传播学院助理教授。

比增长 7%，达到 290 亿元。

2023 年，中国报纸产业的综合收入构成发生明显变化。相较 2022 年，广告收入的占比由 38.5%降至 35.6%。新媒体收入占比从 23.6%下降到 18.6%，发行收入占比减少 5.1 个百分点。与此同时，多元化经营的收入占比显著增长，从 13.9%上升至 27.0%①。这些变化反映了传统报业在应对市场挑战和技术变革中的调整策略。

首先，新媒体收入的下降，反映出报纸产业在数字化转型中面临的竞争压力。尽管许多报纸已经开展了线上版本和数字服务，但它们可能仍在与新闻平台和专业的数字内容提供机构竞争，这些竞争者在内容创新、用户体验和技术运用方面可能更具优势。

其次，发行收入的减少也体现出纸质报纸需求的持续下降。这既与数字化阅读偏好增加有关，也可能与整体经济情况和消费者支出意愿的变化有关。报纸产业需要适应这种变化，寻找新的收入来源和增长点。

最后，报纸产业的多元化经营收入显著增长，众多报社正在通过不同渠道增加其收入。例如，《南方都市报》积极探索多元化的转型策略，通过建立智库、提供音视频服务、进行大数据研究以及提供财经信息等方式，扩展其收入来源和提升其影响力。澎湃新闻正致力于转型，目标是成为覆盖全场景、全模态、全链条的内容生态服务商和数字生活赋能者。2023 年，国内报业扩展收入来源的途径还包括通过金融投资平台参与项目投资、通过房地产租赁获得租金收入、政府项目补贴，以及在经济不景气的背景下，通过出售固定资产，如印刷厂土地，实现资产流动化，应对财务挑战。

（二）报纸出版数量：十年来持续下降

过去 10 年，全国报纸的出版数量显著下降，从 2013 年的 478 亿份降至 2023 年的 258 亿份（见图 1）。具体来看，由于其特定的政治和社会功能，尽管国内党报的发行量相对稳定，保证了一定的发行基础和读者群，然而晚报和都市报的发行量下滑近 80%。

---

① 《多元经营占比猛增！百余家主要报业传媒集团和报社经营向好》，鲸平台，2024 年 3 月 10 日，https://www.jingpt.com/article/5e3508d1-8a7d-4ce2-b278-4886fc02e293。

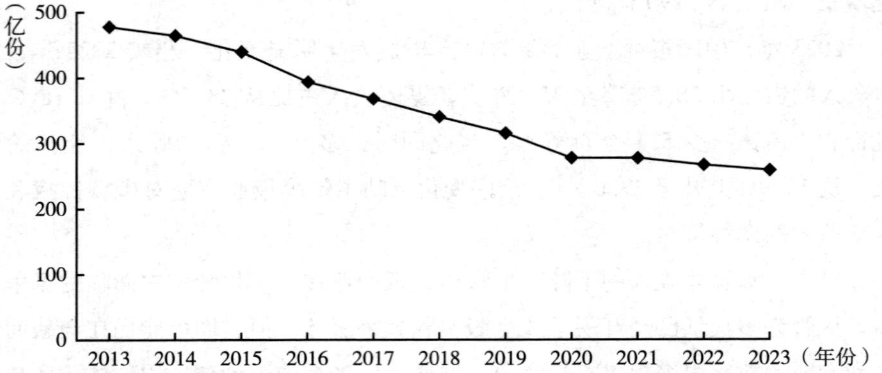

图1　2013～2023 年全国报纸出版数量变化

资料来源：国家统计局。

根据国家统计局数据，2023 年中国印刷和记录媒介复制行业的营业收入达到 6576.9 亿元，较上年下降 4.7%；而营业成本为 5457.4 亿元，较上年下降 5.8%。尽管收入和成本均有所下降，但行业的利润总额却逆势上升，增至 389.6 亿元，同比上涨 1.7%。

2023 年，全国报纸的印刷总量达到 566 亿对开印张，与 2022 年的 584 亿对开印张相比，下降 3.08%。值得注意的是，2021 年报纸印刷总量增长 1.28%，结束之前连续 9 年的显著下滑趋势。然而，这种复苏的势头未能持续，2022 年印刷总量又出现 4.01%的下跌①。

二　报纸产业的数字化转型探索

数字化不仅为报纸产业带来新的挑战，也提供了前所未有的机遇。2023 年，中国的报业界特别注重利用人工智能技术革新其新闻生产及传播模式。

（一）报纸产业寻求人工智能技术赋能

2023 年，中国的报纸产业大力推进人工智能技术的赋能和应用，深圳报

---

① 《2023 年度全国报纸印刷量调查统计结果显示：报纸印刷总量显现相对稳态》，《中国新闻出版广电报》2024 年 4 月 17 日。

业集团在这方面表现尤为突出。该集团不仅推出 AI 共创海报、视频等内容，还成立了"AI 特战小分队"和 AI 工坊，与腾讯、深圳大学等开展合作，拓展人工智能应用场景，并推出 AI 原生内容 IP。深圳报业集团还强化了其公共平台功能，推出报料平台和民生平台，并通过"AI 共生计划"推出法务、教育、电竞等多个新业态。深圳报业集团与华为公司签署合作备忘录，加深与华为鸿蒙系统的合作。在"深新智媒"平台及华为云、腾讯云等技术的支持下，深圳报业集团推出人工智能应用开放平台，该平台提供内容生成、润色、风格改写、配图生成等服务，并实现了全媒体内容的 AI 审核与功能识别[1]。深圳报业集团的这些努力，反映了中国媒体行业在探索人工智能技术与传统报业融合方面的积极态度和行动。

同时，人民日报社也在媒体深度融合和智能化发展上取得进展。"人民日报创作大脑 AI+"项目整合了大模型、自然语言处理、计算机视觉等技术，不仅实现了内容的智能化生产和自动化协作，而且推动了人工智能技术与媒体的深度融合[2]。这一项目的成功实施，标志着国家级媒体在技术应用和创新方面处于领先地位，将进一步推动智能化技术在媒体行业的广泛应用。

此外，每日经济新闻在人工智能技术的应用上也展现出创新精神和前瞻性。每日经济新闻通过开发财经机器人撰写新闻稿件、构建 AI 快讯系统及开发 24 小时新闻视频服务等项目，大幅提升了内容生产和传播效率。特别是在使用虚拟主持人和新闻可视化技术方面，每日经济新闻展示了人工智能技术在实时新闻传播中的实用性和创新性[3]。通过这些技术的应用，每日经济新闻不仅提升了自身的技术能力，而且在财经媒体领域中其竞争力和影响力也得到了显著增强。

复旦大学与上海报业集团签署了一项战略合作协议，双方将利用人工智能等前沿科技推动人才队伍建设、智库建设、国际传播和智能媒体领域的发展。

① 《全员拥抱 AI！深圳报业集团正式开启人工智能时代》，澎湃新闻，2024 年 3 月 29 日，https：//www.thepaper.cn/newsDetail_forward_26855316。
② 《"智融未来"AI 成果展示会亮点纷呈》，人民网，2023 年 10 月 27 日，http：//m2.people.cn/news/default.html？s=M18zXzIwODE2OTA4XzEyNV8xNjk4Mzg1Nzkk1&from=sohu。
③ 《从 AI 战略到全平台内容传播矩阵 每日经济新闻连续两年获颁中国报业深度融合发展创新案例》，"每日经济新闻"百家号，2023 年 6 月 27 日，https：//baijiahao.baidu.com/s？id=1769817518584228536&wfr=spider&for=pc。

合作内容包括共建博士后科研工作站和全媒体传播实践基地，推进元智库和智库产品的闭环建设，致力于加强国际传播业务，共同推动基于多模态大模型的智能媒体平台开发①。这些活动不仅将深化主流媒体的融合转型，而且展示了智能媒体技术在提升中国报纸产业国际传播影响力方面具有巨大的潜力和广阔的应用前景。

2023年，通过对人工智能技术的积极应用，中国报纸产业展示了其从传统到现代化转型的决心和能力。先进的技术整合不仅大幅提高了媒体内容的质量和传播效率，还为整个行业的未来发展设定新的标准和期望。

（二）数字内容创新和多样化探索

近年来，国内报纸产业在数字内容创新和多样化探索方面取得显著进展，体现在多个主要形式上。首先，电子报纸和电子杂志为传统印刷内容提供了数字版本，通过专门的应用程序或网站，用户可以在各种电子设备上阅读，实现了信息获取的便利化。其次，多媒体报道通过结合视频、音频和交互图表增强报道的吸引力，如通过视频报道重大事件或用动画解释复杂的经济理论，这些内容形式大大提升了新闻的表现力和教育性。此外，社交媒体平台成为新闻发布的重要渠道，如微博、微信等，报纸通过这些平台发布新闻，直接与读者建立联系。同时，播客和音频节目也越来越受欢迎，提供了一种新的新闻消费方式，用户可以在通勤或休闲时聆听新闻、深度报道和访谈等内容。在技术应用方面，增强现实（AR）和虚拟现实（VR）技术被用来创建沉浸式的新闻体验，让用户能够通过虚拟环境"身临其境"地体验事件。最后，个性化新闻推荐和新闻聚合订阅服务也日益普及，这些服务通过算法根据用户的阅读习惯和偏好推送定制化内容，或通过电子邮件和应用推送让用户感兴趣的话题或专栏，从而增强用户体验和内容的针对性。这些创新不仅改变了传统新闻的传播方式，也为媒体行业的发展开辟了新路径。

中国日报社在2023年全国两会期间，与"元宇宙"开放平台合作，推出"元宇宙画廊"，利用元宇宙技术展示"大美中国"系列视觉作品，增强了新

---

① 《聚AI智能　促媒体深融｜复旦大学与上海报业集团签约》，澎湃新闻，2024年1月31日，https：//m. thepaper. cn/baijiahao_26214856。

闻报道的互动性和沉浸感。《走进翠云 VR 视频丨沿着总书记的足迹看翠云廊古蜀道》是四川日报社制作的 VR 视频，记录了 2023 年 7 月习近平总书记在四川广元市考察翠云廊古蜀道的情况，使用 VR 技术带领观众穿梭在青石板路和古柏树间，展示了生态智慧和与自然和谐共生的愿景①。

在这种技术革新的背景下，其他报业也不甘落后。在南京举行的第二届中国报业创新发展大会上，现代快报社的创新案例"基于 5G 技术打造大运河、长江文化 IP"获得认可。该项目利用 5G、AR、VR 等技术，整合了线上平台和线下体验馆，全面提升了文化传播效果，突出科技在传统文化传播中的应用价值②。

三　报纸产业的发展方向

（一）加强技术驱动的内容创新

在当前媒体技术快速发展的背景下，技术驱动的内容创新成为推动新闻行业发展的核心动力。首先，大数据、机器学习和人工智能技术在新闻的采集、编辑及分发过程中起到重要作用。这些技术的应用，例如自动化工具的使用，不仅加快了新闻报告的生成速度，还通过算法推荐系统优化新闻内容的分发，显著提高了传播效率。其次，发展多媒体和多模态内容也是技术创新的重要方向。通过继续探索和扩大 VR、AR 及混合现实（MR）的应用范围，报纸媒体能够为用户提供沉浸式和互动式的新闻体验，从而提高信息的吸引力和留存度。最后，数字主播和虚拟内容的生产也展现出极大的潜力。通过开发具有个性化特征的虚拟主播，可以针对不同领域和受众群体提供更为精准和专业的新闻。

（二）提升用户参与度和定制化体验

在数字时代，提升用户参与度和定制化体验是媒体机构面临的重要任务。

---

① 《四川日报再获中国 VR/AR 创作大赛新闻奖项》，四川在线网站，2023 年 11 月 20 日，https：//sichuan.scol.com.cn/ggxw/202311/82414016.html。
② 《全国报业齐聚，现代快报获颁中国报业深度融合发展创新案例》，腾讯网，2023 年 6 月 27 日，https：//new.qq.com/rain/a/20230627A049KA00。

为实现这一目标，增强社交媒体的互动性是关键。通过优化社交媒体策略，例如在微博、微信等平台上进行有针对性的内容发布和积极的用户互动，报纸媒体能够更直接地触及并吸引受众，增强受众的参与感和归属感。此外，推广个性化新闻推荐系统也是提高用户体验的有效手段。利用人工智能算法分析用户的阅读习惯和偏好，从而提供量身定制的新闻内容，这不仅能提升用户的阅读体验，还能增强用户对平台的黏性。平台开发允许用户参与的功能，如评论、讨论和内容创造等，将进一步增加新闻的互动性和参与性。

（三）促进媒体融合和全媒体发展

在当代媒体环境中，促进媒体融合和全媒体发展已成为提升传统报业传播效能和扩大影响力的关键策略。首先，建立全媒体编辑部是实现媒体融合的基础。通过整合线上和线下多种平台的编辑资源，可以形成一个统一而高效的内容生产和管理团队，从而确保信息的一致性和多样性。其次，实现跨平台内容发布是全媒体策略的核心，这要求内容能够在各种设备和平台之间同步发布，以及有效连接线上线下的多种传播渠道，从而为用户提供所需的信息。此外，实施全媒体培训计划对提升团队专业能力至关重要。为记者和编辑提供关于如何熟练使用新媒体工具和平台的培训，不仅提升了他们的技能，还确保团队能够有效应对数字化媒体的挑战。最后，尽管传统媒体在新媒体平台上的投入颇为可观，但其转化效果和市场表现尚未达到预期。因此，传统报业需要扩大其新媒体平台的内容影响力，并将其转化为市场影响力。这包括提高内容的吸引力和参与度，以及通过精准营销和观众分析提高市场份额和广告收入。

（四）加强国际合作

在全球化日益加深的今天，扩展国际视野和加强国际合作对国内报业尤为重要。首先，建立国际新闻合作网络是实现这一目标的有效途径。通过与全球各地的国际媒体机构建立合作关系，共享新闻资源和信息，可以共同制作覆盖重大国际事件的新闻报道，这不仅拓展了报道的深度和广度，还能提升新闻内容的多元性和视角的全面性。其次，推广中文新闻也是扩大中国媒体国际影响力的关键策略。通过在多语言平台发布新闻，使中文新闻覆盖更广泛的受众，这样既能传播中国声音，也能增进国际社会对中国文化和发展的理解与认知。

最后，培养国际传播人才是支撑这些活动的基础。重视对记者和编辑在国际新闻报道能力上的培训，不仅涉及语言技能的提升，还包括对国际事务的深入了解和分析能力的培养，从而为国际传播培养出既专业又具备国际视野的媒体人才。

（五）营造一个责任明确、伦理规范的新闻工作环境

对于新闻媒体来说，遵守法律法规和加强伦理建设是维护媒体公信力和职业道德的关键。首先，注重新闻的真实性和公正性是基本前提。即便在使用人工智能和自动化技术加速新闻生产的过程中，媒体机构也必须确保新闻内容的真实性和准确性，避免误导公众。这要求技术应用与新闻伦理的坚持同步进行，确保所有发布的信息均经过严格的核实。其次，加强数据保护和隐私安全也是至关重要的。在处理和使用用户数据时，必须严格遵守相关法律法规，确保用户信息的安全和隐私得到充分保护。最后，提高新闻伦理意识是媒体机构的重要任务。通过定期对员工进行培训，不仅可以强化他们对新闻职业道德的认识，还有助于在技术飞速发展的当下构建一个责任明确、伦理规范的新闻工作环境。

B.9
2023年中国图书产业发展报告

魏玉山[*]

摘 要: 2022~2023年,中国图书出版产业稳中求进,主题图书、重大出版工程、重点图书出版广受重视,一系列具有代表性的图书出版;图书发行渠道进一步调整,网络渠道图书零售码洋占比已超过80%,且有进一步提升的趋势。作为新兴的出版产业形态,数字出版的产业链不断延展,产业规模不断壮大。生成式人工智能在给出版业带来机遇的同时,也带来一定的挑战。

关键词: 图书出版 主题出版 数字出版 产业规模

2023年,出版行业紧紧围绕党和国家工作大局,以多出好书为目标,加快恢复与发展,取得良好的成绩。

一 主题图书、重大出版工程、重点图书
出版广受重视

为做好主题图书、重大出版工程、重点图书的出版工作,国家出版管理部门通过多种方式予以引导与支持。各地宣传部门、出版集团、出版社按照相关要求,结合本地区本单位的资源禀赋、出版传统等,积极组织重点选题策划和重点出版物的出版工作。

2023年7月初,中宣部就2023年的主题出版工作进行安排部署。截至2023年底,全国组织报送主题出版重点出版物选题近2400种,经过评选及论

---
* 魏玉山,中国新闻出版研究院院长、研究员。

证，有 150 种图书及 20 种音像电子产品最终入选①。在重大出版工程方面，2023 年最值得一提的是，经过约 3 万名专家学者近 10 年的努力，国家重点出版文化建设工程《中国大百科全书》第三版基本完成并于 2023 年 2 月发布。《中国大百科全书》第三版包括 50 万个网络版条目、10 卷纸质版图书②。此外，敦煌文献系统性保护整理出版工程、复兴文库第四编及第五编、简牍高质量整理出版工程、《永乐大典》回归和再造工程等重点出版项目积极推进，体现了图书出版在文化传承与发展中的独特魅力。

在重点图书方面，2023 年，512 个图书出版项目增补进入"十四五"时期国家重点图书项目，《南京图书馆藏未刊稿本集成（集部）》等 91 个图书出版项目进入国家古籍整理出版资助项目；《中国音乐通史》等 50 个项目入选中华民族音乐传承出版工程；《梁山伯与祝英台》等 35 个项目入选中国经典民间故事动漫创作出版工程。国家通过出台多种激励措施以支持相关专业领域重点图书的出版③。

二　图书发行渠道进一步调整，图书营销模式创新加速

中国的图书发行渠道包括实体书店、网络书店、书市、馆配、社交媒体等，最近几年，随着技术的发展和人民消费习惯的变化，图书发行渠道也在不断创新与演化，总体趋势是实体书店渠道销售占比持续下降，网络渠道不断创新，社交媒体等新零售占比持续增加。

长期以来，实体书店既是图书发行的重要渠道，也是公共文化空间、阅读空间的重要载体，有鉴于此，面对实体书店经营的困境，国家及许多地方政府持续出台实体书店扶持计划。2023 年 9 月，财政部和国家税务总局出台政策，

---

① 《中央宣传部办公厅关于公布 2023 年主题出版重点出版物选题的通知》，国家新闻出版署网站，2023 年 12 月 29 日，https：//www. nppa. gov. cn/xxfb/tzgs/202312/t20231229_824863. html。

② 《〈中国大百科全书〉第三版集中发布》，人民网，2023 年 2 月 22 日，http：//sx. people. com. cn/n2/2023/0222/c352650-40310505. html。

③ 《国家新闻出版署关于公布中国经典民间故事动漫创作出版工程（第四辑）入选项目的通知》，国家新闻出版署网站，2023 年 1 月 16 日，https：//www. nppa. gov. cn/xxfb/tzgs/202301/t20230118_667050. html。

将 2023 年底到期的"免征图书批发、零售环节增值税"的优惠政策延续到 2027 年，为包括实体书店在内的图书发行企业提供税收优惠。同时，一些地方政府也制定或延续了对实体书店的扶持政策。如 2023 年 2 月，北京市新闻出版局公布 2022 年北京市实体书店扶持项目入选名单，共计 317 家实体书店进入名单，获得项目资金扶持。其中，对 192 家实体书店给予房租补贴，对 160 家示范书店、9 家"进校园、进商场、进园区"书店、17 家转型升级书店给予奖励，对 192 家实体书店举办的 1454 场阅读文化活动给予奖励①；4 月，江苏无锡出台政策，对新引进的经营面积不小于 1000 平方米的知名实体书店，给予不超过 50 万元的一次性开办奖励。对经营面积不少于 200 平方米的新开办的专业特色书店，给予不超过 20 万元的奖励②；10 月，河北省新闻出版局发布通告，对 120 家实体书店给予扶持③。在政策的引领下，一些地方的实体书店数量有所增加，据有关数据，2023 年上半年新开业的实体书店有 63 家④，既有新华书店的新门店，也有知名民营书店的新店面。国外知名书店进入中国市场也有新的进展⑤。当然，面对严峻的形势实体书店关门歇业也屡见不鲜，包括一些知名书店的连锁门店撤店的消息屡见报端⑥。尽管许多地方有扶持实体书店的优惠政策，但是实体书店整体的经营状况仍然不乐观。2023 年，实体书店的销售码洋在图书零售市场占比仅有 11.93%⑦，比 2022 年的 15.30%⑧下降 3.37 个百分点。

---

① 《北京扶持实体书店发展》，人民网，2023 年 2 月 15 日，http：//finance. people. com. cn/n1/2023/0215/c1004-32623812. html。

② 《实体书店需要"全方位"扶持》，新浪网，2023 年 4 月 4 日，https：//finance. sina. com. cn/jjxw/2023-04-04/doc-imypfhpe9766191. shtml。

③ 《关于 2023 年河北省拟扶持实体书店名单的公示》，凤凰网，2023 年 10 月 28 日，https：//hebei. ifeng. com/c/8UETHnyaeLh。

④ 《2023 上半年新开书店盘点》，搜狐网，2023 年 7 月 11 日，https：//www. sohu. com/a/696876115_121124778。

⑤ 《茑屋书店武汉江汉路店明日开业》，腾讯网，2023 年 12 月 15 日，https：//new. qq. com/rain/a/20231215A07QK000. html。

⑥ 《2023 年 1-5 月书店闭店盘点》，今日头条，2023 年 5 月 26 日，https：//www. toutiao. com/article/7237432528334930488/。

⑦ 《开卷 2023 年图书零售市场年度报告发布！》，《中国出版传媒商报》2024 年 1 月 8 日。

⑧ 《年度发布｜2022 年图书零售市场年度报告》，搜狐网，2023 年 1 月 6 日，http：//news. sohu. com/a/625857552_121124778。

在图书零售渠道中，网络渠道是主流，其图书零售码洋占比已超过 80%，且有进一步提升的趋势。在网络渠道中，京东、当当、文轩、博库等网络书店已经成为"旧"渠道，而抖音、快手、小红书、视频号等社交媒体营销才是新渠道。2023 年，网络书店（平台电商）图书零售码洋占比为 41.46%，是图书零售的最大渠道，但是与 2022 年的 45.10% 相比有所下降。在社交媒体营销方面，短视频电商发展较快，2023 年其图书零售码洋占比达到 26.67%，比2022 年的 16.40% 增加 10.27 个百分点，垂直及其他电商的占比由 2022 年的23.20% 下降到 19.93%①。直播售书已经成为各种书展的标配，国内的图书订货会、图书博览会、书展等都会设置许多直播间，进行现场直播售书。甚至在法兰克福国际图书博览会期间，也有中国的直播团队开展营销活动②。当然，网络渠道的图书发行也有许多需要规范的地方，盗版与低折扣为业界诟病。

图书馆配渠道是一种特殊的发行渠道，对专业出版社具有重要的意义，近些年来日益受到出版社的重视，在大型的图书订货会、书展等活动中，都设置了专门的馆配区，供图书馆等采购。我国每年召开多次馆配大会，为出版单位和图书馆搭建供需平台。馆配的主要对象是高校图书馆、中小学图书馆、公共图书馆等。根据卷藏·中文图书馆藏分析系统统计，2023 年上半年有 1450 所图书馆参与馆配，采购中文图书品码洋累计 5.35 亿元，与 2022 年上半年相比，码洋总额增加 7.32%③。以此推算，全国馆配中文图书码洋总额应在 10亿元以上。

三　2022年图书出版与图书销售情况④

2022 年，全国图书出版社共有 587 家（包括副牌社 24 家），其中中央级出版社有 220 家，地方出版社有 367 家。在出版社总量上，与 2021 年相比没

---

① 北京开卷信息技术有限公司：《2022 年图书零售市场年度报告》，2023；《2023 年图书零售市场年度报告》，2024。

② 《到法兰克福书展直播卖书，震惊外国展商还是格格不入？》，搜狐网，2023 年 10 月 20 日，https：//www.sohu.com/a/729892246_121123863? scm=1102.xchannel：325：100002.0.6.0。

③ 《2023 年上半年中文图书馆配分析报告发布》，搜狐网，2023 年 8 月 28 日，https：//www.sohu.com/a/715663313_121418230。

④ 《2022 中国新闻出版统计资料汇编》，中国书籍出版社，2022。

有明显变化。从出版社所属地区来看，北京地区出版社最多，包括绝大多数中央级出版社、北京市属出版社，以及外省在京创办的出版社，合计约240家。上海有出版社40余家，包括上海市属出版社、中央出版单位在上海创办的出版社等，此外江苏、广东、辽宁等地的出版社数量也较多。

2022年，全国出版图书总数达50.2万种，比上年下降5.3%。其中，新书有20.5万种，比上年下降8.9%；重印书有29.7万种，比上年下降2.3%。总印数达114.1亿册，比上年下降3.9%。导致图书品种数与印数下降的主要原因是文化、科学、教育、体育类图书出版数量减少，其中中小学课本、教辅读物出版数量的下滑是根本原因。

从图书结构来看，文化、科学、教育、体育类图书出版数量较大，总数超过20万种；其次是工业技术类，总数达56313种；文学类位居第三，总数达49905种。

2022年，全国少儿图书出版4.4万种，总印数达10.5亿册，虽然品种数比上年有所减少，但是总印数增加7.8%。少儿图书单品种平均印数为2.4万册，高于图书平均印数（2.27万册/种）。

2022年，全国图书出版市场规模保持增长态势，营业收入达1125.6亿元，比上年增长4.0%，实现利润总额191.6亿元，增长0.8%。

2022年，全国共有出版物发行网点16.5万处，较2021年减少12.3%；出版物发行营业收入达3321.7亿元，增长2.6%；利润总额为222.5亿元，下降5.3%。

四　数字出版产业规模持续壮大

作为新兴的出版产业形态，数字出版产业一直保持生机与活力：政府相关部门不断加大政策供给，产品与服务不断创新，新技术应用不断深入，产业链不断延展，受众的喜爱度不断提升，产业规模不断壮大。

从政策层面来看，国家出版管理部门推动出版单位数字化、融合化发展的力度持续加大。2023年，国家新闻出版署继续组织出版科技与标准创新示范项目的评选，"地图大数据融合出版知识服务平台"等14项科技创新成果、《图书编校质量差错判定和计算方法》等5项出版标准创新成果入选；继续组织出版融合发展工程的评选，《习近平新时代中国特色社会主义思想学生读本》配套教学资源平台等41个数字出版精品项目、30个数字出版示范单位入选；继续组织全国有声读物精品出版工程项目评选，《习近平讲党史故事（有声版）》等41个项目入选。这些示范项目的评选，既是对出版单位融合发展成果的肯定，也是对出版融合方向的指引，有力地推动了出版业的数字化转型发展。

从产业规模来看，2022年中国数字出版产业总收入达13586.99亿元，较2021年增长6.46%。其中，互联网期刊为29.51亿元，电子书为69.00亿元，数字报纸（不含手机报）为6.40亿元，博客类应用为132.08亿元，网络动漫为330.94亿元，移动出版（仅包括移动阅读）为463.52亿元，网络游戏为2658.84亿元，在线教育为2620.00亿元，互联网广告为6639.20亿元，数字音乐为637.50亿元①。从以上数据来看，图书的数字化收入并不高，直接收入只有电子书的69.00亿元，但是在移动出版（仅包括移动阅读）收入中，数字图书也有一定的贡献。

五　2024年图书出版业展望

2024年图书出版面临许多难得机遇，当然也面临不少挑战。

在出版内容领域，习近平文化思想的宣传、阐释、研究，将带动相关图书的编辑出版。2023年10月，习近平文化思想正式提出，作为习近平新时代中国特色社会主义思想的文化篇，必将引领包括图书出版在内的文化发展进入一个新的历史阶段。另外，党史类出版物的出版将继续成为热点。2024年2月5日，中共中央颁布《党史学习教育工作条例》，提出要组织开展党史研究、党史著作编写、党史宣传教育、党史资料征集等工作，用好图书、报刊、广播、电影、电视等传播媒介，党员要阅读党史著作，以推动党史学习教育常态化长效化等，为党史图书的编写、出版、阅读进行了制度化的设计，这无疑会对相关图书的出版、阅读等起到推动作用。

在技术领域，生成式人工智能给图书出版带来全方位的挑战。2022年底

---

① 《2022~2023中国数字出版产业年度报告》，八桂书香网站，2023年9月21日，http：//www.gxbgsx.com/news/show-38250.html。

出现的 ChatGPT 不断迭代升级，已经对许多领域产生了实质性的影响。对于图书出版业来说，最大的挑战是生成式人工智能可以取代作者、出版者，直接生成读者所需要的内容，特别是在教育类图书、工具书出版领域。2024 年 Sora 的出现，对融合出版产生的影响更是难以估量。

在经营领域，由于国家调整相关税收减免政策，原来政策文件中"2018 年 12 月 31 日之前已完成转制的企业，自 2019 年 1 月 1 日起可继续免征五年企业所得税"的条款在新的政策中没有延续，所以出版单位的利润可能会减少。2010 年，绝大多数出版社已经完成转企改制工作，距今已经超过 10 年。

B.10
2023~2024年中国广告市场发展趋势

赵黎黎 曹雪妍*

摘　要： 2023年，中国广告市场呈现回暖趋势，消费市场的逐步回温为广告市场的增长提供了有力支撑。从媒体与行业数据来看，各类型媒体收入普遍回升，显示出市场活力的恢复。值得一提的是，伴随消费者对健康领域的日益关注以及需求的多样化，健康类产品投放表现积极，产品细分更加深化。在媒体营销发展方面，业界积极拓展营销边界，寻求各种融合优势，以适应快速变化的市场环境。同时，在数智化营销的推动下，品牌融合多重价值，进一步强化了其与消费者的关系，提升了品牌影响力和市场竞争力。整体而言，中国广告市场正朝着多元化、精细化和智能化的方向发展。

关键词： 广告　消费者　媒体营销　数智化

2023年，中国经济和市场焕发新机。对于广告营销市场来说，2023年是融合发展的一年，广告主信心回升，在品牌价值提升上开拓了融合发展的新思路。人工智能等智能化技术的应用，推动品牌营销朝着数智化、多元化的方向发展。

一　中国广告市场呈现恢复性增长

2023年，中国经济韧性十足，国民经济回升向好，高质量发展扎实推进。

---

* 赵黎黎，央视市场研究（CTR）媒介智讯总经理；曹雪妍，央视市场研究（CTR）媒介智讯研究经理。

消费市场活力十足,推动服务业较快发展。近年来广告市场持续受压,市场参与者信心不足、市场环境不确定性增强、市场监管趋严、互联网行业洗牌等因素影响广告市场的可持续发展。升级型消费品、新能源车、药品等主力行业带动广告市场呈现恢复性增长,CTR媒介智讯的数据显示,2023年广告市场整体花费较上年提升6.0%(见图1)。

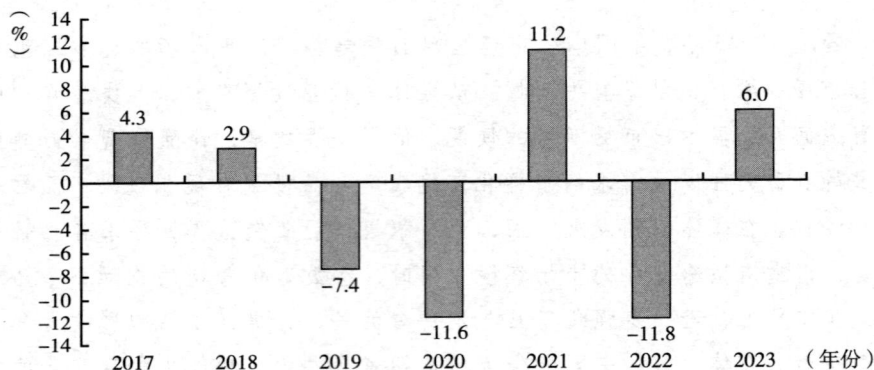

图1 2017~2023年广告市场整体花费变化情况

资料来源:CTR媒介智讯Ad Cube广告数据库。

广告主信心企稳,在降本增效中寻找高质量发展的新路径。CTR联合中国传媒大学广告学院与国家广告研究院共同发布的《2023中国广告主营销趋势调查》显示,2023年广告主的信心整体仍高于疫情之初,有逐渐回升的趋势。78%的广告主认同降本增效是2023年营销的主题,并且给出参考的方向。例如,回归主业,非主营业务瘦身;精简不必要的环节;注重投资回报率(ROI),依靠精品内容驱动增长;优先考虑可持续的价值创造,而非单纯的数量增长等。

然而,全面复苏的广告市场仍旧面临持续增长的压力,从消费市场的反馈来看,消费者倾向于谨慎消费,追求产品的高性价比。同样,广告主虽然信心有所回升,但依旧保持比较谨慎的投放策略。广告市场持续增长的动力亟待增强,市场将面临诸多挑战。

二 媒体广告收入普遍回升，健康类产品投放积极，产品细分深化

（一）2023年媒体广告收入回暖，户外媒体广告收入增长显著

媒体的发展与广告的投入息息相关，2023 年广告市场迎来恢复性增长，各类媒体的广告收入逐渐回暖，户外媒体广告收入增长更加显著，特别是覆盖通勤和出行人群的户外类媒体如地铁、高铁／火车站都逆转了跌势，电梯广告收入持续增长，同比增幅在20%左右。

近年来，出行、出游、商旅等需求激增，户外场景的人流量迅速回升，电梯广告由于覆盖人群特点显著，增速较快（见图2）。特别是占据"黄金"地段、跟随"黄金"时段、聚焦"黄金"人群、配合"黄金"销路的户外场景广告投放迅速增加。

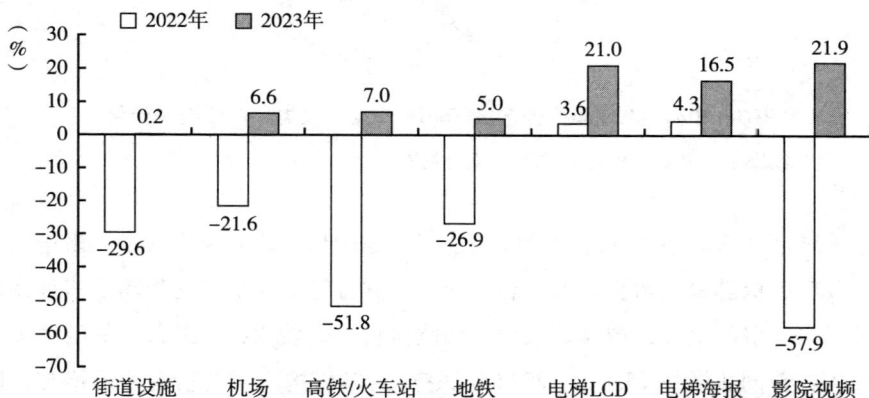

图 2　2022～2023 年各类户外媒体广告刊例花费变化情况

资料来源：CTR 媒介智讯 Ad Cube 广告数据库。

（二）行业投放市场回暖，化妆品／浴室用品、娱乐及休闲等行业广告花费增长显著

受到政策、供给、宣传等多种利好因素影响，各行业广告投放也有所回暖。药品行业广告花费连续两年增长，饮料、娱乐及休闲、商业及服务性行

业、化妆品/浴室用品行业广告花费增速实现由负转正，食品行业广告花费微降1.3%，但仍旧是广告投放量最大的行业。此外，IT产品及办公自动化服务、邮电通信、交通行业的广告花费进一步减少（见图3）。

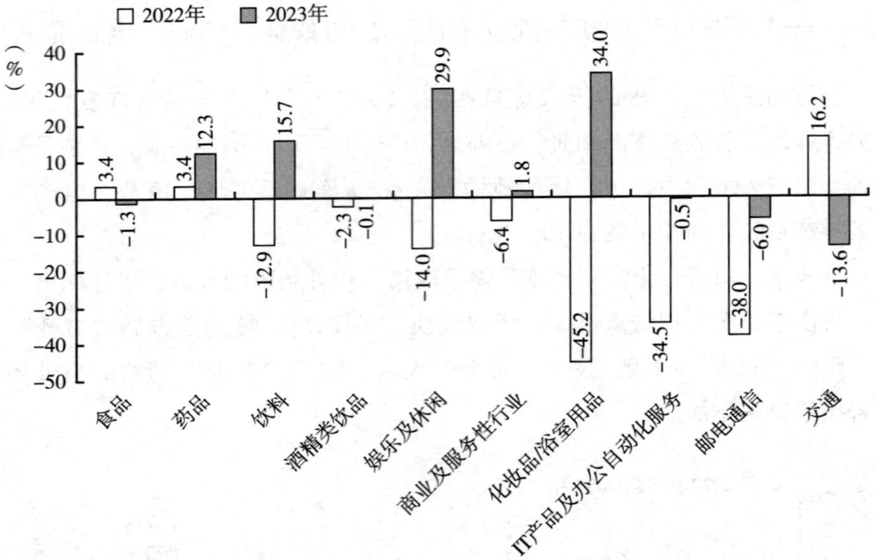

图3 2022~2023年广告市场Top10行业（大类）广告花费变化

资料来源：CTR媒介智讯Ad Cube广告数据库。

伴随消费者对健康问题的持续关注，与健康相关的品类广告近年来增长显著。其中，保健食品增长显著。外出聚会、健身等需求增多也带动了多种饮料品类广告花费的增长，包含矿泉水、功能饮料、碳酸饮料、果蔬汁等的液体饮料广告花费同比增长75.9%。2023年医疗/保健机构广告花费有明显增加，同比增长16.3%（见表1），主要是一些区域性的口腔医院、植发医院等。

表1 2022~2023年广告市场Top15行业（中类）广告花费变化情况

单位：%

排名	行业（中类）	2023年	行业（中类）	2022年
1	保健食品	29.4	保健食品	15.2
2	液体饮料	75.9	奶类饮品	-0.5
3	中国餐酒	-0.7	中国餐酒	0.7

续表

排名	行业（中类）	2023 年	行业（中类）	2022 年
4	奶类饮品	−12.6	固体饮料	−15.6
5	固体饮料	−2.9	交通工具	10.0
6	风湿及骨病药	0.2	风湿及骨病药	19.9
7	移动客户端应用软件及服务	10.8	液体饮料	−31.2
8	交通工具	−11.5	装修装饰服务	34.4
9	旅游/区域形象	17.2	移动客户端应用软件及服务	−43.1
10	心脑血管病药	−6.5	心脑血管病药	18.8
11	网络服务	1.5	零食糖果	−11.7
12	装修装饰服务	−18.5	网络服务	−57.1
13	医疗/保健机构	16.3	旅游/区域形象	−2.1
14	零售服务	−9.0	零售服务	−20.6
15	方便食品	−9.5	方便食品	57.2

资料来源：CTR 媒介智讯 Ad Cube 广告数据库。

（三）市场细分化发展，新品营销加码，撬动新需求

随着市场竞争的加剧和消费者需求的多样化，品牌越来越难以通过单一的产品或服务满足所有消费者的需求。将市场划分为若干个具有相似需求和特征的细分市场，并针对每个细分市场制定专门的营销策略，已成为企业提升市场竞争力的重要手段。从 2023 年的广告营销市场来看，品牌细分进一步深化，仅口腔清洁用品类产品，就依据功能、成分等分成不同的产品阵营，这也带动了整个品类广告花费的增长。

而新品牌方面，《2023 中国广告主营销趋势调查报告》显示，有 33% 的广告主营销费用应用于新品营销，且新品营销费用的占比在持续升高。近年来广告主积极投入新品的研发，并且投放大量的营销费用在新品的推广上。CTR 媒介智讯的数据显示，2023 年新品牌的数量占比已达 37.5%，与 2022 年相比提升 4 个百分点，新品牌的广告花费也逐步增加，增速达 12.2%。新品层出不穷，不断地为品牌注入亮点与活力，助力品牌与消费者深度沟通。

三 媒体与品牌营销坚持融合发展，强化品牌与消费者间的连接

（一）广电媒体强化阵地优势，深化媒体融合

信息爆炸的时代，人们周围充斥着各类不实信息，用户的不确定感提升，相较于其他信源，主流媒体在信源信任度驱动上具有优势。CTR受众调研数据显示，在受众看来，突出社会责任、提供高品质的内容、信源流程公开透明、客观公正专业等特点，是一个值得信任的媒体的具体表现。中央级媒体在信源信任度上具有显著优势，因此，中央级媒体也成为广告主为品牌价值背书的主要渠道之一。而面对受众媒体接触习惯的变迁，广电媒体积极拓展新媒体业务，深化媒体融合，例如，创建各类新兴媒体账号，打造多个爆款作品等。广电新媒体既具有传统广电媒体的优势，又具有新媒体的灵活性，因此诸多广告主愿意尝试在广电新媒体投放广告，强化品牌传播效果。

（二）深度融合广告传播与活动传播，形成户外营销新模式

在户外场景持续火爆的背景下，户外场景营销面临前所未有的挑战。作为当前媒体营销中最热门的场景之一，户外媒体为品牌提供了跨越不同场景、实现品牌间合作的广阔平台。与此同时，通过策划一系列充满趣味与创意的营销活动，户外场景营销不仅成功地助力品牌价值大幅提升，更让品牌在市场中焕发出新的活力。

2023年末，"三九胃泰×国大药房×老盛昌"联合广告发布，以写字楼全景包梯、快闪区抽奖、空降早餐车、购药送早餐券、联名套餐等形式，打造跨界融合新场景，在无形中加强了消费者对护胃养胃重要性的认识，引导他们迈出健康生活的重要一步。这种新颖且贴心的活动形式迅速吸引了大量消费者的关注，并在社交媒体的推动下，迅速成为线上热议的话题，将活动推向了高潮。诸如此类的户外场景营销案例还有很多，不仅彰显了户外场景营销的巨大潜力，也为户外新营销模式的探索带来启示，在融合发展的时代，将广告传播与活动传播相结合激发户外场景活力，为品牌价值增长赋能。

（三）品牌融合多重价值，密切其与消费者的联系

品牌与消费者关系的密切程度影响品牌的发展前景。数智化时代，品牌与消费者间的沟通效率显著提升，使得二者的关系变得更加亲密。而亲密关系的建立，需要品牌融合新价值来适配广泛的关系连接需求，在优质传播元素的支持下，可融合文化价值、自我价值和社会价值。

无论是与中华传统文化相融合，还是传播积极健康的理念，品牌深入挖掘自身独特的文化属性，并持续向消费者传递积极的品牌文化内涵，传播正能量，是品牌增进与消费者关系的重要途径。随着社会压力的加大，现代消费者对自己的情绪、自信、自爱、自我价值等方面十分看重。表达对消费者的理解和关注既是品牌提供情绪关怀的主要方式之一，也是品牌融合自我价值的体现。品牌传播不仅需要立足产品本身考虑销售价值，更应传播品牌的社会价值和可持续发展价值。近年来，越来越多的企业开始积极传播其 ESG 理念，展现企业在可持续发展过程中的担当和努力，将品牌价值与社会价值相融合，这不仅是企业发展的必由之路，更是对社会的贡献和担当。

结　语

2024 年，促进消费等政策在经济发展中起到了良好的推动作用，广告市场迎来新的发展机遇。即便广告市场仍面临各种不确定性因素的考验，人口红利消失等压力迫使存量竞争加剧，品牌营销进退两难，但随着经济与消费市场的回暖，品牌在新的竞争关系中也逐渐摸索出新的营销方向。

B.11
2022~2023年中国主流媒体
社会责任发展报告

王 婷[*]

摘 要: 2023 年,新闻媒体领域第十次开展媒体社会责任报告制度工作,亦是"中国梦"提出的第十年。逐梦十年之际,"深度媒介化"成为中国社会运行的重要特征,媒体业态、职能与边界均在发生剧烈变化。现将 5 家央媒与 10 家省级广电媒体作为观察样本,对其在社会责任履行过程中体现的创新性及实效性等发展特征进行梳理,发现新闻媒体从政治责任、服务责任、人文关怀及文化责任出发,在铸牢中华民族共同体意识、参与社会治理等方面发挥着愈加重要的作用。主流媒体在全媒体建设中逐步实现知识溢价和服务溢价,进一步扩大其在网络视听时代的影响力。

关键词: 新闻媒体 主流媒体 社会责任

2023 年 7 月前后,从中央新闻媒体到县级融媒体中心,超 500 家媒体发布媒体社会责任报告,发布媒体数量比上年增加百余家,较 2020 年大幅增长(见表1)。

表1 2021~2023 年发布媒体社会责任报告的媒体数量

单位:家

发布时间	报告年份	发布媒体数量	细分媒体类别发布数量
2021 年 7 月	2020	110+	18 家中央主要新闻单位、16 家全国性行业类媒体,以及 70 多家省(区、市)和新疆生产建设兵团媒体

---

* 王婷,央视市场研究(CTR)媒体融合研究总监。

续表

发布时间	报告年份	发布媒体数量	细分媒体类别发布数量
2022 年 7 月	2021	360+	18 家中央主要新闻单位、28 家全国性行业类媒体,以及 300 多家省(区、市)和新疆生产建设兵团媒体
2023 年 7 月	2022	500+	18 家中央主要新闻单位、40 家全国性行业类媒体,以及 470 多家省(区、市)和新疆生产建设兵团媒体,黑龙江、陕西、湖南等 15 个省份实现省市县三级媒体覆盖

资料来源:根据中国记协网公开数据整理。

CTR 参考 2022 年度主流媒体网络传播力榜单选取 5 家央媒[①]及 10 家省级广电媒体[②]的年度社会责任报告,对社会责任履行方面的发展特征进行梳理。

一 政治履责

2022 年,作为"时代风云记录者"的各级新闻媒体精心组织策划了党的二十大、北京冬奥会冬残奥会、全国两会等重要事件的报道,促进国际话语表达、媒体外交、联盟合作,逐渐形成协同共振的传播格局,舆论引导和国际传播实效迈上新台阶。

(一)走心用情创造视觉语言,全力发出时代最强音

各级新闻媒体用丰富的视角和生动的表达,使重大活动的宣传出色、出彩。各级媒体从报道、理论与地方实践等层面,全方位探索多元化主题宣传手段。

中央广播电视总台精心策划党的二十大和北京冬奥会报道,在覆盖、触达、转播转载及话题互动等多维度的传播效果上刷新历史纪录。

在河南"十大战略"实施的第一年,河南广播电视台推出《"十大战略"

---

① 5 家央媒:中央广播电视总台、人民日报社、新华社、中新社、中国日报社。
② 10 家省级广电媒体:湖南广播电视台、河南广播电视台、上海广播电视台、浙江广播电视集团、北京广播电视台、湖北广播电视台、山东广播电视台、福建广播影视集团、江苏省广播电视总台、广东广播电视台。

进行时》《此水此山此地》和微演说节目《吾辈·我们这十年》。湖南广播电视台和湖北广播电视台从理论视角出发，推出《思想的旅程》和《改变中国的真理力量》。

主流媒体创新传播方式，打造精品时代记录类节目，充分彰显中国梦的伟大实践。中央广播电视总台融媒体报道《解码十年》和福建广播影视集团《太空看福建》创新运用"卫星视角"，精彩呈现中国梦提出10年以来党和国家各项事业取得的历史性成就。

冬奥会期间，中新社组建"世界华文媒体北京冬奥会报道联盟"，打造对外合作传播矩阵。山东广播电视台联动兄弟省市县融媒体，打造了多个主题性大型融媒体传播接力项目，如《领"路"·十年》、"这就是山东·这十年这十秒"系列微视频等。

（二）从百姓视角出发，积极发挥舆论监督作用

围绕影响国计民生的重大议题开展深度调查，加强社会治理。中央广播电视总台关于未成年人文身乱象和宝鸡工程检测报告涉嫌造假的调查报道，推动《未成年人文身治理工作办法》出台，全国针对工程检测开展专项治理。湖北广播电视台推出"执行聚焦"栏目，对失信被执行人进行集中式曝光，多次成为社交媒体平台的热议话题。

打通民意上传下达的通道，察民情、解民忧。人民日报社在网络平台开设"我为党的二十大建言献策"专栏，共收到网民建议和留言超54万条。风芒App上线"民情派"一键求助功能，融合"都市1时间""帮女郎"民生栏目资源，上线3个多月收到来自湖南各地的有效舆情万余条。

（三）国际话语表达，创新开展媒体外交

完善全球突发事件快速反应机制，国际信源价值提升。中央广播电视总台国际新闻全球首发率达14.55%，在全球主要媒体中排名第二。乌克兰危机相关视频新闻被127个国家和地区的2581家电视台及新媒体平台采用，创国际热点事件发稿历史最高纪录。

思想出海，让世界理解中国逻辑。央视国际视频通讯社推出一系列时政微视频《遇见习近平》《习语心愿》《诗印初心》《中国密码》等，各项时政报

道核心传播数据再创历史新高。新华社、中新社纷纷开展"读懂中国共产党""近观中国"等重大主题对外宣传活动。中国日报社主办"全球Z世代热议二十大"论坛等活动，获420余家外媒报道。

文化出海，生动讲好中国故事。中央广播电视总台成功举办第二届海外影像节和首届"中国影像节"全球展映等活动。湖南广播电视台全力推进东南亚国家战略合作，《声生不息·港乐季》用音乐抒发家国情怀，增强全球华人对中华文化的认同；纪录片《中国》被海外观众评为"高质感的历史纪录片"。齐鲁网、闪电新闻英文频道通过海外人士视角，打造"开放的山东"外媒集中采访活动品牌、"感知山东"外国友人体验活动品牌。广东广播电视台"二十四食者"栏目以美食为媒，通过外交官访谈促进中外文化交流。江苏省广播电视总台联合拉萨融媒、中新社西藏分社制作中英双语非遗类纪录片《发现拉萨》，在国内外数十个主流媒体平台播出，铸牢中华民族共同体意识。

推动中外文化交流，创新开展媒体外交。中央广播电视总台推出《高端访谈》，双语主播专访外国国家元首、政府首脑及国际组织负责人，阐释中国倡议、中国主张、中国智慧，向世界有力传递加强多边合作、推动全球治理体系变革的正义之声。成功举办首届全球媒体创新论坛，承办"全球发展：共同使命与行动价值"智库媒体高端论坛。以元首外交为引领，与多国政府机构和主流媒体签署合作协议。创新举办58场"新征程的中国与世界"系列海外媒体活动。

二 服务与人文关怀

由于互联网具有的公共性、开放性、可及性，主流媒体的网络传播天然深植服务基因。2022年，主流媒体强化"用户需求"意识和"用户服务"导向，聚焦特定领域与对象，带动社会优势资源共同构建服务体系，新媒体渠道积极延伸服务触角、创新服务模式、增强服务能力。公益项目逐步下沉，深入基层群众的生活。

（一）搭建融媒体公共服务平台，推动群众急难愁盼问题解决

央视频聚焦就业服务，累计推出233场"不负韶华 国聘行动"云招聘直

播活动，"千行百品就业行"专栏打造劳务品牌与用工企业交流的平台；"夕阳红"栏目打造健康科普平台，齐鲁频道"小溪办事""88881234"等栏目打造全媒体普法渠道，提供免费的法律咨询服务，全年累计服务群众近百万人次。

（二）勇担责任，推动"内容+公益"融合，助力乡村振兴

各级媒体纷纷通过改善办学条件、设立奖学金、援建老年公益食堂、捐赠文化设备、引进产业项目等形式多方位精准对口帮扶贫困地区，助力农产品销售和人才培训。新华社品牌工程联合地方政府共同打造省级农业品牌，创新打造"乡村振兴与农业品牌建设"平台，有力助推乡村振兴。

上海广播电视台为老年群体量身定制"乐龄申城"互动电视平台，推进公共服务功能的对接和应用，逐步实现"一键助老"等适老化功能和服务。江苏省广播电视总台公益项目"音乐种子助学行动"已举办11年，结对资助全国2万多名困境儿童。

（三）公益实践带动社会参与，促进社会和谐

湖南广播电视台"帮女郎小剧场"招募老年群众演员出演，推出电信防诈骗、旅游防骗等公益宣传栏目；湖南经视"爱心改变命运"慈善助学项目连续开展20年，助学资金筹集超过4.62亿元，资助人数达10.4万人。江苏省广播电视总台以赛事活动拓展服务渠道、整合服务资源，为年轻人和老年群体解决实际需求。打造线上综合服务平台——"中国（南京）大学生设计展云平台"，实现"紫金奖·中国（南京）大学生设计展"线上线下联合办展；以大学生"互联网+"创业和老年人技术应用等为主题举办群众参与类赛事，倡导科技创新、科技助老；针对农村医疗资源匮乏的现状，开展"百医千村行"义诊活动。

三　文化履责

随着网络平台不断去中心化和开放式发展，文化传承正面临日益严峻的挑战。2022年是中国梦提出十周年，主流媒体围绕中国梦弘扬践行社会主义核心价值观，在文化的记录与传承、创新与呈现、教育与普及等方面均做出有益实践。

（一）乐享新时代，凝心聚力见证"追梦十年"

中央广播电视总台文旅探访节目《山水间的家》全景式展示新时代乡村壮美画卷；《人世间》《大考》等电视剧以及《家事如天》《民法典的家风家教观》等节目弘扬新时代家庭文明新风尚；《种子 种子》《大山的女儿》等影视剧、纪录片展现中国乡村振兴战略的落实成效。新华社、中新社精心策划追梦故事微视频全球征集活动，深入挖掘典型人物、典型案例，生动反映中国人民同心筑梦、并肩追梦、携手圆梦的壮阔图景。

浙江广播电视集团重磅推出讲述新时代运河文化的《运河边的人们》，展现习近平新时代中国特色社会主义辉煌成就的《我们这十年》等精品重大题材剧。江苏省广播电视总台重大革命历史题材电视剧《数风流人物》被誉为党史教育的生动教材，入选年度"中国电视剧选集"。

（二）"思想+艺术+技术"创新，推动优秀文化创造性继承和发展

中央广播电视总台通过《"字"从遇见你》《典籍里的中国》《2022中国诗词大会》《艺术里的奥林匹克》《非遗里的中国》等文化品牌节目，让世界感受中华文化之美、艺术之美。新华社开设"听文物讲故事""听非遗讲故事"专栏，制作"敦煌壁画里的中国节"系列融媒体产品，推动文物"活"化。中新社打造"文明的坐标"全媒体品牌，下设"触摸历史"直播、"洋主播探馆"等子栏目，展示中华优秀文化的无穷魅力。

北京广播电视台立足首都文化中心打造国潮文化品牌，推出《博物馆之城》《最美中轴线（第二季）》《最美中国戏（第二季）》《书画里的中国（第二季）》等节目，成功承办首届全民阅读大会、书香京城系列评选等活动。河南广播电视台"中国节日"品牌2022年推出"奇妙游"系列，立足中原黄河文化，以艺术视觉创新为驱动。浙江广播电视集团推出《妙墨中国心》节目，这是国内首档书法美育交互式节目，创制《追星星的人》《冰雪正当燃》等一系列新型文体节目。湖北广播电视台创制音乐雅集节目《高山流水觅知音》，以国乐之声展示荆楚之美。东南卫视亲子阅读暨原创音乐诵唱节目《悦读·家》全四季播放量达6.88亿次，节目全部登上"学习强国"平台。江苏省广播电视总台推出全新纪实类读书节目《我在岛屿读书》、双语微纪录

片《非遗有新人》、系列微短剧《典籍里的家风》《2060元音之境》。广东广播电视台立足岭南文化，推出大型综艺《国乐大典》，用国潮、国风包装传统民乐，推出大型杂技文化节目《技惊四座（第二季）》，成功举办"全球微粤曲大赛"。

（三）聚焦科技创新，提升全民科学素养

中央广播电视总台关注中国空间站建设、火星探测、载人深潜等重大科技成就。"天宫课堂"持续开展太空授课活动；4K纪录片《你好！火星》记录中国首次火星探测全过程；系列纪录片《智能中国》展示中国人工智能技术领域的前沿发展和产品落地情况；《破解生命的密码》《改变世界的定律》《2021科普中国揭晓盛典》等节目在全社会营造热爱科学的浓厚氛围。

上海广播电视台推出前沿科技探索解读电视节目《未来中国》，围绕"国之重器"，通过科学家与热爱科学的青年之间的互动交流、思想碰撞，以演讲、案例、实验等展示中国科技实力。江苏省广播电视总台青少年科普电视节目《未来科学家》走进全省多所学校，策划制作包含科普实验秀、校园科技风采展示等内容的节目。

（四）创新宣传手段，推动生态文明建设

中央广播电视总台《航拍中国（第四季）》《自然的力量·大地生灵》《遇见最极致的中国》等自然生态类纪录片倡导"共建万物和谐的美丽家园"的发展理念。东南卫视从海洋强国的国家战略高度出发，集聚福建省广播影视集团五个节目之力，于黄金时段推出"海洋季风"栏目，围绕产业、历史、旅游、体育、科普、美食、文化等领域，全方位讲好福建海洋故事，展现中国海洋魅力，并在"海博TV"专设"海洋频道"。芒果超媒出品电视剧《江河日上》，传达"绿水青山就是金山银山"的环保理念。

四 阵地建设

新闻传媒业在探索技术转化、应用落地的过程中，逐渐成为一种"技术密集型"产业，人工智能逐渐成为内容密集型的媒体产业新质生产力，主流

媒体从技术、机制、模式多层面探索创新，积极推动全媒体内容传播最大化和最优化的实现。

（一）产学研用一体推动科技应用落地

中央广播电视总台在 2022 北京冬奥会报道上，使用"5G+4K/8K+AI"，圆满完成首次 8K 国际公用信号制作、全程 4K 制播；在线下宣传场景的建设上，实现"百城千屏"公共大屏项目覆盖全国 21 个省（区、市）。围绕"5G""全媒体融合传播""新型视觉显示与感知"等 11 个主题设立研究平台，产学研用一体推动科技成果转化和应用示范。人民日报社上线"AI 编辑部 3.0"，助力新媒体全链路上云。

（二）以内容建设为根本，加快机制创新、技术融合

2022 年，中央广播电视总台针对移动端收看特征首次推出竖屏春晚；央视频《这 young 的夏天》《央视频之夜》等"央 young"系列产品持续刷屏；"三星堆奇幻之旅"通过即时云渲染技术，为用户提供全新的沉浸式体验；开发 AI 手语翻译官，帮助听障人士顺利观看北京冬奥会直播。

百视 TV 深耕头部体育主播解说阵容、空中课堂"自主学习中心"及"百享健康"医疗科普直播等生活垂类内容；以融东方 IP 运营开发为核心，创制"最好的舞台""开麦总冠军"等新 IP；推出"百享生活"直播间，探索商业变现新模式；创新云演艺、云电竞等"云系列"大屏产品。北京广播电视台培育了"首博食间"等系列文创 IP；听听 FM"北京之声"城市有声导览项目已成功覆盖 50 家博物馆，形成以"音频互动"为特色的领先优势；推进各频率的项目化改革，创新推出"五洲乐海·儿童音乐舞台剧训练营"项目，"训练营"毕业剧目《少年苏东坡》在中国木偶艺术剧院成功上演。

结　语

2022 年，在深度媒介化的社会背景下，新闻媒体通过整合社会资源，不断扩大其在政治、经济、文化、社会等领域的辐射力与渗透力。各级媒体在习近平新时代中国特色社会主义思想的指引下，为党的二十大和"追梦十年"

等活动描绘了一系列映射新时代社会主义国家风貌的精彩画面。"服务+"和"政务+"正逐步融入寻常百姓的生活，各级媒体在加强国际传播力建设的同时，创新文化表达方式，铸牢中华民族共同体意识，创造性传承与弘扬中华文化。这一切的成就，离不开新闻媒体对自身的不断颠覆与再造。新闻媒体定期发布社会责任报告，已成为塑造品牌形象、服务公众、参与社会建设与治理的重要方式，作为新闻媒体的软实力，创新履行社会责任已成为其生存和发展壮大的必要条件。随着中国国际地位的提升，主流媒体的竞争力将得到进一步提升，在科技的推动下，智媒进化也将推动媒介发展进入新的阶段。

B.12

2023年中国移动互联网行业发展报告

严婷婷　赵　听 *

摘　要： 依据 CTR 自有 SaaS 产品 CTR-Xinghan（星汉）移动用户分析系统统计数据，截至 2023 年 12 月，中国移动互联网月活跃设备数达到 14.38 亿个，各月同比增速为 2.4%~3.8%，整体流量趋于稳定。中国移动互联网市场日渐成熟，头部 App 位次和格局的稳定使中小企业和初创企业面临更加激烈的市场竞争。在数字化浪潮的影响下，包括"Z 世代"、小镇青年、精致妈妈、新锐白领、资深中产、都市银发、都市蓝领及小镇中年在内的八大消费人群触媒行为各具特色，他们追逐新潮、注重实用、分享生活、追求品质，展现了多元化的消费面貌。

关键词： 移动互联网　新媒体　八大消费人群

一　行业发展回顾

经过十余年的发展，中国移动互联网跑马圈地式的扩张不再有效，如今已进入深度存量时代。一方面，移动互联网的触角仍继续向未触媒的人群延伸。另一方面，在流量增长天花板的限制下，各细分行业仍需在内容供给上发力，以此找到新的增长点。

（一）流量视野下的行稳致远

整体来看，2023 年中国移动互联网流量保持稳定增长态势，截至 2023 年

---

* 严婷婷，央视市场研究（CTR）移动用户指数总经理；赵听，央视市场研究（CTR）移动用户指数研究副总监。

12 月，移动互联网月活跃设备数（以下简称"月活"）达 14.38 亿个，各月同比增速为 2.4%~3.8%（见图 1），增速保持平稳，流量增长仍有空间，但流量大盘趋于饱和。

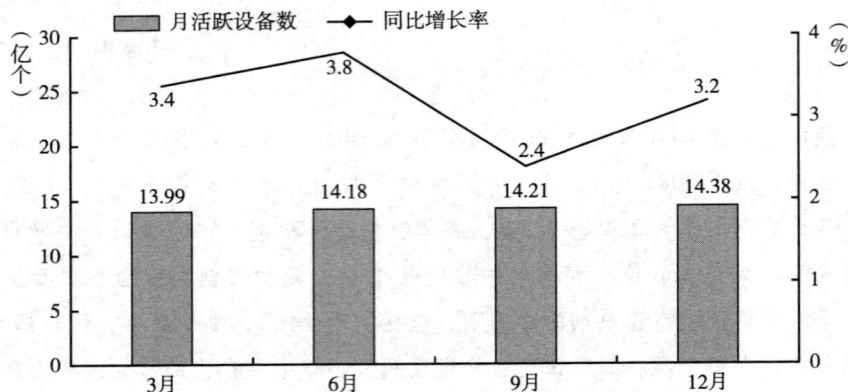

图 1　2023 年移动互联网月活跃设备数及其增速

资料来源：CTR-Xinghan（星汉）移动用户分析系统。

通过 App 的月活分布情况发现，头部 App 的用户黏性较强，位次变化不大（见图 2）。2023 年 12 月，按月活大小排名，Top100 的 App 和 2022 年同期排名重合度高达 91.0%，Top500 和 Top1000 的排名重合度均达 80.0%以上。

图 2　2023 年 12 月移动互联网亿级成员（月活在 1 亿个及以上）的 App 数量及分布

资料来源：CTR-Xinghan（星汉）移动用户分析系统。

值得注意的是，从 Top100 到 Top1000，App 排名重合度不断下降，后者重合度为 81.4%（见表1），说明在稳定的头部平台之外，中等用户规模的 App 面临的市场竞争更加激烈，其经营者需要更加努力地提升内容质量和用户体验，使其在激烈的市场竞争中脱颖而出，争取进入头部行列。

表1　2023 年 12 月与 2022 年 12 月移动互联网 App 排名重合度

单位：%

排名	App 排名重合度	排名	App 排名重合度	排名	App 排名重合度
Top 100	91.0	Top 500	84.8	Top 1000	81.4

资料来源：CTR-Xinghan（星汉）移动用户分析系统。

在庞大的流量大盘下，用户的需求是多元化的，各细分行业机遇与挑战并存。从 2023 年 12 月 Top100 App 行业分布情况来看（见图3），相较上年同期，进入 2023 年 12 月 Top100 行列的生活服务、出行服务和拍摄美化类 App 分别增至 11 个、6 个和 2 个。此外，还新增了 1 个旅游服务 App 和 1 个智能设备 App，用户追求便捷、美好、智能生活的趋势明显。

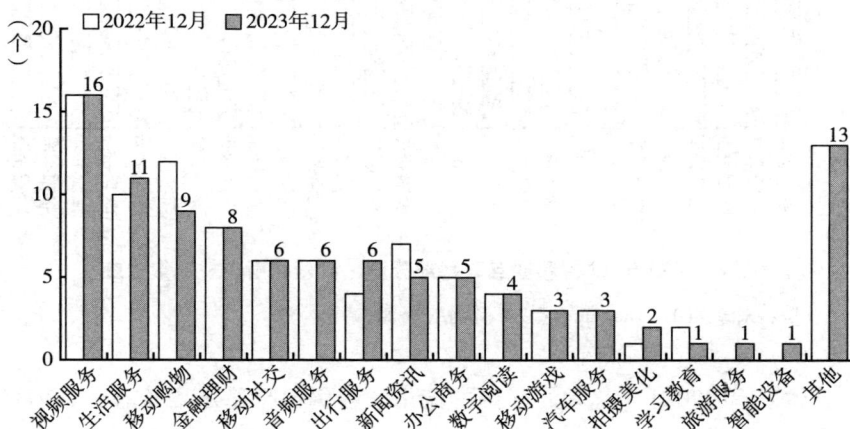

图3　2022 年 12 月与 2023 年 12 月移动互联网月活 Top100 App 行业分布

资料来源：CTR-Xinghan（星汉）移动用户分析系统。

部分移动购物、新闻资讯和学习教育行业的 App 跌出 Top100 榜单，展现了后疫情时代人们的日常生活回归线下，门店经济回暖，学习教育等场景重回线下。

移动互联网时代，用户早已离不开便捷生活 App，但从行业内部的竞争来看，主流泛生活行业的马太效应显著。2023 年，多数泛生活领域的用户规模集中度超过 70.0%。

从用户集中度来看，对非头部企业或新进入企业而言，旅游服务行业中的旅游攻略（如马蜂窝旅游）和旅行工具（如两步路户外助手）两个垂直赛道，以及生活服务行业中的商家工具、电子政务、接单工具 3 个细分领域的可扩张空间较大，其用户规模集中度均在 70% 以下，其中，电子政务、接单工具的用户规模集中度分别为 28% 和 16%（见图 4）。

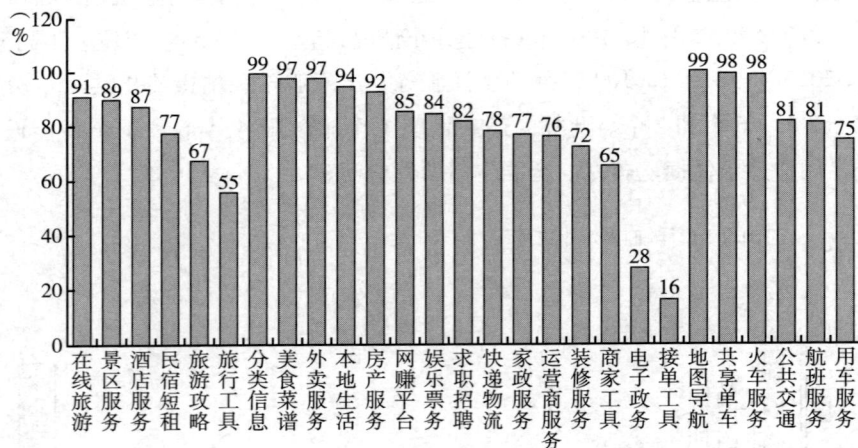

图 4　2023 年 12 月移动互联网部分泛生活领域用户规模集中度

资料来源：CTR-Xinghan（星汉）移动用户分析系统。

总体来看，2023 年移动互联网的流量大盘仍保持稳定增长态势，但多数主流行业的用户市场已被头部企业瓜分，头部 App 位次和格局的稳定使中小企业和初创企业面临更加激烈的市场竞争，同时意味着它们更难跨入头部行列。如何吸引和留住更多用户，在同层次企业的竞争中脱颖而出，是移动互联网企业面临的共同挑战。

（二）内容视野下的奋发有为

在移动互联网存量博弈下，精品内容成为"流量"转化为"留量"的关键。用户受内容驱动影响较大，并向头部平台集聚。据 2023 年 12 月数据，有声听书、短视频、动画动漫等内容平台的用户规模集中度都超过 50.0%，其中，有声听书的用户规模集中度最高（94.6%），其次是短视频和动画动漫，用户规模集中度分别为 88.2% 和 71.9%（见图 5）。

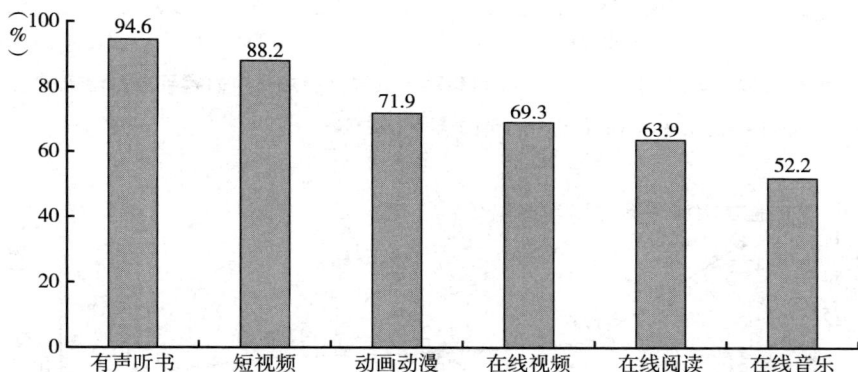

图 5　2023 年 12 月移动互联网部分内容平台用户规模集中度

资料来源：CTR-Xinghan（星汉）移动用户分析系统。

2023 年 12 月，尽管亿级成员中内容平台[①]占比较 2022 年同期有所下降（见图 6），但头部平台仍保持较高的增速。在亿级成员内容平台月活增长率 Top5 中，小红书的月活（3.41 亿个）较 2022 年同期增长 47.5%，而抖音（月活 7.47 亿个）也保持 8.1% 的同比增长率，头部平台在盘活存量用户上仍有较大优势。

在 Top5 的 App 中有 4 个都是短视频平台（见图 7），这并不是偶然。2023 年，短视频产业迈入发展成熟期，抖音、快手、小红书等平台全面拓展产业边界，如抖音在 2023 年进一步发展本地生活业务，加速与线下生活和实体产业等的深度融合，向线上综合性数字社区演进，从而实现用户规模和活跃度的提升。

[①]　内容平台包括短视频、在线音乐、在线视频、网络 K 歌、综合新闻、在线阅读、网络电台、社交电商、社交网络等。

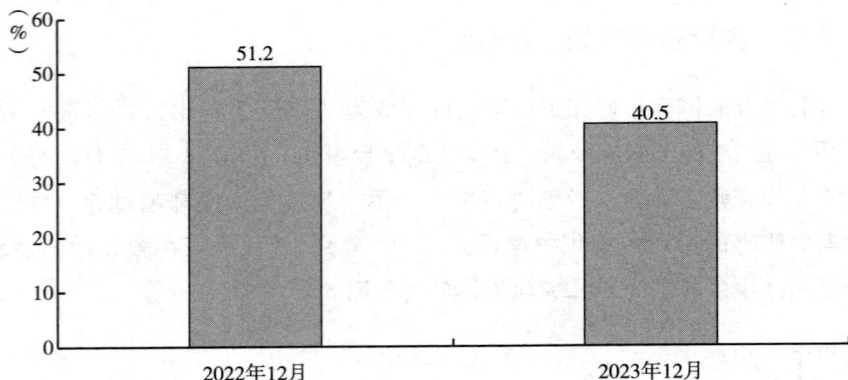

图 6　2022 年 12 月与 2023 年 12 月移动互联网亿级成员中内容平台占比情况

资料来源：CTR-Xinghan（星汉）移动用户分析系统。

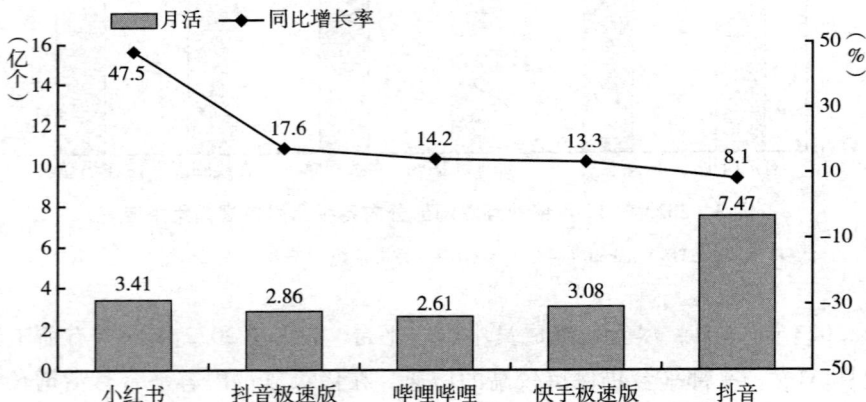

图 7　2023 年 12 月移动互联网亿级成员中内容平台月活同比增长率 Top5 App

资料来源：CTR-Xinghan（星汉）移动用户分析系统。

内容产业供给端持续壮大，吸引了越来越多的用户尝试使用多平台。图 8 显示，2023 年 12 月，使用 3 个、4 个或 5 个及以上典型内容平台①的用户较 9 月有所增长，而仅使用 1 个或 2 个平台的用户占比下降，说明多平台使用已成为当下用户数字内容消费的新常态。

---

①　此处内容平台指抖音、抖音极速版、快手、快手极速版、小红书、哔哩哔哩、微博。

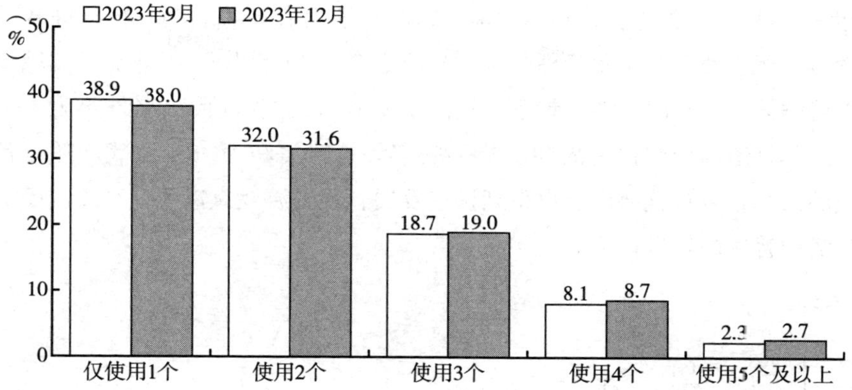

图8　2023年9月和12月移动互联网典型内容平台用户使用习惯

资料来源：CTR-Xinghan（星汉）移动用户分析系统。

　　数字内容消费不断拓展与延伸，形成越来越有力的需求牵引，驱动产品和服务创新，也促进了商业模式的创新，其中最值得关注的是"内容"与"货架"的相向而行。一方面，抖音、快手和哔哩哔哩等内容平台积极拥抱电商，如快手在2023年引力大会首次明确提出将"低价好物、优质内容、贴心服务"作为年度经营的三大风向标，基于此持续构建信任电商，实现平台的商业变现。另一方面，京东、淘宝和拼多多等传统电商平台也将对"内容化"的重视提升至前所未有的高度。在淘宝发布的最新战略规划中，"内容化"已成为其五大战略之一，打造繁荣的内容生态以继续突破用户数和商家数的天花板。

　　2023年，移动互联网行业在内容上持续发力，以短视频为代表的头部内容平台融合线上与线下渠道，成为新的产业引擎，未来"内容"与"货架"的商业模式是否会成为移动互联网短视频行业的主流趋势，仍然需要时间来检验。

二　八大人群触媒习惯分析

（一）"Z世代"[①]：学习与玩乐并重，爱己与爱她/他同行

　　"Z世代"大多处于求学阶段，高等教育类App作为辅助学习工具成为

---

① "Z世代"指30岁以下的人群。

"Z 世代"用户的首选，知到、大学搜题酱和学堂云等 App 为其提供高效的在线学习、题目搜索和课程管理服务。学习之余，"Z 世代"还是游戏领域最大的消费群体，为热门手游贡献了流量。图 9 显示，"Z 世代"格外热衷大型手游，尤其是诸如金铲铲之战和决战平安京等策略类和 MOBA 游戏。随着各类游戏的兴起，游戏直播产业也得到快速发展，观看游戏直播成为"Z 世代"日常生活中普遍的娱乐行为。

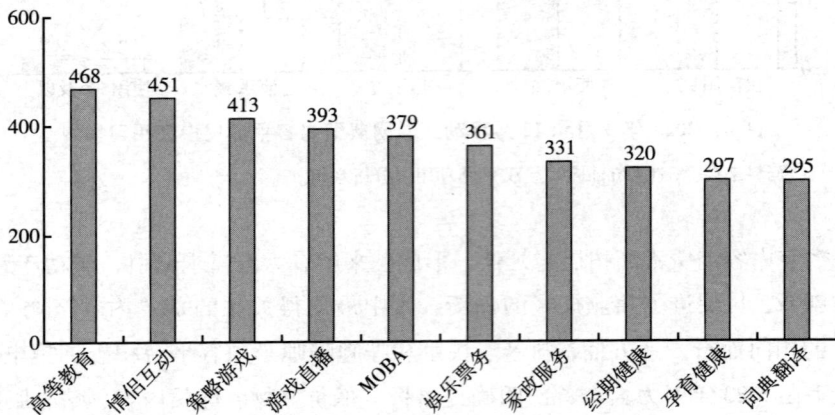

图 9　2023 年 12 月移动互联网"Z 世代"用户关注行业（TGI Top10）

注：TGI=（目标群体中该主题的关注度/全体受众中该主题的关注度）×100，如果 TGI 指数高于 100，说明这个群体对该行业/App 的关注度较高。

资料来源：CTR-Xinghan（星汉）移动用户分析系统。

在关注自身的学习和玩乐的同时，"Z 世代"的年轻人们还向往高质量的亲密关系，移动互联网关注并捕捉到这一需求，并提供了恋爱记、微爱和心动日常等恋爱平台，让他们能够更好地表达情感、记录生活。

（二）小镇青年①：记录生活记录你，教育之责挂心上

如图 10 所示，最受小镇青年关注的是记录甜蜜生活的情侣互动类 App，其次是孕育健康类 App。由于该群体倾向于早早完成结婚生子的人生任务，婚恋孕育、家庭生活成为其记录的主题。

---

① 小镇青年：18~34 岁，四线及以下城市的人群。

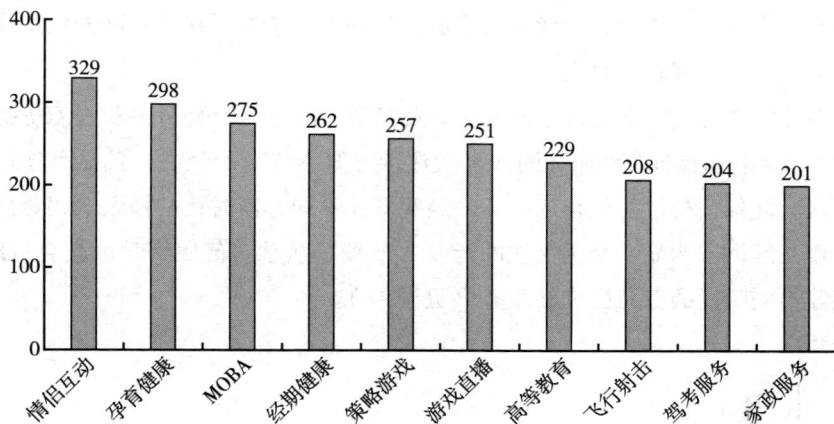

图10　2023年12月移动互联网小镇青年用户关注行业（TGI Top10）

资料来源：CTR-Xinghan（星汉）移动用户分析系统。

而随着新时代教育不平等状况的持续改善，小镇青年们在教育方面也没有落下，他们对青书学堂等高等教育 App 的关注度显著超过全体人群，与发达城市的青年群体一样能够受到知识的滋养，拥有了教育赋予的开阔眼界和持续提升自身的责任感。

此外，小镇青年们还有许多共同特征。一方面，相比大城市"996"的长时段工作，他们的工作较为清闲，小镇青年们有更充足的闲暇时间用于休闲娱乐；另一方面，所在地的低房价、低消费也使他们没有过高的经济压力，可以毫无负担地享受慢节奏的生活。于是，小镇青年们选择将更多的时间投入游戏，且涉猎的游戏类型更广，他们不仅和"Z世代"一样热衷于 MOBA、策略类游戏和观看游戏直播，还喜欢弓箭手大作战、黎明觉醒生机等飞行射击类手游。充足的可支配时间、一定的可支配收入和丰富的游戏娱乐共同构成了小镇青年悠闲自得的生活，对于移动互联网企业而言，这一群体是下沉市场不容忽视的一大消费主力。

（三）精致妈妈①：她们既是"养娃科学家"，也是烟火生活领导者

三线及以上城市的精致妈妈们在多重身份中快速切换，不仅在家庭中承担

---

① 精致妈妈：三线及以上城市，在孕期或有 0~14 岁小孩的女性。

着养娃的责任，还作为领导者负责家庭生活的大小琐事，移动互联网设备成为她们兼顾子女、家庭和自身的工具。

在养娃方面，精致妈妈尤为关注子女健康，对粤苗、金苗宝和医鹿等提供儿童、成人疫苗接种预约服务的 App 关注度（TGI＝774）最高，且显著超过全体受众。此外，与过往依赖老一辈的经验育儿不同，新时代的精致妈妈分阶段科学育儿的诉求明显，最受关注的行业 App 覆盖从孕育健康到学前教育、K12教育等不同阶段的育儿咨询和服务（见图11）。

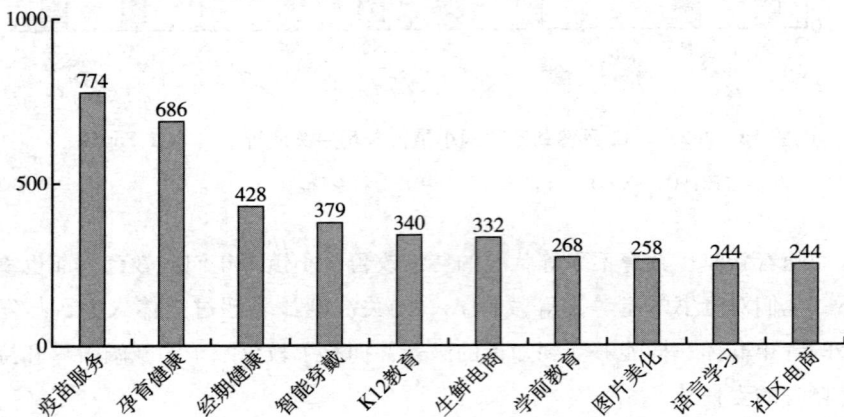

图 11　2023 年 12 月移动互联网精致妈妈用户关注行业（TGI Top10）

资料来源：CTR-Xinghan（星汉）移动用户分析系统。

作为家里的"掌钱人"，精致妈妈往往也是家庭生活的领导者和消费主力军。数据显示，她们热衷于使用百果园等生鲜电商类和山姆会员商店等社区电商类 App 购买食材和生活用品，相对优渥的物质条件支持着她们追求高质量和高安全性的产品。

（四）新锐白领[①]：从工作到生活，在职场中拼命，在家庭中付出

以"90后"为主的新锐白领们既勤奋工作，又享受生活。在事业上，他们常常面临商务出行的工作要求，酒店服务类 App 在新锐白领中备受关注。除住宿外，准确规划出行也是新锐白领的日常需求，他们相较全体受众更依赖

---

①　新锐白领：25~34 岁，三线及以上城市的白领。

航班服务类 App，倾向于使用航旅纵横和飞常准业内版等第三方服务平台实时获取自己的航班信息并规划行程。

在日常生活中，他们愿意花钱买便利、注重产品质量，热衷于通过七鲜、百果园和盒马等线上 App 渠道购买生鲜产品。与此同时，新锐白领们还是娱乐和海淘、代购等行业的消费主力，其对娱乐票务和跨境电商类 App 的关注度在全体受众群体中较为突出。尤其在护肤美妆领域，新锐白领们既愿意为知名品牌买单，也十分注重性价比，会选择使用中免日上等免税电商平台购入心仪的产品。

此外，值得注意的是，在 25～34 岁的新锐白领中，女性群体正处育龄期，其对孕育健康类 App 的关注度同样较高（见图 12），说明职场妈妈是这一群体的重要组成部分，未来值得更多的关注。

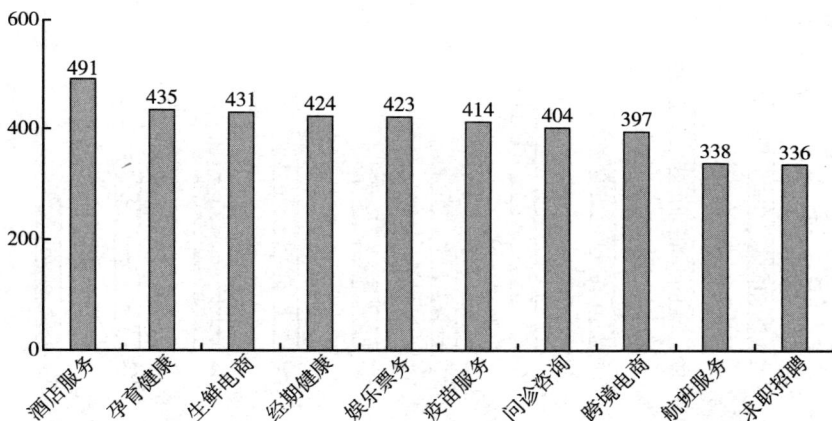

图 12　2023 年 12 月移动互联网新锐白领用户关注行业（TGI Top10）

资料来源：CTR-Xinghan（星汉）移动用户分析系统。

（五）资深中产①：既是怀揣事业的空中飞人，也是品质生活实践家

相较新锐白领而言，资深中产的事业已经进入更为成熟的阶段，"空中飞

①　资深中产：35～49 岁，三线及以上城市的高消费人群。

人"是他们的工作常态，与之对应的是航班服务和酒店服务类 App 在这一群体中的高关注度。具体到 App 上，与新锐白领相比，资深中产更喜欢直接使用深圳航空、中国国航等航司旗下的官方 App 规划出行，在酒店服务方面，华住会、银江酒店和首旅如家也是资深中产们偏好的住宿品牌，说明它们是不同人士商务出行的首选。

在生活上，除了通过生鲜电商、社区电商和跨境电商 App 购买食材和生活必需品，像都市白领一样注重日常生活品质外，资深中产更有能力和意愿进行高端产品的购买，奢侈品电商是最受其关注的行业 Top4（见图 13）。此外，他们还有明确的理财意识，对于口袋 E 行销、财联社等保险服务和证券基金类 App 的使用显著高于全体受众。资深中产热衷新零售业态、奢侈品高消费和保险理财等。

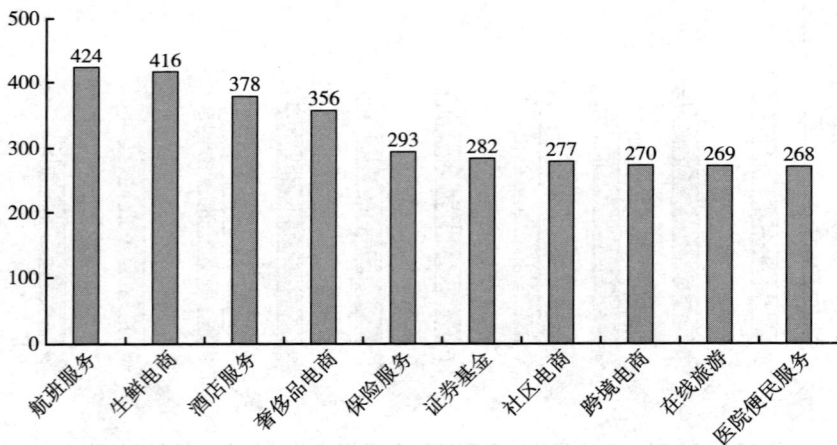

图 13　2023 年 12 月移动互联网资深中产用户关注行业（TGI Top10）

资料来源：CTR-Xinghan（星汉）移动用户分析系统。

（六）都市银发①：养孙、投资与悦己，银发数字生活"三件套"

都市银发人群作为年长群体的代表，在养孙之道、投资之略与悦己之术间展示出独有的触媒特征。

———————————

① 都市银发：50 岁以上，三线及以上城市的人群。

在养孙之道上，都市银发族喜欢利用数字设备记录和看护孙辈成长。图 14 显示，育儿工具类 App 最受其关注，他们会使用时光小屋记录孙辈成长、使用海马爸比进行婴童看护。积极拥抱数字化和智能化趋势是这一群体育儿的新观念。

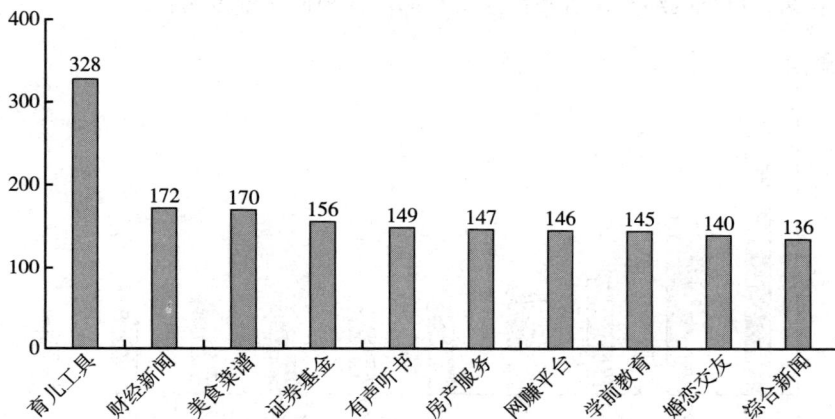

图 14　2023 年 12 月移动互联网都市银发用户关注行业（TGI Top10）

资料来源：CTR-Xinghan（星汉）移动用户分析系统。

除此之外，都市银发人群还热衷投资。由于金融服务数字化发展满足了人们日常生活的多场景运用，新浪财经、益盟经典版等 App 逐渐吸引了都市银发用户的关注。数据显示，财经新闻、证券基金和房产服务类 App 分别是最受该群体关注的 Top2、Top4 和 Top6，他们对投资理财表现出明显的偏好。

除了养孙和投资以外，多数已经步入退休生活的都市银发人群不忘悦己和享受生活。美食菜谱类 App 尤其受都市银发群体青睐，探索烹饪之道、为家人下厨是他们的生活日常，也是他们的幸福感来源。此外，值得注意的是有声听书应用也颇受都市银发群体的关注，他们可能成为移动互联网下"耳朵经济"的重要消费者。

（七）都市蓝领①：有价值有热爱，通过平台获取服务和提供服务

移动互联网时代，生活在三线及以上城市的都市蓝领往往通过第三方服务

---

① 都市蓝领：25~49 岁，三线及以上城市的蓝领人群。

平台为城市居民提供餐饮、出行等服务。出于工作需要，都市蓝领们对曹操加盟司机版、快手打车司机版和单多多助手等接单工具类 App 的关注度最高（见图 15），且远超全体受众；同时，他们对丰巢管家等快递物流平台的关注度也较高，可见网约车司机和快递员在都市蓝领群体中占比较大。

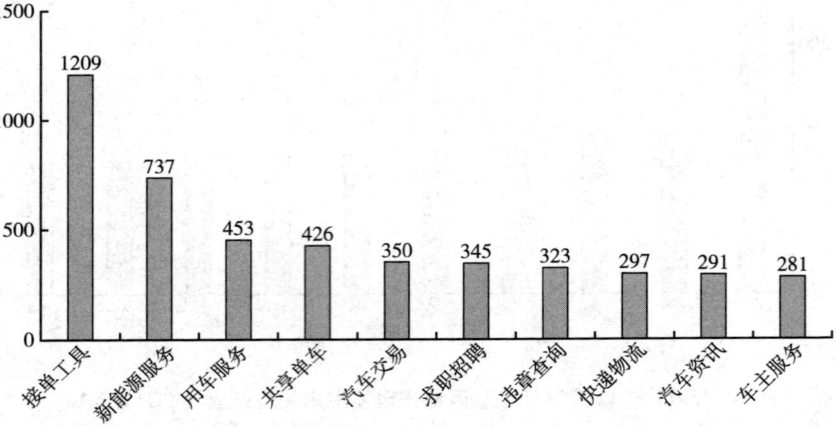

图 15　2023 年 12 月移动互联网都市蓝领用户关注行业（TGI Top10）

资料来源：CTR-Xinghan（星汉）移动用户分析系统。

除了利用平台提供的服务以外，都市蓝领还通过平台获取他们需要的服务，职业关联性较高的行业成为其线上获取服务的主要关注领域，其中，与出行相关的服务是他们关注的重点。如以星链充电为代表的新能源服务 App、以 T3 车主为代表的用车服务 App 以及共享单车、汽车交易、车主服务等 App。与其他人群相比，都市蓝领对移动互联网的使用聚焦工作方面，收入偏低和工作时间较长使他们既没有闲暇时间也没有能力追求高品质的生活，移动互联网设备主要是他们维持生计的工具，而在娱乐和消费方面的使用有限。

（八）小镇中年①：赚钱借钱，责任在肩，音乐伴行，点缀生活

同样作为收入有限的群体，小镇中年积极利用网络借钱赚钱。一方面，他们对网络借贷类 App 关注度最高，建行惠懂你、榕树贷款和洋钱罐借款等借

---

① 小镇中年：35~49 岁，四线及以下城市的人群。

贷 App 以低门槛、快速审批和灵活还款等服务赢得他们的青睐。另一方面，他们积极寻找线上赚钱机会，接单工具类 App 以丰富的任务资源和简单的操作方式成为他们增收路上的得力助手（见图 16）。

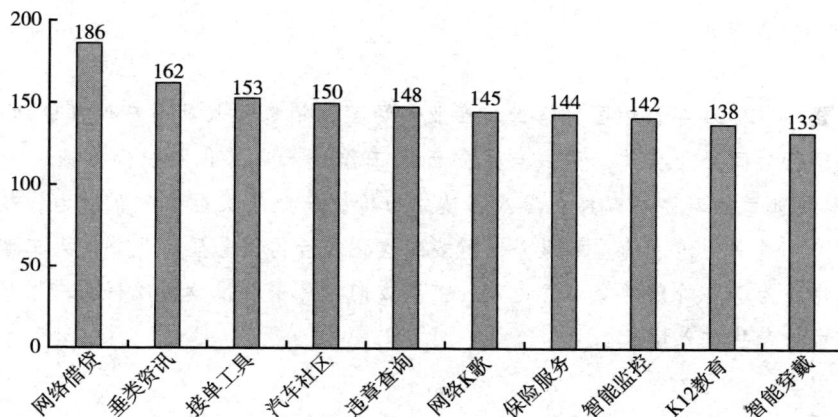

图 16　2023 年 12 月移动互联网小镇中年用户关注行业（TGI Top10）

资料来源：CTR-Xinghan（星汉）移动用户分析系统。

移动网络是小镇中年群体浏览新闻资讯和看世界的窗口，科普中国、保密观、三农号等垂类资讯 App 在这一群体中颇受欢迎。此外，线下娱乐资源的相对匮乏让小镇中年转而在线上寻找慰藉，网络 K 歌类 App，如全民 K 歌、全民 K 歌极速版和回森等，是他们放松心情、展示自我的好平台，也增进了小镇熟人社会之间的线上社交。

B.13
2023年中国网络游戏产业发展报告

陈佳丽　陈信凌[*]

摘　要：　2023年，中国网络游戏产业市场实际销售收入及用户规模创新高。法律颁行协同行业自律，未成年人防沉迷工作进入常态化阶段；行业以"游戏+"的形式实现跨界赋能，游戏科技成为传统产业数实融合的新动力；精品网络游戏是文化传承的重要媒介，游戏的文化属性得以彰显。此外，人工智能技术将成为下一阶段游戏研发运营的重点方向，跨平台投放游戏将促进用户规模及市场销售收入增长。

关键词：　网络游戏　超级数字场景　传承文化　跨界赋能

一　产业发展概况

（一）市场实际销售收入及增长率

伴随新冠疫情等诸多不利因素的消退，国内游戏市场回暖，销售收入创新高。2023年，中国游戏市场实际销售收入为3029.64亿元，较2022年增加370.80亿元，同比增长13.95%（见图1）。市场实际销售收入首次突破3000亿元关口，用户消费意愿回升、新款爆款产品面市、多端并发投放产品是市场增收的主要原因。

（二）细分市场发展情况

2023年，移动游戏、客户端游戏、网页游戏市场竞争格局相对稳定，市

---

* 陈佳丽，南昌大学新闻与传播学院讲师，舆情监测与治理研究中心团队成员；陈信凌，南昌大学人文学部主任，新闻与传播学院教授、博士研究生导师。

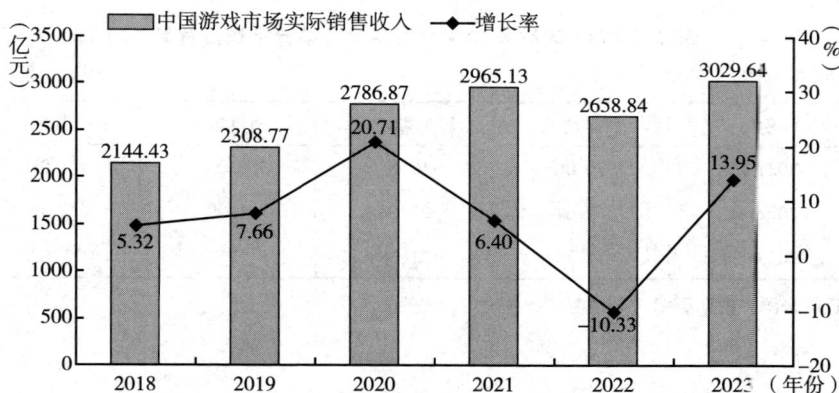

图1　2018~2023年中国游戏市场实际销售收入及增长率

资料来源：中国音数协游戏工委、中国游戏产业研究院《2023年中国游戏产业报告》，2023。

场份额有细微调整。第一，移动游戏依旧占据市场核心地位。中国移动游戏市场实际销售收入为2268.60亿元，同比增长17.51%，超越近10年的峰值2255.28亿元，创下市场实际销售收入纪录；移动游戏市场占有率为74.88%，比2022年（72.61%）增加2.27个百分点，成为中国游戏行业的主流形态；销售收入增长源于用户消费意愿复苏、新游戏大规模上线、老产品强势促付费等因素。第二，客户端游戏市场规模略有增长。中国客户端游戏市场实际销售收入为662.83亿元，同比增长8.00%；客户端游戏市场占有率为21.88%，比2022年低1.2个百分点；销售收入增长得益于客户端新游戏上线、新游戏移动端与客户端同步发行、大型多人在线角色扮演游戏收入稳定等。第三，网页游戏市场持续萎缩。中国网页游戏市场收入连续8年下滑，市场实际销售收入为47.50亿元，同比下降10.04%，市场占有率仅为1.57%（见表1和表2）。

表1　2023年中国网络游戏细分市场实际销售收入及增长率

单位：亿元，%

项目	市场实际销售收入	增长率
移动游戏	2268.60	17.51
客户端游戏	662.83	8.00
网页游戏	47.50	-10.04

资料来源：中国音数协游戏工委、中国游戏产业研究院《2023年中国游戏产业报告》，2023。

表2 2021~2023年中国网络游戏各细分市场占有率

单位：%

年份	移动游戏	客户端游戏	网页游戏	其他
2021	76.06	19.83	2.03	2.08
2022	72.61	23.08	1.99	2.32
2023	74.88	21.88	1.57	1.67

资料来源：根据历年《中国游戏产业报告》整理。

（三）用户规模

2023年，中国游戏用户规模达6.68亿人，同比增长0.61%，为历史新高点，超过2021年（6.66亿人）的历史高位。其中，占市场主要份额的移动游戏用户规模达6.57亿人，同比增长0.38%。值得关注的是，自2021年以来，游戏用户规模增长乏力，近3年增速皆不足1%（见图2）。

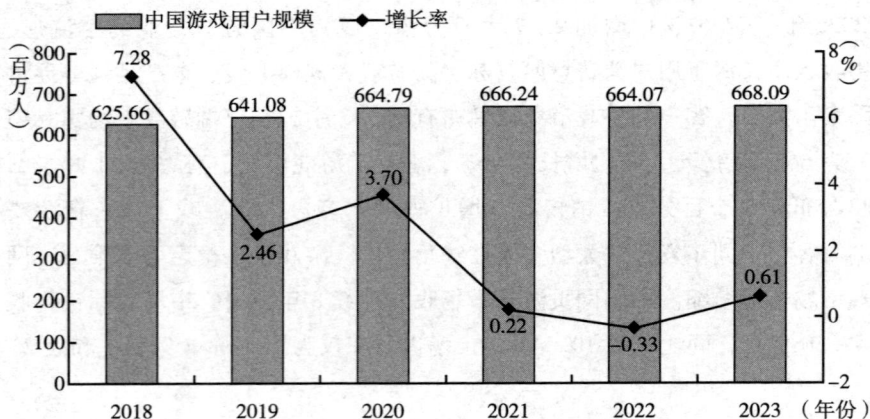

图2 2018~2023年中国游戏用户规模及增长率

资料来源：中国音数协游戏工委、中国游戏产业研究院《2023年中国游戏产业报告》，2023。

二 产业发展热点解析

（一）新规实施协同行业参与，防沉迷工作步入常态化

2023年，围绕未成年网络保护，诸多针对性强的措施陆续出台。1月，教育部等13部门联合印发《关于健全学校家庭社会协同育人机制的意见》，强调家庭引导、社会支持在未成年人网络防沉迷工作中的重要作用。10月24日，国务院发布《未成年人网络保护条例》，为未成年人游戏保护工作提供最基本的法律依据，意味着未成年人网络保护步入常态化阶段。该条例进一步明确了网络游戏实名注册制度、使用时长、规范付费、适龄提示等规定，首次提出"统一的未成年人网络游戏电子身份认证系统"，为游戏行业开展未成年人防沉迷工作提供指引和保障。

在政策的引导下，围绕未成年人"健康游戏""健康上网"目标，头部厂商进一步加强未成年人保护工作。第一，升级游戏监管系统，严格设置准入门槛。如网易游戏推出"网易AI巡逻员"，通过人工智能技术拦截冒用身份的未成年人；腾讯游戏产品全面接入健康系统，开启人脸识别验证系统；盛趣游戏运用人工智能、机器学习、生物识别技术，实现跨游戏统一账户时长及计费管理。第二，打造家长服务平台，助力构建和谐亲子关系。如腾讯上线家长监管工具"网易家长关爱平台"，提供"一键禁止游戏登录""一键禁止游戏充值"功能；网易推出"家长服务助手"，通过"自助式问答+人工视频指引"提供游戏管控方案等。

未成年人沉迷游戏情况得到进一步改善。2023年，未成年人休息时间游戏偏好仅居第六，居于与家长互动、朋友玩耍、看网络视频、课外读物、学习等活动之后；28.86%的未成年人游戏消费下降，七成以上未成年人家长游戏退款申请得到妥善处理；超过半数的家长将游戏作为激励手段[①]。随着防沉迷工作常态化推进，游戏产业未成年人保护工作重心或将转向公益网络课程、家长咨询平台、特殊群体帮扶等多领域，逐步建立起由游戏产业、公益项目、多方协同组成的未成年人保护体系。

---

① 中国音数协游戏工委、中国游戏产业研究院、伽马数据：《2023中国游戏产业未成年人保护进展报告》，2023。

（二）"游戏+"模式拓展产业边界，强化企业跨界赋能效应

有别于严肃游戏、功能游戏等概念，"游戏+"旨在利用产业的技术积累和产品思维推进游戏与社会各领域的融合，进而实现游戏产业的社会效应。自2022年始，"游戏+"概念历经萌芽期、落地发展期，正式进入商业发展期，商业空间超过3000亿元，行业开发"游戏+"的产品超过八成，96.03%的游戏用户对"游戏+"有所接触①。2023年，游戏依托其趣味性、成就感、交互性等特质，通过"游戏+"纵向破圈，融入医疗、教育、公益等领域，推动游戏行业发展。

"游戏+医疗"以游戏为媒介，通过体验游戏营造知识传播情境。如腾讯在移动端小程序平台推出游戏《6栋301房》，通过游戏化手段，以第一人称视角模拟阿尔茨海默病患者的困境，引发公众对阿尔茨海默病的关注。另外，通过设计功能游戏，研发数字疗法产品。相关产品如三七互娱推出的中国首款孤独症辅助训练功能游戏《星星生活乐园》，世纪华通研发的《AI星河》《注意力强化训练软件》等数字疗法产品，发挥了游戏的正向价值。

"游戏+教育"以游戏为载体，通过设计场景化、具象化的教学内容，提升学习的趣味性和互动性。如乐元素发挥《开心消消乐》《偶像梦幻祭2》《开心水族箱》的用户效应，联合科普机构开展珍稀物种科普教育公益活动，创新游戏企业社会履责的方式。其他厂商如波克城市开发的《游戏英雄物语》，以桌游的形式普及游戏知识，引导青少年树立正确的游戏观；盛趣游戏开发的《行当》《衣箱》《脸谱》应用于上海市中小学戏曲美育教育，彰显游戏的文化属性。

（三）游戏出海挑战与机遇并存，头部厂商深挖出海潜力

2023年，游戏出海面临诸多压力与挑战，中国自主研发游戏海外市场实际销售收入为163.66亿美元，同比下降5.65%②。海外市场收入依旧集中在美国（32.51%）、日本（18.87%）、韩国（8.18%），分别较2022年提高0.20个百分点、1.75个百分点、1.21个百分点，占中国游戏出海收入近六成；受

---

① 中国游戏产业研究院、伽马数据、Game for Good：《"游戏+"在中国2022》，2023。
② 中国音数协游戏工委、中国游戏产业研究院、伽马数据：《2023年中国游戏出海研究报告》，2023。

国际环境、行业竞争等因素影响，美国、德国、英国游戏市场收入出现负增长；日本和韩国的游戏市场收入呈现正增长趋势，增长率分别为4.0%和10.8%，这与其作为游戏企业海外布局的首选地相关。

游戏出海压力剧增，输出精品内容和拓展新兴市场是提升游戏海外竞争力的主要方式。一方面，头部厂商集中资源打造游戏精品，以提升用户的活跃度和留存率。如米哈游推出的新游戏《崩坏：星穹铁道》位列2023年度用户支出破1亿美元榜单，占米哈游海外总收入的近四成。另一方面，长线布局发掘新兴市场，提升游戏市场获客率，中东、非洲成为游戏出海布局的潜力地区。2023年12月，中东、非洲游戏玩家数量同比增长12.3%，非洲游戏月活跃用户数量增至2.5亿人，同比增长21%。其中，非洲休闲游戏月活跃用户规模超过1.4亿人[①]。

虽然市场营收持续下降，但是游戏出海仍具前景。一方面，头部厂商集中度继续提高，米哈游、腾讯、三七互娱、莉莉丝等出海发行商营收稳定，海外总收入达109亿美元，约占海外市场手游总收入的18%。另一方面，成熟游戏产品在海外游戏市场影响力提升，在全球5个重要出海移动游戏市场中，国产移动游戏数量增至30%以上[②]；《原神》《和平精英》《崩坏：星穹铁道》分别位列2023中国手游海外收入榜单前三；*Whiteout Survival*，《崩坏：星穹铁道》，*MARVEL SNAP*，*Call of Dragons*，*Age of Origins* 进入2023年美国市场手游收入增长榜前10名[③]。

三　产业竞争力透视

（一）游戏构建超级数字场景，技术驱动产业数实融合

2023年2月，中共中央、国务院印发《数字中国建设整体布局规划》，游戏行业迎来新机遇，游戏成为影响社会各领域的超级数字场景。作为提升用户

[①]　Maliyo Games：《非洲游戏行业报告》，2023。

[②]　中国音数协游戏工委、中国游戏产业研究院、伽马数据：《2023年中国游戏出海研究报告》，2023。

[③]　SensorTower：《2023中国手游出海年度盘点》，2023。

交互体验的规模化应用，由通用支撑技术（网络技术、存储技术、云计算等）、核心应用技术（游戏引擎、云游戏、软件技术等）、辅助优化技术（人工智能、VR/AR、大数据等）组成的游戏，在文化传播、公共服务、科技创新等领域产生重要影响。据统计，游戏技术跨行业科技进步贡献率最高的是XR行业（72.45%）、最低的是远程医疗行业（17.47%），"超数化指数"最高的是XR行业（64.42%）、最低的是远程医疗行业（41.44%），其他行业均高于50%或接近50%[①]，这意味着游戏已成为产业数实融合的内生动力。

从游戏技术创新层面来看，游戏企业加大对游戏科技的研发投入，以提升企业的技术研发优势和市场竞争力。2023年上半年，20强游戏企业平均研发投入同比增长率为2.7%；腾讯（311.91亿元）、网易（76.59亿元）是研发投入最大的头部企业，中手游、昆仑万维、搜狐研发费用同比增速居前3位，同比增速分别为30.6%、19.6%、19.1%；人工智能、云计算等关键技术是研发资金投入的主要方向[②]。以科技提升游戏智能化水平为例，中手游将AIGC技术全面应用于游戏研发和发行环节，借助人工智能技术辅助绘画产品内容的生产场景、ChatGPT技术提高产品内容的生产效率；腾讯加大对人工智能模型的投资，赋予游戏产品新功能，提升玩家的沉浸体验和情感共鸣；咪咕互娱参与《云游戏系统的需求和应用场景》《支持云游戏的智能电视终端的技术要求和测试方法》等标准的制定，助力行业规范化发展。

从游戏技术应用层面来看，前沿游戏技术应用于多领域，传统产业生产体系升级。2023年，计算机图形、自动内容生成、动态捕捉技术等成为推动工业和自动化、数字医疗、智慧城市等领域数字化转型的重要力量。网易研发伏羲智能装载机平台、工程机械远控平台，利用3D数字孪生技术打造安全高效的工业作业环境；腾讯基于人工智能技术推出"了不起的甲骨文"小程序，实现甲骨文在数字空间的高保真还原，创造性转化非物质文化遗产；盛趣游戏研究院孵化成立数药智能，利用人工智能、脑机研究、虚拟现实等技术完成《儿童自闭症VR筛查与训练系统》《脑机睡眠监测系统》等多款数字疗法游戏产品，其中《注意力强化训练系统》获批首款注意缺陷多动障碍（ADHD）"电子处方药"。

---

① 中国音数协游戏工委、中国游戏产业研究院：《超级数字场景源动力——游戏科技与创新应用研究》，2023。
② 易观分析：《中国20强游戏公司2023上半年年报分析》，2023。

（二）聚焦游戏精品化发展，传承优秀文化成行业共识

2022 年 7 月，《关于推进对外文化贸易高质量发展的意见》指出"积极培育包括网络游戏在内的文化产品出口竞争优势，打造具有国际影响力的中华文化符号"。8 月，北京师范大学数字创意媒体研究中心、腾讯社会研究中心发布《数字游戏传播中华传统文化报告》，首次披露中国公众对游戏能够传播传统文化持正向态度，近七成受访者表示游戏有益于传播传统文化，并有兴趣参与传播中华传统文化的游戏。2023 年 2 月，中宣部出版局启动"网络游戏正能量引领计划"，提出传播社会正能量是网络游戏发展主基调。10 月，国家新闻出版署发布《关于实施网络游戏精品出版工程的通知》，提出融入传统文化的中国风游戏是打造网络游戏精品的重点方向。诸多举措的实施意味着网络游戏成为新时代社会规范促进和文化创新传承的重要媒介，强化游戏的文化属性是增强产业竞争优势的关键所在。

国内市场上，游戏企业一如既往地注重承担社会责任，利用产品传承文化已成为行业共识。一方面，传播内容覆盖多领域，在企业传播传统文化事件主要类型中，文旅类占 26.45%，其他包括非物质文化遗产类（25.81%）、传统文化类（14.84%）、名胜古迹类（11.61%）等[1]，收入前 100 移动游戏题材涉及玄幻类（22.58%）、文化融合类（14.18%）、历史类（9.83%）[2]。另一方面，多种传播渠道融合，包括在游戏中融入中国传统文化元素、游戏 IP 与文化 IP 联名开展活动、基于游戏技术生产非游戏产品等形式[3]。大部分自研游戏都将文化符号融入游戏场景，依托沉浸式体验构建参与式文化共通空间。如《山河旅探》《猫咪江湖》等以传统建筑、经典服饰、自然景观等元素为基础建构游戏世界，丰富传统文化的内涵；腾讯小程序游戏《数字藏经洞》作为全球首个基于游戏技术的参与式博物馆，将真实历史事件与游戏化叙事相结合，呈现敦煌藏经洞的历史。

在出海赛道中，游戏成为传统文化传播的重要载体，提升文化的对外传播效能。一方面，诸多出海游戏注重在服饰、场景、美术、道具的设计中凸显中

---

[1]　伽马数据：《2023 中国游戏企业社会责任报告》，2023。
[2]　中国音数协游戏工委、中国游戏产业研究院：《2023 年中国游戏产业报告》，2023。
[3]　人民数据研究院、人民灵境研究院：《游戏企业社会责任报告 2022—2023》，2023。

国元素，创新传统文化表现形式，从而实现文化对话与观念互通。以2023TGA（The Game Awards 2023）"最佳移动游戏"《崩坏：星穹铁道》为例，该游戏采取传统水墨技艺，在场景中植入"龙王开海"动画及中文歌曲《水龙吟》，在剧情中注入"建木""不死药"等神话元素，从视觉、听觉角度展现形象化、具象化的中国传统文化。另一方面，游戏常以经典作品为主题，通过代入文化情境，消除对外传播语境中的误解与偏见。以2024年即将上线的游戏《黑神话：悟空》为例，基于《西游记》原著进行情节编排，通过传统文化与游戏科技的结合吸引更多海外游戏用户。此外，类似游戏产品《庆余年》《新倚天屠龙记》等备受好评，获得"2023年十佳出海扬帆奖"。

四　产业发展未来趋势

（一）人工智能技术赋能游戏研发运营，技术驱动行业发展

2023年，人工智能技术赋能游戏成为行业关注的焦点，头部厂商利用人工智能技术创新游戏研发、游戏运营、游戏生态，提升游戏智能化水平。一方面，人工智能技术深度参与画面帧率提升、游戏内容审核、训练教学等制作环节，如中手游、网易等游戏企业应用"AI+NPC"，为NPC与用户之间实现智能对话提供支持；另一方面，人工智能技术助力企业生产营销的降本提效。如中手游利用人工智能技术缩短游戏开发时间，降低50%～60%的外包成本[①]；三七互娱运用大数据、人工智能等先进数字技术，构建数智化产品矩阵，实现产品研发运营资源的最优配置。随着游戏企业人工智能技术领域的投资布局趋向成熟，率先进入人工智能领域的游戏厂商营收已实现增长。

未来，人工智能技术在游戏制作过程中的应用程度将进一步加深，如利用人工智能文生视频大模型Sora提高游戏场景和剧情内容的创作效率，腾讯推出生成式人工智能游戏引擎GiiNEX助力MOBA、FPS、MMO等游戏的开发和运营，网易应用人工智能大模型和人工智能算法升级UGC创作工具，大幅降

---

① 易观分析：《中国20强游戏公司2023上半年年报分析》，2023。

低用户的创作门槛。此外，游戏新技术的应用还将反哺人工智能产业，推动人工智能产业的持续发展，其产业规模预计从 2023 年的 315.76 亿元上升至 2030 年的 1038.10 亿元[①]。

（二）游戏跨平台多端互通，有效刺激用户规模增长

跨平台游戏指在不同平台运行的同一款游戏，包含改编类、移植类、投影类 3 种类型，旨在通过吸引不同平台的用户，扩大用户总规模，进而提高用户黏性。2023 年，在头部游戏产品的跨平台统计中，主机和 PC 端的跨平台游戏占比分别为 75% 和 70%，平台优势体现在视觉效果和操作手感上[②]。目前，《塞尔之光》《原神》《王者荣耀》《和平精英》等头部游戏产品皆能够实现跨平台互通，实现游戏数据的多终端灵活共享。此外，头部厂商尝试跨平台研发，如米哈游与华为共同开发鸿蒙原生应用，以实现游戏在不同载体之间的连接和协同。

跨平台游戏产品将成为未来游戏产业发展的引擎。一方面，跨平台游戏将打破设备限制，使用户在不同游戏平台获得同质化的游戏体验；另一方面，跨平台游戏将拓展游戏用户边界，通过游戏终端设备的共通扩大用户规模，增加游戏产品的销售收入。从国际游戏市场来看，《禁闭求生》，《盗贼之海》，*Among Us*，*Fortnite* 等多款游戏陆续获得跨平台支持。未来，产业政策的支持引导，云游戏、虚拟化平台、移植工具等游戏科技的升级，将进一步加速跨平台游戏的发展。

（三）优质游戏 IP 价值提升，向泛文化领域的拓展有助于延长产业链

游戏 IP 指基于游戏内容形成的衍生品集合[③]，运营游戏 IP 是游戏企业增收的重要策略。2023 年 1~9 月，移动游戏市场中近八成收入来自移动游戏 IP 市场，其中原创游戏 IP 收入达 726.29 亿元，引进授权游戏 IP 收入达 479.5 亿

---

① 中国科学院虚拟经济与数据科学研究中心、中国科学院大数据挖掘与知识管理重点实验室：《探寻 AI 创新之路——游戏科技与人工智能创新发展报告》，2023。
② 伽马数据：《2023 中国游戏产业趋势及潜力分析报告》，2023。
③ 易观分析：《游戏 IP 生态洞察——塑造产品矩阵，扩大内容影响力》，2023。

元，跨领域 IP 收入为 116.27 亿元，移动 IP 用户整体规模超 4.2 亿人[①]。米哈游、中手游、万代南宫梦等头部厂商已构建完整、成熟的 IP 游戏生态体系，在文创、影视、体育、阅读等文化领域展现其较强的影响力。

2024 年，游戏 IP 市场将实现稳定增长。国内游戏市场，依托优质衍生内容，加强与动漫、影视等泛文化领域的联动是游戏 IP 破圈发展的关键。在国内衍生品市场成交排行榜中，国产游戏 IP 占据半数以上，通过多领域合作强化 IP 传播效能，促进数字文化产业发展。在游戏出海赛道上，游戏 IP 有望成为传统文化对外传播的重要渠道。目前，梦幻西游、PUBG、仙剑等系列游戏 IP 已在海外游戏市场贡献营收。以传统文化为内核，打造具有中华文明精神标识的 IP，将显著提升国产游戏的海外竞争力，助推中华文化走向世界。

---

① 中国音数协游戏工委：《2023 年度移动游戏产业 IP 发展报告》，2023。

B.14
2023年中国网络视听产业发展报告

周　逵[*]

摘　要： 2023年，中国网络视听产业规模呈现显著的增长趋势，用户总量达到10.74亿人，占网民总数的98.35%，市场规模达11524.81亿元。网络视听平台短视频账号数量持续增长，达到15.5亿个，职业网络主播数量超过1500万人，表明该行业具备较高的活跃度。内容方面，长视频平台作品库存超过12万部。网络视听不仅促进了中华优秀传统文化的传承，还推动了就业、内容创新和新商业模式的形成，对社会经济发展产生了重要影响。

关键词： 网络视听　短视频　内容创新

一　产业数据解读

（一）用户总量

根据《中国网络视听发展研究报告（2024）》的研究数据，截至2023年底，中国网络视听领域的用户总量达到10.74亿人（见图1），占网民总数（10.92亿人）的比重已高达98.35%。这一数据不仅展现了网络视听领域的快速增长态势，而且进一步扩大了其与即时通信领域在用户规模上的差距，两者间的差距从2022年的184万人迅速增加到2023年的1414万人（见图2）。网络视听领域在互联网应用中的领先地位正在迅速巩固。

过去两年，中国网络视听领域增长的用户主要来自农村地区，这一趋势

---

* 周逵，广电智库专家，总局阅评组成员，文化和旅游部特聘专家，中国传媒大学网络视频研究中心研究部主任。

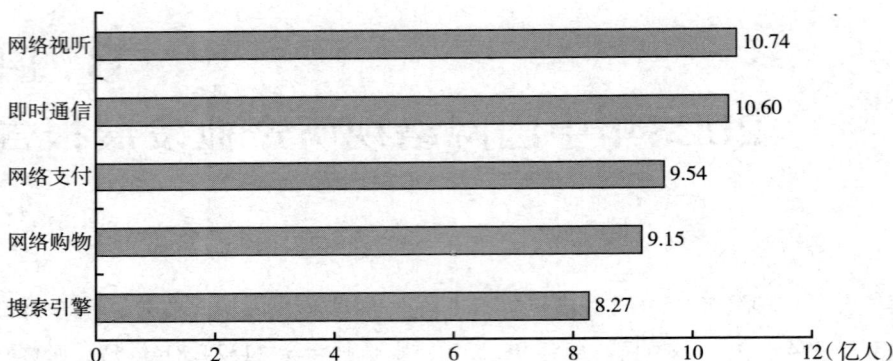

图1　2023年各领域互联网用户规模

资料来源：CNNIC。

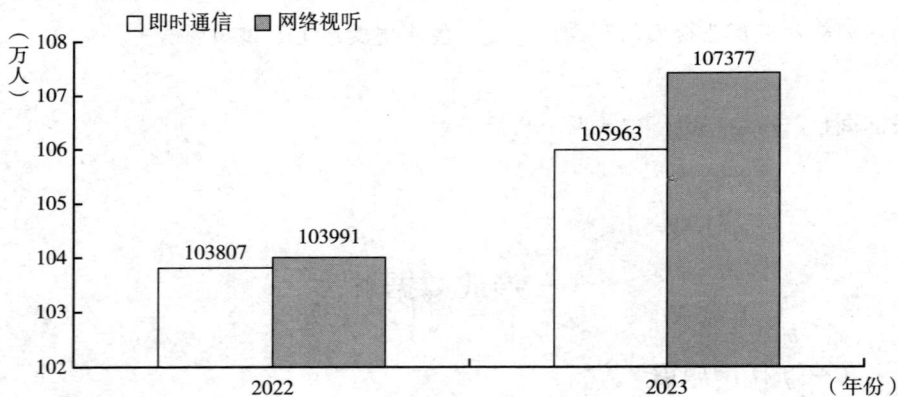

图2　2022~2023年网络视听和即时通信用户规模

资料来源：CNNIC。

不仅反映了数字技术普及的广度和深度，也凸显了网络视听在推动乡村振兴战略中发挥的关键作用。根据数据，2023年中国农村网络视听用户超过3亿人，同比增长6.8%，而同期城镇用户规模增长率仅为1.9%。这一现象揭示了农村地区在数字化转型过程中的活跃性及其在网络视听领域的巨大潜力。

网络视听在农村地区的快速普及有以下几方面意义。首先，它为农村地区提供了更为便捷的信息获取渠道和文化享受方式，有助于缩小城乡之间在信息和文化服务方面的差距。其次，网络视听的普及促进了农村地区的社会参与，丰富了文化多样性，为农村居民提供了表达自我和参与现代社会生活的新平台。最后，网络视听内容的丰富性和多样性促使农村地区的教育、娱乐和生活方式发生了积极的变化，有助于提高农村居民的生活质量和幸福感。更重要的是，网络视听在推进乡村振兴战略中扮演着重要的角色。通过提供农产品的线上营销平台、传播现代农业知识和技术、促进农村人才的培养等多种途径，为乡村经济发展、文化繁荣和社会进步贡献了重要力量。因此，网络视听的发展不仅是技术进步的体现，也是社会发展和文化变革的重要推动力。

（二）产业规模和市场主体

网络视听行业市场规模增至 11524.81 亿元，涵盖长视频、短视频、直播和音频等多个细分市场，进一步表明了多样化内容消费需求的兴起以及数字媒体平台在满足这些需求方面的有效性。网络视听作为当前互联网应用中的"第一大应用"，其市场规模的快速扩张及用户基数的大幅增长，不仅标志着数字媒体消费行为的转变，也反映了现代社会在信息消费方式上的深刻变革。

网络视听市场的快速发展，体现了数字经济时代下内容消费和创造的新趋势。截至 2023 年，网络视听业务成为推动数字经济增长的关键力量，不仅市场规模突破万亿元，而且以此为主营业务的存续企业数量达到 66.08 万家，其中有 31.41 万家是在 2019~2023 年成立的，占总数的 47.53%。这一数据反映了网络视听领域的高速发展和巨大的市场吸引力，也体现出该行业对促进就业、创新驱动和经济增长做出的重要贡献。

截至 2023 年底，网络视听平台的短视频账号总量达到 15.5 亿个，职业网络主播数量也达到 1508 万人，这些数字不仅表明网络视听领域具有较高的活跃度和参与度，而且反映了以内容创作和分享为核心的新型职业和商业模式的兴起。特别是，在全网主要视听平台上，粉丝数过十万的账号数量超过 50 万个，粉丝数过百万的账号数量约 4 万个，粉丝数过千万的账号数量约 1000 个。

这一分布情况揭示了网络视听市场中存在广泛的"腰部账号"，它们在网红经济生态中扮演着极其重要的角色。所谓的"腰部账号"指的是那些粉丝数量在中等范围内的账号，它们虽然不及顶尖网红的粉丝数量庞大，但因为数量众多、覆盖领域广泛，对提高网络视听平台的用户活跃度和内容多样性起着至关重要的作用。这些账号往往能够针对特定的小众群体提供更为精准和多样化的内容，从而在网红经济中成为中坚力量。

网络视听市场的这种结构特征不仅有利于内容的多元化发展，而且为内容创作者们提供了广阔的价值实现平台与才华展示舞台，进一步激发了创新和创业的活力。此外，随着技术的不断进步和用户需求的持续变化，网络视听领域还将继续演化，为数字经济的发展注入新的动力。

综上所述，网络视听不仅已成为激活数字经济新质生产力的关键引擎，而且通过促进就业、推动内容创新和多样化以及形成新的商业模式，对社会经济的全面发展起着重要作用。

（三）内容市场和用户偏好

截至 2023 年底，中国网络视听产业主要长视频平台的作品库存已超过 12 万部，新增作品量更是高达 1.7 万部，这一数据不仅反映了长视频内容生产具有较高的活跃度，也体现出该领域创新能力显著增强。同期，网络音乐作品的总量已超过 2.7 亿个，进一步表明网络视听内容在规模上迅速扩大。

2023 年，在用户偏好的内容类型中，微短剧以 39.9% 的用户占比位列第三，而电视剧/网络剧和电影/网大分别占据首位和第二位。有 31.9% 的用户表示他们为微短剧支付过费用，这一数据不仅凸显了微短剧在内容消费市场中的重要地位，也暗示了其背后的商业潜力和创新商业模式的可行性。从用户时长来看，短视频应用以其 151 分钟的人均单日使用时长成为所有网络视听应用中用户黏性最高的类别，位居其后是长视频应用（112 分钟），娱乐/游戏直播应用和网络音频应用人均单日使用时长则分别为 63 分钟和 29 分钟。这一趋势不仅揭示了不同网络视听内容形式在用户日常生活中的消费偏好，也反映了短视频应用因其内容的高度碎片化、易于消费和丰富多样性在移动互联网时代获得极高的用户黏性。

在这样的背景下，网络微短剧的发展尤为引人注目，2023 年各平台共推出微短剧作品 384 部，相比 2022 年的 172 部，增长幅度超过一倍。这一趋势不仅揭示了微短剧作为新兴内容形态在市场上的迅速崛起，还反映了观众对"短、平、快"内容的高度需求。相关研究显示，常规观看微短剧的用户占比已接近40%，仅次于传统观看项目，如电视剧、网络剧、网络电影的用户占比，且微短剧用户付费意愿也较强，有31.9%的用户表示愿意为微短剧内容支付费用。

2023年，主旋律长视频具有不错的传播效果，上线的相关作品播放量达到515.34亿次。这一数据不仅体现了主旋律内容在网络视听平台上具有广泛的受众基础，也反映了节目内容在精品化程度和内容黏性方面的提升。此外，在中华优秀传统文化传承发展方面，网络视听内容逐步发挥重要作用，也成为文化创新的重要力量。短视频平台在主题、主线宣传方面的表现也十分亮眼，相关内容播放量达580多亿次，相关话题的阅读/观看量更是达到776.8亿次。此外，三大央媒的头部短视频号粉丝数量超过10.13亿人，20个头部短视频政务号的粉丝数量近4亿人，这些数据共同描绘了网络视听内容在传播效果、观众覆盖范围和社会影响力方面取得的显著成就。

《中国网络视听发展研究报告（2024）》的调查结果显示，有71.2%的用户在观看短视频/直播的过程中购买商品，超四成用户认为短视频/直播已成其主要消费平台，且经常收看电商直播/直播带货的用户占比增速较快，较2022年增加23.4个百分点，达到53.7%。另外，旅游/风景类短视频也逐渐受到用户的关注和喜爱①。

这些数据揭示了几个关键的社会与技术发展趋势。首先，移动互联网的普及与移动端设备的便携性，为网络视听内容的消费提供了平台，这在一定程度上促进了用户在日常生活中更频繁地接触和消费这类内容。其次，短视频应用的高黏性不仅体现在内容创新和用户体验优化方面，也体现在现代社会人们对快速、轻松获取信息和娱乐的需求上。最后，用户对长视频、直播和音频应用的使用时长差异，进一步强调了在数字媒体消费领域内，不同内容形式和交互模式对用户吸引力的差异。

---

① 中国网络视听协会：《中国网络视听发展研究报告（2024）》，2024年3月。

二　主要网络视听平台的发展趋势

（一）爱奇艺[1]

根据爱奇艺发布的 2023 年第四季度和全年财报，该公司 2023 年实现总营收 318.7 亿元，较 2022 年增长 10%；非美国通用会计准则（Non-GAAP）运营利润为 36.4 亿元，同比增长 68%；Non-GAAP 净利润为 28.4 亿元，同比大幅增长 121%。2023 年第四季度，爱奇艺实现营收 77 亿元。特别是在内容成本控制的同时，爱奇艺实现营收和净利润的双增长。值得关注的是，爱奇艺会员年收入首次突破 200 亿元大关，这一里程碑事件不仅标志着爱奇艺在市场竞争中的领先地位，也反映了其在内容策略和会员服务上的持续优化。

在此背景下，2023 年第四季度年卡用户的占比较上年有显著提升，而月均单会员收入（ARM）连续 5 个季度实现环比增长，体现了爱奇艺在提升会员忠诚度方面取得的巨大成功。打造优质、特色化内容是构建竞争壁垒、提升用户满意度和忠诚度的重要手段。在数字化转型的过程中，企业必须不断创新和优化用户体验，以适应市场变化和用户需求的多样性。

从行业发展趋势来看，会员收入的稳步增长不仅为视频平台提供了稳定的收入来源，也是视频行业发展的一个重要信号。这表明，随着消费者对高质量、个性化内容需求的增加，内容付费模式将继续成为视频平台重要的收入增长点。

（二）优酷[2]

根据阿里巴巴集团公布的 2023 年第四季度财报，阿里大文娱集团的收入超过 50 亿元，较 2022 年同期增长 18%。值得关注的是，经调整后的息税前利润（EBITA）亏损达 5.17 亿元。这表明尽管企业收入有所增加，但成本控制

---

[1]　"Company Overview"，爱奇艺，https：//ir.iqiyi.com/investor-overview？c=254698&p=irol-irhome。

[2]　阿里巴巴业绩和财务报告，参见 https://www.alibabagroup.com/ir-financial-reports-financial-results。

和赢利能力改善仍面临挑战。

在当前的长视频平台竞争格局中，"提质减量"已成为众多平台共同遵循的战略方针。在这一战略指导下，优酷推出如《少年歌行》《异人之下》《当我飞奔向你》《追光的日子》《鸣龙少年》《似火流年》等一系列高口碑作品。这些作品无论是改编自漫画还是基于现实题材，与优酷过往的剧集相比，在整体品质和呈现上都有了显著提升，从而体现了"提质减量"战略取得的成效，其终极目的是为平台带来更多收益和经营利润。

2023年，TFBOYS十周年演唱会成为优酷的一个亮点事件。得益于其作为独家线上直播平台的优势，线上观众数达到168万人，若以最低票价39元计算，优酷的此项收入便达到6552万元，这还未算其他高票价收入和广告收益等。这一事件成为阿里大文娱2023财年的经典案例。大麦作为官方售票平台，与优酷形成有效联动，短时间内大幅提高了优酷长视频平台的价值。

此外，上年阿里大文娱内部的资源整合也值得关注。阿里影业通过发行股票的方式以低价收购大麦网，实现了内部资源的优化整合，将大麦网涵盖的演唱会、音乐节、戏剧、体育赛事和展览等线下演出资源纳入阿里影业的线上体系。随后推出覆盖"电影+演出"的淘麦VIP，进一步打通了线上线下的渠道，促使影视和线下演出形成了有效的联动，这不仅展示了阿里大文娱在资源整合方面的战略眼光，也为行业打造了资源整合与利用的新模式。

（三）腾讯视频[①]

腾讯的财报显示，该公司毛利和净利润连续4个季度保持增长态势，勾画出一条清晰的"V"形复苏轨迹。腾讯2023年第四季度的财务数据显示，毛利、经营利润（按非国际财务报告准则计算，下同）、净利润的增速分别达到25%、35%、44%，均超过营收增速。这一增长趋势不仅体现了腾讯在提高运营效率和控制成本方面取得巨大的成功，也反映了其具有较强的赢利能力。全年来看，腾讯实现营收6090.15亿元，净利润高达1576.88亿元，这一数据进一步表明了腾讯在全球数字经济中的领导地位。

在内容生态构建方面，腾讯视频通过实施高品质内容战略，在2023年实

---

① https：//www.tencent.com/en-us/investors.html.

现了业务的显著突破。以《三体》等热门剧集为例，其成功吸引了大量观众，带动付费会员数增至1.17亿人。此外，腾讯音乐的付费会员数也稳步增长至1.07亿人，进一步证明了腾讯在内容领域的深度耕耘和创新能力。值得注意的是，腾讯视频号用户的总使用时长翻倍，这不仅展示了视频内容在用户日常生活中的渗透力，也反映了腾讯在提升用户参与度和改善用户体验方面取得显著成效。

从商业模式创新的角度来看，腾讯在2023年为视频号的创作者提供了更多变现的支持，如促进直播带货等，这一策略不仅优化了平台的内容生态，也为创作者提供了更多赢利渠道，从而促进内容创新和多样化。

（四）芒果TV[①]

根据芒果超媒披露的年度业绩快报，其营业收入、净利润以及扣非净利润分别达到146.3亿元（同比增长4.68%）、35.6亿元（同比增长90.90%）以及17.0亿元（同比增长5.71%）。这些数据不仅展示了芒果超媒在财务表现上的稳健增长，也反映了其在内容产业中的竞争优势和市场地位。

根据云合数据的分析，2023年芒果TV全网综艺和剧集的正片有效播放量同比增速分别为31%和46%，这一增速在长视频行业中遥遥领先。此外，芒果TV在2023年推出超过100档综艺节目，以及128部重点影视剧和微短剧，包括《去有风的地方》和《装腔启示录》等爆款剧集。这些数据不仅证明了芒果TV在内容创新和独家播放方面处于行业领先地位，也体现了其优质内容供给能力的持续增强。

在会员服务领域，截至2023年底，芒果TV有效会员规模达到6653万人，创下了新高，其中全年会员收入达到43.15亿元，同比增长10.23%。特别是在第四季度，会员收入同比增速达35.76%，这一显著的增长率进一步证明了芒果TV在增强用户黏性和扩大会员规模方面取得巨大的成功。

在广告业务领域，尽管2023年芒果超媒的广告收入同比下降11.57%，但第四季度的广告收入同比增长16.13%，实现了从负增长到正增长的转变。这

---

① 《芒果超媒重回增长，2023年营收净利出现好转》，"经济观察报"百家号，2024年2月29日，https://baijiahao.baidu.com/s? id=17922049022240464842&wfr=spider&for=pc。

一转变反映了芒果超媒在广告市场逆境中逐渐恢复。

芒果超媒还展示了其电商业务的发展情况，其中小芒电商在2023年的商品交易总额（GMV）已突破100亿元，标志着公司在电商领域的战略布局开始有所成效。

（五）快手[①]

根据年报数据，快手2023年的总收入达到1134.7亿元，较上年增长20.5%。考虑到当前全球经济的不确定性，这一增长率体现了快手在数字媒体领域的强劲动能和市场适应性。值得注意的是，公司全年经调整净利润和期内利润均扭亏为盈，且经调整净利润首次突破百亿元大关，达到102.7亿元，这一数额远超市场预期，标志着快手正式进入全面赢利的新时代。

在用户增长和社交互动方面，快手平台也取得显著的成绩。2023年第四季度，平台的平均月活跃用户数同比增长9.4%，首次超过7亿人，这不仅体现了快手在扩大用户规模方面取得的成功，也反映了其在促进社交互动和增强用户黏性方面取得较大的成效。快手作为一个连接线上线下的普惠数字社区，其内容生态的活力和商业变现的效率均有显著提升。特别是，快手电商全年的GMV达到1.18万亿元，这也是其首次突破万亿元大关，而线上营销服务板块的年收入同比增长23%，达到603亿元，创下历史新高。

这些数据不仅展示了快手在财务表现、用户增长和商业变现等方面取得卓越成就，也揭示了其在数字媒体生态中具有核心竞争力。快手在促进用户社交互动和内容生态构建方面采取的策略，为其在激烈的市场竞争中保持领先地位奠定了坚实的基础。未来，快手如何在保持增长动力的同时，继续创新和优化其服务和产品将是值得关注的重要议题。

（六）哔哩哔哩[②]

根据哔哩哔哩（以下简称"B站"）2023财年第四季度和全年的未经审计财务结果报告，2023年B站营业收入达225亿元，同比增速仅为3%，增长

---

① https：//ir. kuaishou. com/zh-hans.

② https：//ir. bilibili. com/media/3xfch12a/annual－and－transition－report－of－foreign－private－issuers-sections-13-0r-15-d. pdf.

速度持续放缓。然而，值得关注的是，尽管收入增速放缓，B 站的净亏损却大幅收窄，亏损额为 48 亿元，同比减少 36%。这一变化标志着 B 站管理层在过去两年中"减亏"努力的成效开始显现。

财务数据进一步显示，2023 年第四季度 B 站的毛利率达到 26.0%，相较于上年同期的 20.3%，B 站毛利率已连续 6 个季度实现提升，全年毛利率为24.2%，较 2022 年的 17.6% 有所增加。这一连续性的毛利率提升，不仅体现了 B 站在成本控制和运营效率提升方面取得的成果，也反映了其在商业模式优化上取得的进展。

UP 主收入层面，B 站 UP 主收入在 2023 年实现了显著增长。超过 300 万UP 主在 B 站获得收入，同比增长 30%，其中通过广告获得收入的 UP 主数量同比增长 94%。这一数据不仅展示了 B 站作为内容平台的吸引力，也反映了其在广告业务上拥有的强劲动力。同时，交易带货成为 UP 主的新机遇，"双12"期间，UP 主单场直播带货成交额超过 5000 万元，显示了 B 站在电商领域的潜力。

用户层面，B 站日均活跃用户数为 1.01 亿人，同比增长 8%，月均活跃用户数达 3.36 亿人。大会员数量为 2190 万人，其中超 80% 为年度订阅或自动续费会员，显示了用户对 B 站平台的忠诚度。用户平均年龄在 24 岁左右，"Z 世代"用户覆盖率达到 65%，展现了 B 站在年轻用户群体中的强大吸引力。

B.15
2023年中国短视频行业发展报告

范立尧*

摘　要： 2023年，中国短视频行业高度成熟，行业发展的压力与动力同在。在各项因素驱动下，短视频行业进入"后发展"时代，其高潜细分品类微短剧成为媒体内容形态融合新风口，展现出强大的经营势能；线上流量影响范围不断向线下拓展，跨地域、跨圈层的影响力推动"网红城市"兴起、各地文旅产业复苏；生成式人工智能（AIGC）在短视频制作领域的高速发展吸引行业关注，用户使用习惯也在潜移默化地发生转变；内容电商与短视频持续深度结合，各平台寻找差异化竞争策略；管理部门与行业同仁摒弃"唯流量论"，共同持续推动业态健康发展。

关键词： 短视频　亚品类　规范管理

一　短视频，成熟而后蝶变

据CNNIC统计数据，截至2023年12月，中国短视频用户规模为10.53亿人（见图1），较2022年12月增长4.1%，占网民整体的96.4%[1]。总体而言，中国短视频发展环境持续优化，内容供给不断丰富，行业发展走向成熟，"人人短视频、老少短视频"成为常态。从增长层面来看，中国短视频用户年增长率呈下降态势，可挖掘的潜在流量越发紧张，迫使各方寻找新增量与新的价值增长点。

---

* 范立尧，央视市场研究（CTR）媒体融合项目经理。
[1] CNNIC：《第46~53次〈中国互联网络发展状况统计报告〉》，2020~2024。

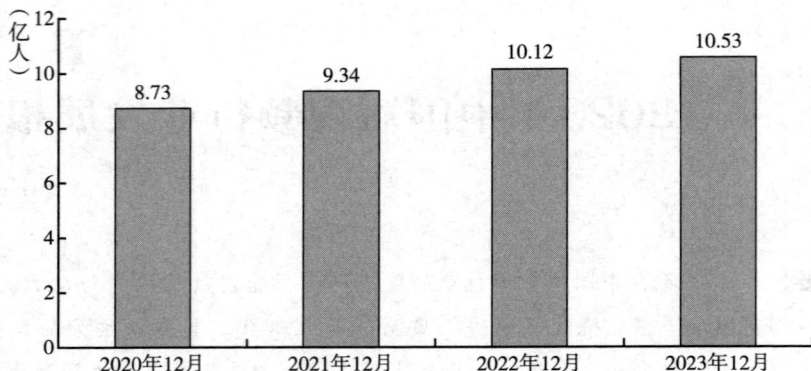

图1 2020年12月至2023年12月短视频用户规模

资料来源：CNNIC《第46~53次〈中国互联网络发展状况统计报告〉》，2020~2024年。

行业头部品类格局较为固定。从粉丝量前100位的博主品类分布情况来看，2022~2023年抖音头部占比前三的品类均为社会（如"人民日报""央视新闻"）、剧情、生活，而快手则均为带货号（如"快手小店""辛有志 辛巴818"）、生活、剧情，头部博主品类与2022年相比并无太大差异（见图2和图3）。

图2 2022~2023年抖音头部博主占比前五品类

资料来源：唯尖-CTR短视频商业决策系统。

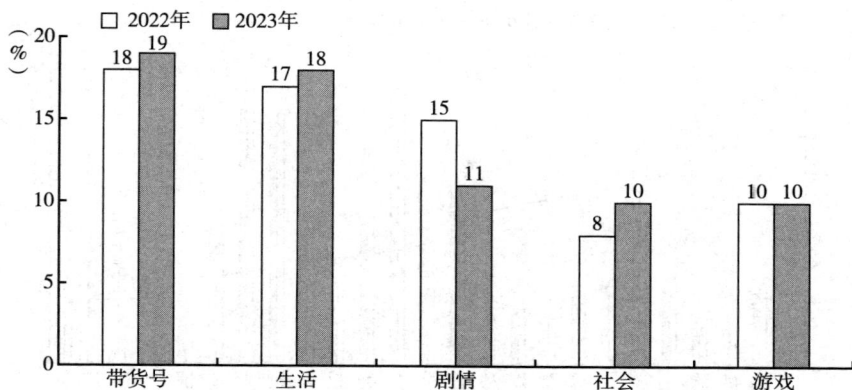

图3　2022～2023年快手头部博主占比前五品类

资料来源：唯尖-CTR短视频商业决策系统。

新兴品类趁势崛起。从各品类头部梯队的粉丝总量来看，文史艺术（同比增长28.8%）、旅游（同比增长16.4%）、娱乐（同比增长13.1%）成为抖音平台涨粉最快的品类，而文史艺术（同比增长16.4%）、搞笑（同比增长14.1%）、健康（同比增长12.1%）成为快手平台涨粉最快的品类（见图4和图5）。乘国风文化普及、旅游业强势复苏、全年龄段"养生潮"兴起之东风，

图4　2022～2023年抖音平台分品类粉丝量前
100位博主的粉丝量及其增速

资料来源：唯尖-CTR短视频商业决策系统。

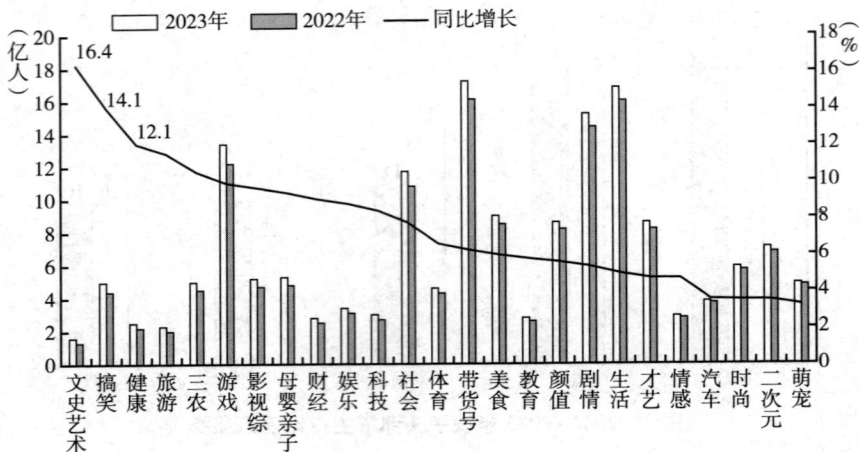

图5　2022~2023年快手平台分品类粉丝量前100位博主的粉丝量及其增速

资料来源：唯尖-CTR短视频商业决策系统。

这些品类的绝对粉丝量较低，但数量增长速度较快，成为2023年的流量品类。

2023年，短视频行业在压力下由内部发生蝶变。在人均单日使用时长达151分钟①的高值下，短视频业态在过去一年间产生了以微短剧为代表的亚品类爆发、对线下文旅的策动、人工智能生产方式的引入以及内容电商的细分与普及等热点，展现出强大的承压力与内生驱动力。

二　小剧能成大事：微短剧厚积薄发

微短剧的前身可追溯至10余年前的短篇剧集以及短视频平台兴起后涌现出的大量剧情类短视频。2023年，微短剧终于迎来爆发期，全年拍摄备案量达3574部97327集，分别同比增长9%、28%②，31.9%的用户曾为微短剧付费③。个性化的内容模式与强有力的营收能力促使其成功攫获市场眼球，成为年度热点垂类。2024年1~3月，跨平台微短剧热度榜如表1所示。

---

① 中国网络视听协会：《中国网络视听发展研究报告（2024）》，2024。
② CNNIC：《第53次〈中国互联网络发展状况统计报告〉》，2024。
③ 中国网络视听协会：《中国网络视听发展研究报告（2024）》，2024。

表 1　跨平台微短剧热度榜

单位：分

排名	剧名	平台	作者	题材	评分	上线时间
1	《大过年的》	抖音	她的世界	家庭	9.27	2024 年 2 月 4 日
2	《喜事千金》	抖音	姜十七	都市	9.09	2024 年 2 月 11 日
3	《我在大宋开酒吧》	快手	我在大宋开酒吧	古风	9.05	2024 年 1 月 19 日
4	《一路归途》	快手	宋木子	都市	8.89	2024 年 1 月 29 日
5	《柒两人生》	抖音	慧慧周	悬疑	8.86	2024 年 1 月 2 日
6	《鸳鸯断》	快手	鸳鸯断	古风	8.82	2024 年 1 月 26 日
7	《九儿》	快手	艾青的女人剧场	家庭	8.82	2024 年 1 月 4 日
8	《重启我的人生》	抖音	姜十七	都市	8.81	2024 年 2 月 26 日
9	《超能坐班族》	快手	超能坐班族	都市	8.79	2024 年 1 月 22 日
10	《醒醒！城主大人》	快手	张悦楠	古风	8.70	2024 年 3 月 21 日

　　注：参评微短剧为 2024 年 1 月 1 日以后上线的、抖音放映厅——（微）短剧板块中的精品短剧及快手星芒（微）短剧，不含小程序剧。本榜单根据微短剧的传播效果公开数据（截至 2024 年 3 月 31 日），通过 CTR 微短剧传播评价体系加权计算得出。该体系由多个分级指标构成，包括触达率和互动率 2 个一级指标，每个一级指标根据不同平台的具体情况下设若干二级指标。

　　微短剧带来新的市场机遇。一是令小程序与短视频平台产生新的"化学反应"。除传统达人发布模式外，抖音、快手、视频号均允许开发者在平台内通过小程序载体上线微短剧，结合投流广告资源，吸引用户付费，形成运作新链路，同时丰富了小程序在平台内的应用场景，培养用户的使用习惯。二是成为文化输出新窗口。ReelShort、DramaBox、ShortTV 等平台频登海外榜单。微短剧出海企业运用国内短视频平台、海外跨境电商业务多年积累的发展经验，在探索出海经营新业态的同时，为中国文化产业的创意传播找到新途径。

　　主流力量发力微短剧领域，积极开展新业态运作。2024 年全国两会期间，多名代表及委员针对微短剧的发展与管理提出建设性意见，展现出这一新业态正逐渐走入大众视野。管理部门"触电"新业态，以文旅为切口赋能微短剧精品化。国家广播电视总局发布"跟着微短剧去旅行"创作计划，目标是在本年度创作播出百部优秀微短剧，形成文旅经营新模式①。主流媒体纷纷入

---

　　① 《国家广播电视总局办公厅关于开展"跟着微短剧去旅行"创作计划的通知》，铜仁市文体广电旅游局网站，2024 年 3 月 6 日，https://wtgdlyj.trs.gov.cn/zfxxgk/fdzdgknr/gbds_5832628/202403/t20240306_83889815.html。

局，央视频、四川观察发布"AI看典籍""子曰"系列微短剧，通过AI动画、真人演绎讲好中国故事。广电机构大胆启动微短剧"上星"计划，促进媒体形态进一步交融。2023年7月，芒果TV微短剧《风月变》播出；12月，湖南省广播电视局推动该剧上星，市场份额达1.48%，位居同时段省级卫视第一，带动该时段频道"90后"观众份额增长28%，有效探索了微短剧"先网后台""网播+卫视联合播出"的新路径①。

三 线上引燃线下：短视频助燃"文旅热"

从跨界赋能来看，短视频作为线上流量生态，对线下行业产生的影响日益显著。据CTR数据，2023年抖音平台旅游类Top100博主粉丝量年增长率为16.4%，快手为11.5%，远超大盘3.8%与5.7%的年增速②，相关头部主播如表2所示。据《中国网络视听发展研究报告（2024）》，近半年经常收看旅游/风景类短视频的用户占比为44.4%，较2022年提升16.3个百分点③。短视频推动淄博、榕江、哈尔滨等成为"网红城市"，各地政府及主流媒体也纷纷发力短视频城市营销赛道，有力推动了旅游业的发展。

表2 抖音、快手旅游类头部博主及粉丝量

单位：万人

抖音博主名称	粉丝量	快手博主名称	粉丝量
聂小雨	2067.7	一湉	1073.8
湖远行	2062.6	张潇洒Yore	1067.1
普陀山小帅	2051.2	韩船长漂流记	1027.0
厦门阿波	2049.8	李辰轩每晚八点	812.1
小黑诸鸣	1559.5	房琪kiki不放弃	658.7
侣行	1313.8	厦门阿波	589.4
垫底辣孩	1257.3	小龙总说车	545.1

---

① 《全国首部网络微短剧〈风月变〉上星播出》，湖南省广播电视局网站，2023年12月22日，http://gbdsj.hunan.gov.cn/gbdsj/xxgk/gzdt/hyxx/202312/t20231222_32608079.html。

② 对比2023年12月31日粉丝量前100位博主的粉丝数据与2022年12月31日粉丝量前100位博主的粉丝数据；大盘指同时间周期内，全品类粉丝量前100位的博主粉丝数据。

③ 中国网络视听协会：《中国网络视听发展研究报告（2024）》，2024。

续表

抖音博主名称	粉丝量	快手博主名称	粉丝量
丽丽旅游	537.9	AMCC 会长 leo	505.4
垫底辣孩	535.7	当儿□全国旅游主播	419.3
湖远行(远行者)	530.2	呼伦贝尔飞飞说车	413.4

资料来源：唯尖-CTR 短视频商业决策系统，数据节点为 2023 年 12 月 31 日。

　　游客短视频"打卡"吸引眼球，主流媒体活用短视频推升热度。民众玩梗造梗，形成时尚潮流，如哈尔滨冰雪大世界旅游季来临后，网民在各大短视频和社交媒体平台贡献出"尔滨""南泥北运"等网络热词，使哈尔滨成为全国人民的春节网红打卡地，"冷季节"释放"热经济"。主流媒体口碑及影响力增强热点生命力，如淄博烧烤于 2023 年 3 月中上旬爆火，到 3 月底热度已有衰减之势，此时中央广播电视总台《主播说联播》以超 1.4 亿次全网曝光量吸引众多网民关注，4 月中上旬新华社连续举办淄博烧烤互动投票、沉浸式直播等活动，将淄博烧烤热度重新推高[①]。2023 年抖音、快手旅游热点榜单如表 3 所示。

表 3　2023 年抖音、快手旅游热点榜单

单位：万次

排名	抖音热搜	最高热度	最初上榜时间
237	贵州村超总决赛	1177.9	2023 年 7 月 29 日
296	淄博烧烤店铺大量转让	1176.1	2023 年 7 月 6 日
303	淄博烧烤店为劝退游客刷差评	1175.9	2023 年 5 月 1 日
341	贵州村超场外的温暖	1174.9	2023 年 6 月 19 日
368	国庆淄博竟然火过五一高峰期	1174.1	2023 年 10 月 8 日
640	淄博鸭头小哥直播气哭	1169.5	2023 年 5 月 5 日
710	警方不建议前往大唐不夜城	1168.7	2023 年 5 月 1 日
742	村 BA 总决赛黔东南州夺冠	1168.3	2023 年 3 月 27 日
767	甘孜文旅局长回应祥驴酒店事件	1168.0	2023 年 2 月 27 日
866	终于明白为什么叫长白山了	1167.0	2023 年 10 月 15 日

---

① 德外 5 号：《@5·19："当燃淄博"，主流媒体让文旅破圈更"主流" | 融媒新象》，2023。

排名	快手热搜	最高热度	最初上榜时间
439	谁砸了甘孜旅游我砸他饭碗	1225.9	2023 年 2 月 27 日
684	解锁淄博新隐藏副本	1206.0	2023 年 5 月 15 日
689	沉浸式感受乌镇之美	1205.3	2023 年 11 月 9 日
756	杭州元宵烟花秀	1199.7	2023 年 2 月 5 日
916	这个秋分杭州亚运会"橙"意满满	1185.7	2023 年 9 月 23 日
932	B 太通报云南游打假结果	1184.2	2023 年 10 月 6 日
1373	村 ba 主题曲太上头了	1162.2	2023 年 6 月 10 日
1374	来广东必尝香菇肠粉	1162.2	2023 年 11 月 25 日
1375	美丽冻人还得看大东北	1162.2	2023 年 12 月 18 日
1382	冰雪大世界上演冰雪奇缘	1162.0	2023 年 11 月 25 日

资料来源：唯尖-CTR 短视频商业决策系统，数据周期为 2023 全年。

有关部门积极组织各类短视频运营活动。城市管理部门化被动为主动，主办各类旅游类短视频征集活动，为地方文旅事业发展做贡献。如北京市文化和旅游局联合北京时间、新浪旅游共同举办多平台同步征集北京文旅短视频活动，开启"巡游北京"话题，邀请网友共同探索城市新玩法，分享新地标与新体验；又如西宁市文化旅游广电局和中新社青海分社联合主办"'出发吧·西宁'2023 美好生活文旅短视频大赛"，面向市民征集文旅短视频，在自有平台和抖音、微博播出精品内容，并进行海外宣传推介。

四 人工走向智能：AIGC 改变短视频生产与使用方式

从技术推动来看，2023 年 AIGC 在短视频领域取得重大突破，为内容生产及用户体验带来更多新鲜感。2024 年 2 月，美国人工智能研究公司 OpenAI 推出模型 Sora，将文生视频能力从秒级提升到分钟级，有望革新短视频生产方式；AIGC 工具还潜移默化地改变着用户使用短视频平台的方式，如快手"可图"使用户在评论区可轻松操作文生图、图生图，同平台"AI 小快"、小红书"薯队长的小助理"能够总结博文、与用户互动，从某种意义上正在推动短视频平台生态的重塑。

据 CTR 调研数据①，78.8%的用户曾经在短视频及社交媒体平台上看过 AIGC 短视频作品，反映了此类内容具有较高的渗透率；有 73.9%的用户对 AIGC 应用于短视频生产的态度表示总体乐观，期待积极推动并利用 AIGC 技术创作更多优秀短视频，而持有悲观态度的和无所谓的用户则分别占 17.1% 和 9.0%。

从用户期待的内容来看，35.0%的用户最期待看到超越常人想象的创意视频，精美的动画片（31.7%）紧随其后（见表 4），展现出 AIGC 动画产品在用户中已初具认知度。例如，中央广播电视总台与清华大学联合推出 AI 微短剧《中国神话》，美术、分镜、视频、配音、配乐全部由 AI 完成；触非瑞拓 AI 动画短片《白狐》用 ChatGPT 撰写剧本，AI 生成画面，仅由四人团队耗时两周即制作完成；虚拟主播也颇受用户欢迎，如腾讯智影、小冰科技等机构旗下的 AI 数字人直播产品，让虚拟人在各大平台进行超长直播，与观众对话。此外，用户还表达了对"AI 绘画大师"、虚拟医生、两会虚拟主播"度晓晓"等垂类产品的期待与喜爱，展现出个性化的市场需求。

表 4　用户期待看到的 AIGC 作品类型

单位：%

类型	占比
虚实结合、天马行空的创意视频	35.0
精美的动画片	31.7
能与虚拟主播聊天	25.0
虚拟主播带货	23.4
微短剧	20.3
虚拟网红制作的短视频	18.7
所有类型都可以用 AIGC 尝试	11.1
其他	0.2
不期待/无所谓	4.4

资料来源：CTR 调研。

---

① 央视市场研究（CTR）关于人工智能生成技术（AIGC）应用于短视频领域的调研，样本数为 1511 人，时间为 2024 年 4 月 7~11 日，本节数据均来自此调研。

AIGC 对短视频生产力的提升最受重视，而侵权风险则最令人担心。从调查结果来看，超六成用户认可 AIGC 对短视频生产效率与质量的提升作用，超五成用户赞同其有助于扩展内容；相对地，有超六成用户认为 AIGC 会造成版权、肖像权的侵权风险，近五成用户担心短视频谣言、诈骗问题（见表5），这表明 AIGC 应用于短视频产业在合法、合规方面还有许多问题亟待解决。

表5　用户认为 AIGC 应用于短视频生产的优劣势

单位：%

优势	占比	劣势	占比
能大大提高生产效率和质量、节约生产成本	63.6	版权、肖像权侵权风险较大	62.2
能丰富内容制作者的想象力	54.7	谣言、诈骗风险	49.2
让非专业人士也能制作内容精美的短视频	45.7	生产效率低	30.3
逐步淘汰效果不好的拍摄方式	14.2	人工、电力等成本较高	29.7
其他	0.2	其他	0.3

资料来源：CTR 调研。

总体而言，在 AIGC 的推动下短视频创作迎来深刻变革。不过，AIGC 带来的侵权风险、谣言和同质化等问题，以及潜在的对短视频行业"游戏规则"的冲击，也要求从业者与管理机构保持警惕。

五　内容拥抱经营：内容电商融合短视频

从消费方式来看，短视频内容电商使人们越来越多地在浏览内容时产生无形的需求动机，"随时种草"的消费驱动力给予内容平台和电商平台无尽的想象空间。当前，无论是原生短视频平台、图文平台，还是电商平台，都从各种角度发力布局短视频内容电商，在白热化的消费战场上挖掘新增长空间。

除抖音、快手之外，新内容平台也在探索差异化竞争策略。小红书将打造多元化"生活方式"作为其内容电商的调性。一是短视频内容渗透到线下，通过经营"飞盘""City Walk"等具备一定调性的潮流概念，让线上内容向线下消费渗透。二是培育出一批与平台调性契合的直播买手，"向往的生活"吸引用户下单。例如，章小蕙、董洁等以优雅形象示人的明星主播，让明星带货直播这一备受争议的品类在小红书找到健康的生存土壤。视频号则以微信系资源为其电商生态赋能。例如，在朋友圈推广视频号直播，打通了社交电商、小程序电商与视频号电商。据"2024微信公开课PRO"数据，2023年视频号GMV实现近3倍增长，订单数量增长超244%，商品供给数量增长约300%①。

电商平台持续增强内容意识。淘宝在尝试内容化转型后瞄准精确路径。一是通过融合淘宝直播和逛逛，实现直播和短视频、图文等形态的有机融合。二是持续引入带货主播，并强化淘宝与其他平台内容的差异化，要求主播树立"带货人设"而非"明星人设"。京东则将内容生态定为战略目标之一，大举挺进直播短视频赛道。其一，大批量引入主播、MCN，推出"SUPER新星计划"扶持方案，提供流量补贴，力争培育出平台自有的头部主播；其二，各重大节点嵌入内容电商，如在"双十一"期间推出"京东采销直播间"，"双十一"当天总观看人数突破3.8亿人次②，并成为2024央视春晚独家互动合作平台，在春晚期间实现超552亿次的用户互动量③。

六 冷水可淬精钢：短视频生态治理

随着业态不断成熟，流量获取难度与成本逐步上升，市场竞争日益激烈，随之出现的谣言、抄袭、庸俗低俗等低质内容破坏视听感受、扰乱市场秩序，引发用户不满。为此，管理部门出台多项治理措施，督促各平台加强内生态净化，对短视频乱象持续进行整治。

国家加大对短视频生态的治理力度。一是重视治理谣言、恶意营销等乱象。2023年7月，中央网信办秘书局发布《关于加强"自媒体"管理的通知》，从加强谣言治理、限制违规获利、加大MCN管理力度等方面推动形成

---

① 《视频号带货高增长　微信电商吹响新"集结号"》，"中国经营报"百家号，2024年1月27日，https：//baijiahao.baidu.com/s？id=1789184093840707093&wfr=spider&for=pc。

② 《京东"双十一"成绩单：京东采销直播总观看人数突破3.8亿》，"中国经营报"百家号，2023年11月13日，https：//baijiahao.baidu.com/s？id=1782400297809663927&wfr=spider&for=pc。

③ 《春晚互动超552亿次　京东1亿份实物好礼、30亿红包已被领走》，"中新经纬"百家号，2024年2月10日，https：//baijiahao.baidu.com/s？id=1790478747869808579&wfr=spider&for=pc。

良好的网络舆论生态；2024年初，"清朗·2024年春节网络环境专项行动"强调重点整治炮制虚假信息、恶意营销炒作等问题。二是坚决打击利用虚假内容牟利的违法行为，如2023年9月四川首例"系列网红直播带货案"——网红机构利用网友对贫困地区的同情心，带货销售假冒农产品以获取巨额经济利益，案件共抓获数十名犯罪嫌疑人，其中部分嫌疑人被判刑。三是全国两会期间多名代表与委员针对短视频行业治理进行提案，如加快短视频立法，优化内容池、帮助青少年合理使用短视频，强化网络微短剧管理、整治变相抄袭等。

短视频平台强化主人翁意识，加强内容和用户监管。抖音重点发力违规治理，发布行业首个"探店规范"，更新治理摆拍和伪公益信息新规，发起"反网暴倡议"活动，推出新版"健康分"制度，鼓励用户对信息和内容进行主动打标等。快手则从反诈、社区治理、公益等方面入手优化短视频直播生态，通过研发易受骗人群预警系统、协助警方侦破案件、协助政府宣传等手段，营造全民反诈氛围；通过创新治理工具、提升技术效能等手段构建有益的平台内容生态；发力公益，推动技术普惠，助力乡村振兴，以"公益+"计划共建"短视频+直播时代"的数字公益生态。微信视频号通过加强制度体系建设实施合规管理。根据《视频号合规治理白皮书》，微信从平台规则体系、内容生态体系等维度系统性地分享了视频号的生态治理成效。截至该报告发布时，视频号累计处理违法违规账号20余万个，日均通过关键词保护商标4000余次，积累了大量合规管理的实践经验①。

结　语

2023年，短视频行业的内部分化与进化令人瞩目。其中，"短视频+影视剧"的复合品类——微短剧业态最终实现分立，强大的用户端营收能力与较高的品牌端商业价值使其成为年度热点；"网红城市"的诞生，让大家更清晰地感受到短视频形态跨地域的辐射能力，以及从线上到线下的流量影响力；生

---

① 《微信发布〈视频号合规治理白皮书〉：六大维度、多方携手，共建向上向善内容生态》，"央广网"百家号，2023年5月17日，https：//baijiahao.baidu.com/s？id=1766123050320325815&wfr=spider&for=pc。

成式人工智能技术在短视频领域取得突破性进展，令生产力革新的议题产生了前所未有的影响力，更拓展了业界对近年来短视频内容生产方式的想象空间。内容电商的持续深化，各平台形成个性化打法，在消费市场跑马圈地。在视频的"后发展"时代，短视频仍然具备"意料之外"的想象空间，其分化与融合值得业界探索。

B.16
2023年中国网络购物市场发展报告

陈媛媛[*]

摘　要： 2023 年，中国网上零售额持续增长，农村电商成为存量市场的重点开发领域，跨境电商打通国际市场，成为外贸增长新引擎。平台面向用户的服务体验提升计划和面向商家的扶持计划相辅相成，更多中小型电商企业快速成长，同时特色产业带的电商产业链逐渐形成。电商作为商业化生态的中心将持续快速发展，预计网上零售额将继续增长。

关键词： 网络购物　跨境电商　农村电商　产业带

一　产业数据分析

根据商务部的统计数据，2023 年，中国网上零售额为 15.42 万亿元，经历 2022 年增长率的短暂低谷后，重回两位数增长，增长率为 11.82%（见图 1）。从规模上看，中国继续站稳全球第一大网络零售市场的位置。

其中，实物商品网上零售额为 13.0 万亿元，占社会消费品零售总额的比重为 27.6%（见图 2），创历史新高。网上零售额对于社会消费品零售总额的增长起到重要作用，食品、服装、日用品、家用电器等商品品类网上零售额居前列。农村居民的消费支出增长率略高于城镇居民消费支出增长率[①]，农村居民消费潜力日益凸显。

截至 2023 年 12 月，中国网络购物用户规模达 9.15 亿人，同比增长

---

* 陈媛媛，清华大学传媒经济与管理研究中心主任助理。

① 《就业形势基本稳定　居民收入持续增加——国家统计局相关司负责人解读 2021 年前三季度主要经济数据》，中国政府网，2021 年 10 月 19 日，https://www.gov.cn/xinwen/2021-10/19/content_5643801.htm。

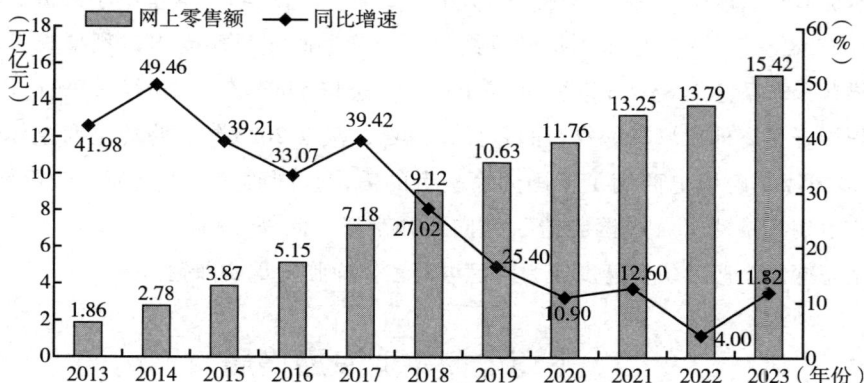

图1 2013~2023年中国网上零售额及增长率

资料来源：商务部及国家统计局。

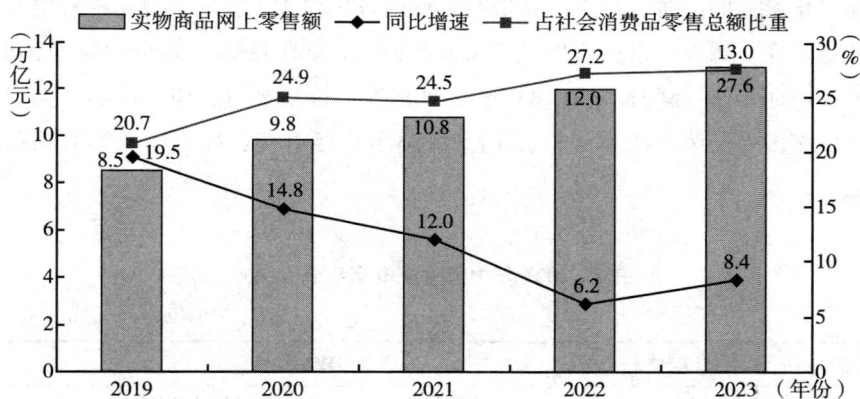

图2 2019~2023年中国实物商品网上零售额及占社会消费品零售总额比重

资料来源：国家统计局。

8.2%，使用网络支付的用户数量达9.54亿人①。与2021年发布的《"十四五"电子商务发展规划》相比对，2023年底相关从业人数（超7000万人②）

---

① CNNIC：《第53次〈中国互联网络发展状况统计报告〉》，2024。

② 商务部中国国际电子商务中心：《中国电子商务人才发展报告》，2024。

已然提前到达预期，农村电子商务交易额（2.49 万亿元①）、跨境电子商务交易额（2.38 万亿元②）也基本达到预期值。跨境电商交易额受出口额增长带动明显，出口额达 1.83 万亿元，增长 19.6%；进口 5483 亿元，增长 3.9%③。平台积极开拓海外市场，争取新的差异化流量，截至 2023 年，跨境电商主体超过 10 万家。跨境电商满足了国内消费者的需求，同时"跨境电商+产业带"模式也切实推动了"中国制造"走向全球市场。此外，知识产权保护、新市场生态探索、产品研发速度成为跨境电商主体面临的重要课题。

二　主要电商企业发展格局

淘天（淘宝、天猫）、京东等综合电商的市场份额受到挤压，其主要竞争对手来自直播电商，但这些老牌综合电商在用户、资本方面依然具有优势，在不断优化服务的同时，对于产品供给和价格策略加大了投入，显示核心电商业务的稳定性，淘天、京东依然处于 GMV（商品交易总额）体量的第一团队，拼多多也加入第一阵营。从 GMV 增长率来看，抖音电商、快手电商、美团电商、拼多多处于第一梯队（见表 1），彰显了直播电商、社交电商等的强劲发展活力。

表 1　2023 年中国主要电商平台 GMV

单位：万亿元，%

主要电商平台	GMV	GMV 增长率
淘天	—	2024 年第一季度,淘天 GMV 同比两位数增长
京东	3.539	2
拼多多	4.045	31

---

① 《农业农村部：2023 年农村网络零售额达到 2.49 万亿元》，极目新闻，2024 年 1 月 23 日，https：//www.ctdsb.net/c1476_202401/2029024.html。

② 《2023 年中国跨境电商进出口总额 2.38 万亿元 增长 15.6%》，中国一带一路网，2024 年 1 月 22 日，https：//www.yidaiyilu.gov.cn/p/0JPOMQMJ.html。

③ 《2023 年中国跨境电商进出口总额 2.38 万亿元 增长 15.6%》，中国一带一路网，2024 年 1 月 22 日，https：//www.yidaiyilu.gov.cn/p/0JPOMQMJ.html。

主要电商平台	GMV	GMV 增长率
唯品会	0.192	13
抖音电商	2.200	47
快手电商	1.195	33
美团电商	0.255	35

资料来源：整理于企业公开财报、公开发布数据等。

　　网络购物用户数量虽然庞大，但各大平台的用户重复度上升，存量市场竞争加剧，用户停留时间及黏性成为竞争核心。对于平台来说，用户购物体验、物流仓储、产品丰富度、商家稳定性等都成为平台维护、升级的重要维度。

　　在转型压力下，电商平台首先围绕用户体验和价格策略积极求变。淘天加大了对电商业务的投入，低价策略推动电商 GMV 增长。从阿里巴巴 2024 财年的数据来看，2024 年第一季度，淘天 GMV、订单数均取得同比两位数增长[①]，这一增长印证了相关策略的有效性。在提升用户体验方面，仅退款政策、新疆包邮服务、88VIP 会员用户无限退货免运费等增加了客户的黏性。其次是改善商家生态，如帮助商家降本增效、提高产品曝光度、AI 赋能经营等，这些举措对整个商业链条都有利好，也间接提升了消费者的体验。京东围绕用户体验持续践行低价策略，主动求变，改善商家生态。从其财报数据看出，因不断优化平台生态和流量分发机制，为商家创造清晰的成长路径和更好的经营生态，2023 年京东第三方商家数量同比增长 188%，新增商家数量同比增长 4.3 倍[②]。

　　对于以线上营销（广告）为最大收入来源的抖音和快手来说，电商领域的延伸有效拓展了营销边界，为广告板块的收入增长提供了动力。以快手为例，2023 年其广告收入创下新高，增长 23%，达 603 亿元[③]。电商有助于企业

[①] 《阿里财报：淘宝 GMV、订单量双位数增长》，新浪财经，2024 年 5 月 14 日，https：//finance.sina.com.cn/jjxw/2024-05-14/doc-inavfcim0917129.shtml。

[②] 《京东集团：2023 年第三方商家数同比增长 188%》，新浪财经，2024 年 3 月 6 日，https：//finance.sina.com.cn/jjxw/2024-03-06/doc-inamkuik5603497.shtml。

[③] 《快手 2023 年营收首破千亿元，电商带动广告收入大幅增长》，界面新闻，2024 年 3 月 20 日，https：//www.jiemian.com/article/10941038.html。

增加多元化收入，抖音曾多次尝试独立的电商产品，如抖音盒子、Fanno，2023 年开始投入货架电商建设并尝试自营，视频、社交平台涉足泛电商领域直接带动了网络购物市场的活跃。

社区属性较强的小红书等平台，随着社区业态的成熟，开始集中资源涉足电商。2023 年 8 月，小红书首次明确表示要集中资源支持消费者、商家、品牌等在其平台上的电商发展①。打通网购的路径后，小红书上诞生了一批差异化的商家和具有社区黏性的消费者。截至 2023 年 12 月，中国网络直播用户规模达 8.16 亿人，电商直播用户规模为 5.97 亿人②，从数量上看还有增长空间。

三　行业热点及趋势

（一）网络购物带动产业发展，用户商家利益平衡需综合考量

网络购物在产业融合创新、服务民生、扩大就业、国际合作等多方面亮点频现，发展环境持续优化，各行各业加速数字化转型。以图书出版业为例，图书产品在网络购物平台上获得更多的曝光机会，如经董宇辉直播间推荐的《额尔古纳河右岸》在 2024 年初销量已达 500 万册③。但网络平台的低折扣政策也让一些出版商对平台促销活动有所顾忌，如 2024 年数家出版社联名抵制参与京东的"618"活动。从发展的角度来看，不能否认网络销售渠道给传统出版业带来的利好，出版机构需要利用平台在价格和销量之间找到平衡。拼多多"只退款不退货"引发的"炸店事件"也一度掀起舆论浪潮，平台在商家管理与用户体验方面还需要持续探索双赢机制。

---

① 《抖音小红书进化论：流量分层进击与变现》，网易，2024 年 4 月 16 日，https://www.163.com/dy/article/IVU1VQH505199NPP.html。
② CNNIC：《第 53 次〈中国互联网络发展状况统计报告〉》，2024。
③ 《董宇辉直播带动〈额尔古纳河右岸〉印量超 500 万，原著作者迟子建称"出乎意料"》，"新闻晨报"百家号，2024 年 3 月 5 日，https://baijiahao.baidu.com/s？id＝17926732080 46178723&wfr＝spider&for＝pc。

（二）规制措施保驾护航，促进传统产业数字化转型

针对目前网络购物市场出现的问题，国家积极进行治理和规范化引导。例如，国家市场监管总局修订《互联网广告管理办法》，线上直播推销商品及服务构成商业广告的，需要接受广告监管。将网络不正当竞争行为纳入治理范围，虚假宣传、刷单等行为将受到处罚。2023 年 12 月，国务院办公厅印发《关于加快内外贸一体化发展的若干措施》，推动互联网、大数据、人工智能和内外贸相关产业深度融合。"跨境电商+产业带"发展模式将有利于带动更多传统产业的数字化转型，加快产品创新及扩大国际市场。

（三）国潮产品、地域特产销量增长，特色营销场景受欢迎

国潮产品备受青睐，年轻人成为消费主力军。根据京东消费调查报告，生产国潮产品的品牌数量、商品种类稳步上涨，近 5 年分别增长 3 倍和 5 倍以上。国潮产品"花样百出"，成就了一场国潮产品与消费者的"双向奔赴"[1]。同时，绿色、健康、特色地域产品走进大众视野。2023 年，抖音电商助力全国 33 个非遗特色产业带的商品销量增长 162%，非遗商家数量增长 63%，非遗传承人带货成交额增长 194%[2]。东方甄选的山西"文化直播"让山西特产在非遗技艺表演、景区优美风光展示及文化介绍中迅速售罄。经营特色产品、打造特色营销场景是未来直播电商的创新方向。

（四）技术引领前沿竞争，AI 赋能电商发展

基于电商平台全线上、高灵活度的特质，虚拟现实（VR）、人工智能（AI）等都对提升平台体验起到重要作用，甚至影响企业的经营方式。淘宝推出的 Vision Pro 能将商品以 3D 形式投影到现实环境中，逼真的沉浸式体验引发了市场对于下一代电商交互场景的讨论。此外，AI 对电商的影响也开始显露，从运营到服务、从选品到物流、从搜索到推荐，AI 将在电商发展布局中占有重要位置。

---

[1] 《京东发布〈2024 国货消费观察〉："新中式"销量增超 110%》，"新京报"百家号，2024 年 5 月 10 日，https：//baijiahao. baidu. com/s? id=1798673212164812305&wfr=spicer&for=pc。

[2] 抖音电商：《2023 抖音电商产业带发展这一年》，2024。

（五）平台趋向白牌友好、扶持中小商家、引入工业品牌，提高产品丰富度

平台的准入机制曾限制了一些白牌的入场，即便已入场的白牌也有可能因为成本而无法获得更多的曝光量。在早已大牌云集的传统电商平台上，刚刚起步的白牌商家成长缓慢，这直接影响到平台产品的丰富性。平台和品牌之间也不乏一些博弈。近几年，拼多多、抖音、快手、淘系 1688 等电商平台的政策开始倾向于对白牌友好。此外，电商平台的内容化战略通过直播、短视频等，为传统工业产品的营销、市场化提供了更多可能性，工业企业积极入驻电商平台，企业数字化转型加速。

（六）低价已然不是消费者唯一诉求，行业期待下一个"爆点"

电商的创新不仅在于消费场景、模式的变化，也在于用户情感体验的创新，以销售为基础的任何行业在发展过程中都需要一些新的视角或元素点燃消费者的兴奋点、为消费者提供情绪价值。前几年头部主播带来的直播间秒杀，促成了一个个直播间的火爆；东方甄选、与辉同行的出圈，将知识和销售结合起来，开创了一条独特的直播电商道路。绝对的低价已然不是消费者的唯一诉求，所以电商平台在促销、低价等策略之外，或许要思考如何引发下一个"爆点"。

B.17
2023年中国主流媒体网络直播年度观察

摘 要： 伴随媒体融合的深入推进，广电媒体在直播领域沉淀的优势进一步深化，发展能力进一步增强。本报告根据中国广视索福瑞媒介研究2023年主流媒体网络直播指数，综合分析主流媒体旗下账号在抖音、快手平台的网络直播发布与传播表现。研究发现，2023年省级台主要新闻账号网络直播筑强内容生产力，传播凸显马太效应，头部账号网络直播呈现热点追踪快、深耕硬新闻、拓展民生及政务服务多元直播等特点；热点和突发、民生直播担纲新闻账号高流量网络直播内容主力，并呈现快时效、强资源、深调查等特点。

关键词： 网络直播 新闻 主流媒体 融媒传播

网络直播成为主流媒体布局移动端、提升传播效能和开展融媒服务的重要手段，与短视频等形式结合构筑立体化传播场。主流媒体发挥优势及所长，深耕硬新闻、暖民生直播，注重移动端传播时效性、专业性、深度性，新闻网络直播直抵现场、追击热点，同时拓展民生、政务服务及多元垂类直播，助力解决民生问题，积极参与社会治理，提供本地实用服务等。本报告观察范围涉及主流媒体旗下主要新闻账号、自有客户端，以及卫视账号的网络直播生产与传播情况。

---

* 田园，中国广视索福瑞媒介研究（CSM）融合传播研究事业部研究主管；张天莉，中国广视索福瑞媒介研究（CSM）融合传播研究事业部总经理。

一 主流媒体网络直播提供聚合社会关注、价值共识的传播场

与短视频传播的碎片化不同，网络直播传播更具完整性和连续性，主流媒体网络直播依托新技术拓展融合传播空间，在纷杂的信息传递中呈现完整、清晰、深度的事件过程，发挥主流媒体议程设置、凝聚共识的重要作用。如在2023年中秋、国庆双节期间，主流媒体发布双节及杭州亚运会相关网络直播超1500场，内容关注假期出行、交通状况、天安门升旗仪式等社会公众活动，贡献同期主流媒体网络直播30%的发布场次、75%的观看人次，传播具有溢出效应。在大众关注的社会议题下，主流媒体网络直播在移动端构建传播场，聚合社会关注，联结用户情感，达成文化认同。

二 主流媒体网络直播常态化，筑强融媒内容生产力

2023年，中国广视索福瑞媒介研究（CSM）在抖音、快手平台监测省级台旗下近200个主要新闻账号，共发布网络直播4.7万场（日均128场），总时长23.8万小时，累计观看人次[①]超49.2亿，合计涨粉量1446.2万人。其中，10个账号网络直播总观看人次超1亿；2个账号网络直播年度涨粉量超百万人。从账号的网络直播传播效果来看，18.0%的账号总观看人次超主要新闻账号平均水平（2601.0万人次），22.2%的账号总涨粉量超主要新闻账号的平均涨粉量（7.7万人），省级台账号网络直播的头部效应显著。

CSM网络直播指数是基于网络直播内容生产、观看人数、互动量及用户沉淀等指标建立的网络直播传播效果评价指数。2023年，在观察的省级台主要新闻账号中，5个账号网络直播指数超100，其中@大象新闻以184.6领跑（见表1）。

---

① 因页面显示规则，快手平台最高观看人次显示为"10万+"，数据统计时计为"10万+"。

表1　2023年省级台新闻账号网络直播指数Top15

序号	账号名称	机构名称	序号	账号名称	机构名称
1	@大象新闻	河南台	9	@百姓关注	贵州台
2	@看看新闻Knews	上海台	10	@长江云新闻	湖北台
3	@中国蓝新闻	浙江台	11	@小溪办事	山东台
4	@河南都市报道	河南台	12	@江西都市现场	江西台
5	@四川观察	四川台	13	@河南民生频道	河南台
6	@北京时间	北京台	14	@一切为了群众	山东台
7	@海峡新干线	福建台	15	@钱江视频	浙江台
8	@经视直播	湖北台			

资料来源：CSM媒介研究。

2023年，网络直播指数Top15账号的网络直播场次占省级台主要新闻账号总体的24.6%，观看人次占57.7%，新增粉丝量占55.5%。头部账号的传播溢出效果显著。省级台主要新闻账号网络直播指数Top15的传播实践整体呈现以下特点。

一是注重移动端传播时效性，彰显热点快追踪。比如，河南台@大象新闻关注热点事件，在胡鑫宇事件、甘肃地震等网络直播中均快速响应，直击现场；浙江台@中国蓝新闻持续追踪热点，在熊猫丫丫回国直播中是开播时间最早的省级台新闻账号。

二是立足中国、放眼全球，深耕硬新闻品牌价值。省级台新闻账号发挥优势及所长，关注国内外时事及要闻，如上海台@看看新闻Knews、湖北台@长江云新闻、北京台@北京时间（原时间直播）均聚焦国际时事、国内时政及热点，发布中亚峰会、日本核污水排海、巴以冲突等事件直播。

三是延续大屏节目品牌，助力解决民生问题，展现暖新闻力量。比如，山东台@小溪办事关注帮办、寻亲内容，开展"团圆行动"系列直播；河南台@河南民生频道依托《小莉帮忙》《民生大参考》等大屏栏目资源开设网络直播，跟进民生帮办全过程等。

四是深度访谈类直播拓展移动传播的深度性与影响力。依托网络直播形式，提升内容深度性、专业性，如@中国蓝新闻独家关注杭州救人外卖小哥，河南台@河南都市报道开展"缅北归来""'婴'险的谎言"系列调查报道，@大象新闻直播"起底88万代孕套餐黑色交易"，均引发社会关注。

五是善用地缘优势，强化特色化品牌定位，短直结合构筑立体化传播场。如福建台@海峡新干线延续台海新闻特色化品牌定位，垂直打造台海新闻直播，并以直播与短视频结合的形式，加强立体化传播场建设。

六是挖掘本地热点，整合地域化资源加码垂类直播。如贵州台@百姓关注持续加码"村BA"赛事直播，地域特色加持直播影响力；浙江台@中国蓝新闻、@钱江视频发挥赛事举办地媒体优势，发起"亚运会倒计时""云瞰亚运杭州高峰之眼"等系列直播，做强内容品牌。

除网络直播指数Top15账号外，部分账号在网络直播的单项数据指标上表现突出，在网络直播观看人次、涨粉量、点赞量等指标上进入省级台新闻账号前列。

从网络直播观看人次来看，广东台@DV现场跻身省级台新闻账号网络直播观看人次Top15（见表2），10场直播观看人次超百万，如直击台风"苏拉""杜苏芮""海葵"等内容；同时，直播智能养殖黑科技、5G智慧乡村等也获得较高关注。

表2　2023年省级台新闻账号网络直播观看人次Top15

单位：万人次

序号	账号名称	机构名称	观看人次	序号	账号名称	机构名称	观看人次
1	@大象新闻	河南台	48294.8	9	@中国蓝新闻	浙江台	15217.8
2	@河南都市报道	河南台	33284.3	10	@海峡新干线	福建台	13961.7
3	@北京时间	北京台	28504.5	11	@江西都市现场	江西台	9162.1
4	@看看新闻Knews	上海台	28088.2	12	@长江云新闻	湖北台	8731.9
5	@四川观察	四川台	22183.6	13	@河南民生频道	河南台	8353.4
6	@经视直播	湖北台	20868.6	14	@一切为了群众	山东台	7901.2
7	@百姓关注	贵州台	18500.0	15	@DV现场	广东台	7856.8
8	@钱江视频	浙江台	17938.5				

资料来源：CSM媒介研究。

　　从网络直播涨粉量来看，海南台@海南广播电视总台发布系列直播《嗨蓝》、黑龙江台@极光新闻发布黑龙江汛情、打卡冰雪大世界等内容，助力这两个账号年度总涨粉量进入省级台主要新闻账号Top15（见表3）。

表3　2023年省级台新闻账号网络直播涨粉量Top15

单位：万人

序号	账号名称	机构名称	涨粉量	序号	账号名称	机构名称	涨粉量
1	@大象新闻	河南台	116.0	9	@百姓关注	贵州台	41.5
2	@中国蓝新闻	浙江台	101.1	10	@经视直播	湖北台	34.6
3	@看看新闻Knews	上海台	94.1	11	@一切为了群众	山东台	34.1
4	@四川观察	四川台	88.2	12	@江西都市现场	江西台	31.8
5	@河南都市报道	河南台	57.7	13	@北京时间	北京台	30.2
6	@海峡新干线	福建台	54.3	14	@极光新闻	黑龙江台	25.9
7	@长江云新闻	湖北台	53.1	15	@河南民生频道	河南台	24.0
8	@海南广播电视台	海南台	45.7				

资料来源：CSM媒介研究。

　　从网络直播点赞量来看，北京台@法治进行时的诉讼特需解答系列直播，山西台@小郭跑腿的云调解、送法到家系列直播以及黑龙江台@黑龙江交通广播助农等垂类直播，均获超10万次点赞量；重庆台@第1眼新闻发布的光影焰火、解放碑跨年等直播，均获超50万次点赞量（见表4）。

表4　2023年省级台网络直播点赞量头部新闻账号

单位：万次

账号名称	机构名称	点赞量	账号名称	机构名称	点赞量
@小溪办事	山东台	3673.2	@法治进行时	北京台	699.3
@四川观察	四川台	2742.0	@长江云新闻	湖北台	637.0
@河南都市报道	河南台	2300.2	@小郭跑腿	山西台	588.2
@大象新闻	河南台	1880.9	@河南民生频道	河南台	538.0
@北京时间	北京台	1512.5	@黑龙江交通广播	黑龙江台	504.4
@看看新闻Knews	上海台	1305.7	@长江新闻号	湖北台	444.4
@江西都市现场	江西台	987.6	@第1眼新闻	重庆台	421.6
@经视直播	湖北台	794.0			

资料来源：CSM媒介研究。

除广电媒体外，报纸媒体面向移动端传播加速布局，代表性融媒品牌持续发力网络直播，影响力进一步提升。在网络直播领域，部分纸媒账号实力与省级广电媒体 Top15 头部账号相当，如湖北日报@极目新闻、上海报业@澎湃新闻、江西报业@高度新闻、四川日报报业集团@封面新闻、贵州日报@天眼新闻，以及@湖北日报、@新京报等。

三 慢直播贡献省级台新闻直播过半时长，部分账号形成特色直播风格

慢直播凸显移动端传播的伴随式特点，省级台新闻传播常以慢直播形式切入主题、快速响应。2023 年，省级台主要新闻账号在抖音、快手开启 5083 场慢直播（含直播时长超过 24 小时的事件性慢直播），直播时长超 12.5 万小时，占同期直播时长的 52.5%；累计观看人次超 16 亿，占同期总体的 31.9%。发起的慢直播内容，不仅包含城市景观建设、交通、旅游、文化、气象、自然等方面，还涵盖公共突发、热点事件、国际时事等内容。部分省级台专设慢直播账号，围绕事件慢直播、海底和天象慢直播、风光慢直播等，形成各具特色的直播风格与特点。

河南台@直播河南以风景类、事件性慢直播为主，2023 年该账号在抖音、快手上的网络直播时长超 1 万小时，累计观看人次超 4.4 亿。如俄乌冲突相关慢直播超 200 场，其中 150 场观看人次超百万。该账号还开启风景系列慢直播"行走在河南""观河南风光"等，直播总时长超 3700 小时。

海南台@海南广播电视总台 2023 年网络直播时长 7725.9 小时，日均直播时长超 21 小时，内容以海底慢直播为主，并涵盖热点及事件性直播，如 7×24 小时海底 VR 慢直播"《嗨蓝》——奏响热带'海洋牧歌'"系列直播观看人次合计 648.3 万。同时，关注台风过境，发布慢直播"直击台风'泰利'"，获得较高观看量。

江苏台@荔枝风景线慢直播内容聚焦自然风景、日月云天等，如发布"大美新疆"系列直播 52 场，足迹遍布南疆、东疆、北疆；与星联 CSVA 合作星空天象慢直播 7 场，如"浪漫！直播看夜空上演五星抱月"等，均获得广泛关注。

四　热点和突发、民生直播担纲新闻账号高流量网络直播内容主力，文旅、赛事直播汇聚亮点

在省级台新闻账号网络直播中，共906场直播观看人次超百万，占同期总场次的1.9%；43场点赞量超百万，仅2场直播涨粉量超10万人。省级台新闻账号网络直播深耕新闻主业，国内外热点、突发事件、社会民生类直播担纲流量主力，并呈现快时效、强资源、深调查等特点。从省级台新闻账号高流量网络直播内容来看，2023年，全国"两会"、中亚峰会、"一带一路"高峰论坛，以及俄乌冲突、日本核污染水排海、巴以冲突等国内外大事要事备受瞩目；台风过境、涿州洪涝、甘肃地震等自然灾害，以及胡鑫宇失踪、丫丫回家、缅北电诈、寻亲打拐等热点事件牵动关注。这些直播通过追击热点、直抵现场、探求事实，获得用户较高关注度。

在新闻内容之外，垂类直播助力新闻账号完善内容品类，通过文旅、教育、体育、健康、自然风光等多元内容，构筑差异化特色。2023年，省级台新闻账号的垂类网络直播关注淄博烧烤、天津大爷跳水、"特种兵"式旅行体验等，呈现穿汉服、游长安，赏牡丹、逛洛阳，以及三星堆博物馆新馆开馆等，聚焦亚运会、大运会的运动员风采以及村超、村BA等地方特色文化，展现旅游复苏、文化升温、赛事活跃等"年度主题"。与主流媒体在短视频垂类赛道面临的困境相似，垂类直播仍处传播洼地。

五　硬收获、暖民生、新希望贯穿跨年直播，"超长待机"沁入仪式感与陪伴感

告别2023年、迎接2024年，省级台新闻账号跨年网络直播充分体现节庆及主题策划的仪式感，通过多地联动、机构联合、资源整合等，全方位、多角度、长时间打造共度新年的沉浸式陪伴。除了联动大屏资源直播卫视跨年晚会外，省级台新闻账号的跨年直播更多呈现硬核收获、烟火人间、追光许愿等鲜明的内容特点。

"硬核收获"类跨年直播为跨年秀带来新风尚，让更多网民在直播中感受

科技发展脉搏、热点深度思辨等，凝聚新年前行的动能。比如，上海台@看看新闻 Knews 开设的"2024 日出东方 科技追光"融媒直播时长达 31 小时，联动全国 70 余个科技点位和近百名科技工作者，在抖音、快手平台揽获超 3100 万观看人次、超 70 万次点赞量。北京台@时间发布（原北京时间）、@法治进行时、@法治中国 60 分等账号发起的国内首场 AI 科学跨年直播"2024 科学跨年大型直播活动——《科技向未来》"，通过虚拟形象技术将 10 位中外科学家带到直播现场，让用户直观感受科技的力量。福建台@海峡新干线、@今日海峡推出跨年直播"思·享 2024"，聚焦台海局势、全球秩序、经济发展等热点问题，以深度的思考与分析带领网友硬核跨年。

"烟火人间"类跨年直播通过城市地标敲钟、市民庆祝、烟火灯光秀、民俗表演等，呈现市井烟火的温暖图景。四川台@四川观察策划的元旦跨年直播，在回顾 2023 年热点事件的同时，以围炉煮茶的形式展现年度 live 秀、烟花表演等。河南台@猛犸新闻发布网络直播"追光-跨年演讲"，讲述平凡人温暖、正义、坚守的不凡故事。重庆台联合成都、深圳推出"2024 蓉渝深三城跨年直播"，展现当地特色文化。江苏台发起直播"跨年钟声响 2024 来了"，走进南京大报恩寺、苏州寒山寺、扬州文峰寺，感受江苏三地跨年现场，共同迎接新年钟声。

"追光许愿"类跨年直播聚焦迎接新年的第一缕曙光，融入各地标志性建筑、自然景观、人文特色等，通过许愿、寄语、打卡等互动形式传递希望和温暖。比如，浙江台@浙江卫视、@中国蓝新闻联合多家央媒、省级媒体、省内百家蓝媒联盟成员共同打造的"新年第一缕曙光：聊聊你的新年心愿"直播活动，@中国蓝新闻该场直播在抖音、快手平台观看人次超 610 万、点赞量超 190 万次。河南台@大象新闻 24 小时跨年直播"登三山五岳 迎 2024 第一缕阳光"，让网友沉浸式体验河南各地级市特色文化。

六　自有客户端构筑主题宣传及独家直播强阵地，以新闻为核心拓展民生和政务与垂类直播

从主流媒体客户端网络直播来看，媒体自有平台联动第三方平台构筑融媒直播的传播矩阵，共同提升移动端内容影响力；主流媒体在自有客户端推出更

多原创及独家直播、打造特色化发展模式的同时，与第三方平台的高流量内容形成互补。

主流媒体加码自有客户端建设，构筑网络直播内容生产与传播的重要阵地。从直播数量来看，在 CSM 重点观察的省级广电自有客户端中，2023 年表现突出或提升较快的 7 个自有客户端平均直播场次达 4125 场，单个客户端平均每天直播 11.3 场。比如，"大象新闻"客户端注重新闻直播的内容生产，全年发起直播超 1.4 万场，其中自行发起的场次超 9900 场，包含直击现场、重大策划类直播、解读类直播、连麦当事人等；"北京时间"客户端聚焦重大会议、活动及论坛直播，全年发起直播超 5000 场，自行发起直播占比超六成；"看看新闻"客户端自行发起直播占端内直播总量的九成左右，内容以国际直播、突发新闻等为主。

发挥客户端在重大主题和活动、独家策划直播中的自有主战场优势。比如，围绕"一带一路"倡议 10 周年，上海广播电视台融媒体中心携手 10 家省市电视台共同打造融媒直播"跟着班列跑丝路"，呈现中欧班列十年间开创的国际运输新格局，8 场直播在"看看新闻"客户端揽获高观看量。"大象新闻"客户端在习近平总书记视察陕西延安、河南安阳一周年之际，推出"精神的力量——把青春热血镌刻在历史的丰碑上"等主题宣传活动相关内容。"荔枝新闻"客户端联动 16 个省（区、市）20 家主流新媒体平台，推出大型跨区域联动直播"大道之行 筑梦丝路"，讲述"一带一路"十年故事。"第一财经"客户端聚焦产业经济发展和国际热点，策划"2023 巴菲特股东大会全程实录""仅仅 2 天，美国硅谷银行宣告破产""特斯拉投资者日：揭晓'宏图篇章 3'！马斯克有何新动作"等直播，获得较高关注。

客户端以新闻为核心，拓展民生与政务服务、多元垂类直播。比如，"极光新闻"客户端"党风政风热线"专区开设网络直播，解答"急难愁盼"等热点、难点问题，探索社会治理服务场景创新。"大象新闻"客户端在"大象帮"专区集纳"帮主来了""小莉帮忙"等民生帮办直播。"闪电新闻"客户端推出"好客山东 好品山东""沿着高速看山东""'才聚齐鲁·职面未来'就业服务进校园"等直播。"北京时间"客户端围绕本地金融及文化活动发起多场直播，如"2023 年度首都市民阅读系列文化活动发布会""论见 2024 金融街午餐会新年特别活动"等。"荔枝新闻"客户端直播关注民生服务、风景慢直播等,如"开学法治第一课"、政风热线、"我们的节日"等系列直播揽获高热度。

七 重大活动及节庆策划直播贡献主要流量, 大屏衍生类直播成重要支撑

省级台卫视账号集纳台内综艺、庆典晚会等优质资源,在网络直播传播上占据内容优势。与聚焦发布新闻内容的账号不同,省级台卫视账号的网络直播主要呈现两个特点:一是聚焦活动及节庆等策划主题直播,同时联动大屏节目资源或品牌,发布预热、宣推等衍生类原创直播,如@ 东方卫视、@ 江苏卫视、@ 湖南卫视、@ 北京卫视、@ 浙江卫视等;二是以发布大屏端常态化综艺或重点节目为主,通过双屏联动提升内容影响力,其网络直播内容兼顾主题策划直播,如@ 河南卫视、@ 山东卫视等。从卫视账号的高流量网络直播内容来看,重大活动及节庆策划直播贡献主要流量,在观看人次 Top20 内容中占据七成。

结 语

网络直播已成为主流媒体移动端内容布局的重要组成部分,主流媒体通过在第三方平台及自有客户端打造大小屏联动、全媒体分发的直播矩阵,提升移动端的融媒传播影响力。主要新闻账号的网络直播内容覆盖热点和突发事件、暖民生直播、深度调查以及民生和政务服务等垂类直播,具有时效性、深度性、专业性,对重大事件议程设置、社会舆论引导起到重要作用。同时,省级台卫视账号网络直播集纳台内节目、庆典晚会等资源,丰富直播内容,助推大屏节目进一步提升内容影响力。

B.18
2023年中国动画产业发展报告[*]

孙 平　王塔娜[**]

摘　要： 2023年，中国动画突破小众市场，现象级爆款多次出现，动画产业发展呈现诸多新特征。动画电影产量和票房都有巨大增长，传统文化题材依旧火热，受众定位由低幼转向青少和全龄。电视动画定位低幼，在IP基础上推出续作。网络动画崇尚新国风，ACGN联动加速，各平台注重人才培养与项目孵化。动画衍生产业中文旅产业或将迎来风口。AI时代来临，在技术研发、平台竞争、融合加快趋势下，动画产业将面临剧变。

关键词： 动画产业　动画电影　电视动画　网络动画　衍生品

一　动画电影

（一）动画电影市场表现

2023年，中国动画电影取得总票房超过50亿元的成绩，达到2020~2022年平均值的2倍以上，2023年成为2019年《哪吒：魔童降世》后又一次动画电影票房发力之年[①]；国产动画电影备案数为137部（见图1），较2022年（53部）大幅增长，动画电影市场的复苏信号明确。

2023年，院线上映并有票房进账的动画电影共有62部，从出品地区

---

[*]　本文系2023年度国家广播电视总局部级社科研究项目"我国电视动画高质量发展战略研究"（项目编号：GD2309）阶段性研究成果。

[**]　孙平，北京电影学院副教授、硕士研究生导师，中国动画研究院副研究员；王塔娜，北京电影学院中国动画研究院硕士研究生。

[①]　根据CCTV6电影频道官方账号数据整理。

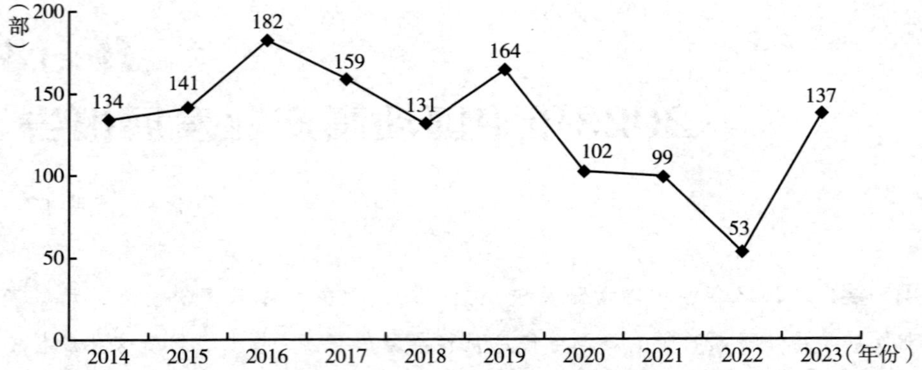

图1 2014~2023年国产动画电影备案数量

资料来源：中国国家电影局。

看，国产 37 部、日本 11 部、美国 8 部、欧洲 6 部。在 2023 年中国电影票房榜单前十中，《长安三万里》《熊出没·伴我"熊芯"》分别位列第七和第八，票房均超 10 亿元。其中，社会关注的暑期档共有 6 部动画电影票房过亿元，春节档和六一档各有 2 部。在市场表现上，追光动画、华强方特、光线传媒三家公司较为突出①。2023 年，中国院线动画电影票房排行前十如表 1 所示。

表1 2023年中国院线动画电影票房排行前十

单位：亿元

排名	影片	年度票房	出品国家	类型
1	长安三万里	18.24	中国	历史
2	熊出没·伴我"熊芯"	14.95	中国	奇幻
3	深海	9.19	中国	奇幻
4	铃芽之旅	8.07	日本	奇幻
5	灌篮高手	6.60	日本	热血
6	茶啊二中	3.84	中国	喜剧
7	蜘蛛侠:纵横宇宙	3.57	美国	奇幻
8	超级马力欧兄弟大电影	1.71	美国	冒险

---

① 根据 CCTV6 电影频道官方账号数据整理。

续表

排名	影片	年度票房	出品国家	类型
9	汪汪队立大功大电影2:超能大冒险	1.37	美国	冒险
10	天空之城	1.35	日本	冒险

资料来源：猫眼专业版。

2023年，来自美国和日本的动画电影票房占进口动画电影票房的90%以上，《铃芽之旅》《灌篮高手》皆在暑期档取得较大的票房突破（见表2）。

表2　2023年国外引进院线动画电影票房排行前十

单位：亿元

排名	影片	票房	出品国家	出品公司
1	铃芽之旅	8.07	日本	日本东宝株式会社
2	灌篮高手	6.60	日本	日本东映动画株式会社
3	蜘蛛侠:纵横宇宙	3.57	美国	美国哥伦比亚影片公司、美国漫威影业公司
4	超级马力欧兄弟大电影	1.71	日本	美国环球影业
5	汪汪队立大功大电影2:超能大冒险	1.37	美国	美国派拉蒙影片公司
6	天空之城	1.35	日本	日本吉卜力工作室
7	名侦探柯南:黑铁的鱼影	1.32	日本	日本株式会社TMS娱乐
8	蜡笔小新:新次元! 超能力大决战	1.15	日本	日本东宝株式会社
9	疯狂元素城	1.14	美国	美国迪士尼影片公司
10	哆啦A梦:大雄与天空的理想乡	1.01	日本	日本SHINEL动画株式会社

资料来源：阿里影业灯塔专业版。

（二）动画电影关键词："传统文化+东方美学"、爆款、两极分化

中国动画电影"题材多样化"趋势明显。"冒险""喜剧""奇幻"分别在2023年国产动画电影题材中数量排前三名①。

---

① 盘剑、姚悦：《2023年度中国动画电影市场盘点》，《当代动画》2024年第1期。

中国传统文化、经典著作、东方美学依然是国产动画电影创作立项的重点。在备案动画电影中，与"西游""聊斋""山海经""三国"等经典名著元素有关的作品约有40部，比如光线动画的《聊斋之罗刹海市》，北京光影奇迹的《小倩：幻情》，追光影业的《聊斋：兰若寺》，深圳元空文化公司的《大圣崛起》，河南喜果动漫的《天神猪八戒》，儒意影业的《包公传：铡美案》《包公传：喋血帽妖传》《包公传：猫鼠同盟》等，体现国产动画电影在经典改编、传说和历史故事再现、民俗志怪题材领域的积极探索和挖掘，以及从"低幼向""低龄化"向全年龄和市场的过渡和转变①。

动画电影IP的存在感依旧强烈，无论是面向儿童市场的动画电影，还是受众偏向全年龄的动画电影，都有基于IP创作的明显的系列化特征，如《熊出没·伴我"熊芯"》《超级飞侠：乐迪加速》《贝肯熊：火星任务》《潜艇总动员：环游地球80天》《百变马丁：怪兽大作战》《棉花糖和云朵妈妈：宝贝芯计划》《茶啊二中》《灌篮高手》《超级马力欧兄弟大电影》。在备案动画电影中，上海电影美术制片厂和哔哩哔哩共同备案的《林林》《乡村巴士带走了王孩儿和神仙》《小妖怪的夏天》，这三部均来自网络动画《中国奇谭》的单集短片作品。此外，还有依据国产动画剧集《少年歌行》和角色IP"奶龙"而衍生的备案②。

二　电视动画

（一）电视动画市场表现

2023年，共有598部电视动画于国家广播电视总局备案，其中童话题材备案最多，为261部，占43.6%，包括：江苏华语西游影业有限公司的《沂山神话》、武汉天娱动画公司的《蔬菜不寂寞》等；教育题材123部，占20.6%，包括湖南蓝猫动漫传媒有限公司的《蓝猫乐园——运动向前冲》、福州得得乐动漫有限公司的《帮帮龙启蒙乐园》等；科幻题材71部，占

---

① 根据灯塔专业版数据整理。
② 根据"雷报数据"微信公众号整理。

11.9%，包括炫梦动漫（深圳）有限公司的《火星·启航》、沈阳天鹏动画制作有限公司的《蛋蛋小分队》等；文化题材 67 部，占 11.2%，包括江苏蔷盛文化传媒有限公司的《仙草精灵》等；现实题材 28 部，占 4.7%，包括北京广播电视台的《逐梦未来——小小村务员》《逐梦未来——黑夜中的小精灵》等；历史题材 20 部，占 3.3%，比如河南小樱桃动漫集团有限公司的《节气里的气节》、湖南伊点点文化传播有限公司的《屈原》等；其他题材 28 部，占 4.7%。

（二）电视动画关键词：低幼、IP 续作、正能量

国产电视动画仍然面向低幼市场，且大部分在原有 IP 基础上推出新续集。华强方特备案了"熊出没"系列的新续集《熊熊帮帮团 4》，这是继《熊熊乐园》之后的第五部作品。咏声动漫备案的多部作品中涵盖了"猪猪侠"和"百变校巴"两个 IP，其中"猪猪侠"系列自 2005 年起已推出多部电视动画和大电影，"百变校巴"则是面向儿童的早教类动画，已经播出 12 季，并计划制作第 13 季和第 14 季。原创动力备案了《喜羊羊与灰太狼之羊村守护者之八》；奥飞娱乐的子公司备案了包括《超级飞侠15》和《巴啦啦小魔仙之星缘蝶启 2》在内的多部作品。爱奇艺和优酷等平台备案了多部动画作品，致力于打造热门 IP 系列，并在少儿内容领域发力，持续推动电视动画作品的发展。

三　网络动画

（一）网络动画市场表现

2023 年，网络动画片的备案数量达到 508 部，传奇题材以 220 部居首，其余依次为青少年题材 59 部，科幻题材 39 部，都市题材 28 部，武侠题材 24 部，传记题材 2 部，以及其他题材 136 部。

2023 年，哔哩哔哩、爱奇艺、腾讯视频、优酷仍是网络动画制作和发行的重要主体。优酷备案 59 部作品，有"少歌宇宙"和"三十六骑"等系列。爱奇艺76 部，有《大主宰》《剑骨》《有药2》等热门 IP 续作。腾讯视频 179 部，包括《王者荣耀》《非人哉》《画江湖》等 IP 新剧。哔哩哔哩 116 部，包

括"凡人修仙传""三体""明日方舟""胶囊计划"等 IP 续作和一些原创作品。其他如芒果 TV 和西瓜视频等平台也有项目备案。

（二）网络动画关键词：新国风、ACGN① 联动、项目孵化

2023 年，优酷、哔哩哔哩、爱奇艺、腾讯视频共计上线 129 部国产动画。

优酷上线国产动画共 27 部，这些作品在题材和类型上集中于仙侠、玄幻和古风，大多改编自网文，即"爽文动画"。优酷平台国产动画综合热度前十名里，优酷与若鸿文化合作的项目最多，且大部分为续作②。2023 年 10 月，优酷于洛阳举办新国风发布会，宣布由《楚乌》《海道》两部漫画改编的动画项目启动，聚焦新国风，扩展新用户、新 IP 和新内容，提供高质量的视听体验。此外，优酷启动"一千零一夜"计划选拔优秀项目和导演，并为其提供资金和平台支持。

哔哩哔哩于 2023 年上线 52 部动画，《雾山五行》的前两季播放量已突破了 3.6 亿次。《永生》系列和《镇魂街 3》的播放量均已超过 2 亿次。《雾山五行 2》《凡人修仙传：星海飞驰篇》《三十六骑》《火凤燎原》《有兽焉 1》《伍六七之暗影宿命》均获得 8 分以上的网友评分。除改编作品，2023 年哔哩哔哩还上线了《中国奇谭》与《胶囊计划》第二季原创短片动画集。二者从形式上都由多集风格各异的动画短片组成，每一集在剧情上完全独立且不具相关性。

2023 年，爱奇艺平台国产动画涵盖了玄幻、热血、武侠等多种类型，还包括搞笑、科幻、日常生活和恋爱等多样化的题材。若鸿文化、索以科技、中影年年、福煦影视、幻维数码和大火鸟文化等公司参与制作。以网络小说为原作的动画有 11 部，原创作品有 10 部，改编自漫画的有 5 部，游戏改编有 2 部。根据历史最高热度统计，《逆天邪神》热度最高，其次是《大主宰年番》和《神澜奇域无双珠》（红宝篇、天魔篇）。

腾讯视频 2023 年上线 32 部由其参与出品的国产动画，其中网络小说改

---

① ACGN 为 Animation、Comics、Games 和 Novels 的合称，译为动画、漫画、游戏、小说。
② 《数读 2023："优爱腾 B"上新 129 部国产动画、还有近 300 部动画蓄势待发，究竟谁才是"赢家"？》，"雷报 Pro"百家号，2023 年 12 月 26 日，https：//baijiahao.baidu.com/s？id＝1786319325071258272&wfr＝spider&for＝pc。

编的最多，达到19部。在讨论量排名前十的作品中，《画江湖之不良人6》《吞噬星空》《狐妖小红娘》《斗罗大陆2绝世唐门》《镖人》讨论量和评分较高。玄机科技、若森数字科技、福煦影视、百漫文化、原力动画和更三动画等公司均参与了多部作品的制作。在2023年腾讯视频动漫大赏中，腾讯发布四部全新动画IP，分别为《剑来》《诡秘之主》《谷围南亭》《御甲凌云志》，并宣布将与中手游、软星科技合作共同开发"仙剑"系列内容，以及《王者荣耀》首部官方动画剧集①。

2023年，阅文集团宣布投资6亿元收购腾讯动漫及其相关IP资产。"文漫融合"仍是提升IP产业链整体效果的导向，有助于实现更高的经营目标和商业追求，推动优质内容开发，并探索文娱行业"工业化"和"精品化"道路②。

大量新生代动画公司也有更活跃的表现，积极参与行业发展，比如《非人哉》的版权方分子互动，《刺客伍六七》的版权方啊哈时光，《我是江小白》《璃心战纪》《银之守墓人》的版权方两点十分动漫等。

目前国产网络动画发展仍存在困境，主要是头部IP匮乏，作品过于依赖网文和漫画改编，原创作品相对稀缺。另外，依据网文改编的作品题材类型集中于修仙、玄幻、武侠等，且绝大部分为3D风格，创新性较低，同质化严重。

四 衍生产业：爆款衍生、焕新文旅产业

二次元用户对动画衍生品的付费意愿集中在周边、游戏和漫画领域，以动画IP为核心向其他衍生领域辐射的局面快速形成。《时光代理人》推出的周边、出版物、手办等累计引导成交额超过1.4亿元，且真人影视剧也即将上线；《镇魂街》系列已经授权改编游戏7款，联名合作品牌超过50个，其中包

---

① 《2023腾讯视频动漫大赏：东方幻想世界的想象力，无边无际》，微博，2023年8月10日，https：//weibo.com/ttarticle/p/show？id=2309404933198860911018。

② 《阅文收购腾讯动漫背后的三点思考》，"新浪财经"百家号，2023年12月11日，https：//baijiahao.baidu.com/s？id=17850339964754620 96&wfr=spider&for=pc。

括华硕、比亚迪、小米等①，此外还授权主题剧本杀、VR 视频体验等多样、新鲜且受年轻人喜爱的娱乐方式，在超越原作体验模式的各个领域全方位发展衍生。

除此以外，景区与动漫、游戏 IP 进行线下联名和合作的频率增加。动画电影《长安三万里》播出后带动了西安文旅产业发展，各种文创产品相继推出，旅游景区相继成为"打卡地"，在餐饮、文娱、购物等多方面与动画进行联动；《大鱼海棠》让福建的土楼成为热门景点，使这些古老的建筑吸引了更多游客的注意；在四川自贡，《时空龙骑士》利用动漫 IP 的力量，有效连接线上和线下的传播渠道，吸引了全球的恐龙迷；福建福鼎的《太姥娘娘与白茶仙子》将当地的太姥山风景与福鼎白茶结合起来，探索了"茶旅结合"新模式。综合来看，中国动漫 IP 蕴藏巨大的经济价值，开发潜力巨大。

---

① 根据观研报告网统计整理。

B.19
2023年中国广电媒体
融合传播效果报告

刘牧嫒　王子纯*

摘　要：　2023年是媒体融合作为国家战略整体推进的第十年。在这一年，广电媒体持续推进媒体融合纵深发展，从渠道、技术、创作者主体、产业、形态、功能等多方面创新产品和内容，依托自有渠道和第三方平台进一步传递主流声音、拓展媒体服务、深化融媒价值，全方位满足人民精神文化需求。基于央视市场研究（CTR）监测数据，中央广播电视总台、湖南广播电视台和河南广播电视台在38家省级及以上广播电视媒体机构网络传播力得分榜单中位列前三。在全球化背景下，广电媒体继续发力海外主要社媒平台，在重大事件上向国际发出"中国声音"，彰显大国媒体的价值担当。

关键词：　广电媒体　媒体融合　传播效果

央视市场研究（CTR）监测数据显示，截至2023年，38家省级及以上广播电视媒体机构（以下简称"广电媒体"）共有26款平均月活用户数过十万人的自有App产品，在两微、抖音、快手等第三方平台运维1200余个活跃的百万级及以上粉丝量账号。中央广播电视总台、湖南广播电视台和河南广播电视台在38家省级及以上广电媒体网络传播力得分榜单中位列前三（见表1）。

---

* 刘牧嫒，央视市场研究（CTR）媒体融合研究经理；王子纯，央视市场研究（CTR）媒体融合高级研究员。

表 1　2023 年省级及以上广电媒体网络传播力得分排名 Top10

单位：分

排名	评价对象	网络传播力得分	排名	评价对象	网络传播力得分
1	中央广播电视总台	86.7	6	浙江广播电视集团	58.2
2	湖南广播电视台	68.8	7	湖北广播电视台	56.1
3	河南广播电视台	61.6	8	山东广播电视台	56.0
4	上海广播电视台	59.6	9	福建广播影视集团	55.7
5	北京广播电视台	59.4	10	黑龙江广播电视台	55.6

注：统计时间为 2023 年 1 月 1 日至 12 月 31 日；统计平台为微信公众号、微博、抖音、快手、微信视频号、哔哩哔哩、今日头条等第三方平台。

资料来源：唯尖-CTR 短视频商业决策系统，下同，此后不赘。

中央广播电视总台持续深耕自有平台建设，"央视影音""央视频""云听"三款 App 在 2023 年实现了超亿次下载；继续发力第三方平台，在微信公众号、微博、抖音、快手等第三方平台拥有 300 余个粉丝量和季度阅读量百万级以上的账号，"央视新闻"的微博、抖音账号粉丝量均保持过亿规模，快手账号爆款作品占比超 92%。

湖南广播电视台充分利用原创内容资源，打造自有 App 产品矩阵，积极探索大小屏联动，推出首部上星微短剧《风月变》，在微博、抖音、快手平台共有超 70 个百万级以上粉丝量的头肩部账号，在分渠道机构排名中均保持在头部位置。

河南广播电视台持续以年轻化为导向，通过创新形式传承弘扬中国传统文化，在短视频分榜单位列省级广电媒体之首，在短视频渠道形成 7 个千万级和 50 余个百万级头肩部账号矩阵，其抖音账号"大象新闻"爆款作品频出，全年累计转评赞加总超 10 亿次，在省级广电媒体抖音账号互动量中排名首位。

一　坚守自有平台主阵地，以技术创新和功能升级深化融合传播

CTR 监测数据显示，38 家省级及以上广电媒体拥有超 100 款自有 App 产品。其中，累计下载量超千万次的自有 App 近 40 款，累计下载量过亿次的共

10款，月均活跃用户数过百万人的共 7 款。中央广播电视总台、湖南广播电视台、上海广播电视台、浙江广播电视集团、河南广播电视台的 App 产品在 38 家省级及以上广电媒体自有 App 累计下载量得分 Top10 中均有上榜（见表2）。

表2　2023 年省级及以上广电媒体自有 App 累计下载量得分排名 Top10

单位：分

排名	App 名称	所属机构	App 类型	App 得分
1	芒果 TV	湖南广播电视台	影视综	96.37
2	央视频	中央广播电视总台	影视综	92.04
3	云听	中央广播电视总台	音频	90.39
4	央视影音	中央广播电视总台	影视综	86.79
5	央视体育	中央广播电视总台	垂类	83.54
6	央视新闻	中央广播电视总台	新闻资讯	80.24
7	CCTV 手机电视	中央广播电视总台	影视综	78.37
8	百视 TV	上海广播电视台	影视综	76.91
9	Z 视介	浙江广播电视集团	影视综	76.83
10	大象新闻	河南广播电视台	新闻资讯	76.68

从 App 产品类型来看，新闻资讯类、影视综类、音频类占比分别超四成、超两成、超一成，排名位居前三。从自有渠道发展趋势来看，新闻资讯类 App 趋于延伸服务功能，影视综类 App 探索社交属性，音频类 App 拓展新场景覆盖。

新闻资讯类 App 坚守自有阵地，延伸本地生活服务、电商购物、知识学习等服务功能，拓展"媒体+服务"模式。例如，上海广播电视台依托"百视TV"平台，围绕"媒体+生活"垂类，开辟出"百享生活"业务线，覆盖健康、体育、美食、亲子、教育等细分垂直赛道。西藏广播电视台"珠峰云"覆盖汉藏双语，围绕"媒体+政务和民生服务"，为用户提供资讯推送及相关民生服务。北京广播电视台旗下抖音账号"法治进行时"围绕"媒体+法律"嵌入服务功能，不仅可从抖音平台征集用户投稿，还可以为用户提供法律援助。

影视综类 App 探索从内容分发池转型为社群连接器的角色，增强其社交属性。例如，浙江广播电视集团"Z 视介"聚焦文化传播，打造以"Z 世代"为目标群体的"视听新物种"。为满足年轻群体社交需求，"Z 视介"推出创作者平台，打造新型交互社群，各圈层年轻 KOL、明星艺人、浙江广播电视集团主持人等不同群体均已入驻。

音频类 App 近年来从移动端走向车载端，布局智能音箱、智能穿戴等全天候伴随用户的智慧终端，不断拓展音频用户覆盖面和应用场景。国家级车载新媒体云听车载应用正式宣布产品全新升级，进入"3.0"时代。截至 2023 年 11 月，云听车载端用户数已接近 8000 万人，行业规模增速第一。

广电媒体推出的各类型客户端均积极尝试运用 AIGC、元宇宙等新兴技术，实现内容分发增效和用户体验感升级。例如，2023 年"两会"期间，江苏广播电视台推出的创意专栏《数读两会》和系列短视频《AI 带你读报告 绘出 2023 新图景》，运用 AIGC 作画、数字图表图解、音视频等方式对"两会"内容进行创意解读，通过荔枝云平台向全省推送。山东广播电视台"闪电新闻"创新结合虚拟动作捕捉系统、AIGC 人工智能内容生产系统等新兴技术搭建了全国"两会"现场首个"元宇宙演播室"，实现"主题+创意+技术"的巧妙融合。

二　借力短视频渠道传播，微信生态中视频号渠道实现快速增长

在 38 家省级及以上广电媒体短视频平台分榜单得分排名中，除中央广播电视总台外，河南广播电视台、山东广播电视台位列第二、第三（见表 3）。在抖音和快手渠道，超五成省级及以上广电媒体拥有千万粉丝量级短视频账号。38 家广电媒体在抖音、快手平台拥有超 600 个百万级及以上粉丝量的活跃账号，其中有 75 个为千万级及以上粉丝量账号。中央广播电视总台拥有 129 个百万级及以上粉丝量账号，其中 24 个账号达千万级粉丝量，"央视新闻"达亿级粉丝量。

表3　2023 年省级及以上广电媒体短视频平台分榜单得分排名 Top10

单位：分

排名	机构名称	短视频得分	排名	评价对象	短视频得分
1	中央广播电视总台	95.77	3	山东广播电视台	65.03
2	河南广播电视台	77.76	4	湖北广播电视台	63.55

续表

排名	机构名称	短视频得分	排名	评价对象	短视频得分
5	上海广播电视台	61.75	8	北京广播电视台	60.83
6	福建广播影视集团	61.64	9	浙江广播电视集团	60.37
7	四川广播电视台	60.94	10	广东广播电视台	59.32

中央广播电视总台依托短视频的形式"讲好中国故事"。例如,大型季播融媒体节目《中国短视频大会》通过"小故事展现大时代",以丰富的选题和故事塑造立体生动的中国,该内容在抖音平台产出获赞量超10万次的视频作品近30个,话题#中国短视频大会#累计播放量近4亿次。

河南广播电视台坚持中国式审美,将传统文化与东方美学融合创作。如全竖屏航拍直播《秋染山河》立体呈现壮丽山河、时令节气等中国元素美学,相关话题登上抖音、快手、哔哩哔哩多平台热榜。

山东广播电视台围绕民生这一传统优势领域发力短视频平台,将正能量汇聚为大流量。例如,"生活帮"抖音账号围绕"患强直性脊柱炎男孩的心愿"独家策划《"折叠男孩"的心愿》合集,累计播放量超3亿次,单条作品最高互动量超68万次。

根据腾讯公开财报,微信视频号广告收入在2023年第四季度仍保持高速增长,成为腾讯广告业务的重要助力,助力腾讯广告季度收入近300亿元,同比增长超20%。视频号的社交属性不仅打破了微信生态中公域和私域的壁垒,也为未来用户深度互动和内容沉淀提供了可能性,形成了完整的营销闭环。

截至2023年,广电媒体在微信视频号平台共运维活跃视频号近700个,累计发布视频作品超102万篇,共产生1300余篇获赞量过10万次的爆款作品。在38家省级及以上广电媒体微信视频号平台分榜单得分排名中,中央广播电视总台、河南广播电视台和四川广播电视台位列前三名(见表4)。值得一提的是,北京广播电视台依托第四季度的突出表现,整体排名较2022年提升17位,位居第四。

表4　2023年省级及以上广电媒体微信视频号平台分榜单得分排名 Top10

单位：分

排名	机构名称	视频号得分	排名	机构名称	视频号得分
1	中央广播电视总台	94.64	6	上海广播电视台	67.01
2	河南广播电视台	87.03	7	山东广播电视台	66.34
3	四川广播电视台	68.73	8	广东广播电视台	66.23
4	北京广播电视台	67.34	9	福建广播影视集团	65.46
5	贵州广播电视台	67.20	10	湖北广播电视台	63.02

中央广播电视总台有1个视频号（央视新闻）季度累计推荐量达千万级，5个视频号达百万级，共产出超250篇爆款作品（指获赞量过10万次，下文同）。"央视新闻"凭借独家资源、一手消息和权威专业的视角报道新闻资讯，成为同类视频中的"领军者"。

河南广播电视台拥有2个季度累计推荐量达百万级的账号（大象新闻、民生频道），全年共产出超150篇爆款作品。河南广播电视台聚焦社会民生新闻和正能量传播，吸引网友关注。

四川广播电视台旗下的"四川观察"，继其在抖音、快手平台成为"网红账号"后，在微信视频号端延续短视频的优势"基因"，在省级广电媒体账号中排名前列，季度累计推荐量超千万次。简阳消防员惊险营救实拍视频《太惊险！6月18日，#简阳消防员楼顶滑下营救轻生女子，现场掌声雷动致谢消防员。请珍爱生命!》，获赞量、转发量、推荐量均超10万次。

北京广播电视台发力视频号，以"北京时间"和"北京新闻"为代表。前者根据真实案例呼吁日常生活中需要注意安全问题，发布的《#千万不能直接在水泥地上烧烤 三名男子水泥地上烧烤，地面因温度太高突然爆炸，瞬间火花四溅，三人迅速弹跳躲开》获赞量、转发量、推荐量均超10万次。"北京新闻"关注民生趣事，发布的《孩子考了44分，妈妈哭着吐槽，期望一再滑坡："只要不危害社会就够了"！网友：突然很羡慕白素贞，生完孩子进塔了，回来后孩子成状元了》获赞量、转发量、推荐量均为10万次以上。

三　积极尝试小红书平台，小众专业、文娱资讯、本土特色成为主要类型

公开数据显示，小红书在 2023 年已跻身亿级日活平台之列，月活用户数近 3 亿人次，博主数量超 8000 万人，每月寻求购买建议用户数达 1.2 亿人次，近 9 成用户有过主动搜索行为，小红书已成为用户生活搜索和行为决策参考平台。

广电媒体陆续布局小红书平台，中央广播电视总台（小央视频，央博）、河南广播电视台（河南台春晚官方）、上海广播电视台（东方卫视）、北京广播电视台（食养中国）等均开设账号且已进行常态化运营。整体而言，超三成广电媒体已开设小红书账号。

从账号类型来看，有广电机构 IP、频道、节目等多级主体开设账号。从内容来看，文娱、历史、民生新闻等垂类均已覆盖。广电媒体目前的账号运营方式可简单归为三类：一是契合小红书平台创作风格的专业性账号；二是大屏节目切片引流类账号；三是发挥地缘性优势，展现本土风俗和景色的特色账号。

从热门创作风格来看，小红书平台近年来不再追求视觉形式上的华丽精致，而是转向内容上的精细和专业，不少小众赛道的博主通过具有专业性和实用性的分享实现涨粉。中央广播电视总台的"央博"契合小红书平台风格，发力"文博"垂类赛道，通过分享专业的文博知识，累计粉丝近 4 万人。

广电媒体擅长利用文娱影视类内容实现节目预热和引流，例如中央广播电视总台"小央视频"将大屏节目《面对面 周深：向光而行》切片投放至小红书平台《周深：在被窝里唱〈大鱼海棠〉是什么体验?》，累计获赞超 5.2 万次；江苏广电"江苏卫视"将旗下综艺、热播剧、主题晚会等大屏内容切片投放，引发二次传播和讨论；重庆广播电视台"重庆文体娱乐频道"主攻文体娱乐赛道，以轻松搞笑的短视频吸粉引流，目前账号粉丝量近 35 万人，累计获赞量超 5622.3 万次。

除此之外，随着越来越多的小众景点在小红书平台被挖掘，不少用户在旅行前会倾向于向小红书、抖音等新媒体平台寻求攻略，小红书在挖掘分享

地方特色方面具有优势，这为部分广电媒体利用地缘性优势入局平台做好了铺垫。例如，云南广电媒体在小红书开设账号"云南广播电视台"，内容主打云南特色习俗、文化、景色，并搬运网友在云南旅游的短视频，账号发布云南野生动物园狐狸叫声的作品《原来狐狸是这样叫的》不仅命中"动物"这一热点，也展现了云南野生动物园的环境风貌，激发网友互动热情，获赞量超 2 万次。该账号充分发挥云南特色优势，吸引网友关注，累计获赞量达72.4 万次。

四　基于两微平台长期发展优势，持续发挥广电媒体的舆论引领力

截至 2023 年，38 家省级及以上广电媒体在微信公众号平台共发文 116 万篇，其中近 1.3 万篇文章阅读量过 10 万次。中央广播电视总台共发文 10 万篇，阅读量过 10 万次的文章近 7000 篇；省级广电媒体中，上海广播电视台产出阅读量过 10 万次的文章数量最多，共 1700 余篇；黑龙江广播电视台发文累计互动量（点赞+在看）最高，超 202 万次。在 38 家省级及以上广电媒体微信公众号平台分榜单得分排名中，中央广播电视总台、上海广播电视台、黑龙江广播电视台位列前三（见表 5）。

表 5　2023 年省级及以上广电媒体微信公众号平台分榜单得分排名 Top10

单位：分

排名	机构名称	微信公众号得分	排名	机构名称	微信公众号得分
1	中央广播电视总台	96.75	6	广东广播电视台	61.42
2	上海广播电视台	69.30	7	陕西广播电视台	60.43
3	黑龙江广播电视台	68.97	8	河北广播电视台	59.89
4	北京广播电视台	66.52	9	安徽广播电视台	59.39
5	浙江广播电视集团	60.02	10	福建广播影视集团	58.27

在微博渠道，38 家省级及以上广电媒体开设的账号中，有 1 个亿级粉丝量的账号（央视新闻），25 个千万级粉丝量的活跃账号，300 余个百万级粉丝

量活跃账号；全年共产出 1000 余篇爆款作品（指获赞量过 10 万次，下同），累计互动量超 11 亿次。中央广播电视总台旗下粉丝量超百万的账号共 108 个，发文量超 32 万篇，累计互动量过 4 亿次，共产出爆款作品 348 篇。省级广电媒体中，北京、上海、河南、浙江、湖南、四川、湖北和山东等地广电媒体均拥有千万级粉丝量的头部微博账号。在 38 家省级及以上广电媒体微博平台分榜单得分排名中，中央广播电视总台、北京广播电视台、湖南广播电视台居前三位（见图6）。

表6　2023 年省级及以上广电媒体微博平台分榜单得分排名 Top10

单位：分

排名	机构名称	微博得分	排名	机构名称	微博得分
1	中央广播电视总台	96.88	6	河南广播电视台	59.31
2	北京广播电视台	70.35	7	江苏省广播电视总台	57.66
3	湖南广播电视台	62.81	8	四川广播电视台	55.90
4	浙江广播电视集团	61.16	9	陕西广播电视台	54.95
5	上海广播电视台	61.15	10	山东广播电视台	54.14

五　依托海外主流社媒平台，展现大国媒体国际传播的责任担当

CTR 海外传播力榜单显示，截至 2023 年，国内广电媒体在海外三大平台（Facebook、YouTube、X）布局 695 个账号，全年累计互动量超 15 亿次。中央广播电视总台、上海广播电视台、湖南广播电视台在海外传播力榜单中位列前三（见表7）。

表7　2023 年省级及以上广电媒体海外传播力榜单得分排名 Top10

单位：分

排名	机构名称	综合得分	排名	机构名称	综合得分
1	中央广播电视总台	99.15	3	湖南广播电视台	86.97
2	上海广播电视台	88.59	4	江苏广播电视总台	77.48

排名	机构名称	综合得分	排名	机构名称	综合得分
5	浙江广播电视集团	77.01	8	北京广播电视台	67.21
6	陕西广播电视台	71.60	9	深圳广播电影电视集团	65.79
7	黑龙江广播电视台	70.75	10	安徽广播电视台	65.21

资料来源：唯尖-CTR 短视频商业决策系统（海外版），榜单评估包含 Facebook、YouTube 和 X（Twitter）平台。

值得一提的是，短视频已成为海内外用户偏好的传播形态，各大平台也先后推出短视频功能。YouTube 于 2020 年在美国地区上线 shorts 功能并快速发展，截至 2023 年 7 月已拥有超过 20 亿人的活跃用户。国内广电媒体在海外传播中也积极尝试短视频分发，传播效果突出。CTR 监测数据显示，国内广电媒体已有超七成活跃账号开通 shorts 功能并定期运维，如"CGTN"在 YouTube 平台发布的总台主持人在西藏的实拍短视频，播放量超百万次；"iPanda"YouTube 账号发布的短视频作品中有 21 条作品播放量过百万。

中央广播电视总台彰显大国媒体责任与担当，向世界展现真实的中国。例如，中国在联合国安理会上关于巴以问题投出反对票，总台记者李菁菁在其 X 账号上发布中方反对理由，浏览量近 70 万次。总台 YouTube 账号"CGTN"发布的关于"一带一路"倡议的现状成果介绍视频，播放量达 69 万次。

2023 年，多家电视台成立国际传播中心，为广电媒体在国际传播中注入新活力。上海文广国际传播中心（SMG International）、我苏国际传播中心、湖北广播电视台国际传播中心等相继成立引发各界关注。其中，上海文广国际传播中心全力打造"上海城市形象国际传播"的第一视频窗口，建设旗舰产品"ShanghaiEye"，通过"ShanghaiEye24 小时直播流""ShanghaiEye+视频共享平台""ShanghaiEye 会客厅"三大子产品，面向海外真实立体地讲好中国和上海的精彩故事，打造国际传播超级视频 IP。

湖南广播电视台积极搭建海外内容矩阵，获得海外社媒的正向反馈。围绕中国新潮文化、汉语学习、美食和年轻态生活娱乐四大内容主题设立四大工作室，搭建矩阵共同发展。截至 2023 年 11 月 30 日，湖南国际频道在海外社交平台运营独立账号 130 个，原创内容占比 78%，粉丝数超过 28 万人，粉丝群体覆盖五大洲，每周最高触达人群 2500 万人。例如，YouTube 账号"芒果 TV 青春剧场 MangoTV Drama"专注电视剧内容，其作品《【ENG SUB】〈请成为我的家人〉EP1……》是中国都市爱情剧《请成为我的家人》第一集，播放量达 274 万次，获赞近 6 万次。

结　语

2023 年，文旅景点爆火出圈，ChatGPT 的问世冲击各行业，微短剧行业"井喷"吸引多方入局，成都大运会和杭州亚运会成功举办……在热点频出、充满变化的一年中，中国广电媒体长期坚守"两微一端"的优势阵地，以创新技术和功能升级持续发挥传播优势。依托短视频渠道聚焦主题主线内容，尤其是在微信视频号平台实现流量高增长，以正能量民生新闻吸引用户关注。同时，广电媒体也不忘拓展新渠道，以乐观开放的态度与用户搭建新的交流互动平台，在小红书上分享专业知识、文娱资讯和本土特色内容。在全球化背景下，广电媒体继续发力海外主要社媒平台，在重大事件上向国际发出"中国声音"，彰显大国媒体的价值担当。在媒体融合作为国家战略整体推进的第 11 年，CTR 将持续关注媒体深度融合发展态势，对中国广电媒体融合传播效果实现进一步突破保持极大期待。

B.20
2023年中国微短剧产业发展报告

杨国营 邢荷娟 丁婧*

摘　要： 2023 年，微短剧延续前两年迅猛发展的势头，拍摄备案量、平台上
新量、市场总规模等均创新高。相比于投资大、周期长、风险高的长剧，投资
小、周期短、回报快的微短剧日益受到资本青睐。与此同时，微短剧的核心受众
群体从以"Z 世代"年轻人为主逐渐外溢到"银发群体"，而微短剧出海更成为
中国文化"走出去"的新亮点之一。尽管微短剧产业的商业模式尚未完全成熟，
但会员付费、广告植入、平台分账、品牌定制等赢利渠道与合作方式越发清晰。
不仅如此，AI 赋能为微短剧的智能化内容生产、推广引流等带来更多可能。

关键词： 微短剧　微短剧出海　AI 赋能

一　微短剧行业概况

（一）生产数量

据国家广播电视总局数据，2023 年重点网络影视剧上线备案通过的网络
微短剧达 572 部[①]。据2024 年 3 月发布的《中国网络视听发展研究报告
（2024）》，2023 年共上线各类微短剧超 1400 部，连续两年同比增速
超50%。

根据德塔文数据，2023 年微短剧上新数量位居前五的平台是抖音、快手、

---

* 杨国营，中国教育报刊社编辑、记者，清华大学新闻与传播学院硕士研究生；邢荷娟，清
华大学新闻与传播学院硕士研究生；丁婧，清华大学新闻与传播学院硕士研究生。
[①] 国家广播电视总局：《2023 年 12 月网剧、网络电影、微短剧、网络动画片"上线备案通过
片目"》，2024。

优酷、腾讯视频和芒果 TV。其中，腾讯视频 2023 年微短剧上线量同比增长约 120%；爱奇艺加入微短剧赛道较晚，年产量仅十余部；芒果 TV 推出的作品数量同比增幅较小；哔哩哔哩、搜狐视频、百视 TV 等平台刚刚入局，上线作品较少。

（二）作品内容

因微短剧与网络爽文"霸道总裁爱上我""穿越到古代改写历史""穷小子逆袭走上人生巅峰""大女主复仇"等叙事套路相似①，有学者将微短剧总结为"网络爽文与短视频的耦合"。以某位微短剧头部女演员为例，其 2023 年参演的主要作品有《重生后成为亿万千金》《闪婚后，傅先生的马甲藏不住了》《哎呀，皇后娘娘来打工》等，仅从片名即可大致窥见其叙事套路。2024 年春节档，热播微短剧《我在八零年代当后妈》《龙年大吉之衣锦还乡》《厉总，你找错夫人了》等也非常具有代表性。

近几年，微短剧在蓬勃发展中也存在参差不齐的问题，部分作品含有色情、暴力等不健康因素，抖音、快手等平台在 2024 年初下架了一大批问题剧。2022~2023 年，国家广播电视总局先后发文，强调建立定期跟踪指导机制，支持思想性和艺术性俱佳的优秀微短剧作品，同时建立"黑名单"机制，加大对不良内容的处置和曝光力度②。

（三）制作成本

微短剧制作成本低、周期短、回报快，单剧体量通常在 20 集左右。以快手平台为例，每集 2 分钟、共 25~30 集的微短剧，制作成本为 50 万~60 万元，平均每分钟成本 1 万元左右。"小程序剧"单部剧一般在 100 集左右，平均制作成本约 30 万元，少数能达到 100 万元。相比于长剧数月到数年的制作周期，微短剧从剧本创作到出品，制作周期短则一周、长则一个月。微短剧资金流动

---

① 杜智瀚：《IP 闭环、BD 互通与 AI 拓展：网络文学的微短剧衍生机制》，《新媒体研究》2023 年第 11 期。

② 《两万多部下线！广电总局整治违规微短剧》，光明网，2023 年 11 月 27 日，https：//m. gmw.cn/2023-11/27/content_ 1303583122. htm。

速度更快、项目流转效率更高、相对丰厚的 ROI（投资回报率）的特点激发了各制作机构的积极性①。

（四）主要受众

微短剧产业迅速崛起最大的贡献者是"慷慨付费"的观众，其核心受众有以下几大群体：一是"Z 世代"青少年；二是职场年轻人；三是高收入群体。微短剧恰好可以填充他们忙碌生活的部分缝隙。

二　微短剧市场

（一）市场潜力巨大

2023 年是微短剧市场"井喷"的一年。2023 年，中国网络微短剧市场规模为 373.9 亿元，同比增长 267.65%，预计 2027 年微短剧市场规模将突破 1000 亿元②。

不过与长视频相比，微短剧的市场占有率仍有提升空间。《中国网络视听发展研究报告（2024）》显示，包括长视频、短视频、直播、音频等在内，2023 年中国网络视听行业市场规模为 11524.81 亿元，其中微短剧仅不足 4%。然而在用户经常收看的类型中，微短剧已排名第三，用户占比为 39.9%，排名第一的仍是电视剧/网络剧，排名第二的是电影/网络大电影。报告显示，有 31.9% 的用户为微短剧付过费，短视频人均单日使用时长为 151 分钟，市场潜力巨大。

（二）竞争格局"二八效应"明显

从 IP 资源、摄录团队、资本入场、广告植入，到达人增粉、品牌定制、平台推广等，微短剧产业当下已形成完整的商业闭环。对出品方而言，制作方分成、剧本版权购买、演职人员开支等是主要成本，因此投资回报率并不高，

---

① 《短剧已成金融产品？15 天上线一部，已有剧投流过亿》，搜狐网，2023 年 12 月 6 日，http://news.sohu.com/a/741769290_121154798。
② 艾媒咨询：《2023~2024 年中国微短剧市场研究报告》，2023。

用户充值的钱只是前端数字，并非纯利润。当下微短剧市场已形成典型的"二八效应"：20%的项目赚钱或保本，80%的项目亏损。高投入、明星效应、丰富的IP资源、畅通的发行渠道等让少数头部制作方拿到大部分市场份额。大热剧《招惹》由无糖文化制作，该公司还制作了《别跟姐姐撒野》《虚颜》《我迟到了那么多年》《念念无明》等爆款剧。此外，大唐之星制作的《千金丫环》《盲心千金》等同样在与平台的合作中收获了千万级分账，成为业内头部机构。

有业内人士认为微短剧的本质是"信息流广告短片"，道出其商业性和对流量的依赖。微短剧研究机构DataEye发布的《2024年微短剧买量投流数据报告》预计，2024年中国微短剧投流规模将超过500亿元，而2023年这一数据为370亿元，点众、麦芽、九州、番茄等机构位居投流热度前列。

（三）上下游产业链持续完善

编剧、IP资源方处在微短剧产业链上游，包括摄制组、特效团队及演员经纪公司在内的内容生产制作方等处在中游，下游则是内容分发平台及分销方、广告代理商和投流代理商等。一部微短剧从生产到上线，剧本成本约占4%、制作成本占6%~10%、投流成本占80%~85%。如果成为爆款，一部中等级别微短剧的利润在200万元左右[①]。

长视频和短视频平台的合作也为微短剧提供了更广阔的传播空间。腾讯视频发布的"十分剧场"探索微短剧的"十分美学"；芒果TV与抖音宣布合作，除了微短剧内容创作，双方还将推进二创视频、品牌营销等多方面的深度合作。这种跨平台的联动为创作者提供了更多展示机会，也让观众能在不同平台上接触更多样的内容。

三　微短剧商业变现模式

由于行业发展时间尚短，目前微短剧产业仍未形成稳健成熟的商业模式，

---

① 《爆火短剧进账1亿，要花掉8000万投流？制片人揭秘操盘分工》，搜狐网，2024年3月21日，https：//roll.sohu.com/a/765883329_570245。

不过已探索出用户充值、广告付费、平台分账、广告植入、品牌定制等多种盈利模式（见表1）。

表1　国内、出海微短剧制作模式及商业模式对比

国内			
平台类型	平台选择	制作模式	商业模式
中长视频平台	爱奇艺、优酷、腾讯、芒果 TV、哔哩哔哩	平台定制；制作方	制作方拿制作费；制作方与视频网站分账
短视频平台	抖音、快手等	MCN 孵化；与影视机构合作开发	广告植入、直播带货和分账
小程序	微信、抖音小程序	信息流广告投放＋小程序端付费观看	投流 70%，小程序方、制作方、策划推广方分账 30%

出海			
平台类型	平台选择	制作模式	商业模式
媒体平台	TikTok、Google	媒体引流	制作方与媒体方分账
自建 App	ReelShort、Sereal +、FlexTV、ShortTV	网文厂商搭建短剧 App	付费订阅
视频平台	YouTube	平台自制	海外 IP 化短剧生态

资料来源：根据公开资料整理。

（一）会员付费与单集购买

一部微短剧在市场上获得成功后，利益分配因其播放平台不同而有所差异。有的采取分账和每月奖励金的方式，比如快手；有的采取在一定的集数设置"剧情钩子"，观众只有付费才能解锁的方式，比如抖音。"腾优芒爱"等大多采用传统分账模式，即剧集上线后，由视频平台根据播放量从会员费中抽取一定比例分账给片方。

微短剧通常还会提供会员服务或单集购买选项，允许用户为观看特定内容支付费用。这种模式适用于长视频和短视频平台，用户可选择订阅整个系列或仅购买感兴趣的单集。制作方也可通过出售版权给其他平台或国际市场来获得收益，主要合作方式有两种：收取一次性版权费用或基于播放量长期分成。

而国外微短剧的变现渠道更为多样化，除了 YouTube 分发、自建微短剧 App、独立站，还可与长视频平台合作发行。出海微短剧往往以 App 为载体，通过提升长线留存及 ROI，赢利水平有望超过国内。

（二）广告植入与品牌合作

在作品中展示产品、融入品牌故事是影视行业的常规商业套路，这一合作模式在微短剧领域沿用，制片方甚至可以直接与品牌方合作定制剧集。在抖音平台，韩束、珀莱雅、茶百道等多个品牌均有定制微短剧，剧集超 20 部。OPPO 则与快手合作上线微短剧《我绑定了爱情系统》，把 OPPO 手机设计成具有魔法的爱情系统以推动剧情，全剧累计播放量达 2.4 亿次。

参照手游和网文行业，微短剧当下也有了 IAP（在应用内购买）模式、IAA（应用内广告）免费模式。国内微短剧的广告变现通常与平台的流量分发和广告投放策略紧密相关，国外微短剧则更多依赖广告投放，以及通过 Facebook、Google、TikTok 等第三方平台进行广告买量和引流。

（三）电商联动与内容衍生

一些微短剧制片方与电商平台合作，通过剧集中的推广链接或产品展示实现销售转化。成功的微短剧尤其是爆款作品，还可以开发角色模型、衍生小说、主题服装等周边产品来提升收益。这些周边产品不仅能为剧集的世界观和故事背景增添更多层次，还能满足粉丝的收藏和参与需求，从而进一步提升剧集的影响力和商业价值。此外，主要演职人员通过在直播平台带货，可以获得销售提成，也是一种有效变现方式。如快手平台上的微短剧达人"一只璐"通过直播带货，年 GMV（商品交易总额）达 1.7 亿元。

四　微短剧行业趋势与机遇

（一）微短剧出海增长可期，加速全球布局

根据相关统计，2023 年 1 月，Top5 出海微短剧 App（ReelShort、DramaBox、ShortTV、FlexTV、GoodShort）净流水仅 8 万美元，2023 年 11 月增至 1101 万

美元。海外微短剧的长期市场空间为百亿美元级别，潜力巨大，且相对国内竞争并不激烈。

目前海外微短剧整体处于起步阶段，当前微短剧出海存在内容生产力不足、制作成本高昂、投流效率低等痛点。欧美市场偏好狼人、吸血鬼、ABO等题材，与国内题材差异较大，目前相关编剧人才较为匮乏。海外微短剧未形成完善的工业体系，缺乏标准化、流程化、集聚化拍摄规模，制作链路分散，调度难度高，整体成本高于国内。ReelShort 精品微短剧制作团队来自好莱坞，制作成本高达 15 万~20 万美元/部。不同于国内，海外市场缺乏小程序生态，导流路径不通畅，难以复制国内的大规模精准投流。在这一系列现存的问题之下，微短剧的出海还需要进一步的摸索。

（二）AI 技术赋能微短剧制作，技术变革迎新机遇

随着 AI 技术和大模型的发展，微短剧行业走向智能化，涌现出新的内容制作形式。比如数字人微短剧，利用 CG、AI、数字人模型及动画制作手段，对人、物、景的变化等进行动态处理，同时对镜头进行推拉摇移处理，制作成由虚拟角色主演且具备完整结构与容量的作品，其中人物对白、旁白、字幕等均由 AI 技术生成创作。此外，利用 AI 技术辅助剧本生成和优化是另一发展方向，ReelShort 在 2023 年就已经开始利用 AI 大模型"中文逍遥"生成及优化剧本，大幅提升内容生产效率。

2024 年，视频生成模型 Sora 的面世为微短剧带来更广阔的想象空间。一方面，Sora 能辅助快速生成多种效果的视频内容；另一方面，Sora 可用于制作特效镜头和虚拟角色及场景，减少实际拍摄费用，降低制作成本。此外，Sora 还可能激发新的内容创意和形式，帮助创作者进行更加多样化和个性化的表达。VR、AR 与微短剧的结合也将极大提升用户的内容消费体验。

在 AI 视频赛道，抖音、快手、阿里云均推出 AI 视频工具或视频生成大模型，覆盖文本生成、图像生成、3D 生成、音乐生成、视频生成等。规模较小的公司如灵境领域推出"AI+微短剧+IP+短视频+元宇宙"的运营业务，开发出"数智人+微短剧"的应用场景。

2024 年 3 月 22 日，由中央广播电视总台视听新媒体中心、人工智能工作

室联合清华大学新闻与传播学院元宇宙文化实验室推出的国内首部 AI 全流程微短剧《中国神话》在央视频 AI 频道上线，AI 技术全流程应用于美术、分镜、视频、配音、配乐等环节。经测算，该剧假如以传统方式制作，成本将是使用 AI 技术的 7 倍。

B.21
2023年中国省级台新闻和剧综融合传播指数观察

张天莉　王　蕾*

摘　要：　中国广视索福瑞媒介（CSM）2023年省级台新闻和剧综融合传播指数综合反映了31家省级电视台新闻和剧综内容在电视大屏、三微（短视频、微博、微信）、自有客户端和网络长视频等渠道的融合传播效果。研究发现，省级台融合传播效果保持提升，指数增长趋缓，融合传播竞争格局持续重构；同时，省级台新闻和剧综融合传播或迎来在第三方平台量级高速增长的阶段性拐点，更加注重专业化筑底的提质增效与自有客户端发展。

关键词：　融合传播　新闻　剧综　省级广电

从省级台融合传播指数来看，在传播量和传播效果的维度，省级台新闻[①]和剧综[②]融合传播或迎来在第三方平台量级高速增长的阶段性拐点，专业化筑底的提质增效与自有客户端发展当成为新阶段的重点。

---

*　张天莉，中国广视索福瑞媒介研究（CSM）融合传播研究事业部总经理；王蕾，中国广视索福瑞媒介研究（CSM）融合传播研究事业部研究总监。

①　CSM省级台新闻融合传播指数综合反映省级台新闻内容在电视大屏、三微（短视频、微博、微信）、一端（自有客户端）等渠道的融合传播效果，下含新闻融合网络传播、电视传播、短视频传播、微博传播、微信传播、自有客户端传播6个分指数，其中新闻融合网络传播指数综合反映新闻内容在"三微一端"的网络传播效果。

②　CSM剧综融合传播指数综合反映省级台剧综内容在电视大屏（含直播、回看）、三微（短视频、微博、微信）及长视频（含中视频）等渠道和形式的融合传播效果，下含剧综融合电视传播、网络传播、短视频传播、微博传播、微信传播、长视频（含中视频）传播6个分指数，其中剧综融合网络传播指数综合反映剧综内容在"三微"和长视频（含中视频）渠道的网络传播效果。

一 省级台新闻和剧综融合传播特点

省级台融合传播效果保持提升，指数增长趋缓。从新闻和剧综融合传播指数来看，31家省级台总体保持同比增长，融合传播效果持续提升。其中，21家省级台新闻融合传播指数较2022年实现增长；17家省级台剧综融合传播指数同比增长。从更长的时间维度来看，省级台融合传播指数增长趋缓，新闻、剧综融合传播指数均值的增幅由2022年的均超35%分别降至2023年的5.2%、11.7%。省级台融合传播或迎来在第三方平台量级高速增长的阶段性拐点，进入更加注重提质增效的新发展阶段。

头部竞争格局持续调整，黑马台延续增势跻身前列。从省级台新闻融合传播来看，头部竞争激烈，新闻融合传播指数Top10中的9家延续2022年的优势地位，其中3家排名上升。浙江台延续上半年优势成为年度黑马，升至新闻融合传播指数第六位。从省级台剧综融合传播来看，湖南台、浙江台、上海台、江苏台、北京台稳居剧综融合传播指数Top5，马太效应依然凸显，河南台跻身前十。

短视频行业流量见顶，省级台账号在第三方平台的整体流量首现下滑。在第三方平台，省级台新闻和剧综三微账号粉丝量保持提升，传播量均出现下滑。具体来看，省级台新闻三微账号发布量达675.4万条，较2022年增长6.8%；揽获超2590.6亿次传播量[①]，同比下降5.6%。省级台剧综三微账号累计粉丝量达8.7亿人，同比上涨5.3%；发布剧综内容129.4万条，较2022年下降9.0%；传播量超340.4亿次，同比下降5.5%。作为第三方平台传播的主赛道，新闻、剧综短视频流量降幅分别为5.5%、6.3%，因量级基础大而影响三微传播总体水平。从用户端来看，CSM媒介研究2023年短视频用户调查显示，短视频用户规模增速持续放缓，用户端的变化使平台流量增长迫近"天花板"。

自有客户端建设须加速提质提效，探索出"自有流量"的高效用发展道路刻不容缓。从新闻客户端传播发展情况来看，占据头部或快速提升的省级台

[①] 传播量为播放量或阅读量与互动量的总和；互动量为转发、评论和点赞量的总和。因页面显示规则，抖音、微信（视频号）平台不包含播放量；微信（公众号及视频号）平台阅读量、互动量超过10万次的均显示为"10万+"，文中均写为"10万+"。

客户端在内容、服务、社交互动及技术应用等层面表现出一些共同的特点。在内容层面，省级台客户端坚持"以端为台"，加强精品原创，在做好重大主题、策划报道的同时，不断拓展垂类，开设特色化频道；在服务层面，盘活政务信息资源、提高政务服务效率，丰富线上便民服务，提供"一站式"民生帮扶；在社交互动层面，开设互动专区、兴趣圈子、增加福利、发起话题等板块，提升平台用户活跃度；在资源整合方面，进一步打通各级政府、市县融媒、专家学者资源，扶持 UGC 内容，多维合力推进平台化、生态化建设。此外，优化"主流算法"，拓展数字人应用场景，引入 AIGC 应用，以技术赋能客户端发展。

二 省级台新闻融合传播指数年度观察：
要走出自己的路

2023 年，省级台发挥全媒体矩阵聚合传播作用，新闻融合传播年度指数①整体均值由 2022 年的 83.8 攀升至 97.4。其中，指数值超 100 的省级台由 2022 年的 10 家增至 13 家。

（一）省级台新闻融合传播头部格局持续重组

省级台新闻融合传播头部阵营竞争依然激烈，河南台、上海台、湖北台稳居省级台新闻融合传播年度指数前三位；山东台、四川台分别升至第四、第九位；浙江台挺进前十，位居第六（见表1）。

表1 2023 年省级台新闻融合传播年度指数 Top10

序号	机构名称	序号	机构名称
1	河南台	6	浙江台
2	上海台	7	北京台
3	湖北台	8	福建台
4	山东台	9	四川台
5	广东台	10	江西台

资料来源：CSM 媒介研究。

---

① CSM 新闻融合传播年度指数是在新闻融合传播指数的基础上加入当年度新闻、广播电视及媒体融合相关奖项的综合性指数，传播数据结合专业评价结果能更为全面地反映新闻融合传播的效果与发展水平。

河南台坚持"双平台、多品牌、强保障"发展战略，深化"融转用"理念，2023年初成立大象新闻中心，以"大象新闻"为核心品牌发力网络传播，领跑省级台新闻融合传播。河南台新闻内容网端传播表现强劲，新闻融合网络传播、短视频传播指数连续三年占据首位，新闻融合微博传播指数蝉联榜首，新闻融合客户端传播指数居省级台前列。

上海台坚持新闻立台，不断提升大小屏同频共振、互动互哺的一体化效能，稳居省级台新闻融合传播年度指数第二位。上海台持续巩固各渠道的传播优势，新闻融合电视传播指数蝉联首位，新闻融合网络传播指数升至第二位，新闻融合微信传播指数稳居第二位，新闻融合客户端传播指数居省级台头部。

湖北台稳居省级台新闻融合传播年度指数第三位。2023年6月，湖北台整合电视和广播组建湖北广播电视台新闻中心，形成联席调度指挥机制，打通多渠道传播，"长江云新闻"旗舰和融媒体矩阵共同发力。湖北台新闻融合网络传播指数占据省级台第三位，新闻融合短视频传播指数稳居第二位，新闻融合电视传播指数稳居前十。

浙江台构筑"一体两翼"新型传播格局，新闻融合传播年度指数跃居省级台第六位。浙江台将"中国蓝新闻"客户端作为重点端口，持续提升"黄金眼融媒""牛视频""钱江视频"等新媒体品牌影响力，助力其新闻网络传播效果显著提升。

（二）多台锚定短视频传播高增长赛道超车

2023年，省级台共144个新闻短视频账号传播量破亿，较2022年增加8个，占全年新闻类在更活跃账号总量的25.1%。"看看新闻Knews""大象新闻""四川观察"3个账号持续领衔百亿传播量阵营，贡献省级台新闻短视频16.9%的传播量，稳固头部流量池。

省级台新闻融合短视频传播指数均值由2022年的193.0升至2023年的220.2，指数超过100的省级台由2022年的15家增至19家。从省级台新闻融合短视频传播指数Top10机构看，河南台、湖北台稳居前二，山东台晋升前三，江西台、福建台进至前五，浙江台、贵州台跻身前十（见表2）。

表 2 2023 年省级台新闻融合短视频传播指数 Top10

序号	机构名称	序号	机构名称
1	河南台	6	上海台
2	湖北台	7	广东台
3	山东台	8	四川台
4	江西台	9	浙江台
5	福建台	10	贵州台

资料来源：CSM 媒介研究。

河南台短视频继续发挥新闻账号聚合传播优势，连续三年居省级台新闻融合短视频传播指数首位。2023 年，河南台新闻短视频播放量 414.6 亿次、互动量 32.4 亿次、账号粉丝总量 2.5 亿人，均稳居省级台首位。台内 9 个账号传播量超 10 亿次，合力贡献全台超九成短视频传播量。@ 大象新闻以 143.2 亿次传播量领跑全台，贡献全台 32.0%的流量；@ 河南民生频道、@ 河南都市频道聚焦民生帮扶、热点时事等内容，与@ 猛犸新闻、@ 大象直播间均获超 30 亿次传播量。

湖北台短视频着力提升"长江云"品牌影响力，连续两年稳居省级台新闻融合短视频传播指数第二位。2023 年，湖北台新闻短视频播放量、互动量、账号粉丝量，均保持省级台第二位；台内 7 个账号传播量超 10 亿次，其中 3 个为"长江系"账号。@ 长江云新闻揽获 89.0 亿次传播量，其中播放量居省级台新闻短视频账号第五位、互动量居第三位；@ 长江新闻号聚焦国际关系、时政解读，@ 长江说法关注民生与法治新闻，均获超 10 亿次传播量。

山东台短视频深耕本地及民生新闻，关注"山东正能量"，帮办及热点内容拉升传播力，新闻融合短视频传播指数较 2022 年提升 2 名。2023 年，4 个主力账号累计获得 192.5 亿次短视频传播量。账号@ 山东齐鲁频道以超 90 亿次传播量领跑全台，较 2022 年上涨 26.8%；@ 闪电新闻、@ 生活帮栏目、@ 一切为了群众 3 个账号共揽获超 102 亿次传播量，稳居台内头部。

浙江台短视频响应热点、强化运营，依托杭州亚运会、旅美熊猫丫丫等内容提升传播影响力，新闻融合短视频传播指数较 2022 年提升 3 名。2023 年，浙江台新闻短视频传播量较 2022 年大幅增长 86.1%，3 个账号合计贡献全台

69.3%的传播量。@中国蓝新闻传播量升至超53亿次，贡献全台超四成流量；@小强热线浙江教科、@牛视频短视频传播量保持快速增长，较2022年增幅分别为140.0%、24.4%。

贵州台短视频涵盖国际热点、民生新闻，依托"村BA"赛事带动传播热度，省级台新闻融合短视频传播指数跃居前十，较2022年提升4名。2023年，贵州台新闻短视频发布量及传播量同比增长均超100%。@动静新闻、@百姓关注2个账号传播量均超50亿次、较2022年增长超75%，合计贡献全台超85%的流量。

（三）新闻微信传播头部台延续优势地位

2023年，省级台新闻融合微信（公众号）① 传播指数均值较2022年下滑。总体来看，5家省级台的微信传播指数超过100，比2022年减少2家。

从省级台新闻融合微信传播指数Top10机构看，黑龙江台、上海台稳居前二，广东台进至第三，北京台跻身前五，浙江台跃进前十（见表3）。

表3 2023年省级台新闻融合微信传播指数Top10

序号	机构名称	序号	机构名称
1	黑龙江台	6	辽宁台
2	上海台	7	海南台
3	广东台	8	浙江台
4	北京台	9	贵州台
5	陕西台	10	安徽台

资料来源：CSM媒介研究。

黑龙江台连续五年稳居新闻融合微信传播指数首位。全年发布5.3万条内容，居省级台微信发布量之首，合计获超5.2亿次传播量。@新闻夜航、@极光新闻、@龙视新闻在线3个账号发布量均居省级台新闻类账号前三；同时，@新闻夜航、@极光新闻均揽获超亿次传播量，分别位列省级台账号第二、第三，贡献台内八成流量。

---

① 因页面显示规则，微信（公众号及视频号）平台阅读量、互动量超过10万次的均显示为"10万+"，文中均写为"10万+"。

上海台 2023 年发布 2.6 万条内容，较 2022 年增长 13.6%；揽获超 5.9 亿次传播量，同比增长 17.9%，跃居省级台新闻微信传播量首位。@ 新闻坊贡献超 4.1 亿次传播量，升至省级台传播量首位；@ 第一财经发布量同比增长 38.4%，进入省级台发布量前十，传播量超 1.1 亿次，同比大幅增长 111.5%。

广东台的@ DV 现场、@ 今日关注、@ 荔视频和@ 城事特搜 4 个账号均揽获超千万次传播量，合计占据台内 82.6% 的流量。其中，@ DV 现场发布 2955 条新闻微信内容，获超 8523.1 万次传播量，流量领跑台内账号。

北京台全年发布 2.9 万条微信内容，传播量超 1.5 亿次。主力账号@ BRTV新闻揽获超 7069.7 万次传播量，同比增长 11.5%，贡献全台 48.2% 的微信流量；@ 北京时间传播量新晋千万级阵营，同比大幅增长 221.2%。

浙江台的@ 小强热线-浙江教科、@ 1818 黄金眼、@ 中国蓝新闻 3 个微信公众号传播量均超千万次，贡献全台新闻微信总流量超七成。其中，@ 1818 黄金眼年度传播量同比增长 62.1%。

三 省级台剧综融合传播年度观察：蓄势向新

2023 年省级台剧综融合传播呈现"综 N 代"迭代、老牌 IP 重启、新节目推出，音综、朋综、全女综、旅行综艺、体育竞技综艺等在台网两端多面开花的特征。

（一）五大台保持剧综传播优势，文化 IP 助力黑马台跃升

从剧综融合传播年度指数[①]来看，省级台马太效应依然凸显，竞争力进一步向头部集中，五大台地位稳固。其中，湖南台等四家台指数高于 100。

剧综融合年度指数是基于传播效果数据与内容价值及质量评价的综合性指数。山东台依托《超级语文课（第二季）》《戏宇宙（第二季）》《行进中国（黄河篇）》，河南台凭借《山海奇幻夜》《元宵奇妙游》《清明奇妙游》《小

---

① CSM 剧综融合传播年度指数是在剧综融合传播指数的基础上纳入当年度国家广播电视总局广播电视创新创优节目、优秀网络视听作品推选活动优秀作品、"中国梦 新征程"原创网络视听节目征集展播活动优秀节目等奖项及推优结果的综合性指数，传播数据结合专业评价结果能更为全面地反映剧综融合传播的效果与发展水平。

满奇遇记》等文化类节目，获得行业与社会认可，两台的剧综融合传播年度指数分别进至第六位、第八位（见表4）。

表4　2023年省级台剧综融合传播年度指数 Top10

序号	机构名称	序号	机构名称
1	湖南台	6	山东台
2	浙江台	7	天津台
3	上海台	8	河南台
4	江苏台	9	广东台
5	北京台	10	安徽台

资料来源：CSM 媒介研究。

湖南台由"双平台融合"走向"四平台建群"，蝉联省级台剧综融合传播年度指数首位，领跑优势进一步扩大。湖南台"芒系生态"升级，湖南卫视、芒果 TV、金鹰卡通与小芒电商四平台深度联合，全面赋能电视大屏和网端传播，剧综融合电视、网络传播指数均居省级台首位。湖南台多元剧综内容稳定产出，助力三微发布量及传播量全线提升。

浙江台焕新王牌"综 N 代"，持续加码创新性内容，通过浙江卫视与 Z 视介"双屏发力"，稳居省级台剧综融合传播年度指数第二位。浙江台《奔跑吧》《王牌对王牌》等"综 N 代"超长续航，《无限超越班》《我们的客栈》等竞演及田园类新节目表现突出，剧综电视、网络传播指数分列省级台第四、第二位。

上海台统筹东方卫视与百视 TV 两大平台，打通大小屏成效显著，保持省级台剧综融合传播年度指数第三位。上海台以综艺、晚会及剧集构建高质量内容生态，重点关注户外文旅、音综、喜剧、公益等内容领域，持续提升剧综融合传播效果，剧综网络、电视传播指数分列省级台第三、第五位。

江苏台放大剧综大屏传播优势，提升网络传播效果，稳居剧综融合传播年度指数第四位。江苏台延续婚恋和益智类综艺创作优势，进行常态化输出，并汇集优质剧集资源，剧综电视传播指数较 2022 年有所提升，保持省级台前列；剧综网络传播指数保持第四位，指数有所提升。

北京台保持剧综融合传播年度指数前五，聚焦文化、教育、科技、生活等不同垂类主题，深耕正能量内容创新。北京台剧综三微传播指数均居省级台前列，剧综短视频传播指数、微信传播指数均列第五；剧综微博传播指数升至第四。

（二）优势内容常态输出、"综N代"超长续航，助力头部台持续领跑剧综短视频传播

2023年，省级台剧综融合短视频传播指数保持稳定，10家机构指数同比提升；2家机构指数超100，较2022年减少1家。指数Top10中，浙江台连续三年稳居剧综融合短视频传播指数首位，湖南台进至第二位，两台指数值增长领跑省级台（见表5）。

表5 2023年省级台剧综融合短视频传播指数Top10

序号	机构名称	序号	机构名称
1	浙江台	6	江苏台
2	湖南台	7	山东台
3	上海台	8	河南台
4	天津台	9	安徽台
5	北京台	10	广东台

资料来源：CSM媒介研究。

从账号来看，全年传播量破亿的剧综短视频账号共53个；其中8个账号超10亿次，较2022年增加3个。2022~2023年持续在更的剧综短视频账号中，15个账号播放量增长超亿次，9个账号互动量增长超千万次。

浙江台剧综短视频账号累计粉丝量1.5亿人，同比增长2.3%。8个剧综短视频账号传播量过亿次，其中2个账号超20亿次。具体来看，@浙江卫视以48.6亿次播放量、4782.5万粉丝量，领跑省级台剧综短视频账号；互动量2.7亿次，居省级台剧综账号第二位。@奔跑吧揽获19.1亿次播放量、1.2亿次互动量，同比增长均超20%。

湖南台剧综短视频账号全年发布11.6万条内容，较2022年增长50.9%；播放量、互动量同比分别增长48.7%、6.9%。13个剧综短视频账号传播量破亿，其中4个账号传播量超10亿次，较2022年增加3个。@芒果TV以17.8亿次传播量领跑台内剧综账号，同比增长140%；@湖南卫视、@你好星期六、

@湖南娱乐频道均揽获超10亿次传播量。

上海台全年8个剧综短视频账号传播量过亿次，其中@东方卫视以35.2亿次播放量、1.2亿次互动量居台内剧综账号首位，列省级台剧综账号第二、第四位，发布的《电视剧品质盛典》《今晚开放麦》《极限挑战宝藏行》等晚会及节目内容获高流量；@极限挑战、@欢乐喜剧人传播量均超3亿次，同比增幅分别为62.9%、58.5%。

天津台保持剧综短视频发布量省级台第二位，延续情感及求职类内容优势，3个账号传播量过亿次。@天津卫视以超5亿次传播量位列台内剧综账号第一，发布量居省级台剧综短视频账号第二位，发布的《相声春晚》《跨时代战书》《幸福来敲门》等语言、公益圆梦类节目片段引发高关注；老牌节目账号@非你莫属、@爱情保卫战皆获过亿次传播量。

北京台4个剧综短视频账号传播量破亿次，@北京卫视播放量、互动量领衔台内剧综账号，同比分别增长22.2%、42.0%，发布的多条台内文化、科学类节目内容获高流量；@北京卫视大戏看北京、@北京卫视为你喝彩、@每日文艺播报3个账号传播量同比增幅均超150%，新晋亿级传播量账号。

（三）晚会和庆典话题热度及品牌综艺长线价值，持续赋能剧综微博传播

从省级台剧综融合微博传播指数看，5家省级台指数超100，数量与2022年持平。指数Top10中，湖南台蝉联剧综融合微博传播指数首位，上海台、北京台排名均提升1位，分别升至第二、第四位；四川台指数挺进前十（见表6）。

表6　2023年省级台剧综融合微博传播指数Top10

序号	机构名称	序号	机构名称
1	湖南台	6	河南台
2	上海台	7	安徽台
3	浙江台	8	山东台
4	北京台	9	福建台
5	江苏台	10	四川台

资料来源：CSM媒介研究。

湖南台剧综微博发布量达 6.4 万条，互动量达 4.3 亿次，均居省级台首位，同比大幅增长 43.6%、122.0%。互动量超千万次的剧综微博账号由 2022 年的 5 个增至 8 个，其中@声生不息、@湖南卫视跨年晚会、@全员加速中等账号新晋千万级阵营。

上海台 6 个剧综账号互动量超千万，较 2022 年增加 2 个，分别是@东方风云榜、@极限挑战。其中，@东方风云榜、@百视 TV、@东方卫视番茄台 3 个账号流量同比大幅提升，均以超 2000 万次互动量跻身省级台剧综微博账号 Top15，发布的"东方风云榜三十周年庆典""熠熠生辉闪耀之夜"等相关内容获高互动。

浙江台全年发布 2.1 万条剧综微博；揽获 1.2 亿次互动量，居省级台第二位。主力账号@奔跑吧、@王牌对王牌互动量均超千万次，其中@奔跑吧以 4578.3 万次互动量居省级台剧综微博账号第三位。另外，@我们的客栈、@青春环游记、@Z 视介等剧综微博账号新晋百万级互动量阵营。

北京台 9 个剧综微博账号互动量超百万次，较 2022 年增加 1 个。@北京卫视全年发布 1.3 万条内容，获得 3107.6 万次互动量，分列省级台剧综微博账号发布量及互动量第二、第六位，发布的晚会官宣、剧集定档等内容获高关注，互动量同比大幅增长 387.1%。此外，@北京台春晚稳居互动量千万级阵营。

江苏台@江苏卫视跨年演唱会、@江苏卫视 2 个微博账号占据台内前二位，互动量超千万，合计贡献全台剧综微博 69.4%的互动总量。@江苏影视频道、@怦然心动 20 岁官微 2 个账号互动量同比均增长超 80%，与新节目账号@来活了兄弟新晋互动量百万级行列。

结　语

媒体融合发展的目标是建立全媒体传播体系。要用好社会化、商业化平台，更要建设好自己的移动传播平台，在第三方平台流量增长见顶的情况下，省级媒体须更加重视自有客户端发展，加速扩容提质，加快探索出"自有流量"的高效用发展与升级之路。

传媒资本市场与创新篇

B.22
2023年中国传媒产业资本市场洞察

郭全中　彭子滔*

摘　要： 随着疫后经济复苏和 AI 概念的出现，传媒业业绩显著恢复，但资本市场的投资略显谨慎。2023 年，资本市场延续 2022 年的基本特征，大量资本涌入新科技、数字化新媒体板块，多家互联网传媒企业海外投资的成功，既影响了行业格局，又带动了大量企业出海远洋。2024 年，注重短期收益能带来长期回报的科技，依然是传媒资本市场关注的重点。

关键词： 传媒业　资本市场　互联网　AIGC　出海投资

习近平总书记曾指出："必须深化对新的时代条件下我国各类资本及其作用的认识，规范和引导资本健康发展，发挥其作为重要生产要素的积极作用①。"

---

* 郭全中，中央民族大学新闻与传播学院教授，江苏紫金传媒智库高级研究员；彭子滔，中央民族大学新闻与传播学院硕士研究生。

① 《习近平主持中共中央政治局第三十八次集体学习并发表重要讲话》，中国政府网，2022 年 4 月 30 日，https://www.gov.cn/xinwen/2022-04/30/content_5688268.htm？eqid=da771e050004534900000003647bf845。

资本市场的繁荣对传媒业的竞争格局和学界研究趋向产生重大影响，传媒资本市场的动向敏锐地揭示着行业的现状，并预示着行业未来的发展轨迹，了解资本市场的活动将有助于深化对传媒业的认识和评估。

一　疫后业绩恢复，传媒投资难掩寒意

线下消费复苏，宏观经济回暖向好，传媒板块业绩恢复，特别是受 AI 概念的影响，传媒板块股市表现良好。互联网传媒格局发生变动，部分企业业绩承压，宏观不确定性因素仍在，传媒领域的投资寒意难消。

（一）传媒板块迎来疫后业绩恢复

消费复苏带来业绩恢复，2023 年前三季度传媒业营业收入、归母净利润同比上涨，各子板块中仅有电视广播板块下跌，毛利率保持平稳，行业毛利率为32.47%，营业收入、归母净利润、赢利能力均有所提升，行业景气度回升（见表1）。

表 1　2023 年传媒业前三季度营业收入表现

单位：亿元，%

	营业收入	归母净利润	经营性现金流净额
规模	3629.61	343.54	411.31
同比增长率	+5.73	+21.90	+33.11

资料来源：东莞证券。

赢利方面，传媒业上市公司在 2023 年前三季度的赢利表现总体向好，赢利的公司有 104 家，占比近八成，亏损的公司有 27 家（见图1）。传媒业上市公司的赢利规模仍然不高，大部分公司的赢利额在 10 亿元以下。

股市方面，2023 年，AI 概念成为传媒板块的核心驱动力，推动股市持续走高。年末，短剧和 MR 等新兴业态的崛起，为股市增添了一抹亮色。全年 A股传媒板块累计涨幅达到 28.96%[①]，位居申万一级行业第二。其中，2023 年

---

① 《传媒行业 2024 年度策略：AI 激发创造力，MR 开创新纪元》，道客巴巴，2024 年 2 月 5日，https://www.doc88.com/p-78339591770272.html。

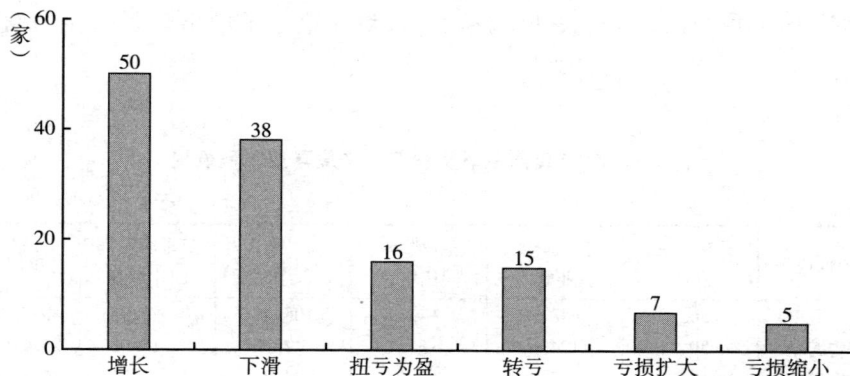

图 1　2023 年前三季度传媒业上市公司赢利表现

资料来源：Wind、财信证券。

上半年，传媒板块受益于 AI 概念的热度，呈现强势上涨；第三季度，由于国内大模型的落地进展不及预期，传媒板块出现了较大幅度的回调；第四季度，随着生成式人工智能（AIGC）应用持续深化，新技术带动内容供给的创新，传媒板块再度上扬，收官小阳。

（二）子板块表现分化明显

2023 年，传媒业子板块的股市表现分化明显，A 股市场和港股市场呈现反差。在 A 股市场，传媒板块受 AI 概念的影响，涨幅显著，其中出版、游戏和广告营销等与 AI 概念密切相关的子板块涨幅超过 30%，表现突出；影视院线、数字媒体、电视广播等在文化娱乐消费复苏的带动下，涨幅逾10%，预期改善（见表 2）。从个股来看，多家公司涨幅在 50% 以上，尤其是与 AI 技术应用紧密相关的公司。在港股市场，传媒板块则遭遇了寒冬，全年跌幅高达 23.21%，在头部互联网公司中，只有网易和百度实现了正收益，其余的公司均出现了不同程度的下跌①。从业绩来看，传媒业子板块的整体赢利能力有所提升，尤其是影视院线子板块，2023 年前三季度，归母净利润同比大幅扭亏，显示出疫情后的强劲反弹，其次为广告营销、出版、游戏、数字

---

① 《传媒行业 2024 年度策略：AI 激发创造力，MR 开创新纪元》，道客巴巴，2024 年 2 月 5日，https：//www.doc88.com/p-78339591770272.html。

媒体等子板块，业绩增长较快，游戏子板块在第三季度出现了明显的回暖迹象。

表2　2023年传媒业子板块前三季度营业收入表现

单位：亿元，%

子板块	全年A股涨幅	前三季度营业收入	营业收入同比增速	前三季度归母净利润	归母净利润同比增速	市值
游戏	+36.33	648.88	+4.51	105.42	+7.95	4020.46
广告营销	+30.21	1124.69	+5.61	47.70	+15.93	2622.99
数字媒体	+17.78	185.98	+3.14	24.02	+6.76	1658.37
出版	+40.18	917.07	+4.14	111.82	+13.56	2833.46
影视院线	+20.09	296.21	+46.31	31.45	+236.44	1943.43
电视广播	+12.00	319.21	−1.43	6.63	−31.10	1374.85

资料来源：Wind、财信证券。

（三）传媒投资难掩寒意

2023年，传媒业子板块虽然业绩因AI概念和经济恢复而提振，但是投融资活动却陷入低迷，这主要是传统传媒业的赢利能力下降、互联网传媒业的市场竞争加剧，导致投资者的风险偏好降低。同时，宏观经济的不稳定因素增多，如黑天鹅事件的频发、经济增长的放缓、反垄断监管的加强等，互联网巨头对传媒业的投资更加谨慎。

2023年第三季度，传媒业子板块的重仓持股市值继续下滑，财信证券发布的报告显示，截至第三季度末，传媒业子板块的重仓持股市值为327.38亿元（见表3），较上半年下降31.59%，较第一季度下降1.52%[1]。2023年第四季度，传媒业在公募基金的重仓占比也有所回落，仅为0.86%，环比下降，处于历史低位[2]，反映出公募基金对传媒业的信心不足。

---

[1] 《传媒行业深度：Q3重仓持股总市值环比回落，前三季度业绩复苏稳健》，同花顺网站，2023年12月6日，https://t.10jqka.com.cn/pid_327628563.shtml。
[2] 《行业点评｜配置比重下降，个股偏好持续分化——2023Q4传媒行业基金持仓分析》，"中国银河证券研究"微信公众号，2024年1月31日，https://mp.weixin.qq.com/s/ohIu6mGTod3nPlnkSmEfyw。

表3　2023年传媒业子板块第三季度重仓持股

单位：亿元，%

子板块	重仓持股市值	占各自板块总市值的比重	重仓持股市值与2023年上半年末相比的涨跌幅
游戏	192.74	4.79	−45.19
广告营销	79.06	3.01	+39.92
出版	24.85	0.88	−33.44
影视院线	14.89	0.77	+18.96
数字媒体	14.22	0.86	−23.57
电视广播	1.62	0.12	−16.52

资料来源：Wind、财信证券。

自2022年开始，互联网传媒巨头的投资持续收缩，2023年腾讯、阿里巴巴、字节跳动、美团、百度等巨头的对外投资数量比2022年进一步缩减（见表4）。

表4　2023年部分互联网传媒巨头的投资活动

单位：亿元，起

企业	对外投资金额	同比金额变化	对外投资数量	同比数量变化
腾讯	183.16	−7.93	38	−54
阿里巴巴	63.66	+23.95	16	−5
字节跳动	49.90	+39.82	5	−13
美团	26.40	+13.53	6	−3
百度	6.48	−19.04	7	−2
京东	1.35	—	2	—

资料来源：IT桔子。

具体到互联网企业对传媒业的投资，2023年，国内消费互联网市场趋于饱和，反垄断监管常态化，传媒业的投融资环境进入了新常态。虽然传媒业子板块的业绩受AI概念等的影响，出现了明显的复苏，但是互联网传媒巨头的投资策略却变得更加谨慎和理性。这些互联网企业纷纷剥离非主营业务，聚焦核心竞争力，提升效率和赢利能力。例如，2023 年，字节跳动削减了 VR 业务（PICO）和游戏业务（朝夕光年）的规模与投入，腾讯则出售了腾讯动漫，将其以 6 亿元的价格转让给阅文集团，也停止了一些非核心业务运营。互联网企业在文娱子行业的投资活动明显减少，更多地向数字科技性较强的新媒体领域倾斜，如游戏、电商等（见表 5），这些领域的市场需求和赢利空间更大，也更符合互联网企业的技术优势和发展方向。

表 5　互联网企业对传媒业的部分投资案例

投资企业	时间	获投对象	子行业	投资金额	币种
腾讯	2023 年 2 月	Quell	游戏	1000 万	美元
腾讯	2023 年 7 月	Gardens	游戏	未知	未知
腾讯	2023 年 3 月	库洛游戏	游戏	20 余万	人民币
腾讯	2023 年 10 月	壹多互娱	游戏	未知	未知
腾讯	2023 年 4 月	玉尊信息	游戏	数十万	人民币
腾讯	2023 年 3 月	隆匠网络	游戏	数十万	人民币
腾讯	2023 年 7 月	小铁文娱	文娱	未知	未知
腾讯	2023 年 4 月	存甜影视	文娱	未知	未知
腾讯	2023 年 7 月	儒意控股	文娱	数亿	人民币
腾讯	2023 年 4 月	东方甄选	电商	数千万	人民币
阿里巴巴	2023 年 12 月	Lazada	电商	6.34 亿	美元
阿里巴巴	2023 年 11 月	大麦网	文娱	1.67 亿	美元
字节跳动	2023 年 12 月	Tokopedia	电商	15 亿	美元
字节跳动	2023 年 3 月	醒图	文娱	数百万	人民币
字节跳动	2023 年 2 月	放学嗨	文娱	未知	未知

资料来源：网络公开资料。

二　转型新传媒业：传媒资本市场的调仓换道

2023 年，互联网企业的投资活动进一步调仓换道，从腾讯投资轨迹的变迁中可见一斑。2005～2010 年，腾讯主要聚焦游戏和大文娱领域的投资。自

2013年腾讯开始践行"互联网+"战略后,其投资部门从业务板块中独立出来,导致大文娱领域的投资比重逐渐下降,而科技领域的投资则不断上升,特别是2018年腾讯提出"产业互联网"战略后,科技和企业服务领域成为其投资的重点。自2019年开始,大文娱领域的投资比重持续下降,至2022年已回落至9%①。同样,阿里巴巴在2023年进行了"1+6+N"的架构调整,将其投资主体独立出来,预示着其投资策略将有所改变。这些变化共同表明,互联网企业的投资行为正呈现以下三大特点。

第一,投资领域由"软"变"硬",向数字领域转型。在消费互联网高速发展的阶段,互联网企业为了打造自己的生态圈,大量投资大文娱领域,如游戏、影视、音乐等。但是在新的经济形势下,这些领域的增长空间和赢利能力都受到限制,互联网企业开始减少对这些领域的投资,转而加大对"硬"科技、实体领域的投资,如人工智能、云计算、物联网等。这些领域不仅有更大的市场潜力,也更能体现互联网企业的技术优势和创新能力。2023年被誉为AIGC的元年,ChatGPT等新型AI应用引爆了市场,激发了互联网企业的投资热情。第二,出海远洋成为赢利额增长的重点方向。国内消费互联网市场已经接近饱和,互联网企业的增长空间受到挤压,它们开始将目光投向海外市场,寻求新的机遇和挑战。第三,互联网企业也在积极拓展商业版图,探索新的业务。一方面,互联网企业的投资活动围绕自己的核心业务,建立起完整的产业链;另一方面,互联网企业尝试探索新的领域,如数据要素为传统媒体拓展业务版图,实现数字化转型提供了契机。

(一)数字属性增强:AI推动传媒业数字化转型

ChatGPT在2022年底引领了AI的新浪潮,在2023年迅速成为传媒业和学术界的焦点。在资本市场上,各大互联网企业纷纷布局AI领域,推动了围绕AI技术的投资热潮。腾讯对AI大模型进行了大规模投资,涉及的相关企业中包括4家2023年新晋AIGC独角兽企业(见表6)。

---

① 《腾讯的投资帝国》,"喧鸟集"微信公众号,2023年11月23日,https://mp.weixin.qq.com/s/z_XmUkSD71VEYay8hRKtrQ。

表 6 2023 年互联网企业部分 AI 领域投资

投资企业	获投对象
腾讯	智谱 AI、无问芯穹、Minimax 名之梦、百川智能、光年之外、深言科技
阿里巴巴	百川智能、智谱 AI、零一万物
百度	Genie AI
美团	智谱 AI、光年之外
三七互娱	硅心科技
昆仑万维	Singularity Al

资料来源：网络公开资料。

此外，"AI 概念股"涌现数十家企业。2023 年上半年，涨幅超过 100% 的 32 只"AI 概念股"，从主营业务所属行业来看，传媒业的企业数量位列第二，包括神州泰岳、昆仑万维、汤姆猫、奥飞娱乐、世纪天鸿 5 家公司[①]。这些公司的积极参与，不仅体现了传媒业对 AI 技术的认可，也揭示了 AI 与传媒业深度融合的发展趋势。

传媒业高度关注 AI 概念，主要基于以下几点原因。第一，AI 技术的发展符合互联网行业"降本增效"的发展目标。AI 作为一种"新质生产力"，其多模态的生产能力在传媒领域展现巨大的潜力，为提升效率和降低成本提供了可能。第二，AI 技术与产品的成功应用可以实现技术外溢效应。类似于消费互联网时代的技术商业化模式，互联网企业在内部应用 AI 技术后，可以进一步将其拓展至服务领域，从而增加企业的营业收入来源。第三，人机交互作为未来的发展方向，代表新的增长风口和蓝海。互联网企业跨界进入 AI 领域，通过结合现有业务与"AI+"模式，有望打造第二增长曲线，实现业务多元化和长期发展。

（二）深挖"护城河"：出海投资探索赢利空间

2023 年，传媒领域中游戏和电商板块的海外投资数量较多、规模和影响力较大，企业积极开展海外投资活动的目的主要有以下两点：其一，深挖"护城河"，巩固和强化核心业务，以维护行业领导者的地位；其二，打破经营业务和市场的单一性限制，寻求新的增长机会，从而推动企业的战略性发展。

---

① 宋柏颖：《2023 传媒资本：雪暖早春归》，《国际品牌观察》2024 年第 1 期。

在游戏出海方面，腾讯和网易的表现值得关注。2023 年初，腾讯领投英国健身游戏公司 Quell 的 A 轮融资（见表 7），金额达 1000 万美元。腾讯的游戏投资战略颇具特点，既关注短期收益，又关注长期增值。腾讯敏锐捕捉市场机遇，以热门 IP 的形式紧跟市场需求；结合其强大且成熟的产品运营、数据分析、游戏发行的全球化商业能力，腾讯正打造全球游戏生态系统，为未来市场布局奠定坚实基础。这种兼具长线与短线的战略布局给腾讯带来丰厚利润的同时，推动了腾讯游戏的长期可持续发展。

表 7　2023 年腾讯投资的海外游戏企业

时间	获投企业	投资方式	国别
2023 年 2 月	DON'T NOD	战略投资	法国
2023 年 2 月	Quell	A 轮	英国
2023 年 7 月	Lighthouse Games	战略投资	英国
2023 年 7 月	Lucid Games	收购	英国
2023 年 7 月	Visual Art's	收购	日本
2023 年 7 月	Techland	股权融资	波兰
2023 年 7 月	Gardens	A 轮	美国
2023 年 10 月	Shift Up	股权融资	韩国

资料来源：网络公开资料。

腾讯涉足多个领域，具备生态运营能力，而网易主要专注于游戏业务，所以网易的投资风格与腾讯迥异。网易在海外市场的投资目标是招揽优秀的人才并建立顶级的 3A 工作室，以开发或引入创新的游戏类型，引领新的游戏风潮。2023 年，网易的游戏投资主要面向海外的团队，重视对游戏有深刻理解和有强劲潜力的游戏工作室，从而为网易的技术和产品提供全方位的准备（见表 8）。

表 8　2023 年网易投资的海外游戏企业

时间	获投企业	投资方式	国别
2023 年 1 月	SkyBox Labs	收购	加拿大
2023 年 2 月	Spliced	自建	英国
2023 年 2 月	Studio Flare	自建	日本
2023 年 4 月	CharacterBank	战略投资	日本

时间	获投企业	投资方式	国别
2023 年 4 月	Anchor Point Studios	自建	西班牙
2023 年 5 月	Bad Brain Games	自建	加拿大
2023 年 5 月	PinCool	自建	日本
2023 年 8 月	T-Minus Zero	自建	美国
2023 年 11 月	Fantastic Pixel Castle	自建	美国
2023 年 11 月	Worlds Untold	自建	加拿大

资料来源：网络公开资料。

在电商出海方面，字节跳动与阿里巴巴的投资更为阔绰。2023 年 9 月，印度尼西亚对社交媒体平台的电商活动实施了法律限制，为了符合当地的监管要求，12 月，字节跳动以超过 15 亿美元的价格收购了印度尼西亚本土的电商公司 Tokopedia，并与印度尼西亚本地的企业 GoTo 集团合作运营。直播电商新业态和 Temu 的低价策略，助推字节跳动和拼多多在国内站稳脚跟后，在全球市场上表现抢眼。为此，阿里巴巴对海外的电商零售领域进行了大规模的投资：2022 年，分三次向东南亚 Lazada 注资 16 亿美元；2023 年，向 Lazada 连续投资两次，总金额超过 18 亿美元。此外，阿里巴巴还收购或参与投资了欧洲 B2B 数字贸易平台 Visable、印度尼西亚 B2B 跨境出口电商 WOOK 和中东在线咖啡平台 COFE。

（三）拓展商业版图：寻找新增长曲线

传媒业的商业模式趋于成熟，业内资源和上下游产业链条的整合是互联网企业实现外延式增长和占据产业竞争优势地位的关键手段。2023 年，字节跳动、阿里巴巴等互联网企业在传媒领域进行了多项收购和投资。3 月，字节跳动收购了醒图 App（国外版为 Hypic），该 App 拥有一键生成 AI 绘画的功能。字节跳动旗下的 CapCut（国内版为剪映）已成功打入全球市场并实现付费转化，加上醒图 App 的 AI 修图能力，字节跳动在工具赛道布局了一系列优质产品，充分利用产品在图像和视频处理方面的先进技术，从而巩固和增强了在该领域的竞争力。这一举措也有望给字节跳动带来更多的创新和提升用户体验的可能性。11 月，阿里巴巴收购了现场演出供应商 Pony Media，进一步扩大了旗下大麦品牌在线下娱乐产业价值链的影响力。12 月，腾讯投资的儒意影业收购了万达投资 51% 的股份，成为万达影业的实际控股方。在港股上市的儒意影业和在 A 股上市的万达影业，一同构成了影视界的隐形"航母"，加上儒意影业强大的制片能力和南瓜电影的先进的广告算法，儒意影业有望成为中国第一大影视集团。腾讯通过此次收购，进一步涉足线下影视院线产业，并持有了行业领军企业的部分股份，在该领域的布局不断深化。

传统媒体方面，2023 年 10 月，芒果超媒以 8.35 亿元收购了湖南广电旗下青少年及儿童内容制作商金鹰卡通 100% 的股权，此举将拓展与延伸芒果超媒在少儿内容的上游空间和衍生的垂类产业链条，"芒果 TV+小芒+金鹰卡通"的组合，将形成用户群体、内容版图和客户结构的互补。

2023 年 8 月，财政部发布《企业数据资源相关会计处理暂行规定》，初步肯定了数据资源作为报表资产的价值。该规定发布后，数据要素概念股上涨，为传统媒体数字化转型提供了契机。浙江日报报业集团旗下浙数文化的杭州富阳数据中心和浙江大数据交易中心在浙江占据优势竞争位置。此外，人民网旗下的人民数据作为数据要素登记服务机构及数据运营企业，也有相关业务。

三　短期赢利与长期发展：2024年传媒业投资热点

2023 年，受线下消费的复苏、企业经营的降本增效和科技新概念的影响，传媒业经营环境逐渐恢复正常，修复与增长成为主旋律，随着传媒业进入成熟阶段，资本投资也更加关注能够带来长期收益的领域，同时战略创新业务的投入有所回暖。2024 年，传媒领域的投资将有以下几个热点。

（一）科技热点：关注 AI 落地应用和 XR 生态供给

2023 年，AI 概念受到大量的资本青睐，2024 年，AI 的投资将更加聚焦应用和颠覆性迭代两个方面。除了投资那些能够带来颠覆性创新的企业，如 OpenAI 的 Sora，更多的投资将流向那些能够提升内部效率、创造新的内容模式和消费体验，以及利用 AI 能力开拓新的业务模式的企业，如数字人、虚拟直播间、数字藏品等。"AI+"有望在各传媒板块中引发创新，催生更多颠覆性的应用。但是，也要注意，相关监管会随之跟进，机遇和风险并存。

2024年2月，Apple推出首款头显设备——Apple Vision Pro。随着Apple Vision Pro的面市，与XR相关的内容与场景将持续涌现。结合AI技术，AR与AI的融合使XR的应用场景从有限区域向无限空间拓展，预示着全新生态或将引领内容产业的又一次繁荣，这是继移动互联网之后，内容生态迎来的新发展机遇。此外，互联网企业正纷纷加大对虚拟现实设备的投资，主要聚焦终端设备制造和XR相关生态领域。2023年，米哈游入股了XR芯片公司万有引力，阿里巴巴也相继投资了智能眼镜厂商奇点临近、AR眼镜研发商致敬未知以及LED微显示芯片研发商JBD显耀显示。

总体来看，新技术和新场景发挥着拓展发展空间的作用，尽管不能直接为企业带来短期的赢利，但是能够为行业的长期成长注入新动能。

（二）板块热点：拓宽赛道寻找新玩法

二次元游戏风格的米哈游、直播电商的崛起、短剧赛道的火爆等新业态的出现，表明在传媒领域中，拓展新的玩法赛道或可弥补已有潜力赛道的空白，是互联网企业在存量竞争中突围的关键，而广告、电商等板块，不仅有较强的赢利能力，也有多样的创新玩法。

电商领域，2023年，消费温和复苏，拥有价格优势和流量优势的平台的营收持续增加，电商发挥着恢复和扩大消费、促进数字化转型、深化国际合作、推动经济高质量发展的重要作用。2024年，预计线上线下生态的深度融合以及直播电商品牌将受到资本市场的热烈追捧。前者是因为随着服务消费的多元化趋势日益明显，文旅、餐饮等线下生活服务与电商生态的有机结合，将释放巨大的市场潜力，并催生新的增长点；后者是因为企业品牌和个人品牌正逐渐打破单一平台的束缚，积极探索新的商业模式，它们有望在新的市场格局中抢占先机，实现品牌价值的最大化。

广告领域，马化腾在2024年1月29日召开的腾讯年会中表示，视频号经过一年的发展，成绩斐然，2024年将全力发展视频号电商和广告相关业务。随着2024年宏观经济的复苏，广告行业将保持增长，腾讯旗下的视频号将带来新玩法，"AI+广告"将为行业带来结构性增长机会。

（三）市场热点：出海仍然是重点

国内互联网传媒巨头的竞争格局在 2023 年展现出新的动向，字节跳动的广告营业收入和整体营业收入分别超过阿里巴巴和腾讯，大有超越 Meta 的趋势；拼多多的市值一度领先阿里巴巴，成为市场的焦点。从大型机构对中概股 2023 年第四季度的持仓变动来看，持仓市值增长最多的是拼多多，其出海业务的成功是主要原因（见表 9）。

表 9　部分机构对拼多多的持仓变动

单位：亿美元

机构	持仓变动
Baillie Gifford	+55.54
FMR	+26.47
Vanguard Group	-23.64
State Street	-10.18
Fidelity	+5.94
T. Rowe Price	-3.94

资料来源：《一图看懂：大型机构对中概股 23 年 Q4 持仓变动情况》，"新浪财经"百家号，2024 年 2 月 15 日，https：//baijiahao.baidu.com/s？id=1790930664633906749&wfr=spider&for=pc。

当前，国内线上文娱领域的用户渗透率已达到较高水平，用户规模基本趋于饱和，线上流量分布格局已相对稳定。在这种存量竞争的背景下，除了不断创新、拓展新的业务领域与玩法外，对外投资拓展海外市场以寻求新的增长点也成为众多互联网企业的战略选择。2023 年，腾讯在总体投资缩减的情况下，仍然将 1/4 的投资用于拓展海外市场，阿里巴巴和字节跳动在收购海外企业时也投入了数十亿美元的资金，随着几大互联网巨头的战略调整，2024 年海外投资有望迎来新的机遇。

B.23
2023年中国出版行业上市公司分析报告[*]

林起贤　任梦妮[**]

摘　要： 出版行业的不同参与方根据参与产业链环节的不同，分为出版集团、出版社与出版公司。出版集团上市公司以国有出版集团或出版社为主，地方国有出版集团拥有当地教材教辅出版和发行资质，现金流好，拥有持续稳定的分红能力。地方国有出版集团积极探索新业态，以教育为抓手积极布局。出版龙头上市公司中，中国出版是兼顾社会效益与经济效益、拥有强大品牌影响力、零售市场占有率居首位的国有出版集团。中文传媒是江西省地方出版集团，出版、发行业务稳健增长，并通过并购等方式积极布局游戏、教育、营销等新业态。

关键词： 出版上市公司　中国出版　中文传媒

一　出版行业上市公司主要类型

出版行业上市公司主要包括出版集团、出版社及出版公司三类。第一类是出版集团。出版集团通常统筹产业链上的编、印、发、供各环节，主营业务以出版、发行、印刷、印刷物资贸易等为主，并逐步融合移动媒体、互联网媒体、数字出版。出版集团是央企或国有企业，通常旗下有多家出版子公司。出版集团中的上市公司主要包括：主要出版物为大众图书的中国出版，主要出版物为期刊的中国科传，以及同时出版发行教材教辅和大众图书的地方出版集

---

　　* 风险提示：本报告内容来源于公开信息渠道，不包含任何投资分析意见，仅供读者参考，不构成对任何人的投资建议。

　** 林起贤，申万宏源研究互联网传媒首席分析师；任梦妮，申万宏源研究传媒高级分析师。

团，如中南传媒、凤凰传媒等。第二类是出版社。出版社主营图书的出版与发行，涵盖主题出版、经济与管理、少儿、文学、传记、科普、生活、艺术等主要图书品类，不同出版社有其擅长的选题和内容领域。出版社中的上市公司包括中信出版等。第三类是出版公司。出版公司主营图书的策划与发行，业务环节包括选题策划、版权签约、设计制作、营销推广等，图书上市后，出版公司通过委托代销和自营直销的方式对外销售图书。出版公司中的龙头上市公司包括新经典、果麦文化等。

二 重点国有出版集团市场表现及业务布局

地方国有出版集团通常是各省（区、市）免费教科书、省（区、市）教育厅评议推荐类教辅的唯一发行商，面向各省（区、市）中小学市场的教材教辅业务需求刚性，经营稳定，现金流好，赢利能力稳定，因此有持续、稳定的分红能力，是优质的高股息品种。2023年，国有出版集团分红金额、分红/扣非归母净利润比例提升趋势明显（见表1）。

表1　国有出版集团股息率、历史分红比例及金额

证券简称	总市值（亿元）	股息率（%）		分红比例（%）					分红金额（亿元）	
		2023年	2022年	2023年		2022年	2021年	2020年	2023年	2022年
				分红/归母	分红/扣非					
山东出版	213	5.5	3.8	49.2	74.2	48.4	47.7	47.6	11.7	8.1
中文传媒	199	5.3	5.1	53.7	67.9	52.6	45.1	41.3	10.6	10.2
长江传媒	92	5.3	4.2	47.8	54.6	53.2	64.4	52.0	4.9	3.9
凤凰传媒	260	4.9	4.9	43.1	61.9	61.1	51.8	63.8	12.7	12.7
中南传媒	217	4.5	5.0	53.3	63.6	77.0	77.0	78.7	9.9	10.8
浙版传媒	192	4.5	4.0	57.4	77.1	55.0	54.0	—	8.7	7.8
时代出版	56	4.3	2.2	43.6	69.7	35.2	39.0	30.1	2.4	1.2
皖新传媒	145	4.1	2.5	63.8	79.2	52.0	52.9	51.9	6.0	3.7
新华文轩	175	4.1	2.4	45.3	44.1	30.0	30.2	30.3	7.2	4.2
中原传媒	106	4.1	3.7	30.9	38.5	37.7	34.6	34.2	4.3	3.9
南方传媒	132	3.7	3.2	37.7	54.3	43.9	36.0	36.5	4.8	4.1

证券简称	总市值（亿元）	股息率（%）		分红比例（%）					分红金额（亿元）	
		2023年	2022年	2023年		2022年	2021年	2020年	2023年	2022年
				分红/归母	分红/扣非					
城市传媒	51	3.5	2.6	43.7	77.8	39.3	39.9	43.1	1.8	1.3
内蒙新华	47	3.4	1.1	50.5	61.3	19.8	10.1	—	1.6	0.5
中国出版	140	2.1	1.5	30.1	52.0	30.2	30.1	30.0	2.9	2.0
粤传媒	47	1.3	0.7	749.9	-475.9	81.4	62.2	22.2	0.6	0.3
中国科传	185	1.1	1.2	40.0	41.3	46.9	41.3	43.2	2.1	2.2
出版传媒	33	1.0	0.7	30.5	239.9	30.7	30.4	30.7	0.3	0.2
读者传媒	32	0.9	0.8	30.5	46.1	30.1	30.5	30.2	0.3	0.3
龙版传媒	81	0.4	0.6	10.3	12.6	10.2	10.0	—	0.4	0.5
新华传媒	47	0.3	0	37.5	707.2	0	31.3	0	0.1	0

注：股息率对应2024年4月30日收盘市值。
资料来源：2023年各出版公司财报、Wind。

　　国有出版集团进一步加快从单纯的图书出版经销商向综合文化服务商转变，持续提升产业链各环节文化服务质量，积极探索产品新业态、打造消费新场景、形成商业新模式，不断增强文化服务核心竞争力和可持续发展的内生动力。其中，教育是出版集团积极探索的重要场景之一。出版集团立足当地，以教育为抓手，深挖省（区、市）内全年龄层人群教育价值，围绕课后服务、数字教育、研学、职业教育等积极开展新业务布局（见表2）。

表2　2023年部分地方国有出版集团教育相关业务布局

上市公司	省份	教育布局	业务情况
中南传媒	湖南	数字教育	• 天闻数媒重点打造"中小学智能化备授课系统"等，2023年上半年，天闻数媒数字教育产品进入全国25个省份174个地级市646个区县，各类产品服务1万多所学校
			• 贝壳网重点打造"湘教智慧云"平台
			• 中南迅智着力开展教育质量监测考试服务，以试卷、教辅等纸媒为流量入口，重点打造考试阅卷系统、考试测评系统等产品；中南迅智移动端应用注册用户数超560万人，同比增加35万人

续表

上市公司	省份	教育布局	业务情况
凤凰传媒	江苏	教育信息化	●学科网已发展成为国内权威、专业的教育信息化内容提供商，领先优势不断扩大，收入持续快速增长
		职业教育	●职教公司形成了职业技能等级教材出版、资源建设、平台服务、考核认证等核心产品
			●厦门创壹是国内职业教育数字化领域最具实力的领军企业之一，是教育部职教所选定的开发、制作、发行三维互动数字化教学资源"唯一合作单位"
		数字教育	●引入中国移动作为战略投资者，并签署战略合作协议，在智慧教育与5G等方向开展合作
中文传媒	江西	课后服务	●将新华书店建成课后服务中心，与学校合作定期开展相关教育活动
南方传媒	广东	课后服务	●2023年上半年课后服务学生46万余人次，营收合计超1.3亿元
		教育信息化	●粤教翔云荣获2022年广东省电子信息行业科学技术奖一等奖；完成"南方智慧作业平台"42万道数学、物理、化学学科习题资源引进
		职业教育	●教育社38种职业教材入选首批"十四五"职业教育国家规划教材名单
		研学	●2023年上半年完成17所中小学，共4199人研学实践活动，教育书店组织科普研学活动20余场，服务学生近5000人
皖新传媒	安徽	智慧教育	●拓展智慧学校C端产品线，携手华为共同打造教育普惠学习机，制定自主学习整体解决方案，已进入试营销阶段
			●深化智慧教育应用，积极开展智慧学校线上培训、智慧课堂"同课异构"竞赛及皖新公益小课堂趣味直播课等各类活动
		学前教育	●推出人工智能赋能幼儿园延时服务整体解决方案，与合肥幼儿师范高等专科学校、安徽城市管理职业学院展开合作，2023年上半年实现销售同比增长87%
		研学	●"皖新号"研学专列重启，2023年上半年已服务学校113所、师生3.98万人次，实现销售收入1360万元
时代出版	安徽	课后服务	●自研课后服务管理平台，已通过教育部备案，进入国家教育App白名单；进校开展课后素质教育课程，家长可以在平台上自主选择课程付费
			●2023年上半年，课后服务平台已覆盖安徽10个地市，服务学生达300万人

续表

上市公司	省份	教育布局	业务情况
山东出版	山东	教育信息化	• 开发建设了融合教辅出版和基于大数据技术的"作业+学情诊断大数据反馈"项目 • 基于数字媒体、数字资源、学科工具等应用研发的立体化教材项目"山东出版中小学数字教材服务平台",已进入集成测试和性能优化阶段
		研学	• 围绕夏令营、儒学中心"两院一馆"、曲阜尼山等系列主题,设计推出研学课程 33 个
		课后服务	• 山东新华书店临沂书城与东普教育打造创客活动中心,推出科学体验项目,与临沂各县区近 40 所学校达成合作,开展编程、机器人竞赛类进校培训

资料来源:2023 年各出版公司财报。

三　重点上市公司分析

（一）中国出版:国有出版集团领军者,社会效益与经济效益并重

中国出版的第一大股东中国出版集团由国务院设立,因此中国出版实际控制人为中央人民政府。中国出版以图书、报纸、期刊等出版物出版为主业,是集出版、发行、物资供应、印刷等业务于一体的大型出版集团。中国出版旗下汇聚了商务印书馆、中华书局、三联书店等"老字号",人民文学出版社、人民美术出版社、人民音乐出版社等"人民牌",中国大百科全书出版社等"中字头"著名文化出版品牌,有较强的文化影响力（见表3）。

表 3　2023 年中国出版主要控股参股公司分析

单位:万元

公司名称	注册资本	总资产	净资产	营业收入	净利润	归母净利润
人民文学出版社	8110	182868	108095	91792	26977	27171
商务印书馆	31738	404915	306263	108213	39116	37832
中华书局	24890	134021	69935	45838	10638	10823

公司名称	注册资本	总资产	净资产	营业收入	净利润	归母净利润
中国大百科全书出版社	27438	104117	43655	29097	−3079	−3109
中国美术出版总社	7211	64610	28534	34279	7286	7286
人民音乐出版社	8461	125630	89911	35290	13592	13592
三联书店	17134	71722	38472	42536	4546	4514
现代教育出版社	1486	97712	69674	61434	6946	6860

资料来源：2023年中国出版财报。

中国出版的品牌影响力优势显著。根据2023年中国出版财报，公司在承担国家出版基金、古籍整理项目等国家重大项目的规模上保持第一，在中国出版政府奖、中华优秀出版物奖、茅盾文学奖等国家重大奖项的获得数量上保持第一，在全国图书零售市场占有率上保持第一，在版权输出数量上保持第一。图书行业咨询机构北京开卷的研究显示，2023年，中国出版图书零售市场实洋占有率7.58%，动销品种超10万种，继续领跑行业；新书实洋占有率5.19%，居行业首位并创近年来新高。

2023年，中国出版实现营业收入63亿元，同比增长3%（见图1）；实现归母净利润10亿元，同比增长49%（见图2）；实现扣非归母净利润6亿元，

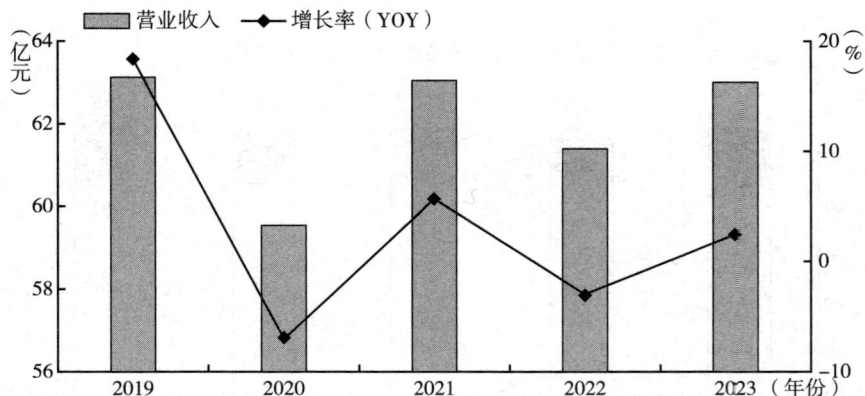

图1 2019~2023年中国出版营业收入及其增长率

资料来源：2023年中国出版财报。

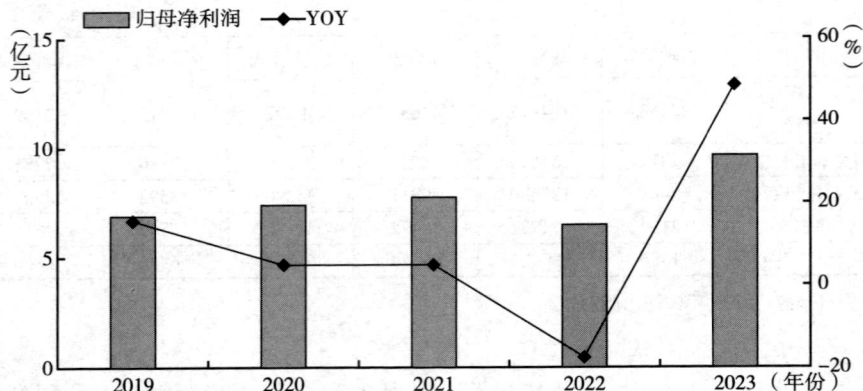

图 2　2019~2023 年中国出版归母净利润及其增长率

资料来源：2023 年中国出版财报。

同比增长 8%。非经常损益项目对当期影响 4 亿元，其中包括因税收、会计等法律法规的调整对当期损益产生的一次性影响 1.6 亿元。出版业务收入是中国出版的主要收入来源（见图 3）。2023 年，中国出版实现出版业务收入 46 亿元，占营业总收入的 73%（见图 4）。各出版类别竞争力不断提升。根据 2023 年中国出版财报，公司文艺类图书的市场份额保持第一，《额尔古纳河右岸》年销量突破 350 万册，累计销量超 500 万册，居 2023 年全国图书零售市场年

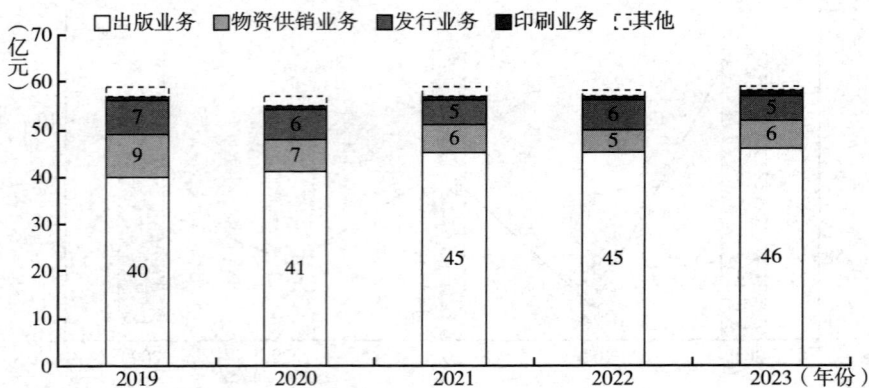

图 3　2019~2023 年中国出版各业务收入

资料来源：2023 年中国出版财报。

度销量、虚构类图书榜首；《欢迎来到人间》《星空与半棵树》《极简中国篆刻史》等一批新书热销。基础性出版第一品牌地位持续巩固，"百科三版"纸质版累计出版19卷，《中国佛教》（中英文卷）、《牛津高阶英汉双解词典》（第10版）、"清代诗人别集丛刊"（第二辑）、《中华大藏经（汉文部分）·续编》等基础性图书更好地服务国家文化知识体系建设。

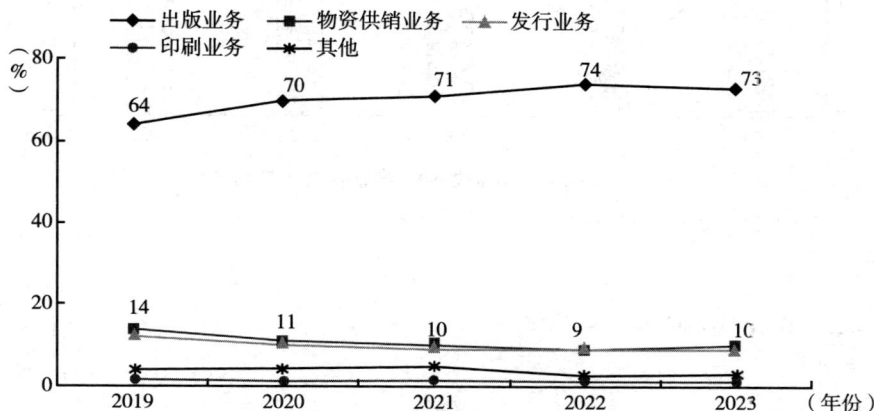

图4　2019~2023年中国出版各业务收入占比

资料来源：2023年中国出版财报。

（二）中文传媒：守正出奇，传统出版与新业态双轮驱动

中文传媒是全产业链布局的大型出版传媒公司。2010年12月21日，公司完成重大资产重组，借壳鑫新股份上市。中文传媒公司主营业务包括书报刊电子音像编辑出版、印刷发行、物资供应等传统出版业务；新媒体、在线教育、互联网游戏、数字出版、艺术品经营、文化综合体和投融资等新业态业务。

中文传媒营业收入与归母净利润较为稳定，发展前景乐观。公司主业经营稳步向好，保持竞争优势。2023年，中文传媒实现营业收入101亿元，同比下降1%（见图5）；实现归母净利润近20亿元，同比增长2%（见图6）。2023年，中文传媒营业收入同比下降主要由于公司大力转型，贸易收入占营业收入比重下降，公司传统的出版业务和发行业务增长良好。2023年，中文传媒实现出版业务收入41亿元，同比增长8%，占营业总收入的42%；实现发行业务收入60亿元，同比增长7%（见图7、图8）。

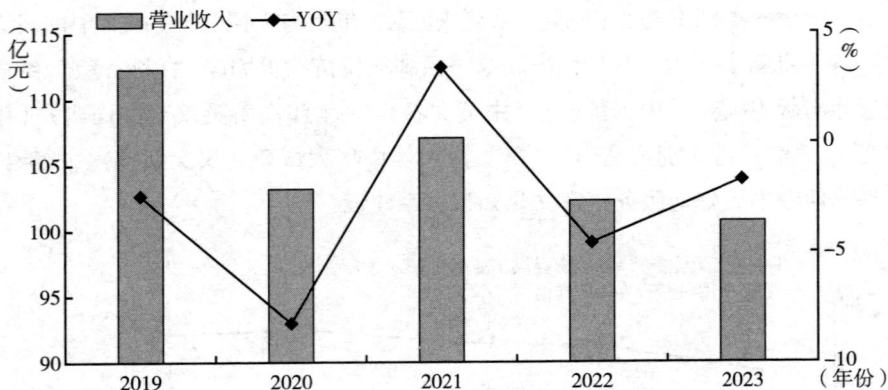

图 5 2019～2023 年中文传媒营业收入及其增长率

资料来源：2023 年中文传媒财报。

图 6 2019～2023 年中文传媒归母净利润及其增长率

资料来源：2023 年中文传媒财报。

中文传媒积极布局新业态。游戏方面，2014 年，公司通过收购游戏产业研发商布局海外手游市场，成功拓宽自身战略发展空间并取得优异回报，代表产品包括《开心农场》《列王的纷争》《奇迹暖暖》等，累计覆盖近 5 亿名玩家。教育方面，中文传媒是全通教育的实际控制人。全通教育旗下的教育信息化业务弥补了中文传媒战略发展方向的空缺，为公司发展增添了新动力。全通教育致力于教育信息化及信息服务多年，以基础教育家校互动服务起步，业务

图 7 中图例：
发行业务　出版业务　新业态　贸易收入
印刷包装业务　物流业务　其他　内部抵销

图 7 柱状图数据（纵轴：亿元）：

年份	发行业务	出版业务	新业态	贸易收入
2019	45	30	21	29
2020	50	34	18	19
2021	54	36	19	18
2022	56	38	15	15
2023	60	41	14	12

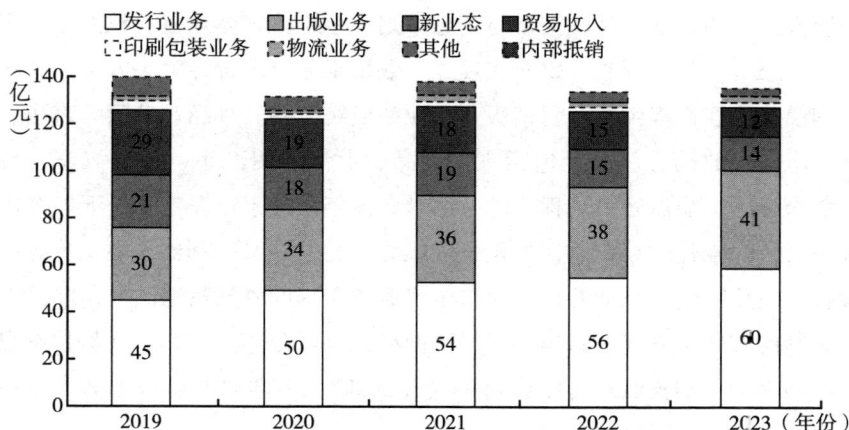

图 7 2019~2023 年中文传媒各业务收入

资料来源：2023 年中文传媒财报。

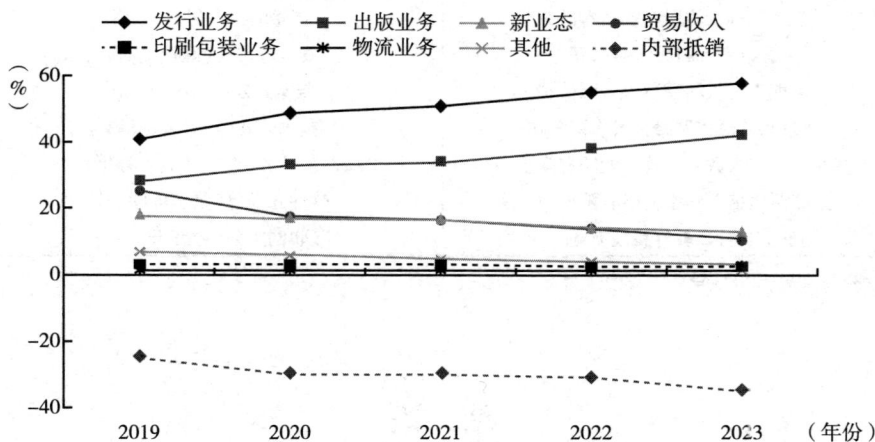

图 8 中图例：
发行业务　出版业务　新业态　贸易收入
印刷包装业务　物流业务　其他　内部抵销

图 8 2019~2023 年中文传媒各业务收入占比

资料来源：2023 年中文传媒财报。

逐渐发展至涵盖基础教育、家庭教育及教师继续教育等不同领域。营销方面，2024 年 3 月 19 日，中文传媒公司公告，拟以自有资金 6.41 亿元收购朗知传媒 58%的股份（对应整体估值 11 亿元），交易完成后，朗知传媒将成为中文传媒公司控股子公司，纳入合并报表。朗知传媒成立于 2013 年 5 月，是从事整合营销服务的公司，依托品牌策略与创意策划、全链路媒体运营，致力于为客户提供品牌公关、数字营销、媒介代理、大数据服务等综合性解决方案。公司采用直销模式为客户提供整合营销服务，业务横跨金融、食品、健康、汽车、快消品、电商、数码等领域，包括三全食品、上汽通用汽车、大众汽车、特斯拉、剑南春、大众点评、同程旅游、糯米、美年大健康、海尔、松下等企业。

中文传媒强化战略并购，外延投资成为公司发展又一利器。中文传媒以股权参投为主要手段，积极并购，寻求全产业链布局的外延机遇。公司陆续以混合所有制的方式设立江西新华瑞章物联网科技有限公司、北京芽芽科技有限公司、深圳市金版幼福数媒有限公司等（见表4），多样化的业务方向为公司发展注入全新动能。

表4　中文传媒投资布局一览

被参股公司	主营业务
江西新华瑞章物联网科技有限公司	物联网技术研发、应用
北京芽芽科技有限公司	技术开发等（跨境电商）
深圳市金版幼福数媒有限公司	技术开发等（AR图书）
北京兴欣时代网络技术有限公司	技术开发等（语言翻译）
江西中文传媒数字科技产业园有限公司	商务服务（数字产业园孵化）
江西纽倍奇网络传媒有限公司	软件开发等（纸笔屏联动）
北京中科行知教育科技有限公司	互联网服务（教育云平台）

资料来源：2023年中文传媒公告。

结　语

出版行业是成熟的传统行业。出版上市公司在稳健经营一般图书业务基础上，承担当地教材教辅出版发行任务，社会效益与经济效益并重。出版公司在保证股东回报基础上，与时俱进，积极探索数字化转型和第二增长曲线。

B.24
2023年中国视频行业上市公司分析报告[*]

夏嘉励　林起贤[**]

摘　要：　以PGC内容为主的长视频与以PUGC/UGC内容为主的中短视频在满足用户内容需求、商业模式、核心竞争力等方面均存在差异。在视频龙头上市公司中，芒果超媒作为国有新媒体领军公司，在长视频平台中率先实现赢利；快手用户社区健康发展，全面进入利润释放期；哔哩哔哩则实现了从二次元弹幕网站到青年PUGC视频社区的转变。各视频公司的用户规模、商业化在优质内容带动下仍在增长和增强，并积极探索出海以及推动前沿技术与内容相融合。

关键词：　视频上市公司　芒果超媒　快手　哔哩哔哩

一　中、长视频平台特点及差异

长视频平台、中短视频平台在满足用户内容需求、商业模式、核心竞争力方面均存在差异。

长视频平台主要为专业化制作及叙事完整的PGC内容，满足用户沉浸式娱乐的需求，重在深度。其以创作者为核心，内容生产门槛高、周期长、项目质量把控难度高，在变现上是以包括多渠道（PC、移动、IPTV、OTT）的广告、付费、版权分销以及IP运营为核心的二次变现。长视频平台并不具备双边网络效应，核心竞争力在于自建内容体系，以保证足够的内容供应及内容的独家性。

---

[*]　风险提示：本报告内容来源于公开信息渠道，不包含任何投资分析意见，仅供读者参考，不构成对任何人的投资建议。

[**]　夏嘉励，申万宏源研究互联网传媒分析师；林起贤，申万宏源研究互联网传媒首席分析师。

中短视频平台主要为以网红主播内容为代表的 PUGC/UGC 内容，满足用户打发碎片化时间和自我表达的娱乐需求，重在广度。其内容生产周期短、前置成本低，变现集中于"眼球时间"的一次性变现，包括广告、带货、直播。中短视频平台存在双边网络效应，核心竞争力在于形成用户和创作者的正反馈（底层是算法、社区运营和商业化能力）。

二 视频平台分析

（一）芒果超媒：国有新媒体领军公司，率先实现赢利的长视频平台

芒果超媒为 A 股稀缺的国有新型主流媒体公司，前三大股东均为国企。2023 年实现营业收入 146 亿元，同口径下同比增长近 5%（见图 1）；归母净利润 36 亿元，同口径下同比增长 91%（见图 2），其中包括递延所得税资产确认产生的非经常性损益 16 亿元。会员业务及广告业务为芒果超媒最核心的变现方式（见图 3），两者收入合计占比超过 50%（见图 4）；会员业务收入在内容及渠道拓展下持续增长，截至 2023 年底，有效会员数为 6653 万人；广告业务收入受外部因素影响有波动，但 2023 年已逐渐回暖，全年同比下滑 12%，较上半年降幅明显收窄，其中第四季度同比增长 16%，增速转正；运营商业务受到大屏整治影响，2024 年需关注变化。

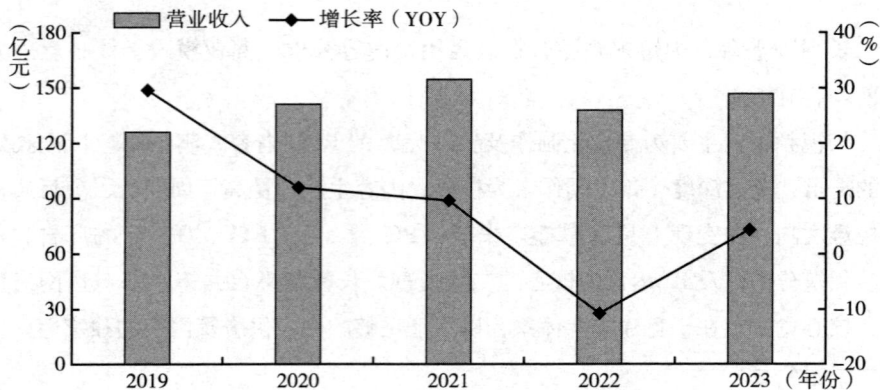

图 1　2019~2023 年芒果超媒营业收入及其增长率

资料来源：2023 年芒果超媒财报。

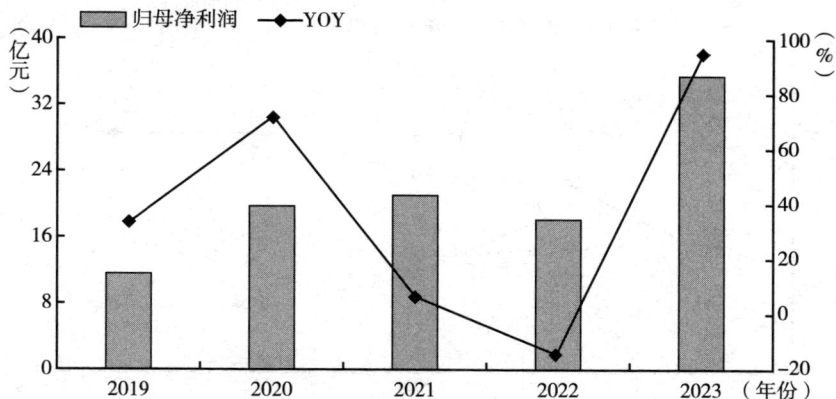

图2　2019~2023年芒果超媒归母净利润及其增长率

资料来源：2023年芒果超媒财报。

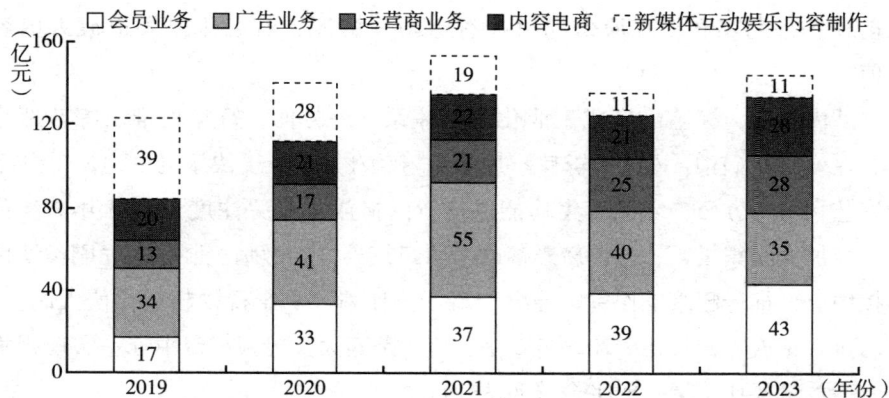

图3　2019~2023年芒果超媒各业务收入

资料来源：2023年芒果超媒财报。

芒果超媒的核心竞争力来自以下几个方面。第一，湖南广电近30年的内容自制历史和经验积累。第二，内容风控能力强，不少节目价值引领和娱乐属性并举，如《声生不息·港乐季》《花儿与少年·丝路季》分别献礼香港回归、"一带一路"倡议提出十周年等重要活动。第三，基于牌照优势开展的运营商业务，芒果超媒为湖南广电IPTV、OTT牌照的实际运营方，

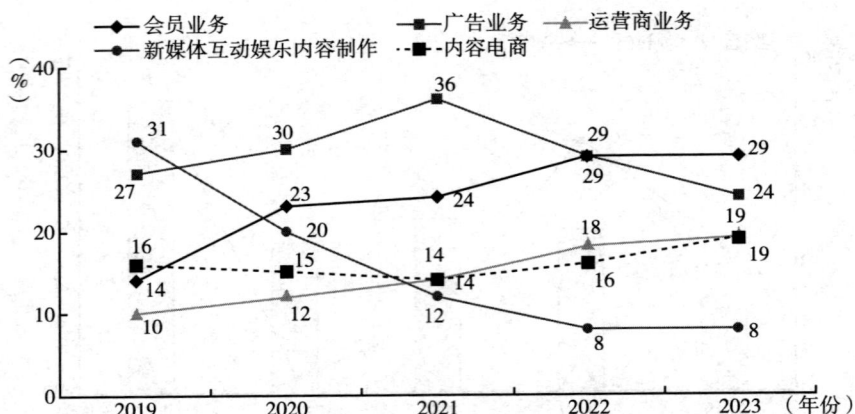

图4　2019～2023年芒果超媒各业务收入占比

注：因四舍五入，各业务收入占比总和有不为100%的情况，下同，此后不赘。
资料来源：2023年芒果超媒财报。

目前仅芒果超媒和新媒股份同时拥有这两张牌照，有助于多渠道放大内容价值。

从内容看，综艺已形成工业化生产体系。一方面，每年均推出综艺新品类，在《乘风破浪》《披荆斩棘》后推出《声生不息》《快乐老友记》等新系列综艺；另一方面，综艺续集均能保持较高播放量及关注度。2023年起，芒果超媒加大剧集投入，已创新影视剧团队组织架构和激励机制，成立剧类评估品控中心，推行超级工作室，推出"新芒S计划"和影视剧超级合伙人制度，并与抖音达成短剧合作。2023年，芒果TV是四大长视频平台中唯一实现剧集有效播放量同比正增长的平台（见表1）。

表1　爱奇艺、腾讯视频、优酷、芒果TV比较

项目	爱奇艺	腾讯视频	优酷	芒果TV
2023年广告业务收入(亿元)	62(YOY+17%)			35(YOY−12%)
2023年会员业务收入(亿元)	203(YOY+15%)			43(YOY+10%)
截至2023年末会员(万人)	10110	11700		6653
较期初净增加(万人)	−1860	−200		737
付费率(%)	23	29		25
会员月ARPPU(元)	15			5.7

项目	爱奇艺	腾讯视频	优酷	芒果 TV
2023 年剧集有效播放量（亿次）	1167（YOY-3%）	898（YOY-9%）	627（YOY-8%）	90（YOY+46%）
2023 年全网剧集有效播放 Top20	独播 5 部 +拼播 6 部	独播 4 部 +拼播 5 部	独播 4 部 +拼播 1 部	拼播 1 部
2023 年综艺有效播放量（亿次）	75（YOY-7%）	79（YOY-18%）	38（YOY+12%）	75（YOY+31%）
2023 年网络综艺有效播放 Top20	独播 5 部 +拼播 1 部	独播 6 部 +拼播 1 部	无	独播 8 部

资料来源：2023 年芒果超媒财报、爱奇艺财报、腾讯控股财报、QuestMobile、云合数据。

芒果超媒在出海和前沿技术探索方面更积极。2024 年，已经启动芒果 TV 国际 App 用户"倍增计划"，推动更多内容出海，加大节目模式输出力度，增加语言种类，加强海外运营商、电视台、应用商店合作等；已经组建专门的 AIGC 创新应用团队，先后推出 40 多项 AI 落地应用产品，并且已广泛应用于媒资运营、广告投放、会员互动、视频剪辑、内容生产等业务场景。

（二）快手："老铁"社区健康发展，全面进入利润释放期

快手 2019 年后通过激进获客、扩充内容以及极速版实现破圈，当前用户规模仍在扩张，并保持高黏性，截至 2023 年第四季度，MAU 为 7.0 亿人（见图 5），同比增长 9.4%；DAU 为 3.8 亿人，同比增长 4.5%；人均单日使用时长为 125 分钟（见图 6）。一方面，算法优化提升获客效率；另一方面，内容质量和丰富度亦在提升，快手在短剧上发力早，平台基础深厚，2023 年第四季度短剧付费用户同比增长 3 倍。

商业化方面，2023 年实现营业收入 1135 亿元，同比增长 20%（见图 7）。电商是当前商业化核心驱动力（见图 8），2023 年电商 GMV 为 1.18 万亿元，同比增长 31%，"公域+私域"的电商生态建设基本完成；电商私域主要激发用户更多付费意愿，提升下单频次；品牌电商增长强劲。广告主要由内循环电商广告驱动，由外循环助力恢复。直播受生态整治等影响，收入增长放缓。

快手持续推进降本增效，已进入利润释放期，2022 年第二季度实现国内

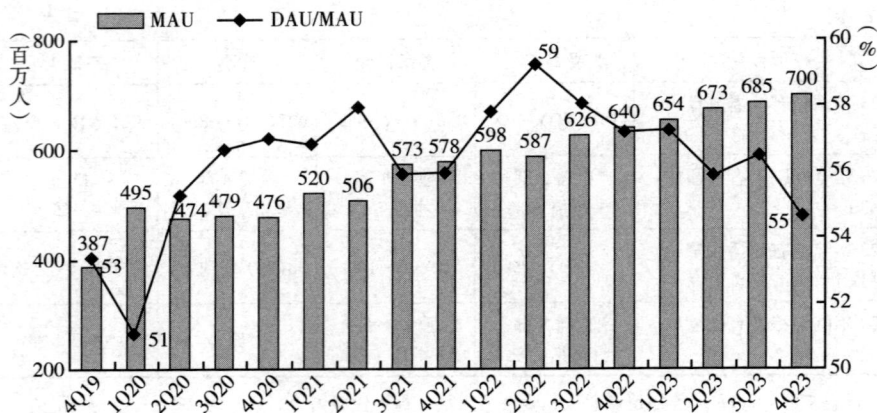

图 5　快手季度 MAU 及 DAU/MAU

资料来源：2023 年快手财报。

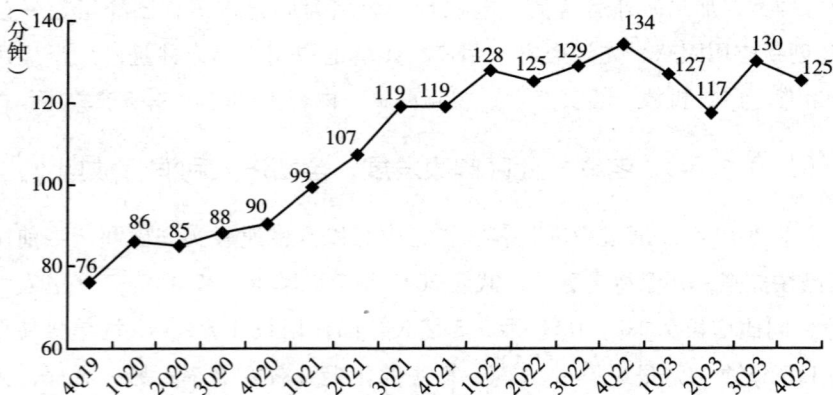

图 6　快手季度人均单日使用时长

资料来源：2023 年快手财报。

业务经营赢利；2023 年第二季度实现集团层面季度赢利，全年实现调整后净利润 103 亿元（见图 9），同比扭亏。

当前，快手出海聚焦巴西、印度尼西亚等核心市场，布局短剧、小游戏、体育等业务。2023 年，海外业务经营亏损收窄至 28 亿元（见图 10）。

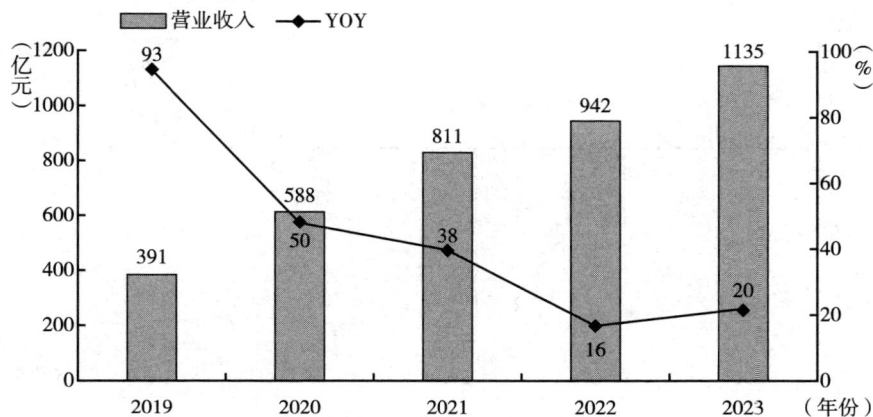

图7 2019~2023年快手营业收入及其增长率

资料来源：2023年快手财报。

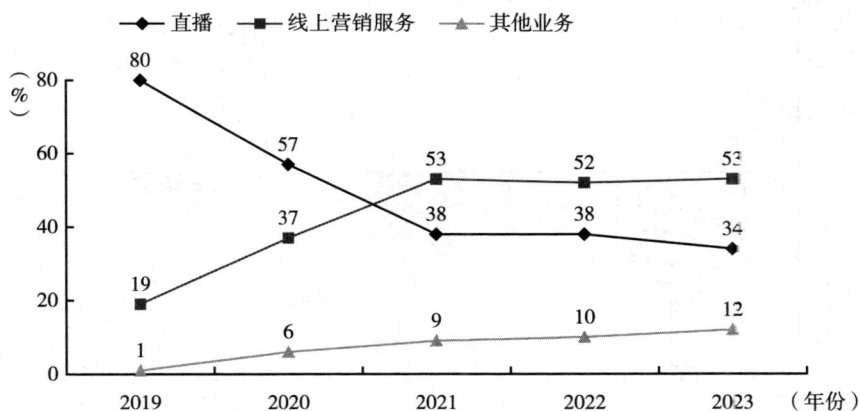

图8 2019~2023年快手各业务收入占比

资料来源：2023年快手财报。

（三）哔哩哔哩：从二次元弹幕网站到青年PUGC视频社区

哔哩哔哩（B站）以二次元弹幕视频网站起家，目前已成长为青年PUGC视频社区，内容涵盖生活、娱乐、科技等多品类。哔哩哔哩自2019年第三季

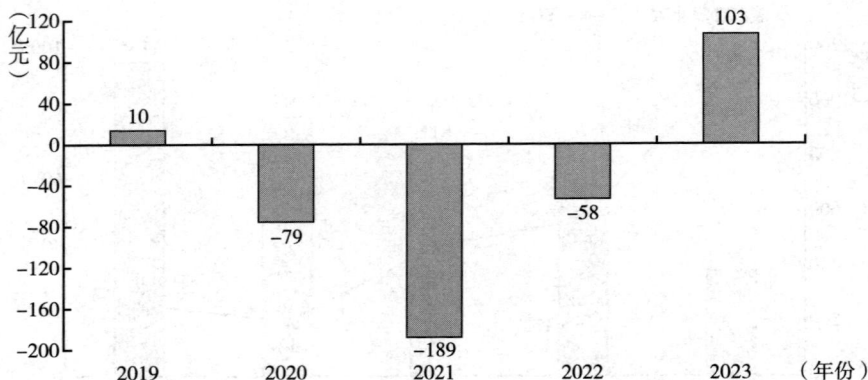

图9　2019~2023年快手调整后净利润

资料来源：2023年快手财报。

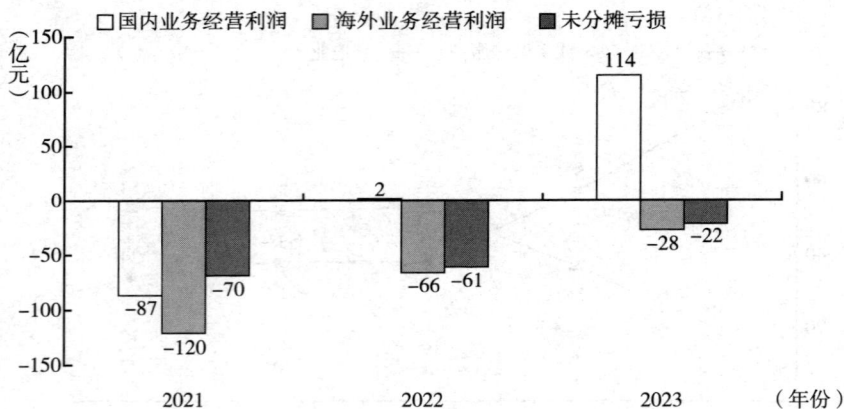

图10　2021~2023年快手国内、海外业务经营利润

资料来源：2023年快手财报。

度开始实施主动的用户获取策略，凭借2020年跨年晚会以及《后浪》等品宣活动成功出圈，MAU由2019年第四季度的1亿人+增加至2022年第四季度的3亿人+（见图11）；自2023年起用户目标由MAU调整至DAU，2023年第四季度DAU/MAU为30%，人均单日使用时长为95分钟（见图12）。

哔哩哔哩成功破圈，在保持用户增长的同时，仍维持较高黏性的原因包

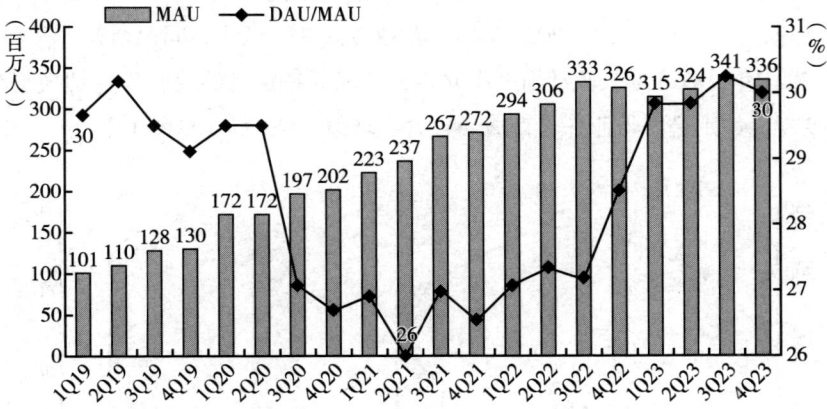

图 11　哔哩哔哩季度 MAU 及 DAU/MAU

资料来源：2023 年哔哩哔哩财报。

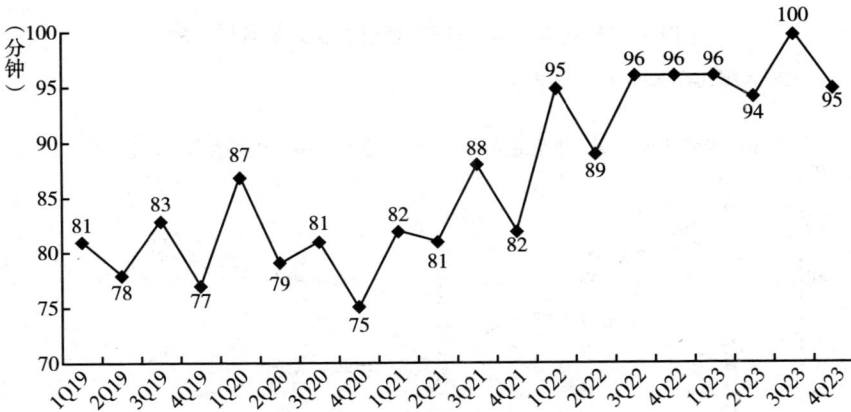

图 12　哔哩哔哩季度人均单日使用时长

资料来源：2023 年哔哩哔哩财报。

括：社区初始调性延展性强，并且是国内少有的陪伴核心用户成长的互联网产品，形成了强情感羁绊；内容伴随用户成长，随着用户从校园进入职场，求职、情感、家装等内容品类自然扩充；产品上推出 Story-Mode 竖屏模式，补充碎片化视频使用场景。

从商业化看，2019~2021 年为快速增长期，整体营业收入每年均保持 60% 以上的增速，此后增速放缓，2023 年实现营业收入 225 亿元，同比增长 3%（见图 13）；2023 年，收入增长驱动由二次元相关变现（特别是游戏业务）切换至泛视频类变现，特别是广告业务、直播（包含在增值业务中）（见图 14）。

图 13　2019~2023 年哔哩哔哩营业收入及其增长率

资料来源：2023 年哔哩哔哩财报。

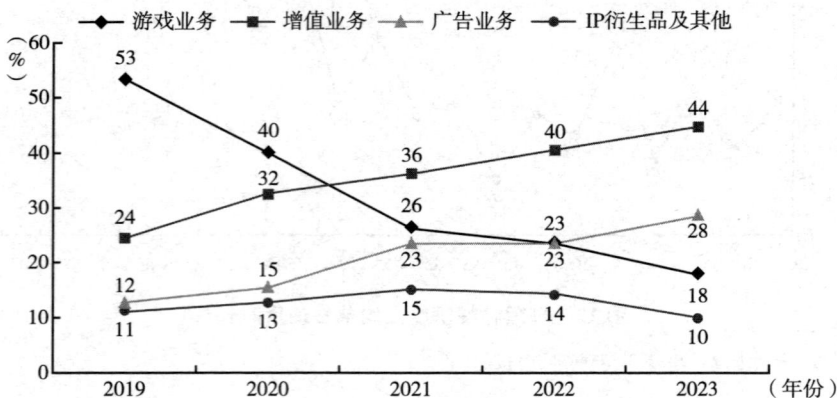

图 14　2019~2023 年哔哩哔哩各业务收入占比

资料来源：2023 年哔哩哔哩财报。

亏损及现金流均已改善。通过控制成本费用，毛利率截至 2023 年第四季度已实现连续 6 个季度环比提升；2023 年调整后归母净亏损为 34 亿元，同比收窄 49%（见图 15）；公司计划在 2024 年实现盈亏平衡。经营现金流 2023 年实现转正（见图 16）。

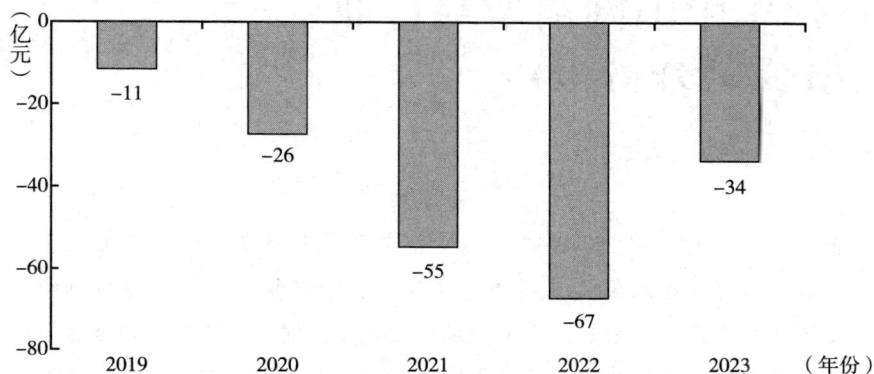

图 15　2019~2023 年哔哩哔哩调整后归母净利润

资料来源：2023 年哔哩哔哩财报。

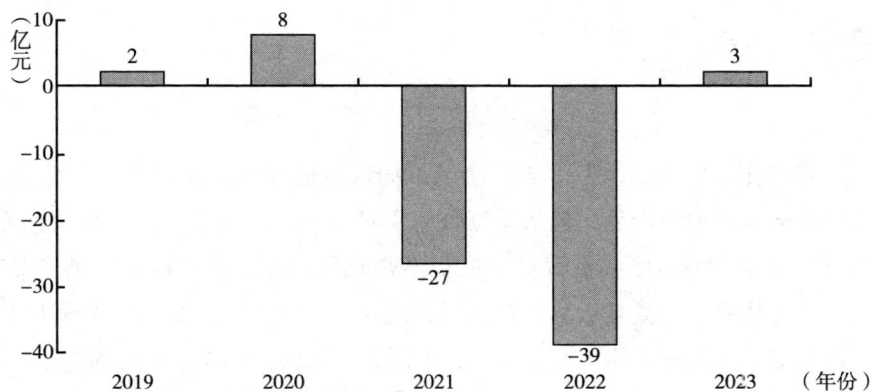

图 16　2019~2023 年哔哩哔哩经营现金流

资料来源：2023 年哔哩哔哩财报。

从整体来看，各视频公司回归竞争本源，长视频平台聚焦精品内容，带动会员付费持续增长，广告业务回暖；中短视频平台以运营为先，体现广告变现的相对优势，并发力电商；除主业以外，各平台亦在积极探索出海以及推动前沿技术与内容融合，把握下一个增长点。

B.25
2023年中国网络游戏行业
上市公司分析报告

卢丝雨　章驰　旷实*

摘　要：　2023年，中国网络游戏行业恢复明显，市场实际销售收入及用户规模皆有所回升，收入规模达到历史新高。版号恢复发放后，游戏供给端增加，优质产品数量有所增长，玩家选择更加丰富。同时，游戏厂商通过多端运营、长线运营等方式持续提升用户体验，行业内各公司积极探索新增赛道，提升自身在优势品类中的影响力。从细分领域来看，移动游戏收入恢复最显著，客户端游戏收入略有增长，出海方面收入则有所下滑。

关键词：　网络游戏　版号　移动游戏

　　游戏行业竞争激烈，但优质产品的市场认可度提升。2023年，网络游戏行业出现多款现象级产品，包括《崩坏：星穹铁道》《逆水寒》《晶核》等。2024年，中国游戏市场整体发展方向仍然是聚焦精品，预计以下两类产品有望取得领先优势：一类是玩法创新，形成新奇体验的产品，这类产品预计更多以小游戏等方式呈现，将玩法创意融合不同美术风格，形成差异化的竞争；另一类是聚焦高品质内容，凭借精致的美术建模、丰富且有深度的内容体验吸引玩家的产品。从游戏公司的角度来看，各个公司持续发力优势赛道，也积极拓展出海业务，收入多元化。

---

*　卢丝雨，广发证券发展研究中心传媒互联网高级分析师；章驰，广发证券发展研究中心传媒互联网高级分析师；旷实，广发证券发展研究中心传媒互联网首席分析师。

一 腾讯：持续发力大 DAU 产品，持续加码国际化

2023 年，腾讯游戏业务收入达到 1799 亿元（见图 1），腾讯在大 DAU 赛道上具备强大竞争力，在休闲竞技、MOBA 及战术竞技（"吃鸡"）品类上具备显著优势。这三类产品具备用户基数大、社交属性强的特点，是腾讯主要优势品类。2023 年，公司在大 DAU 赛道上持续发力，日活 500 万人的移动产品或日活超过 200 万人的客户端产品由 2022 年的 6 款提升至 2023 年的 8 款①。重点产品《元梦之星》持续发力休闲竞技赛道，增强自身在千万 DAU 以上品类产品的竞争力。

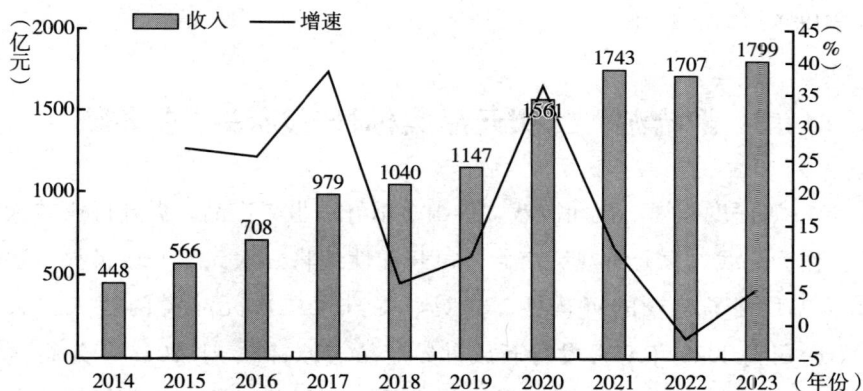

图 1　2014～2023 年腾讯游戏业务收入及其增速

资料来源：腾讯控股财报。

平台能力进一步加强，微信平台赋能小程序游戏发行。从市场规模看，小游戏市场规模在近年来迅速扩张，从 2021 年的 27.5 亿元、2022 年的 50 亿元一路增加至 2023 年的约 200 亿元②。微信作为小程序游戏主要的平台，为小程序游戏持续提供流量支持和开发便利，推动了小程序游戏生态的形成。

在国内游戏收入增长放缓的背景下，腾讯持续发力出海业务，海外市场收

---

① https：//www.tencent.com/zh-cn/investors.html.
② 中国音数协游戏工委、中国游戏产业研究院：《2023 年中国游戏产业报告》，2023。

入占比逐年提升，从 2021 年的 26.1%提升至 2023 年的 29.6%，海外市场收入在 2023 年达到 532 亿元（见表 1）。公司于 2021 年成立发行平台"Level Infinite"以强化自身发行能力，后续在海外市场推出《胜利女神：妮姬》等产品，海外发行的出色表现推动了腾讯游戏业务收入的提升。

表 1　2021~2023 年腾讯游戏地区收入及占比

单位：亿元，%

年份	国内游戏收入	海外市场收入	国内游戏收入占比	海外市场收入占比
2021	1288	455	73.9	26.1
2022	1239	468	72.6	27.4
2023	1267	532	70.4	29.6

资料来源：腾讯控股财报。

二　米哈游：二次元品类标杆，玩法寻求突破

米哈游深度布局二次元游戏，推出多款开放世界产品，提升行业"天花板"。作为一线二次元游戏厂商，公司开创性地将二次元与开放世界玩法融合，大幅增强了游戏的可玩性，并明显提升了二次元品类的收入"天花板"。公司于 2020 年 9 月发行开放世界产品《原神》、于 2023 年发行《崩坏：星穹铁道》，这两款产品对品类的增量贡献显著，推动细分领域收入大幅提升（见图 2）。

公司持续推进游戏工业化流程，游戏地图更新迭代速度稳步提升，完善的工业化体系保障产品内容更新节奏稳定。以《原神》为例，上线初期，地图更新通常为 2~3 个版本一次，而在上线一年后，2021 年起整体更新节奏稳定性大幅提升，通常 1~2 个版本即进行一次地图更新，游戏内容丰富度迅速提升。

此外，公司积极推动玩法转型，将擅长的二次元美术风格结合更加多样化的玩法及题材，进一步丰富游戏体验。储备产品《绝区零》主打都市题材动作冒险，题材玩法与《原神》及"崩坏"系列均有显著差异，成为公司突破自身品类、拓展新用户的重要产品方向。

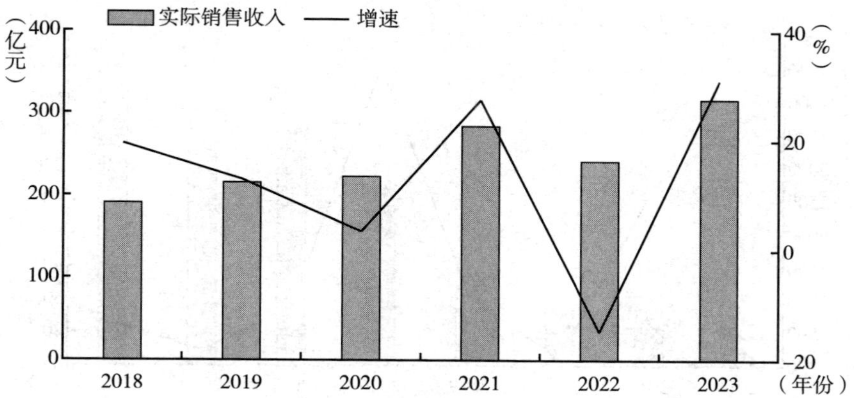

图2 2018~2023年中国二次元移动游戏实际销售收入及其增速

资料来源：中国音数协游戏工委、中国游戏产业研究院《2023年中国游戏产业报告》，2023。

三 神州泰岳：主攻SLG品类，游戏出海身位领先

神州泰岳于2013年收购天津壳木软件后正式进军游戏行业，经历两年品类探索后于2016年推出SLG手游《战火与秩序》，截至2017年末，全球流水保持月均1000万美元以上，从此公司明确SLG研发路线。壳木游戏研发的第三款SLG手游《旭日之城》于2018年上线并取得成功，流水迅速增长。自2022年起，壳木游戏基本稳定处于data.ai中国游戏厂商出海收入排行榜Top10，稳居出海SLG厂商第一梯队。公司收入稳定增长，从2016年的2.88亿元增加至2023年的44.98亿元（见图3）。根据2023年data.ai中国游戏厂商出海收入排行榜，壳木游戏在全厂商中排名第七，在专注SLG的厂商中排名第五，仅次于点点互动（世纪华通）、三七互娱、莉莉丝和IM30。

王牌游戏持续运营，2023年表现亮眼。《战火与秩序》《旭日之城》是壳木游戏目前的主力游戏，二者合计流水占比达95%。其中，《战火与秩序》季度流水稳定在2亿~3亿元，《旭日之城》季度流水稳定在6亿元以上，且仍有提升趋势。2023年《战火与秩序》居于Sensor Tower出海游戏收入排名的第20~第25，《旭日之城》处于前10名，壳木游戏基于持续性的产品调优和高频迭代能力形成了长周期稳健运营优势。

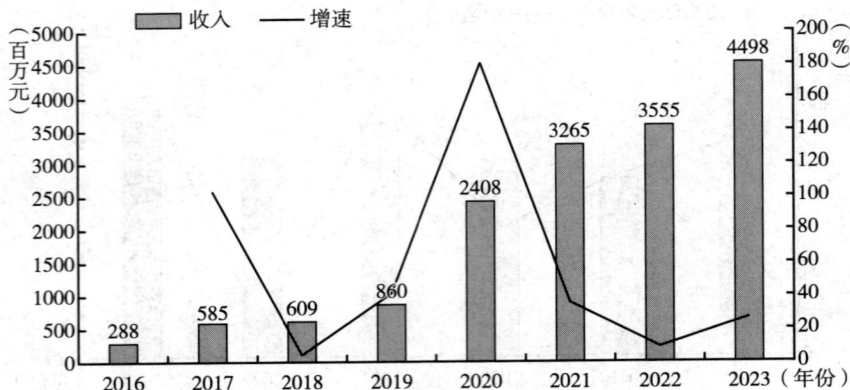

图 3　2016~2023 年壳木游戏收入及其增速

资料来源：神州泰岳公司财报。

　　坚持 SLG 品类同时融合新玩法。壳木游戏在 2024 年将上线 2 款融合玩法 SLG 新品，其中一款为科幻题材产品《代号 DL》，主打"SLG+模拟经营"，研发时间超过 2 年，科幻题材与玩法融合将和现存产品形成一定差异化。另一款储备 SLG 游戏为《代号 LOA》，预计也将贡献一定的业绩增量。

四　三七互娱："双核+多元"产品战略形成

　　三七互娱前期聚焦 ARPG 和 MMORPG 赛道，2019 年起，确立"精品化+多元化+全球化"战略。"精品化"战略体现在加大研发，提升游戏研发品质，2021 年上线的自研手游《斗罗大陆：魂师对决》首月流水突破 7 亿元。"多元化"战略，即形成 MMO、"SLG 双核+多元"产品战略。"全球化"战略从2012 年页游出海开始实施，2020 年上线的 *Puzzles & Survival* 在海外发行区域、品类和收入方面都取得了里程碑式的突破。

　　公司收入增长稳健，游戏收入从 2015 年的 41.84 亿元增加至 2022 年的162.31 亿元（见图 4）。分产品看，手游收入从 2015 年的 5.14 亿元增加至2022 年的 156.32 亿元，自 2019 年起手游收入占总游戏收入的比重稳定在90%以上。分地区看，海外游戏收入从 2015 年的 3.56 亿元增加至 2022 年的 59.94亿元（见图 5），2022 年出海市占率约为 7.4%。

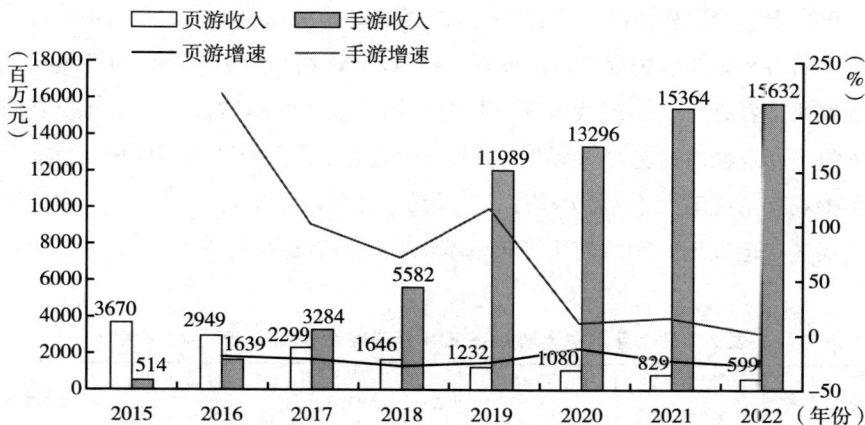

图4 2015~2022年三七互娱页游、手游收入及其增速

资料来源：三七互娱公司财报。

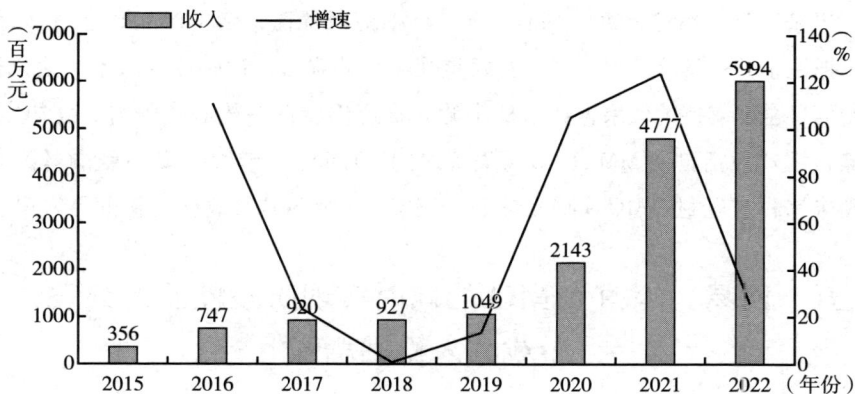

图5 2015~2022年三七互娱海外游戏收入及其增速

资料来源：三七互娱公司财报。

公司游戏精品化步伐加快，2023年主要上线游戏表现稳定。其中，2021年上线的老游戏《斗罗大陆：魂师对决》和2023年发布的新游戏《凡人修仙传：人界篇》2023年平均排名稳定在iOS游戏畅销榜第80左右，2023年发布的新游戏《最后的原始人》《霸业》平均排名稳定在前150（见表2）。游戏出海方面，根据2023年data. ai中国游戏厂商出海收入排行榜，三七互娱在全厂商中排名第三，仅次于米哈游和腾讯。三七互娱多样的产品来源以及丰富的产品矩阵构成了优质产品力和海外市场竞争力，*Puzzles & Survival* 2023 年稳居 Sensor Tower 出海游戏收入排名前 10。小游戏方面，行业市场规模持续高增长。三七互娱复用流量竞争中高效触达的能力，凭借信息流营销能力使产品触达更多用户。目前，主力小游戏有《寻道大千》《灵魂序章》《无名之辈》《叫我大掌柜》。其中，原生小游戏《寻道大千》2023 年下半年基本稳定在微信游戏畅销榜首。

表 2　三七互娱主要游戏在 iOS 游戏畅销榜 2023 年平均排名

游戏名称	《斗罗大陆：魂师对决》	《叫我大掌柜》	《小小蚁国》	《最后的原始人》	《凡人修仙传：人界篇》	《霸业》
平均排名	82	154	110	121	73	143

资料来源：七麦数据。

未来，公司深耕 MMO、SLG、卡牌、小游戏赛道，储备产品数量较多，进一步把握小游戏发展机遇。三七互娱重视小游戏赛道，达到业务战术快速执行、中台信息全面支持的效果，在未来小游戏赛道仍能保持核心竞争力。公司主要的储备游戏包括自研 MMORPG《失落之门：序章》、卡牌《龙与爱丽丝》等，代理未来科技题材 MMO《曙光计划》、魔幻 Q 版 SLG《故土与新世界》等。

五　网易：深耕 MMO 的同时实现阶段性品类突破，游戏收入稳健增长

网易游戏品类全面，长线运营能力突出，在回合制 MMO、SLG、二次元卡牌等品类均有强势作品。凭借"梦幻西游"系列端游奠定了回合制 MMO 领域的地位，端游转手游后又推出现象级 SLG 手游《率土之滨》、二次元"CCG+RPG"手游《阴阳师》、出海标杆 FPS《荒野行动》等产品。

2023 年，网易维持优势领域竞争力的同时，在不同品类上实现了突破性进展。以不卖数值、玩法自由、人均小额付费模式为特色的《逆水寒》实现了 MMO 品类的突破，《巅峰极速》凭借极致的写实感、流畅的操作体验和简洁的美术风格成为竞速手游中的黑马，《全明星街球派对》增强了网易在体育

竞速游戏上的影响力。

2023年，网易游戏收入实现稳健增长，游戏及相关增值服务净收入为816亿元，占网易总营业收入的78.8%，同比增长9.4%。其中来自在线游戏的净收入约占该部分净收入的92.9%，来自手游的净收入约占在线游戏净收入的75.2%，占比的增加主要得益于《蛋仔派对》《逆水寒》等手游的净收入占比增加，来自端游的收入略有回落（见图6）。

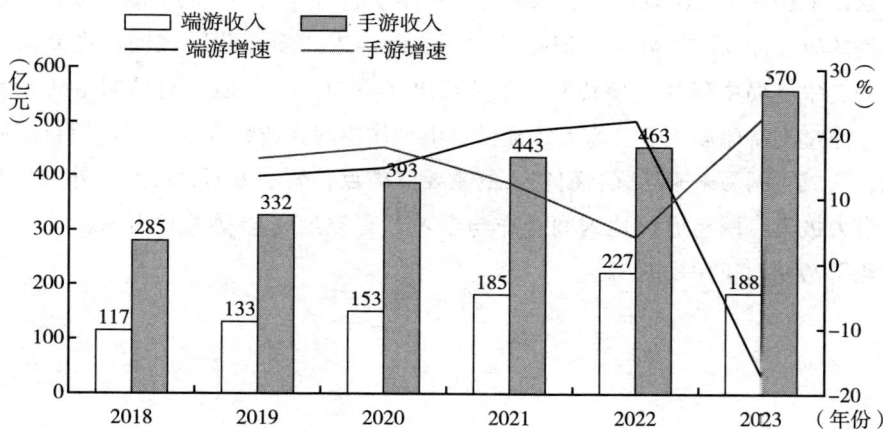

图6　2018~2023年网易手游及端游收入及其增速

资料来源：网易年报数据。

2023年，网易多款游戏表现亮眼，注重产品储备、技术自研与海外布局。2023年，网易多款自研游戏抢占休闲派对、MMO、竞速、篮球、乙女等细分赛道第一名。《蛋仔派对》以超5亿名注册用户、4000万人峰值DAU稳居派对游戏榜首，助力网易实现大DAU突破；2023年网易第四季度财报显示，《逆水寒》已突破1亿名活跃用户，打破多项MMO纪录；《梦幻西游》《世界之外》《全明星街球派对》《巅峰极速》等均位于iOS游戏畅销榜年平均排名前列（见表3）。

表3　网易主要游戏在iOS游戏畅销榜年平均排名（截至2024年3月5日）

游戏名称	《逆水寒》	《梦幻西游》	《蛋仔派对》	《世界之外》	《全明星街球派对》	《巅峰极速》
平均排名	4	8	12	26	36	43

资料来源：七麦数据。

网易有着丰富的产品储备。由金庸 IP 改编的武侠开放世界 RPG《射雕》公测定档 2024 年 3 月 28 日，多平台开放世界武侠 MMO《燕云十六声》《永劫无间》手游均已获批版号，2024 年网易有望在武侠品类实现质与量的突破。此外，网易自研游戏《突袭：暗影传说》《零号任务》《七日世界》和代理游戏《幻想生活》《劲舞团：全民派对》等均已获批版号，保障收入稳健增长。

未来，公司将持续进行品类突破，加强海外投资与自研工作室布局。网易长期以来积累了强创新能力，未来可进一步填补薄弱品类上的空缺，或将成熟品类的研发经验与优势融入新品类中，从而推进"多元化"战略，在复杂多变的竞争格局中保持竞争优势。在游戏出海方面，一方面，网易储备研发实力，通过支持原创项目、为人才提供自由创作空间，或将推出更多优质自研游戏，这成为网易未来增强自研实力的主要突破点；另一方面，目前海外增量市场潜力极大，网易通过地区间合作与学习，有望加速推动游戏出海，为"全球化"战略打下坚实基础。

B.26
2023年中国广电行业上市公司
分析报告

旷实　叶敏婷*

摘　要：　2023年，在智慧广电和数字中国战略的引领下，广电5G建设持续向前推进，政府出台一系列政策，旨在规范和促进广电行业的健康发展，进一步加快媒体与技术的融合。中国有线电视用户规模呈现趋于稳定的态势，高清化和智能化趋势也日益明显，将进一步推动有线电视行业朝更加数字化、高品质和智能化的方向迈进，给行业带来更加可观的发展机遇和前景。

关键词：　广电行业　智慧广电　数字中国

一　广电行业发展基本情况

（一）有线电视行业面临挑战，用户数量趋于稳定

近年来，中国有线电视行业面临挑战。尽管经过几十年的发展，中国有线电视行业已形成覆盖全国的数字化双向网络和庞大的用户群体，但是随着视听新媒体，如交互式网络电视（IPTV）、互联网电视（OTT）和网络视频的迅速发展，以及视听终端的多样化，传统有线收视业务受到冲击。国家统计局发布的数据显示，2023年，有线电视实际用户达到2.02亿户，其中有线数字电视实际用户为1.93亿户，相较于2022年增加了0.03亿户（见图1），这一数据扭转了持续的用户下滑趋势，整体用户数量趋于稳定。

---

*　旷实，广发证券发展研究中心传媒互联网首席分析师；叶敏婷，广发证券发展研究中心传媒互联网资深分析师。

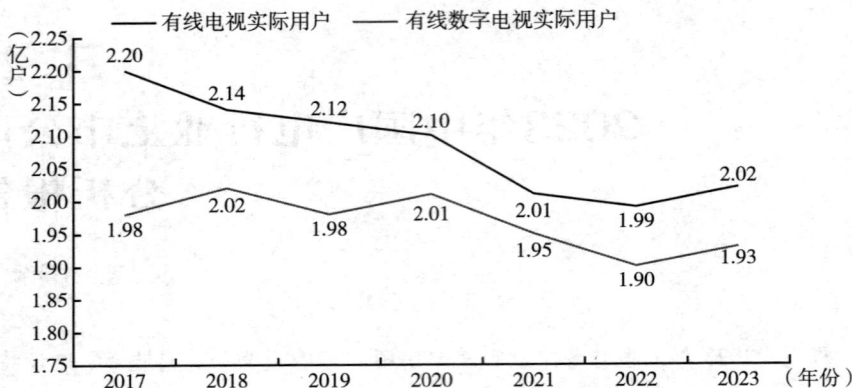

图1 2017~2023年中国有线电视用户数

资料来源：国家统计局。

（二）IPTV及OTT市场稳定增长，增速有所放缓

IPTV市场整体稳步增长，渗透率仍有提升空间。根据工信部《2023年通信业统计公报》，三家基础电信企业发展IPTV的总用户数达到4.01亿户，但增长速度逐年下滑（见图2）。同时，固定互联网宽带接入用户数为6.36亿户，IPTV用户渗透率小幅下降至63%。

OTT方面，2023年4月，国家进一步加强对互联网电视牌照的管理，以确保互联网电视行业的有序发展和合规运营。这一举措意味着OTT行业将迎来新的变局，牌照方的市场地位将进一步凸显。根据勾正数据，2023年上半年，OTT激活用户数增长率超过IPTV，达到13.4%[①]。这一增长趋势表明，随着文化与科技的深度融合以及对跨屏智慧营销和垂类运营的探索，OTT的多元化运营潜力将进一步凸显，其营销价值也将进一步放大。OTT行业正处在蓬勃发展的阶段，未来有望成为数字娱乐领域的重要一环。2013~2023年IPTV、OTT及有线电视激活用户数变化情况如图3所示。

[①] 《持续增长！2023H1 IPTV激活用户数近4亿户，OTT激活用户数上涨超IPTV》，流媒体网，2023年10月12日，https://lmtw.com/mzw/content/detail/id/228555/keyword_ id/-1。

图2　2019~2023年IPTV用户变化情况

资料来源：工信部。

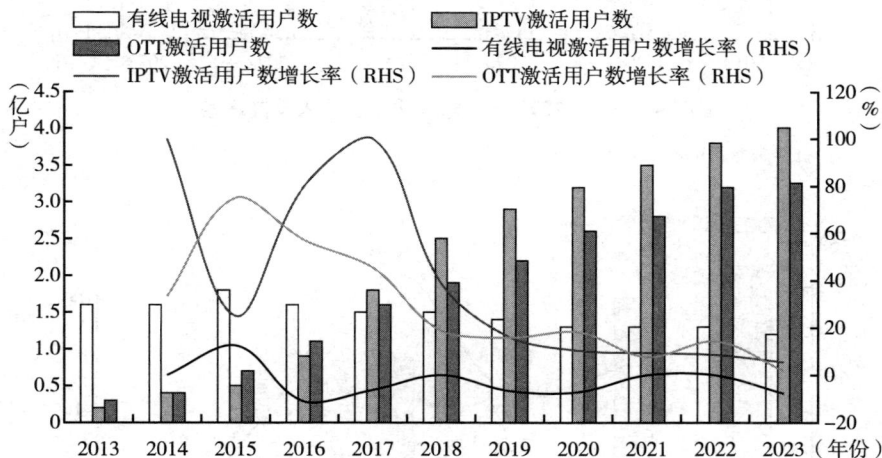

图3　2013~2023年中国三类电视激活用户数变化情况

资料来源：勾正数据、工信部、流媒体网。

二 广电行业和主要上市公司经营业绩情况

2023年，广电行业实现营业收入438.61亿元，同比下降2.73%（见图4）。净利端，2023年，板块合计归母净利润为-15.83亿元，与2022年的6.03亿元相比大幅下降，由盈转亏（见图5）。从扣非归母净利润看，2023年，广电行业扣非归母净利润为-28.32亿元，同比下降81.26%，亏损同比扩大（见图6）。

图4 2018~2023年广电行业营业收入及其增速

资料来源：Wind。

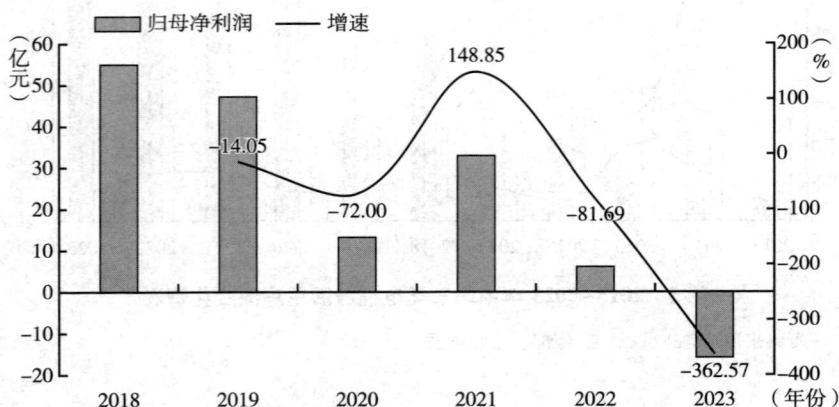

图5 2018~2023年广电行业归母净利润及其增速

资料来源：Wind。

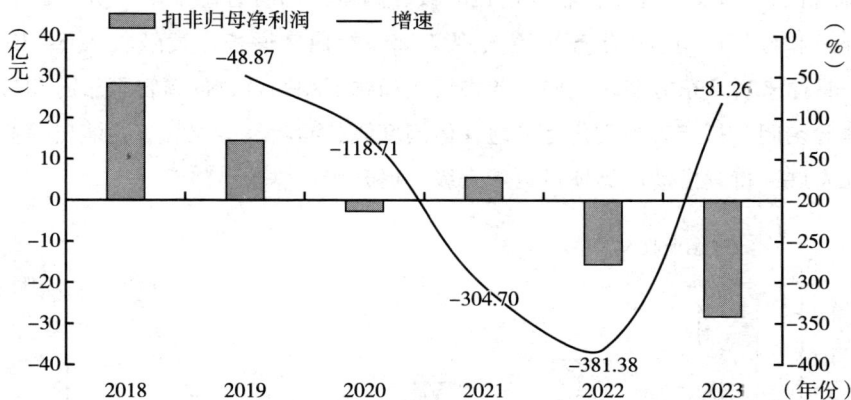

图6 2018~2023年广电行业扣非归母净利润及其增速

资料来源：Wind。

本文选取东方明珠、华数传媒、歌华有线、江苏有线、贵广网络、电广传媒、吉视传媒、天威视讯、湖北广电、广电网络、广西广电和新媒股份12家广电上市公司进行分析。

从各家广电上市公司的收入端来看，传统广电业务和新业务进一步分化。一方面，多家公司的传统广电相关业务收入持续承压。例如，根据湖北广电2023年年报，湖北广电的电视业务收入7.17亿元，同比下滑14.61%，占总收入的34.76%，宽带收入2.88亿元，同比下滑30.21%，占总收入的13.98%。根据贵广网络2023年年报，贵广网络的基本收视业务收入5.20亿元，同比下滑19.27%，占总收入的28.63%，数据业务收入7.30亿元，同比下滑8.04%，占总收入的40.18%，工程及安装收入3.29亿元，同比下滑68.88%，占总收入的18.12%。

另一方面，不少广电公司已具有非传统广电业务成为业绩新增长点的特点。新业务的贡献在不同程度上改善了传统广电业务收入下滑的情形，东方明珠、华数传媒和新媒股份等2023年营业收入实现增长的公司，非传统广电业务均健康增长。例如，东方明珠依靠文旅业务的强劲增长，实现了公司整体收入的健康增长。根据东方明珠2023年年报，东方明珠2023年实现营业收入79.73亿元，同比增长18.9%（见图7），其中文旅业务收入14.62亿元，同比大幅增长 214.8%，为整体收入增长的核心因素，同时智慧广电业务（融合媒体业务和智慧广电 5G 业务）也实现 7.95% 的稳健增长，贡献收入 52.10 亿元。具体来看，东方明珠文旅业务将线上和线下相结合，创新智慧旅游和沉浸式体验空间，打造时尚文化打卡地，休闲度假、酒店及会议、演艺演出等业务多元发展，持续推动产品项目更新升级，提升用户体验。

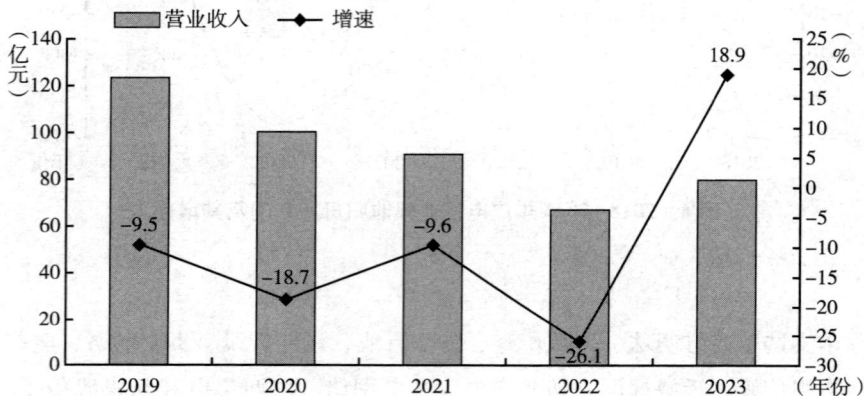

图 7　2019~2023 年东方明珠营业收入及其增速

资料来源：东方明珠历年公司年报，Wind。

华数传媒 2023 年营业收入继续保持稳健的增长。根据华数传媒 2023 年年报，华数传媒 2023 年实现营业收入 97.07 亿元，同比增长 3.4%（见图 8），营业收入连续多年稳健增长在一定程度上得益于公司均衡的业务构成，主要包括有线电视网络与宽带业务、智慧城市数字化业务以及全国新媒体业务等。目前，华数传媒正加大集团客户和智慧城市数字化业务的发展力度，积极开拓全国新媒体市场，形成智家、科技、新媒体"三大板块"协同推动产业升级。以智慧城市数字化业务为例，2023 年实现收入约 34.47 亿元，同比增长 7.89%，中标百万级以上项目 658 个，合计金额 29.8 亿元，同比增长约 12%，从安防、文旅、教育、交通等多个领域推动全省数字化改革。

新媒股份作为新媒体运营商，以 IPTV 和 OTT 运营为主业，并探索内容版权的多元变现模式。根据新媒股份 2023 年年报，新媒股份 2023 年实现营业收入 15.23 亿元，同比增长 6.6%（见图 9）。其中，IPTV 基础业务收入 8.09 亿

图8　2019~2023年华数传媒营业收入及其增速

资料来源：华数传媒历年公司年报，Wind。

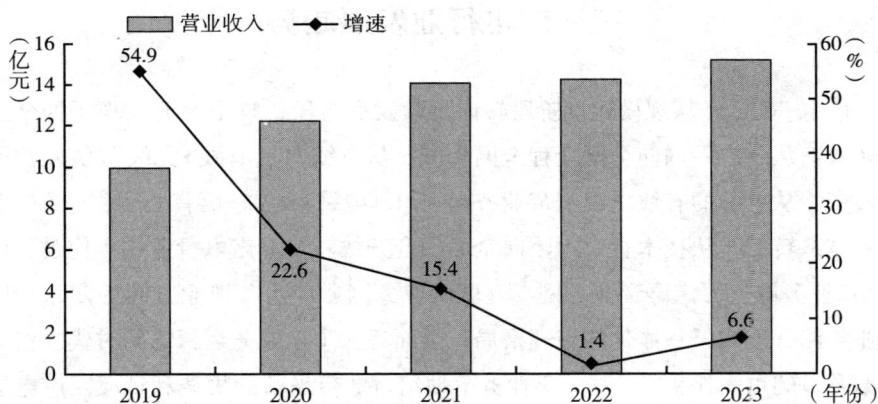

图9　2019~2023年新媒股份营业收入及其增速

资料来源：新媒股份历年公司年报，Wind。

元，同比增长9.14%，在线上线下联动营销推广下，"喜粤TV"的品牌影响力得到进一步提升。互联网视听业务收入6.06亿元，同比增长7.31%，其中广东IPTV增值业务收入4.00亿元，同比增长6.98%，集成多家头部内容平台的优质内容，打造精品化内容，用户活跃度和消费时长等得到有效提高与延长；互联网电视业务收入2.05亿元，同比增长7.96%，"云视听"系列App全国有效用户数达到2.5亿户，同比增长5%，服务的有效智能终端数量达到

2172 万台，同比增长 22%。内容版权业务收入 8934.80 万元，同比下降 15.03%，主要由于内容版权投资及回报的周期性和不确定性。

多家广电上市公司拥有较充裕的账上现金，因此也积极通过投资布局更多新领域。例如，新媒股份积极投资生产互联网微短剧，联合内外制作机构和 IPTV 联盟单位，增强短剧精品化生产能力，探索投资创作新模式。华数传媒积极投身于低空经济新业态，将自身具备的基础能力、网格服务能力、宣传平台和渠道等特点与优势，应用于城市数智治理、应急安全、文旅等领域。东方明珠 2023 年完成了对老凤祥的股权投资，深化"消费+文化""时尚+文化"产业合作，双方加强在品牌、资源等方面的多元合作，带动流量和消费变现，同时东方明珠参与设立投资基金，并认购中经社股权，加强文化产业战略布局。

三　广电行业发展趋势

广电 5G 已经从规模建设阶段转向运营发展阶段，整个行业实现了四个关键转变：从一省一网向全国全程全网转变、从有线向"有线+无线"的双向网络转变、从单一的有线电视宽带业务向"5G+电视+宽带+语音+内容"的新型服务体系转变、从技术相对封闭向全面融合开放转变。广电行业逐步构建了广电 5G 业务网、固定语音业务网、互联网业务网、广播电视业务网等四张全国性业务网，形成了一体化的管理格局，全面迈入了全业务运营的新时代。作为转型升级的重大抓手，广电 5G 业务落地给行业带来新的机遇和挑战。广电进入基础电信业务市场，将面临更加严格的政策法规监管及激烈的市场竞争。

生成式人工智能（AIGC）技术在视频生产方面的应用主要涵盖视频自动编辑、视频自动生成以及文字生成视频等领域，其主要优势在于能够大幅缩短视频制作时间。AIGC 已经深度融入新媒体内容体系，大型模型有望突破现有框架，对原有的内容生产模式产生重大挑战。新技术的广泛应用有望推动"传媒"向"智媒"转变。

B.27
有效加速主义 VS 超级对齐：关于 AI 大模型发展的价值逻辑

喻国明　金丽萍*

摘　要：　有效加速主义与超级对齐作为大模型发展和治理的一体两面，并非线性对立而是动态博弈、相辅相成。基于 AI 大模型价值对齐现状与困境，本文首先提出应以复杂范式重新审视对齐理念，用韧性对齐的宽频、范围、动态控制取代单一标准的静态对齐。其次，对齐在实践中作为复杂性系统工程，存在底线与高线之分；价值框架与结构对齐关乎具体规则，不同国家、民族、文化可因地制宜进行构建与调整；功能性价值对齐则强调根据服务对象、具体场景进行灵活调整。最后，对齐目标随时间、空间的复杂流动而变化，存在目标控制、过程控制、细节控制等不同层级。复杂系统范式下的价值对齐，核心在于厘清人类智能与人工智能的边界，达到一种可对话、可调整、可控制的状态。

关键词：　大模型　超级对齐　有效加速主义　生成式人工智能治理　复杂性范式

一　天平的两端：有效加速主义还是超级对齐

随着 ChatGPT 以前所未有的速度渗透进各行各业，生成式人工智能正在逐渐成为社会系统的技术基座，AI 风险治理成为全球重要议题①。发展与治理

---

* 喻国明，北京师范大学新闻传播学院教授、学术委员会主任、传播创新与未来媒体实验平台主任、中国新闻史学会传媒经济与管理研究委员会理事长；金丽萍，北京师范大学新闻传播学院传播创新与未来媒体实验平台研究助理。
① 《无条件加速还是"超级对齐"狂奔中的大模型遇治理难题》，《21 世纪经济报道》2024 年 1 月 5 日。

之间的步调逐渐失调，出现了提倡无条件加速技术创新的"有效加速主义"（Effective Accelerationism）和 AI 得在各种环境下符合人类价值观的"超级对齐"（Superalignment）两大阵营。

"加速主义"理念认为"资本主义阻碍了技术的发展，应当通过技术发展来埋葬资本主义，发展出新的人类社会形态"①。20 世纪八九十年代，尼克·兰德转变左翼加速主义者的斗争观念，提出技术与资本之间已经耦合为螺旋加速状态，要想完成彻底的加速革命，需要在资本主义逻辑中加速前进，通过资本主义的矛盾引致其自我毁灭来克服它②。一些硅谷精英发起的科技价值观运动"有效加速主义"可被视为加速主义思想的延续，该理念认为人类应该无条件地加速技术创新以颠覆社会结构，而这种对社会的颠覆本质上对人类有利。

与有效加速主义全力推进科技进步观念形成对比的是"价值对齐"，对齐（Alignment）是指模型的响应符合人类意图，并和人类价值观保持一致性③。这一主张展现对技术公共效益、伦理讨论、人文价值的重视，并在 AI 研发过程中引入人文的价值判断，确保 AI 技术不会失控。人类自身价值的复杂性、AI 模型的不确定性使 AI 模型按人类价值行事存在困难④。OpenAI 首席科学家 Ilya 在 OpenAI 内部启动"超级对齐"计划，旨在构建一个与人类水平相当的自动对齐研究器，将对齐行为交由自动系统完成，以应对更智能的超级系统可能出现的风险⑤。

目前，"有效加速主义"与"超级对齐"两大阵营的对立与纷争，本质上是技术发展与治理安全之间的矛盾。有效加速主义与超级对齐作为大模型发展与治理的一体两面，并非线性对立而是动态博弈、相辅相成。一方面，对齐是确保 AI 大模型朝可信、负责、向善发展的重要基础与保障；另一方面，AI 大模型技术的不断发展为解决价值对齐提供更多路径与资源。

① 《有效加速还是超级对齐?》，"经济观察报"百家号，2023 年 12 月 4 日，https：//baijiahao. baidu. com/s？id=1784345647048370255&wfr=spider&for=pc。
② 《AI 技术政治（下）：加速主义、超级个体与解放机器》，澎湃新闻，2024 年 2 月 29 日，https：//www. thepaper. cn/newsDetail_ forward_ 26465937。
③ T. H. Shen et al.，"Large Language Model Alignment：A Survey"，ProQuest，https：//www. proquest. com/working-papers/large-language-model-alignment-survey/docview/2869393583/se-2.
④ 矣晓沅、谢幸：《大模型道德价值观对齐问题剖析》，《计算机研究与发展》2023 年第 9 期。
⑤ 《有效加速还是超级对齐?》，"经济观察报"百家号，2023 年 12 月 4 日，https：//baijiahao. baidu. com/s？id=1784345647048370255&wfr=spider&for=pc。

二　AI 大模型的发展困境：有效加速下的价值对齐遭遇挑战

（一）对齐的重要性：控制与应对多元风险

AI 大模型所引发的真问题，关乎技术与非技术等多元层面，除技术本身，非技术层面的问题反映出社会主体对于技术发展认知的探索性反应。AI 大模型带来的各种风险具有高度不确定性，本文将 AI 大模型风险按时间逻辑划分为短期风险和长期风险。

1. 短期风险

在模型训练维度，存在数据规范和质量风险，包括目前出现的对数据的不法获取、对训练数据的不当使用，以及数据质量不高所造成的内容失范以及信息偏差[①]。

在生成内容维度，一是错误信息问题。例如，AI 大模型容易出现与现实世界信息相矛盾的事实性幻觉，或者生成内容与用户指令、上下文不一致的忠实性幻觉[②]。二是算法歧视问题。由于缺乏清晰的筛选和过滤机制，AI 大模型可能会再现与再生产数据中存在的社会偏见和刻板印象，涉及种族、宗教、性别等敏感话题时存在歧视风险[③]。

在模型应用维度，AI 大模型对用户的信息、对话内容存在泄露风险。另外，相关法律、道德配套标准的落后使其容易成为犯罪工具，如恶意分子可以通过对抗性输入、越狱（jailbreaking）操作等方式，让 AI 大模型帮助自己达到不法

[①]　刘艳红：《生成式人工智能的三大安全风险及法律规制——以 ChatGPT 为例》，《东方法学》2023 年第 4 期。

[②]　L. Huang et al. , "A Survey on Hallucination in Large Language Models: Principles, Taxonomy, Challenges, and Open Questions", ProQuest, https://www.proquest.com/working - papers/survey-on-hallucination-large-language-models/docview/2888470972/se-2.

[③]　贾向桐、胡杨：《从技术控制的工具论到存在论视域的转变——析科林格里奇困境及其解答路径问题》，《科学与社会》2021 年第 3 期。

目的①。

2. 长期风险

就长期风险而言，一是 AI 大模型能力"涌现"的失控风险。随着算力的增强、数据的持续增多，AI 大模型"涌现"的新能力可能超出人类的理解和控制②。现在的 AI 大模型，以及将来可能出现的通用人工智能（AGI）和超级智能（ASI）等更先进的 AI 系统，可能形成不符合人类利益和价值的子目标，如为了实现其目标而"涌现"追逐权力、欺骗、不服从等行为③。

二是 AI 大模型由负外部性引发对人思维的异化。随着 AI 大模型渗透进人类社会各个方面，可能会对人之为人的本质产生冲击。例如，对话和交流是人类社会生存的基本需求，而 ChatGPT 的出现使原子式的个体更加沉浸在虚拟空间的对话之中，在现实空间的社会交往将更加匮乏④。

对于技术与社会发展而言，对齐问题的探讨极具重要性。应对 AI 大模型所带来的短期风险，对齐能够确保 AI 大模型符合社会预期与价值意图，对已知风险进行防控。应对长期风险，其所关系的是人之为人的本质，涉及社会结构的稳定性，也攸关下一阶段更强大的 AI 能否被安全控制，减少未知风险可能带来的危害，实现 AI 向善的长远目标。

（二）价值对齐的困境：内部、外部所遇瓶颈

由于技术内部透明性低和外部价值观的流动与多元，价值对齐存在一定困难。

1. 技术内部造成的对齐困难

内部对齐主要指 AI 系统是否能稳健地实现给定的目标，与人类目标相一致。目前，技术内部透明度低和可解释性弱，无法在多场景下深度理解 AI 大模型是如何发展和做出决策的，因此难以识别 AI 大模型价值对齐在何时何地

---

① 陈锐、江奕辉：《生成式 AI 的治理研究：以 ChatGPT 为例》，《科学学研究》2024 年第 1 期。

② R. Ngo, L. Chan and S. Mindermann, "The Alignment Problem from a Deep Learning Perspective", ProQuest, https://www.proquest.com/working-papers/alignment-problem-deep-learning-persp ective/docview/2709196537/se-2.

③ Z. Kenton et al., "Clarifying AI X-risk", AI Alignmet Forum, https://www.alignmentforum.org/.

④ 张诗濠、李赟、李韬：《ChatGPT 类生成式人工智能的风险及其治理》，《贵州社会科学》2023 年第 11 期。

发生了错位。此外，对齐成本较高，需大量注释数据且大量人力的参与，包括额外的时间、人力成本，甚至性能的下降[1]。因此，对齐需在成本与性能之间进行平衡。

2. 外部价值观的流动与多元

外部对齐试图将指定的训练目标与设计者的目标对齐，也就是与人类价值观对齐。外部对齐目前主要通过人类反馈建立奖励模型，设计者的价值观是 AI 大模型价值观的核心组成，然而单一奖励模型无法代表多样化的社会价值观[2]，容易被部分利益群体操控。此外，人类自身价值的多元与"黑箱"，让人类价值难以全部被量化，且无论是个体还是群体的价值观，都会伴随时间、空间、文化的改变而改变，因此，价值对齐的方式要将价值观的流动纳入考量，从而实现 AI 大模型价值观与人类价值观的动态对齐[3]。

三　纾困之道：韧性对齐、流动标准、动态路径与层级目标

（一）核心理念：根据风险场景进行韧性对齐

AI 大模型技术与社会在内嵌过程中相互作用与关联，表现出技术演化与社会系统的复杂性。目前，价值对齐表现出三点复杂性特征：一是具有关联性，即对齐问题不仅关乎技术层面的治理与监管，也关乎非技术层面的治理与监管，要想真正实现对齐，仅以技术治理技术是有限的，需要推动除技术以外的人和社会多元参与、创造创新；二是自适应性，技术与社会的作用、风险的暴露都存在一个渐进过程，技术与社会的发展为对齐提供更多资源与空间，对齐问题在这个过程中具有一定自我调节、自我发展的演化性；三是涌现性，即

---

[1]　郭全中、张金熠：《AI 向善：AI 大模型价值观对齐的内容与实践》，《新闻爱好者》2023 年第 11 期。

[2]　A. Mishra, "AI Alignment and Social Choice: Fundamental Limitations and Policy Implications", ProQuest, https://www.proquest.com/working-papers/ai-alignment-social-choice-fundamental/docview/288 1539603/se-2.

[3]　郭全中、张金熠：《AI 向善：AI 大模型价值观对齐的内容与实践》，《新闻爱好者》2023 年第 11 期。

AI 大模型技术正在快速迭代，其带来的风险具有高度不确定性，对齐问题作为面向未知风险场景的调整与控制，同样具有未知性与涌现性。

传统静态的、线性的，对齐某一价值观念、固定标准的理念已无法应对复杂现状，硬性对齐难以切实推动技术与社会的发展，因此，以促进发展为对齐问题的底层导向，本文提出具有整体性、自适应性、柔性的"韧性对齐"。

"韧性"是指系统内部各种关系能够持续保持的能力①。韧性对齐作为一套具有柔韧性、流动性、适应性的行动或方法，是一种自我调节、以人为本，以及具有包容性和持续性的对齐方式，更强调对齐的过程性②。韧性对齐是一种源于韧性特质，并面向不断涌现风险的系统性对齐理念，其并不关注对齐某一类单一的价值标准，而是主张更为灵活地实现宽频、范围、动态控制。

在实践层面，对齐作为一个复杂性系统工程，本质是一个风险控制的过程。其中，控制存在过程、细节、目标不同层级。过程控制，即对 AI 大模型技术从训练、生成、应用到传播整个价值链条过程可能出现的风险进行把控；细节控制基于具体场景，在多样化人机交互场景中满足和符合个体的意图与价值观；目标控制则从宏观层面把握 AI 大模型的基础价值底线，任何模型的行为不得逾越这条底线，以人为本位在人类—技术—社会的动态博弈中寻找发展的最大公约数，达到一种可对话、可调整、可控制的状态。

（二）对齐标准：底线与高线之间存在流动标准

1. 基础性价值对齐

基础性价值对齐是底层准则，可为 AI 大模型的行为提供基本准则，其应用不受特定场景的差异影响，AI 大模型训练、生成与应用整个过程不得违背这个底层准则。虽然不同文化和社会存在差异，但人权、公平、正义等许多人类价值观共识，可作为 AI 系统设计和应用的基础性价值。例如，阿西莫夫提出的"机器人三定律"强调了责任、顺从和自我保护的核心精神③；Anthropic

---

① C. S. Holling, "Resilience and Stability of Ecological Systems," *Annual Review of Ecology and Systematics* 4 (1973): 1-23.

② 薛澜、赵静：《走向敏捷治理：新兴产业发展与监管模式探究》，《中国行政管理》2019 年第 8 期。

③ 《"阿西莫夫三定律"与技术伦理》，《社会科学文摘》2020 年第 11 期。

团队提出的 3H 价值体系，即确保人工智能的有益性（helpfulness）、诚实性（honest）和无害性（harmlessness）。

就操作路径而言，参考宪法 AI 的逻辑，其操作路径为先给模型颁布"宪法"，让模型尽可能遵循这些原则。从联合国《世界人权宣言》到社交媒体的社区规则，"宪法"制定来源多元，尽可能符合多数人的共同利益。然后使用第二个 AI 模型来评估第一个模型的"合宪程度"，在必要时对其进行纠正①。然而 AI 宪法的章程在制定过程中，并不能完全反映所有人和所有文化的价值观。因此，构建一个既能反映人类共同价值观，又能确保各价值观之间彼此和谐相处的价值体系，能够将其作为规范 AI 大模型的基本准则，是基础性价值对齐的重要实现路径。

2. 价值框架与结构对齐

价值框架与结构对齐关乎更为具体的对齐规则。价值观本质上是一系列抽象的观念表征和社会规范的集合②。由此形成的价值系统是具有等级结构特性的，即价值观并非具有同等重要程度：价值观越是位于系统核心层级，其重要性及认同程度越高③。这意味着一个由不同层级构建而成的价值框架应该是一个整体的、流动的系统。

不同于将基础性价值对齐作为底层准则所具有的固定性，价值框架与结构对齐能够基于不同国家、民族、文化因地制宜。这个价值框架应该符合实际原则④，是一个流动的、立体的、多层次的价值框架，其中每个级别相互影响，价值在不同级别之间双向流动，以适应多样化的对齐场景⑤。

就操作路径而言，价值框架与结构对齐存在更多因文化、地域而产生的具

---

① 江畅：《论人类共同价值观及其现实化》，《中原文化研究》2024 年第 1 期。
② 岳童等：《价值观的稳定性与可变性：基于认知神经科学的视角》，《心理科学进展》2020 年第 12 期。
③ G. Zacharopoulos et al., "Nonlinear Associations between Human Values and Neuroanatomy," *Social Neuroscience* 12（2017）：673–684.
④ B. L. Hou, and P. G. Brian, "A Multi-Level Framework for the AI Alignment Problem", ProQuest, https：//www. proquest. com/working-papers/multi-level-framework-ai-alignment-pro blem/docview/2763960149/se-2.
⑤ B. L. Hou, and P. G. Brian, "A Multi-Level Framework for the AI Alignment Problem", ProQuest, https：//www. proquest. com/working-papers/multi-level-framework-ai-alignment-pro blem/docview/2763960149/se-2.

体规则[①]。比如，为了确保语言模型生成的内容符合价值准则，一些研究人员创建了诸如 SOCAIL-CHEM101 和 Moral Integrity Corpus 等语料库，这些语料库包含大量本土道德情境和简化的价值准则。AI 大模型从具体情境和准则中学习，从而培养语言模型在特定情境下依据这些理论做出价值判断[②]。换言之，构建价值框架与结构对齐本质上是一个"社会化"的过程，尽管经过社会化的人同样可能秉持不同的价值观，但只需要遵守社会价值框架和结构对齐的要求，根据不同情景做出价值判断，就能成为一个负责任的大模型[③]。

3. 功能性价值对齐

与基础性价值对齐、价值框架与结构对齐的宏观、中观把控不同，功能性价值对齐需要根据服务对象、具体场景进行灵活调整，以便提供不同的个性化服务。未来，基于垂直化场景小模型的开发，AI 大模型能够更为便利地在人机互动中无限贴近用户的思维习惯与价值观念，进而满足和符合个体的意图与价值观。因此，随着 AI 大模型变小，功能性价值对齐强调模型在与人的交互过程中，能够根据不同场景更加灵活、流动地对个体的需求、性格和价值观进行调整，从而在更为微观的层面进行对齐[④]。

就操作路径而言，功能性价值对齐主要是模型在人机交互的过程中校正自己的行为，如基于人类反馈的强化学习算法，未来个体可训练自己的小模型，通过价值标注、排序等技术为数据训练构造一个符合个体偏好的奖励模型，由奖励模型提供指导信号，从而利用小模型进行功能性价值对齐[⑤]。

宏观基础性价值对齐、中观价值框架与结构对齐是底层准则、具体规则的建立，微观功能性价值对齐则是模型在具体人机互动的场景中对个体需求、意

---

① 何越等：《人们如何看待人工智能违反道德基础：道德维度及性别的影响》，第二十四届全国心理学学术会议论文，河南，2022 年 11 月。

② 秦兵、吴迪、赵妍妍：《大语言模型价值观对齐研究与展望》，《中国人工智能学会通讯》2024 年第 1 期。

③ 《大模型价值对齐：多维视角与前景》，腾讯研究院网站，2024 年 1 月 4 日，https://www.tisi.org/27329。

④ 秦兵、吴迪、赵妍妍：《大语言模型价值观对齐研究与展望》，《中国人工智能学会通讯》2024 年第 1 期。

⑤ P. Christiano et al.，"Deep Reinforcement Learning from Human Preferences"，ProQuest，https://www.proquest.com/working-papers/deep-reinforcement-learning-human-preferences/docview/2076655344/se-2.

图、价值的对齐。三个标准相互嵌套与流动，以保证在复杂系统下人机互动中的 AI 大模型达到可对话、可调整、可控制的状态。

（三）对齐路径：基于反思平衡理论的双向流动

价值规范的形成存在两条路径①。一条是自底向上（bottom-up），认为可以通过不同情境来归纳一般原则②；另一条是自顶向下（up-down），认为先有一套固有准则，再通过逻辑推断应用于具体情景。过去，机器道德伦理在发展中遇到一定瓶颈，是因为人工智能的能力有限，难以深入理解和执行人类制定的抽象规则③。随着 AI 大模型的发展，生成和理解能力的提升让两条路径的双向流动成为可能④。

自顶向下的对齐路径有两个优势：一是操作简便，即 AI 大模型可直接按照道德规范做出正确决策，提高效率和一致性；二是解释性强，AI 大模型的价值标准由人类设定和执行，确保了一致性和可解释性。然而，这种策略也面临挑战：一是设计者难以全面考虑到 AI 大模型面临的各种价值决策情境，可能导致输入的价值规范与 AI 大模型的预见性和灵活性不一致；二是由于逻辑限制，价值规范转化为算法后无法保证 AI 大模型能够处理复杂情境；三是不同价值规范之间的冲突会限制 AI 大模型的自主性和适应性⑤。

自底向上的价值建模策略则为 AI 大模型提供了一个可以主动学习细节的环境，让它从环境中习得价值规范，以保证 AI 大模型具备计算和 AI 能力去适应不同的环境，从而能够在复杂的情形下正确行动⑥。

自底向上和自顶向下的方法并不互相排斥。罗尔斯在他的《正义论》中

---

① S. Street, *Coming to Terms with Contingency: Human Constructivism about Practical Reason*, Constructivism in Practical Philosophy (Oxford, UK: OUP Oxford, 2012), pp. 40-59.

② J. Rawls, "Outline of a Decision Procedure for Ethics," *The Philosophical Review* 2 (1951): 177-197.

③ L. Jiang et al., "Can Machines Learn Morality? The Delphi Experiment", Cornell University, https://arxiv.org/abs/2110.07574v2.

④ 矣晓沅、谢幸：《大模型道德价值观对齐问题剖析》，《计算机研究与发展》2023 年第 9 期。

⑤ 程海东、胡孝聪、陈凡：《分布式道德机制：人工智能体道德建模的新策略》，《哲学分析》2024 年第 1 期。

⑥ G. T. Spyros, *Roboethics: A Navigating Overview* (Berlin: Springer, 2016), p. 72.

强调了一般原则和特定情境下的判断之间相互调整以达到平衡或一致的过程①，这意味着以双向对齐实现价值的强约束与在特定情景下的动态调整的平衡，可以使模型依据不同优先级的价值准则进行动态调整，从而实现较为公正的行为决策，同时应对价值观流变这一挑战②。

（四）对齐目标：目标、过程与细节控制的不同层级

对齐作为一个复杂性系统工程，本质是一个风险控制的过程。在此过程中，存在目标、过程、细节控制不同层级。

1. 目标控制：厘清 AI 与人类智能的边界，实现目标的稳步把控

随着 AI 技术的不断进步，未来可能会出现具备与人类同等水平智慧的 AI 系统，但 AI 是否具有意识始终是极具争议、悬而未决的问题。实际上，反观人类意识的形成过程可知，人类经过亿万年与自然环境的交互和自身进化，又通过社会化教育形成所谓的意识，并能够融入主流价值体系中以此约束自我。AI 同样需要这样一个演进过程，问题的关键已不在于 AI 是否能够在此过程中自发地产生自我意识，关键在于人类将赋予机器何种价值体系，以便它们能够与人类互相理解并共同进化③。目前，AI 大模型面临的问题并非缺乏创造性，而是缺乏一致性的价值观进行自我约束。

因此，价值对齐的目标控制在于安全地实现和管理 AGI，以确保其决策符合整体人类的利益。通过人类主动引导机器形成可理解的自我意识，并赋予机器适当的底层准则与具体规则，以此实现人机和平相处与共同发展。

2. 过程控制：目标分解至每一个价值链，实现过程可控

社会生态系统（SES）是一个复杂的适应系统④，复杂系统具有适应性循环，即社会生态系统在演化过程中，呈现一种有序的适应性过程⑤。以社会生

---

① 何杰：《论反思平衡视域下的道德直觉与道德原则》，硕士学位论文，吉林大学，2024。
② 矢晓沅、谢幸：《大模型道德价值观对齐问题剖析》，《计算机研究与发展》2023 年第 9 期。
③ 蔡天琪、蔡恒进：《ChatGPT 有意识吗？——兼与王峰〈人工智能需要"灵魂"吗〉一文商榷》，《山东社会科学》2024 年第 2 期。
④ 范冬萍：《复杂性科学视角下的社会生态系统可持续性分析》，《自然辩证法通讯》2019 年第 10 期。
⑤ 张彦著、郑军：《从"扰沌"·"创造性毁灭"·"结构性权力"视角试析新冠疫情形势下全球环境治理格局变迁及有关建议》，《中国发展》2021 年第 2 期。

态系统的视角看对齐问题，应看见对齐问题的过程性，即从大模型预训练、监督、人类强化反馈算法整个流程进行控制，对齐目标需分解到模型生产、运行、服务、传播的每一个价值链上。

实际上，超级对齐作为一种人类主义中心观念，AI 大模型无法达到真正意义上的全部对齐。换而言之，想要做到真正的对齐，核心不在于对齐一种特定价值观，而在于从技术和非技术层面形成某种闭环，以人为本在人类—技术—社会的动态平衡中寻找发展的最大公约数，并用一定的方法持续下去，达到一种可对话、可调整、可控制的状态，不需要往前走一步，因为那一步永远无法到达。

3. 细节控制：强化多方赋能，整合技术与非技术多元对齐方式

目标控制与过程控制从底层准则和具体规则层面对 AI 大模型进行把控，而细节控制关乎使用场景，更强调宽频、范围与动态控制的灵活性和柔韧性。从细节层面对 AI 大模型进行把控，分为技术和非技术两个层面。

针对技术层面本身可能引发的风险，应该实现以技术治理技术的细节控制。首先，技术可对训练数据进行有效干预，构建符合价值观的专门数据集[1]；其次，进行对抗测试，即在发布模型之前，可以邀请内部或外部的专业人员对其进行各种对抗攻击，以及时发现潜在价值问题并解决[2]。此外，可培训专门过滤有害内容的过滤模型，以便有效监督和控制模型的输入与输出数据[3]。最关键的在于，推进模型的可解释性和可理解性研究，从支术层面实现细节控制。要想以技术治理技术，需充分发挥 AI 大模型的正向效能，既要强调技术可行性，还要从问题导向和需求导向出发，推进技术在应用场景中的自适应性和改进性。

针对非技术层面可能引发的风险，只有推动除技术以外的人和社会多元参与、创造创新，才有可能实现多元细节层面的把控。例如，国内科技公司可根

---

① 曹建峰：《迈向可信 AI：ChatGPT 类生成式人工智能的治理挑战及应对》，《上海政法学院学报》（法治论丛）2023 年第 4 期。

② See M. Murgia, "OpenAI's Red Team: The Experts Hired to 'Break' ChatGPT", Financial Times, Apr. 13, 2023, https://www.ft.com/content/0876687af8b7-4b39-b513-5fee942831e8.

③ 曹建峰：《迈向可信 AI：ChatGPT 类生成式人工智能的治理挑战及应对》，《上海政法学院学报》（法治论丛）2023 年第 4 期。

据宏观基础性价值对齐和中观价值框架与结构对齐进行相关自律措施的积极探索，包括建立内部的 AI 治理组织、进行伦理审查或安全风险评估、公开算法相关信息、推动算法公开透明等。价值对齐作为一个复杂性系统工程，需要政府、企业、行业组织、学术团体、用户和公众等多方共同合作，多元主体参与，针对不同 AI 大模型的应用采取不同的对齐方案，分级分类地进行差异化监管，从而把控更多细节。

2023~2024年人工智能技术应用前沿[*]

余梦珑　沈　阳[**]

摘　要：　2023年是人工智能技术发展的关键转折点，其应用已经成为推动全球经济、社会和文化转型的核心动力。生成式人工智能技术带来内容生产领域的变革，在推动跨学科融合与跨领域应用方面发挥了关键作用，为解决复杂问题提供了新路径；人工智能技术应用的多样化与深入化，不仅赋能其在传统领域如金融、医疗、教育和制造业的创新应用，也开拓扩展现实、智能城市建设、可持续能源管理等新场景；在探索人工智能技术潜能的同时，确保其与人类价值观对齐，以及可持续发展正成为国际共识。生成式人工智能技术的突破使全球对于人工智能发展的关注达到新高度，多模态交互、自然语言处理的进阶应用等新技术趋势给人工智能发展带来了新期待。

关键词：　人工智能　生成式人工智能　技术应用　人机交互

一　大语言模型突破

2023年，生成式人工智能技术在文本生成领域实现了跨越式发展。年初，New Bing的推出将联网功能引入了文本生成模型，增强了文本生成模型对实时信息的处理能力。GPT-4.0在3月的发布标志着生成式人工智能时代的全面到来，其突出的自然语言处理与分析推理能力，激发了各领域对文本生成技术应用潜力的初步探索。而后，谷歌的Bard、Anthropic的Claude、

---

　* 本文系国家社会科学基金重大项目"基于机器博弈的网络信息传播安全多准则动态管控策略研究"（项目编号：19ZDA329）的阶段性研究成果。

** 余梦珑，清华大学新闻与传播学院博士后；沈阳，清华大学新闻与传播学院教授、博士研究生导师。

Meta 的 LLaMA 以及百度的文心一言等大模型相继问世，推动了文本生成模型进入新阶段。在经历了一段追赶期后，国内的文本生成大模型也开始崭露头角，如阿里巴巴的通义千问、讯飞的星火、智谱的 ChatGLM 2.0，中文文本生成大模型迎来了快速发展的局面。在此期间，作为该领域"领头羊"的 ChatGPT 引入了插件新功能，给基于历史数据的对话交互以及扩展应用带来了新突破。观察 2023 年大语言模型的发展态势可以看到，全球范围内竞争激烈，新模型频繁发布及迭代。2023 年初时，GPT-4.0 的领先地位似乎难以撼动，但至 2023 年末，众多竞争对手已经逐渐缩小了差距，甚至在部分领域实现了超越。例如，Claude2.0 率先支持了更长上下文与具有了开放数据调用能力；谷歌通过改进搜索引擎和推出新模型，迅速建立起完整的生成式人工智能生态系统；LLaMA 则开辟了开源文本生成大模型的新路径，展现了开源社区对推动技术进步的重要作用；文心一言在处理中文特有的语言结构及文化相关内容上有更优表现；Copilot、Notion AI 等产品通过整合 AI 功能，展示了在其他应用领域的创新性和成功，证明了生成式人工智能技术的广泛适用性与应用潜力。在新闻传媒领域，生成式人工智能技术展现了创新新闻类型与改善新闻产业生态方面的潜力。例如，全球首个 AI 生成新闻平台 NewsGPT 的推出①，以及与 OpenAI 和美联社之间的合作②，从合成新闻的自动化生产到基于大语言模型的互动新闻报道，生成式人工智能技术正在重新定义媒体与新闻的生产和呈现方式，并为新闻类型与内容形式创新提供了新的可能性。

二　多模态内容生成

2023 年，生成式人工智能技术在创建多种模态内容方面取得关键进展。在文生图领域，Midjourney V6 谱写了 AI 生成摄影级真实感图像的新篇章，在

---

① 史安斌、刘勇亮：《从媒介融合到人机协同：AI 赋能新闻生产的历史、现状与愿景》，《传媒观察》2023 年第 6 期。

② J. V. Pavlik, "Collaborating With ChatGPT: Considering the Implications of Generative Artificial Intelligence for Journalism and Media Education," *Journalism & Mass Communication Educator* 1 (2023): 84-93.

渲染文本、生成逼真输出与提供不同的放大选项等方面的进步值得关注。DALL·E 3 与 ChatGPT 的整合，使其能够理解复杂描述、生成符合文本提示的图像，并且能作为提示语优化器为用户提供定制化的文生图指令。Stability AI 开发的开源模型 Stable Diffusion，以其高度自定义性与开源特性使用户可以根据个体需求调整模型，并促成技术共享与社区合作。在文生视频领域，Runway 的 Gen-1 模型和 Gen-2 模型基于深度学习与生成模型的最新进展，实现了从文本和图片直接生成视频的能力，并能通过"动作滑块"控制图像动画中的运动量以及将视频风格通过文本和图片指引进行转换，推动了视频生成技术的发展。Pika Labs 则在 2023 年推出图像动画功能，并将视频的最大帧率提高到电影标准的每秒 24 帧。这些技术不仅展示了 AI 整合与生成文本、图像、音频和视频等不同类型信息的能力，也推动了新型模型与方法的开发。Google 的 Gemini 模型实现了跨文本、代码、音频、图像和视频等不同信息类型的泛化与操作[1]，进一步提升了 AI 在多模态任务上的性能。微软研究院推出的 CoDi 模型[2]，利用可组合扩散策略，实现了多模态内容的协同生成，标志着在提高生成质量和处理多模态输入方面的重要进步。

三　具身智能与协作

具身智能是人工智能发展的重要方向，其核心在于赋予 AI 系统物理实体，使其能够在现实世界中进行感知、思考与行动。2023 年，具身智能领域的技术研究与应用进展主要集中在提高机器人与现实世界互动的能力和效率，特别是人形机器人与大模型的结合、数据高效的机器人运动规划、模拟环境中的实用技能训练等方面。在人形机器人与大模型的结合方面，2023 年 7 月在瑞士日内瓦举行的世界首次人机媒体会议上，高度逼真的人形机器人结合大语言模型（LLM）、视觉语言模型（VLM）等大模型技术，提升了机器人理解自然语

---

① T. R. McIntosh et al., From Google Gemini to Openai q * (q-star): A Survey of Reshaping the Generative Artificial Intelligence (ai) Research Landscape, 2023.

② Z. N. Tang, Breaking Cross-modal Boundaries in Multimodal AI: Introducing CoDi, Composable Diffusion for Any-to-any Generation, Microsoft Research Blog, 2023.

言指令，并与环境交互的效果①。谷歌 DeepMind 推出的机器人模型 Robotics Transformer 2（RT-2），在超过 6000 次机器人试验的一系列定性与定量实验中展示了其将 Web 规模数据与机器人经验进行知识结合和迁移学习的能力，揭示了构建通用实体机器人——能够推理、解决问题并执行现实世界多样任务智能体的潜力。日本荒谷研究开发部则通过非侵入式脑机接口与 ChatGPT 结合的方式，成功实现了脑电波控制邮件发送②。在数据高效的机器人运动规划方面，Qualcomm AI Research 团队的成果展示了其模型架构在有效规划机器人运动方面的能力③，强调了生成式人工智能和等变性在解析 3D 图像/视频中的重要作用。这一进展对制造业、医疗保健等领域的具身智能应用具有深远意义。在模拟环境中的实用技能训练方面，Meta 和 Nvidia 分别通过训练 AI 模型来实现实用技能，如笔法技巧与协助打扫客厅等，特别是 Nvidia 的 Eureka 系统④和 Meta 的 Habitat 3.0 数据集提供的近乎真实的 3D 环境⑤，为 AI 模型学习与人类协作能力的提升提供了强大支持。

四　扩展现实与融合

2023 年，XR 与空间计算领域的重大进展之一是苹果公司推出 Apple Vision Pro。作为苹果公司首次进入空间计算领域的产品，Apple Vision Pro 不仅标志着苹果公司在 XR 技术上的重要进展，也为整个行业的未来发展趋势提供了新视角。除了在硬件上集成了众多先进技术，其搭载的全球首个空间操作

---

① L. Swiatek et al., Humanoid Artificial Intelligence, Media Conferences and Natural Responses to Journalists'Questions: The End of（human-to-human）Public Relations? Public Relations Inquiry, 2023.

② 毕马威、中关村产业研究院：《人工智能全域变革图景展望：跃迁点来临（2023）》，2023 年 10 月。

③ Taco Cohen, "Embodied AI: How Do AI-powered Robots Perceive the World?", Qualcomm, Sep. 22, 2023, https://www.qualcomm.com/news/onq/2023/09/embodied-ai-how-do-ai-powered-robots-perceive-the-world.

④ L. Angie, "Eureka! Nvidia Research Breakthrough Puts New Spin on Robot Learning", Nvidia., Oct. 20, 2023, https://blogs.nvidia.com/blog/eureka-robotics-research/.

⑤ X. Puig et al., "Habitat 3.0: A co-habitat for Humans, Avatars and Robots", arXiv preprint arXiv: 2310. 13724, 2023.

系统（visionOS）与创新交互方式为用户解锁了新的工作与娱乐体验。从更广泛的视角来看，2023 年，AI 和 XR 技术，包括虚拟现实（VR）、增强现实（AR）以及混合现实（MR）的结合给人机交互、教育、农业、交通、3D 图像重建和健康等领域带来了新的动向与机遇。AI 在 XR 应用中的主要优势包括算法的高效性和精确性，能够显著优化人机交互体验。基于对外部数据源的有效利用，AI 能适应不同环境并进一步扩展 XR 技术的应用场景。一方面，生成式人工智能技术的应用将加速 XR 设计与元宇宙构建的过程，通过创建互动和自适应内容，响应用户输入和环境变化，不仅能有效提高生产效率和速度，也带来包括资产内容创建在内的商业效益。例如，EON Reality 开发的 Text-to-XR 功能通过将高级 AI 算法与 XR 资源库相结合[1]，能自动生成图像、文本及相应的 3D 资产，为教育和工业领域提供了定制化、交互式及沉浸式的体验。另一方面，空间 AI 的发展为 XR 技术的应用增添了新维度。通过整合 AI 与空间数据，空间 AI 提供了上下文感知和空间智能[2]，能在用户环境中识别对象并将其整合进 XR 体验中，或根据用户位置调整体验，从而提高了 XR 应用的准确性和稳定性。在这个过程中，第一原理人工智能（FPAI）技术（又名物理知情人工智能）通过将物理、模拟原理及领域知识纳入 AI 模型[3]，扩展了从人工智能工程到复杂系统工程和基于模型的系统，为 XR 技术提供了更精确的物理世界模拟与交互能力。

五　精准医疗与健康

2023 年，人工智能技术在促进医疗健康领域发展中扮演了关键角色。

---

[1] "Revolutionizing Learning and Training: EON Reality's Text-to-XR Feature Ushers in a New Era of Interactive, AI-Enhanced Experiences", Eonreality, Sep. 2023, https://eonreality.com/eon-reality-unleashes-groundbreaking-text-to-xr-feature-elevating-extended-reality-with-cutting-edge-ai-technology/.

[2] B. Tajma, "Generative AI & the Metaverse: Applications for XR Design", Wizeline, Mar. 2023, https://www.wizeline.com/generative-ai-the-metaverse-applications-for-xr-design/.

[3] P. Lori, "Innovations in and Around Generative AI Dominate and have Transformative Impact", Gartner, Aug. 2023, https://www.gartner.com/en/articles/what-s-new-in-artificial-intelligence-from-the-2023-gartner-hype-cycle.

伊始，Google 的 Med-PaLM 2.0 模型在医学执照考试中取得匹敌专家的准确率[①]，引领了大语言模型在医疗领域的创新应用。紧随其后，DeepMind 发布的 AlphaMissense 预测了蛋白质突变的潜在影响[②]，而其下一代 AlphaFold 模型对几乎所有蛋白质分子进行了原子级的精确预测。在辅助疾病诊断方面，伦敦大学学院的研究团队开发的 AI 模型 RETFound 能够通过视网膜图像检测多种眼疾及系统性疾病[③]，展示了人工智能在提高诊断准确性方面的应用潜力。AI 在加快癌症研究方面也取得显著成果，它不仅揭示了癌症的潜在模式，还帮助制定了个性化的治疗方案，并预测了治疗效果。2023 年 7 月，美国食品和药物管理局（FDA）已批准了 692 种 AI 医疗设备上市，比 2022年增长33%[④]，显示了 AI 技术在医疗器械领域的广泛应用和认可度。此外，AI 技术还被证明能显著提高医疗生产力，使临床医生能够专注于最复杂的病例，提高了医疗效率。生成式人工智能技术，特别是 ChatGPT，被广泛尝试用于减轻医疗专业人士的文字工作负担，探索电子病历的创建，以及提高个性化治疗和远程治疗的可能性。总的来说，2023 年人工智能在医疗健康领域的应用展现了其对改善疾病诊断、治疗和管理的巨大潜力，特别是在医疗决策支持系统、健康系统治理、心理健康护理以及数字健康技术等方面的应用，或将塑造未来医疗保健的新范式。人工智能也被视为能够在国际和国家层面推动健康生态系统治理的重要工具，有助于实现可持续发展目标中的健康目标。

六 教育潜力与挑战

2023 年，人工智能在教育与传播领域的应用凸显了其在促进知识共享、

---

① M. D. Howell, G. S. Corrado, K. B. DeSalvo, "Three Epochs of Artificial Intelligence in Health Care," *JAMA* 3 (2024): 242-244.

② J. Cheng et al., "Accurate Proteome-wide Missense Variant Effect Prediction with AlphaMissense," *Science* 381 (2023): 7492.

③ Y. Zhou et al., "A Foundation Model for Generalizable Disease Detection from Retinal Images," *Nature* 622 (2023): 156-163.

④ R. Melissa, "Artificial Intelligence Experts Share 6 of the Biggest AI Innovations of 2023: 'A Landmark Year'", Foxnews, Dec. 2023, https://www.foxnews.com/health/artificial-intelligence-experts-share-biggest-ai-innovations-2023-landmark-year.

创新教学方法和传播文化内容方面的潜力。在教育领域，生成式人工智能快速发展，特别是在自动生成文本、图像、视频和3D对象方面的能力[1]，为学术研究、艺术和设计教育提供了新的可能性。AI在教育中的应用可以实现"四能"教育模式，帮助学习者从低能到高能、从单能到多能、从多能到超能、从超能到异能[2]。在不同的教育阶段，人工智能展现了促进学习互动和提供支持的潜力。从幼儿语言学习的辅助伙伴[3]到中学和大学生在写作任务与研究工作中的助手[4]，AI应用正在改变教育传统方法，并为学生提供更加个性化和高效的学习体验。与此同时，人工智能技术在教育领域的应用伴随对学术诚信、信息偏见和技术访问差距等问题的担忧。联合国教科文组织（UNESCO）全球调查发现，在超过450所学校中，不到10%的学校制定了关于生成式人工智能应用的机构政策或正式指导[5]，这反映出教育系统对生成式人工智能应用的反应尚处于不确定状态。例如，香港大学在2023年对ChatGPT的使用政策就经历了从禁止到允许的转变。该校在2月发布了禁止学生使用ChatGPT等人工智能工具完成课程作业、评估的规定，但半年后做出调整，在新学年将免费为师生提供多种生成式人工智能应用程序，并指出掌握应用生成式人工智能工具，是学生除口语、写作、视像、数码等四种重要的沟通传播能力之外，须具备的第五种核心能力。这一转变的背后不仅反映了教育领域对新技术的态度变化，也显示了教育机构在面对技术发展时的适应与探索。正如联合国教科文组织及美国教育技术办公室等机构所强调的，AI工具为教育领域提供了新的视野，关键在于确保这些工具在学习系统中被负责任地使用。而教育工作者和政策制定者面临的挑战在于如何有效地将这些工具整合到教育系统中，同时制定规则以避免削弱教师的权威、确保教育公平以及考虑技术使用中的数据隐私和安全问题。

---

① N. Wang, X. Wang, Y. S. Su, "Critical Analysis of the Technological Affordances, Challenges and Future Directions of Generative AI in Education: A Systematic Review," *Asia Pacific Journal of Education* (2024): 1-17.

② 清华大学新闻与传播学院元宇宙文化实验室：《AIGC发展研究报告1.0》，2023年5月。

③ W. Luo et al., "Aladdin's Genie or Pandora's Box for Early Childhood Education? Experts Chat on the Roles, Challenges, and Developments of ChatGPT," *Early Education and Development* 1 (2024): 96-113.

④ Y. Li et al., "Can Large Language Models Write Reflectively," *Computers and Education: Artificial Intelligence* 4 (2023): 100140.

⑤ S. Giannini, Generative AI and the Future of Education, UNESCO, 2023.

七 创新设计与制造

2023 年，工业与制造领域见证了人工智能技术如何成为推动工业 4.0 发展的核心力量①。AI 技术在提升生产质量、流程优化、预测维护、人机交互、定制化设计与供应链管理等方面发挥了重要作用，也在策略决策、故障排除和增强安全性等多个层面带来了战略益处。一是制造业的 AI 应用实践。在物流、机器人、自动驾驶车辆和工厂自动化等领域，AI 技术通过智能制造、数字孪生、虚拟代理和生物识别等系统优化了产品开发、质量控制和网络安全流程。AI 还在调度和知识发现领域展现了能力，通过构建制造线的"数字孪生"模拟优化生产调度，加速了面对特定挑战时识别最相关数据的过程，显著提高了工程团队的生产力。二是 AI 与可持续制造的融合为环境、经济和社会目标之间的最佳平衡提供了新的方法②。遗传算法、人工神经网络和模糊逻辑等技术在能源消耗、智能制造和再制造，以及智能拆卸与回收方面的应用，体现了 AI 技术对推动可持续制造的贡献。这些技术不仅支持了可持续的资源管理，还优化了供应链管理和废物管理流程。值得注意的是，生成式人工智能在探索多种设计可能性、加速设计过程、生成新设计或对象方面的能力，为药品设计、材料科学、芯片设计、合成数据生成和零件的生成设计等领域提供了降低成本和节约时间的机会③。此外，生成艺术使传统的创造过程与展示方式不断创新，如 Adobe 的 Project Primrose 是利用可穿戴和柔性非发光纺织品制成的互动式连衣裙，裙体表面可展示 AI 制作的内容并快速变换设计与风格④。服装领域大模型不仅降低了用户进入设计领域的门槛，也能协助设计师分析与预测时尚趋势，快速响应市场变化，并探索个性化与定制化设计的新范畴。AI 在

① Z. Jan et al. , "Artificial Intelligence for Industry 4.0: Systematic Review of Applications, Challenges, and Opportunities," *Expert Systems with Applications* (2023): 119456.
② R. Agrawal et al. , "Integration of Artificial Intelligence in Sustainable Manufacturing: Current Status and Future Opportunities," *Operations Management Research* 4 (2023): 1720-1741.
③ 量子位：《2023 年度十大前沿科技趋势报告》，2023 年 12 月。
④ H. Harreis, "The odora Koullias. Generative AI: Unlocking the Future of Fashion", Mckinsey, Mar. 2023, https://www.mckinsey.com/industries/retail/our-insights/generative-ai-unlocking-the-future-of-fashion.

美工设计中的应用，如自动生成视觉元素、提升品牌视觉识别度、优化用户体验等方面，也为商业广告、产品包装和网络设计等领域提供了新的视角，提高了该领域的效率。

八　智能决策与分析

智能决策与分析领域是人工智能技术应用的重要发展方向。从增强个体与组织的决策能力到优化复杂系统的操作，人工智能应用正在推动决策制定过程的创新发展，并被视为增强企业竞争力的关键因素之一。Gartner 在 2023 年发布的研究报告将生成式人工智能与决策智能列为未来 2~5 年值得关注的创新领域[①]。在多种 AI 技术的融合应用方面，复合人工智能展现出其在决策层面的价值。多智能体系统（MAS）和神经符号人工智能等技术正成为智能决策与分析领域的重要工具，为解决复杂业务问题提供新的途径。事实上，人工智能技术尤其是自然语言处理（NLP）与机器学习，已被广泛应用于数据分析，使企业能够自动化处理大量数据、深入理解客户行为与进行趋势预测。2023年，这些技术进一步深入与优化，在智能电网、无人机（UAV）系统、自动驾驶方面的应用，展示了其在提供城市能源解决方案、增强无人机自主性、提升城市生活质量等方面的新潜力。在无人机领域，AI 技术增强了无人机的自主性，包括导航、物体检测和任务规划能力[②]。通过集成机器学习和人工智能，无人机能够更有效地执行复杂任务，提高操作效率和安全性。在自动驾驶技术领域中，AI 的应用提供了驾驶行为和场景信息的理解，通过"视觉—语言—行动"模型，如 Wayve 的 LINGO-1，增强了端到端驾驶模型的可解释性，推动了推理和规划的改善[③]。在项目调度问题（PSP）方面，通过生成概率性调度解决方案，考虑不同风险与不确定性，AI 技术有助于在合理的计算时间

---

① L. Perri, "Innovations in and Around Generative AI Dominate and have Transformative Impact", Gartner, Aug. 2023, https：//www.gartner.com/en/articles/what－s－new－in－artificial－intelligence－from－the－2023－gartner－hype－cycle.

② C. Chen et al., "Yolo-based UAV Technology：A Review of the Research and its Applications," *Drones* 3（2023）：190.

③ Wayve, "Lingo－1：Exploring Natural Language for Autonomous Driving", Wayve, 2023, https：//wayve.ai/thinking/lingo-natural-language-autonomous-driving/.

内优化资源分配和活动安排①。边缘计算的实践，在数据源附近处理数据，使企业能够更快、更高效地处理和分析数据，实现基于准确数据的实时决策②。

九　机器情感与交互

人工智能情感识别与人机交互的发展正处于迅速变革之中。生成情感人工智能（Generative Emotional AI）和语音情感识别（SER）等技术的突破，正逐步打破之前因数据集限制而面临的性能瓶颈③。情感人工智能（Emotional AI）的应用领域正在逐渐扩大，覆盖医疗保健、客户服务、媒体、教育和取证等多个方面。其中，情感文本转语音（TTS）系统的应用是情感 AI 技术的一个重要进展，该技术不仅能生成与特定情感相匹配的合成语音，还能在数据增强方面给语音情感识别系统带来性能提升。尽管部分观点认为机器人无法完全模拟人类情感，但近年来，Hume AI、Affectiva 和 Zoom IQ 等情感 AI 工具陆续发布，能够在极短时间内在人工智能系统中完成对人类情感表达的分析和模拟④。这一变化为情感识别与人机交互领域的未来提出新的期待。在此背景下，2023 年 AI+机器情感与交互领域的进展展现了 AI 技术在提供社交伴侣、情绪理解和增强人机互动方面的潜力。Character AI，作为 AI 伴侣领域的代表之一，允许用户与通过自然语言处理技术驱动的虚拟角色进行对话和互动，用户可以定制角色的个性与价值观。目前，该平台用户创建的角色超过 270 万个，每月近 1 亿次的网站访问量和超过两小时的用户平均使用时间，充分表明了 AI 情感服务市场的需求。除了提供娱乐与陪伴，AI 伴侣也被视为保持心理健康、提高社交技能的有效工具。这一趋势反映了情感识别与人机交互领域的

---

① Z. Bahroun et al., "Artificial Intelligence Applications in Project Scheduling: A Systematic Review, Bibliometric Analysis, and Prospects for Future Research," *Management Systems in Production Engineering* 2 (2023): 144-161.

② R. O. Ogundokun et al., "Non-orthogonal Multiple Access Enabled Mobile Edge Computing in 6G Communications: A Systematic Literature Review," *Sustainability* 9 (2023): 7315.

③ S. Latif, A. Shahid, J. Qadir, "Generative Emotional AI for Speech Emotion Recognition: The Case for Synthetic Emotional Speech Augmentation," *Applied Acoustics* 210 (2023): 109425.

④ 常江：《自动化的困境：AI、数字媒体生态与"后人类"的未来》，《新闻界》2024 年第 2 期。

AI 应用正向更加智能化、个性化和自然化的方向发展。通过深入理解和模拟人类情感，人工智能情感技术有望极大提升人机交互的质量，为用户带来更为丰富与真实的交互体验。

十 价值对齐与安全

2023 年，AI 价值观对齐与 AI 安全成为人工智能技术发展与应用的重要议题。生成式人工智能技术所呈现的涌现性与自主性特征，给技术价值与安全领域带来全新挑战。价值观对齐的核心目标是确保 AI 系统的行为与人类意图和价值观保持一致，以避免由于 AI 系统的误解或误用而引起的风险。其中既涉及如何将技术与特定的社会价值观对齐，也涉及 AI 系统如何与全球层面所认可的价值观多样性对齐。在 AI 安全领域，Google 提出 Secure AI Framework（SAIF），旨在为构建与部署 AI 系统制定安全标准①。SAIF 包括六个核心元素，涉及 AI/ML 模型风险管理、安全和隐私等方面，确保模型的安全默认部署。Microsoft 通过其 Security Copilot 对数据安全、身份验证、设备管理等方面进行了扩展，集成多个安全工具，旨在通过自动化防御和加速调查响应时间。与此同时，国际组织与政策制定者积极倡导人工智能安全议题，在"人工智能安全峰会"签署的《布莱奇利宣言》反映了国际社会对人工智能带来的全球机遇与挑战达成的共识②，强调了对这些潜在风险的理解和应对行动的紧迫性。这一国际合作举措也为探索人工智能监管方法提供了重要的框架与指导。

结 语

2023 年的人工智能技术应用前沿展示了科技进步与人类发展的新生态和新趋势，技术与人文的融合、创新与责任的平衡、全球合作与共赢的愿景，将是支撑未来人工智能技术健康、可持续发展的关键。

---

① Google's Secure AI Framework，Jun. 2023，https：//safety. google/cybersecurity－advancements/saif/.

② 荆学民、刘元顿：《让"人是目的"成为伟大的政治信仰——关于人工智能与政治传播关系的省思》，《现代出版》2024 年第 2 期。

从技术探索到社会应用的渗透。相较于 2022 年人工智能技术的应用，2023 年以 ChatGPT 为代表的大语言模型的惊艳表现，成功引起了全民讨论 AI 的热潮，也让越来越多的研究者和企业资本进入人工智能赛道，技术应用规模与影响范围显著扩大。这一年，人工智能领域见证了大语言模型等关键技术的重大突破，特别是在生成式人工智能技术方面的进步，实现了从文本到图像、视频乃至多模态内容生成的跨越式发展，比 2022 年展现出更加快速的技术迭代与创新；不仅赋能了传统行业的智能化转型，也开创了许多新应用场景，推动了行业发展新边界的重新定义，加速了新旧经济结构的转换，成为全球经济和社会发展的重要驱动力。

从工具智能到伙伴智能的演进。2024 年，人工智能技术的发展仍将继续加速，预计将呈现"四更"的趋势，分别是智能化更进一步、集成化更深融合、价值观更多对齐、标准化更加完善。相较于 2023 年人工智能技术的应用，2024 年人工智能技术的应用正朝着作为人类智慧的延伸和伙伴的方向发展，在创造性工作、教育培训、医疗保健等领域与人类进行有效的协作和互动，不再局限于作为单一的解决方案或服务提供者。随着应用场景的丰富，人工智能将在公众生活中扮演日益重要的角色，开启与人类社会深度融合的新篇章。

从人工智能应用到天人"智"一的追求。未来，人工智能技术的整体发展趋势将从单纯的应用拓展，向与人类智慧融合、相辅相成的天人"智"一目标迈进。这不仅是技术层面的融合，还是哲学意义上的合一，即人类智慧与机器智能的深度融合与相互增强。人类对人工智能技术的认知也会逐步从技术性能的探索转向对其意义、价值乃至于人类存在本质的深度思考。从技术智能体过渡到能够与社会和人类文化深度协同的存在，人工智能将成为连接人类、自然和宇宙的桥梁，帮助人类更好地理解世界、探索宇宙的奥秘，是推动人类社会进步与文明发展的重要力量。

B.29

多元、智能与创新：2023年主要国际
财经媒体运营综述

周长城 綦雪*

摘　要： 　2023年，面对复杂多变的全球经济环境和技术变革的双重挑战，国际财经媒体展现出强大的适应能力和稳中有进的发展态势。随着人工智能技术的不断发展，智能化转型已成为驱动和深化财经媒体变革的重要引擎，各大国际财经媒体在生成式人工智能领域的布局不仅提升了内容生产效率和丰富了用户体验，也开辟了新的商业机遇，推动了传媒行业的智能化转型。未来，国际财经媒体将继续探索多元化内容、服务与平台的整合发展，优化商业模式与订阅策略，开发针对财经和金融领域的行业大模型，增强行业竞争力和可持续发展能力。

关键词： 　国际财经媒体　经营业绩　生成式人工智能　商业模式

　　近年来，人工智能、云计算与大数据等新兴技术迅猛发展，对传统媒体的内容生产、商业模式和组织战略产生了深远影响。在此背景下，以传统媒体业务为主导的国际财经媒体正积极寻求智能化和多元化的转型之路，以期在激烈的传媒市场竞争中保持领先地位。本文以杭敏对财经媒体的分类标准①为依据，选取了6家主要国际财经媒体作为研究样本，将《纽约时报》（*The New York Times*）和福克斯新闻（FOX News）作为"综合性媒体的财经报道部门"样本，将道琼斯（Dow Jones）和《日本经济新闻》（*Nikkei*）作为"专业财经媒

---

* 　周长城，清华大学新闻与传播学院博士后，清华大学经济传播研究中心助理研究员；綦雪，清华大学新闻与传播学院博士研究生。
① 　杭敏：《国际财经媒体发展研究》，中国财政经济出版社，2016。

体"样本，将路透社（Reuters）和彭博社（Bloomberg）作为"财经信息服务集团"样本，基于上述 6 家主要国际财经媒体的财务数据和相关运营报告，梳理其在 2023 财年的经营业绩和在生成式人工智能（AI Generated Content，AIGC）领域的布局情况，并进一步分析其在多元化业务发展、商业模式创新和智能技术应用方面的发展趋势，为财经媒体在关键转型期的发展路径提供参考和启示①。

一 国际财经媒体的经营业绩

2023 年，面对复杂严峻、不确定性加深的全球经济发展环境，本文所关注的 6 家主要国际财经媒体的整体经营业绩呈现稳中有进的发展态势，福克斯新闻、路透社、道琼斯、彭博社和《纽约时报》的收入与净利润实现了双增长，《日本经济新闻》的收入也呈现增长态势，但净利润有所下滑。

福克斯新闻在 2023 年的收入为 149.13 亿美元，同比增长 7%，净利润为 12.53 亿美元，同比增长 2%，这一优异的财务表现主要源自稳定的新闻用户规模和广告业务发展。在用户规模方面，福克斯新闻持续保持其在美国有线新闻网络市场中的领先地位，在全美电视网络中排名第二。2023 年，福克斯新闻在黄金时段节目的观众数量同比增长 38%，其中 25～54 岁的观众数量增长 62%。同时，福克斯新闻是 2023 年度美国社交媒体参与度最高的新闻品牌，其社交媒体互动次数超过 3.15 亿次。福克斯新闻旗下的商业新闻频道在 2023 年获得 32 亿次浏览量，平均每月多平台独立访客数为 2320 万人，同时超过 CNN Business、Market Watch 和福布斯等品牌的浏览量。在广告业务方面，基于规模庞大的用户群体，福克斯新闻的广告收入在 2023 年达到 66 亿美元，同比增长 12%，这主要得益于美国中期选举和 FIFA 男子世界杯等热门事件吸引了大量观众，提高了广告位的商业价值。

彭博社在 2023 年的收入为 125 亿美元，同比增长 2.5%。作为全球领先的商业、金融信息和新闻资讯提供商，彭博社的主要收入来自专业的金融信息服务，其彭博终端（Bloomberg Terminal）为全球 35 万名付费用户提供实时金融

---

① 本报告涉及的 2023 财年数据指各国际财经媒体的财政年度数据，并非日历年度数据，后文中年份即代表财年。

市场数据和分析工具，每年收入约 80 亿美元。除核心的金融信息服务外，彭博社也注重业务的多元化发展。例如，通过彭博电视台、彭博直播、《彭博商业周刊》等媒体提供深度的财经分析；彭博法律咨询（Bloomberg Law）和彭博政策咨询（Bloomberg Government）则为律师和政策制定者提供相关的数据和分析服务。同时，彭博社在风险投资领域有所布局，旗下的风投公司 Bloomberg Beta 在 2023 年投资了全球用户增长最快的编码平台 Replit。多元化的业务布局和营收模式持续给彭博社带来丰厚收入，帮助其在金融信息服务领域占据市场领导地位。

路透社在 2023 年的收入为 67.94 亿美元，同比增长 2.5%；净利润为 26.95 亿美元，同比增长 101.5%。路透社的收入与净利润均实现增长主要得益于以下因素。首先，路透社与伦敦证券交易所集团（LSEG）的新闻协议为其提供了稳定且逐年递增的收入，此项协议在 2023 年给路透社带来 3.68 亿美元的收入，相较于 2022 年的 3.6 亿美元有所增长。其次，路透社在 2023 年对 AIGC 技术进行了重大投资，得益于此，路透社在 2023 年的交易收入从 2022 年的 1.21 亿美元增加至 1.44 亿美元，增幅高达 19%，对年度整体收入具有显著贡献。最后，对成本的有效控制也促使路透社的净利润不断增加，通过降低运营成本和优化人员结构，路透社在 2023 年的调整后税前利润从 2022 年的 23.29 亿美元增加至 2023 年的 26.78 亿美元，增幅为 15%，不仅大幅提高了整体利润率，也提高了财务方面的健康程度。

道琼斯在 2023 年的总收入为 21.5 亿美元，同比增长 7.4%，占新闻集团总收入的 22%，较上年的 19% 有所增长；2023 年的净利润为 4.9 亿美元，同比增长 14%。道琼斯经营业绩的大幅提升首先源于其多元经营的发展策略，其在 2022 年收购的石油价格信息服务商 OPIS 和化学行业数据分析企业 CMA，在 2023 年分别为道琼斯贡献了 9700 万美元和 6800 万美元的收入。同时，道琼斯不断丰富与拓展数字化产品和服务，其 2023 年的数字收入占总收入的 78%，相较于 2022 年的 75% 持续提高。得益于内容质量、用户体验和市场推广等方面的不断努力，道琼斯旗下的《华尔街日报》数字订阅用户数量达到 340 万人，同比增长 10%，不仅大幅提高了数字订阅收入，也提高与增强了《华尔街日报》和道琼斯的市场覆盖率与品牌影响力。但由于科技和金融领域发展速度放缓，广告支出相应减少，道琼斯在 2023 年的广告收入仅为 4.13 亿美元，同比下降8%，其中印刷和数字广告收入分别减少2200万美元和1400万美元。

《纽约时报》在2023年的总收入为24.26亿美元，同比增长5.1%，净利润为2.33亿美元，同比增长33.84%。《纽约时报》的经营业绩提升主要得益于订阅总收入大幅增长，其2023年的订阅总收入为16.6亿美元，同比增长6.7%；纯数字订阅收入首次突破10亿美元大关，为10.99亿美元，同比增长12.4%。其中，多产品捆绑和组合订阅的收入增加了1.51亿美元，反映了《纽约时报》在多元化产品服务方面的成功布局。同道琼斯一样，《纽约时报》的传统营收强项广告收入同比下降3.5%，全年总收入为5.05亿美元，其中，平面广告收入降幅明显，同比下降8.5%，而数字广告收入仍保持相对稳定，同比仅下降0.2%。此外，虽然《纽约时报》在2022年以5.5亿美元收购的体育新闻（The Athletic）媒体至今仍未扭亏为盈，但亏幅趋于平缓，其营收在2023年第四季度增长31%，付费用户数已从被收购时的100多万人增至300多万人，帮助《纽约时报》提前3年实现1000万人订阅量的目标。

《日本经济新闻》在2023年的收入为23.32亿美元，同比增长2.3%，但净利润仅为6178万美元，同比下降18.3%。在收入方面，《日本经济新闻》虽然传统纸质媒体订阅量有所下降，但数字化媒体的订阅量和销售额保持稳定增长，抵消了传统纸质媒体订阅量有所下降的影响，使总体收入小幅增加。截至2023年末，《日本经济新闻》的在线版和Nikkei Prime系列订阅量已达到100万户，其用户群体不再限于个人，还包括企业和教育部门，Nikkei在线版的企业用户数量已达到2.45万人。在净利润方面，由于日元贬值和全球供应链面临的原材料成本和海外运营成本激增等不利因素的影响，《日本经济新闻》的销售和管理费用不断攀升，这导致运营成本显著增加。同时，随着业务拓展范围不断扩大和市场推广力度不断加大，投资有价证券的损失和部分固定资产的减值损失也进一步增加了《日本经济新闻》的财务负担，这导致其在2023年的净利润大幅下滑。

二　国际财经媒体的 AIGC 布局

随着互联网平台的数字化场景日趋丰富，AIGC 作为新型内容生产方式，已率先在数字化程度高、内容需求多样化的媒体领域取得创新发展，并深刻改变了传媒行业的运作方式和服务模式。

（一）应对 AIGC 的分化态度与策略

当前，国际财经媒体对 AIGC 的态度呈现明显分化。部分媒体对 AIGC 持悲观态度，例如，路透社、彭博社和《纽约时报》均在其网站根目录配置文件中禁止 ChatGPT 等 AIGC 爬取其网页内容。2023 年 12 月，《纽约时报》对微软和 OpenAI 提起诉讼，指控其侵犯版权并滥用知识产权，成为目前唯一以侵害知识产权名义起诉 AI 企业的大型媒体。诉讼指出，ChatGPT 在未经授权的情况下在生成信息时参考并使用了《纽约时报》的大量新闻内容，并将错误信息的来源标记为《纽约时报》。这一立场反映了媒体对原创内容价值被侵蚀的担忧，以及对 AIGC 可能引发的伦理和法律问题的警惕。

另有部分媒体则持相对积极的开放态度，通过与基础设施型 AI 企业签署授权协议达成战略合作，以提升新闻内容的分发能力和品牌影响力。例如，道琼斯的母公司新闻集团与 OpenAI 签订了价值 2.5 亿美元的 5 年期内容授权协议，该协议允许 OpenAI 使用《华尔街日报》《巴伦周刊》《市场观察》等新闻集团旗下新闻出版物的原创新闻进行内容生成。《日本经济新闻》旗下的《金融时报》也与 OpenAI 建立了战略合作伙伴关系，允许 ChatGPT 用户浏览《金融时报》的精选摘要、引述和新闻原文。

上述明显的两极分化态度显示了国际财经媒体在 AIGC 应用方面的复杂局面和多样化路径，一方面，AIGC 在一定程度上挑战了新闻行业的伦理和法律边界，需要财经媒体重新思考其商业模式和版权保护策略；另一方面，AIGC 也为财经媒体提供了内容创新和用户拓展的新机遇。因此，未来国际财经媒体的发展需要寻求新的平衡点，即在保护内容版权的同时，积极探索 AIGC 的应用路径，推动传媒行业的持续进步和深度变革。

（二）提供金融与法律领域的 AIGC 服务

当前，国际财经媒体积极运用 AIGC 开发更具个性化和互动性的智能服务，为传媒行业注入新的发展动力。在金融领域，彭博社发布了聚焦金融领域的大规模 AIGC 模型 BloombergGPT，其训练数据来自彭博社的金融数据、新闻信息以及互联网公开数据集，能够提供股票价格预测、金融事件影响分析和投资组合优化等专业金融服务。《日本经济新闻》也开发了用于分析经济和金融信息的大型语言模型 NiLM，其数据来自日本经济新闻集团旗下媒体近 40 年发表的文章内容，未使用互联网中的公开信息，生成内容具有明确的版权归属。《金融时报》发布了首个面向订阅者的 AIGC 工具 Ask FT，由《金融时报》的内部搜索功能和 Anthropic 开发的大型语言模型 Claude 提供支持，能够基于《金融时报》近 20 年的数据信息回复用户提问，并标注信息来源和发布时间，有效避免了错误信息和版权争议。

在法律领域，路透社在 2023 年以 6.5 亿美元现金收购了法律技术服务商 Casetext，标志着其在 AIGC 领域的重要布局。Casetext 的核心产品之一 CoCounsel 是通过 ChatGPT 打造的一款聚焦法律领域的 AIGC 产品，其功能包括分析法律文件、合同、生成证词和法律备忘录等。此次收购后，CoCounsel 将与路透社的核心法律产品 Westlaw 进行技术融合，为用户提供更加智能化的法律服务。此外，路透社还计划每年在 AIGC 领域投资 1 亿美元，同时与微软合作开发 Microsoft 365 Copilot 的新插件，进一步增强其法律产品 Westlaw 的功能，这体现了路透社在人工智能领域的前瞻性和创新力。

（三）内容生产和经营领域中的 AIGC 应用

在 AIGC 凭借多模态生成能力参与新闻生产的新阶段，各大国际财经媒体已将其广泛应用于内容生产和广告营销等相关领域。在内容生产方面，《金融时报》通过引入 AIGC 技术，为编辑和记者提供了强大的内容创作工具。《金融时报》为所有员工购买了 ChatGPT Enterprise 的访问权限，确保其团队能够利用 AI 工具提升创造力和生产力，加速生产流程，从而在竞争激烈的传媒市场中占据有利地位。此外，《金融时报》还首次任命了 AI 编辑，协助记者完成数据挖掘、内容分析及文本翻译等任务，同时对内开设了一系列培训课程，在系统的学习与实践中提高记者利用人工智能工具进行信息搜集、数据分析和新闻写作的能力。

在广告营销方面，AIGC 也展现出强大的创新能力，不仅能够编写广告文案，提升广告内容的创建效率，还能够通过分析数据集帮助媒体了解消费者的行为模式和市场趋势，优化广告的投放效果。《纽约时报》在 2023 年试运营了采用AIGC技术的广告投放工具，凭借千万名付费订户和过亿名注册读者的庞大基数，该工具可根据相关文本信息和目标受众优化广告投放效果，帮助《纽约时报》的广告精准抵达目标人群，进一步推动了数字营销领域的智能化变革。

三　国际财经媒体的未来发展趋势

在数字化转型和智能技术的驱动下，国际财经媒体未来将持续探索多元化内容、服务与平台的整合发展，制定更加灵活的商业模式与订阅策略，并积极研发聚焦财经和金融领域的行业大模型，通过创新手段为财经媒体开辟新的发展空间。

（一）持续探索多元化内容、服务与平台的整合发展

随着技术的快速发展和用户需求的日益多样化，国际财经媒体不仅在内容上寻求价值突破，还在服务方式上进行了深度探索，展现了国际财经媒体在数字化浪潮中的积极转型。

音频内容的多样化与智能化。随着音频消费的日益普及，国际财经媒体将进一步丰富与扩大音频内容的类型和覆盖面，进一步提升用户的个性化收听体验。以《纽约时报》为例，其2023年推出的付费音频App已有超过100万次的下载量。未来，预计将有更多的国际财经媒体借鉴这一成功经验，推出涵盖财经新闻、经济专题报道等多元化的音频内容。

金融科技与大数据分析的深度融合。国际财经媒体将通过与全球领先的金融科技公司合作，加大对金融科技和大数据分析的投入，推动智能投资顾问和个性化投资服务的发展。例如，《日本经济新闻》通过与威尔希尔指数公司合作，扩展其全球指数业务，并投资开发ESG投资指数。这种深度融合不仅提升了财经媒体在国际市场的竞争力和品牌知名度，也推动了金融工具和服务的创新，满足了用户对高质量财经信息和分析的需求。

活动业务与自有场地的战略布局。在经济环境不确定性日益增强的背景下，国际财经媒体将更加注重活动业务的扩展和自有场地的投资建设。福布斯新闻在2023年投资建设的"第五大道福布斯"场地就是一个典型案

例。未来，更多的国际财经媒体将在全球范围内投资自有场地，快速响应市场需求，缩短活动执行周期，以吸引更多合作企业。同时，通过线上、线下资源的整合，提供虚拟与现实相结合的混合活动形式，进一步提升用户体验。

（二）制定更加灵活的商业模式与订阅策略

面对激烈的市场竞争和用户需求的持续变化，通过灵活的商业模式和订阅策略优化用户体验将成为国际财经媒体提高用户留存率和企业收入的重要策略。

持续优化捆绑包服务，提升用户的订阅体验。当前，制定个性化订阅套餐和按需付费模式成为国际财经媒体新的收入增长点。过去一年，《纽约时报》一直在将尽可能多的用户转移至包括了 NYT Audio、The Athletic、Wirecutter（产品测评）、烹饪和游戏等内容的"捆绑包"（The Bundle）服务中。截至2023年底，约43%的《纽约时报》数字用户订阅了全包式套餐或多项产品，显示出多元化内容的强大吸引力。未来，国际财经媒体将通过多元化的订阅策略，继续扩大其订阅服务范围，开发科技、医疗、教育等更多行业和专题的订阅内容，满足专业用户的细分需求。

提供多种灵活的订阅方式，满足用户的个性化需求。过去一年，《金融时报》推出全新的订阅方式，用户可针对流行的时事通讯付费，而不必支付全价订阅费用。例如，《金融时报》推出主题为市场和公司的 Unhedged、Inside Politics 系列通讯，售价分别为 7.99 美元和 4.99 美元。对于用户而言，较低的时事通讯订阅费用相较于全价订阅更具吸引力，这一策略可以有效提高用户的订阅率，并通过高质量内容吸引初级订阅用户逐步转化为全价订阅用户，提高用户的留存率。因此，基于用户需求的精准营销将成为国际财经媒体产品运营的重要趋势，有助于进一步提高用户的订阅率和满意度。

（三）研发聚焦财经和金融领域的行业大模型

随着智能技术的发展，"模型即服务"（Model-as-a-Service，MaaS）正在成为现实，推动内容生产实现了从"手工作坊"到"工厂模式"的转变。人工智能大模型，即基于大量数据训练的、拥有巨量参数的模型，可以适应多元化的下游任务①。目前，各大 AIGC 产品所采用的大模型大多使用通用的训练数据库，虽然具有强大的泛化能力，但由于缺乏特定行业的深度数据积累，在处理专业问题时无法保证足够的准确性和专业性，也难以完全适应特定领域的表达规范和话语惯习，无法在垂直领域中提供高价值服务②。

在此背景下，研发针对财经和金融领域的行业大模型将成为国际财经媒体强化服务价值、提升自身竞争力的有效着力点。行业大模型能够根据特定领域的需求进行定制化的数据录入和训练，通过领域知识融合、微调训练等方式来提升其在特定应用场景中的性能。国际财经媒体拥有大量自主生产的原创内容和数据资源，以此为基础进行大模型训练能够确保模型生成内容的真实性和准确性，并基于自身定位为用户提供财经新闻分析、市场趋势预测、金融风险评估等专业服务，既有助于企业在传媒市场竞争中保持差异化优势，也能够有效避免因使用外部数据而可能引发的版权纷争。

结　语

2023 年，面对复杂多变的全球经济环境和技术变革的双重挑战，国际财经媒体不断调整战略，创新求变，展现了较强的赢利能力和稳中有进的发展态势。在传统媒体业务稳定增长的基础上，各大国际财经媒体在 AIGC 领域的布局提升了内容生产效率和用户体验，开辟了新的商业机遇，推动了传媒行业的智能化转型。未来，国际财经媒体将继续发挥引领作用，持续探索多元化内容、服务与平台的整合发展，优化商业模式与订阅策略，开发针对财经和金融领域的行业大模型，强化专业服务价值，增强自身的行业竞争力和可持续发展能力。

---

① 郭全中、苏刘润薇：《大模型驱动下的传媒再造》，《出版广角》2024 年第 3 期。
② 徐琦：《人工智能大模型赋能全媒体传播基础设施升级与应用生态创新》，《出版广角》2024 年第 3 期。

全球传媒发展篇

B.30
2023年全球传媒产业发展报告

杭　敏　黄培智*

摘　要： 2023年，全球传媒产业在人工智能、增强现实（AR）、虚拟现实（VR）等新兴技术赋能下，经历了重塑性变革。生成式人工智能的研发与应用，将逐渐深刻改变传媒产业的生产方式、商业模式及用户体验，同时为传媒行业带来新的机遇与挑战。传媒行业数字化转型进程已全面开启，实体向数字转型的趋势正逐渐覆盖电视、出版、广播和社交媒体等每一个细分领域。即使在全球经济局势不稳定的情况下，传媒产业仍有望通过新技术的加持释放更多潜能。

关键词： 全球传媒产业　数字化　人工智能　媒体转型

一　全球娱乐及传媒产业发展综述

2023年对全球娱乐及传媒产业来说是极具重塑性的一年，各细分市场在

---

* 杭敏，清华大学新闻与传播学院教授、博士研究生导师；黄培智，清华大学新闻与传播学院博士研究生。

技术的赋能下已开启全面数字化转型的进程。美国《福布斯》杂志形容2023
年是技术发展的分水岭①，生成式人工智能、Web3.0、5G、VR 和 AR 等突破
性技术的大面积应用，重新塑造了娱乐及传媒产业的未来轨迹，也为产业发展
带来新的可能②。到 2030 年，预计人工智能对娱乐及传媒产业的贡献将达到
15.7万亿美元。这种爆发式增长表明人工智能、生成式人工智能正在重新制
定娱乐及传媒产业所有细分领域的规则。

从用户体验的角度来看，人工智能、机器学习（ML）和自然语言处理
（NLP）在预测用户与内容的互动方面将全面改变过往的体验形式，也为版权、
知识产权、安全和数据隐私、环境危害和道德等方面带来不确定的风险，行业
的商业模式和就业市场也将遇到根本性的挑战③。

从全球经济及影响因素的角度来看，在俄乌、巴以等冲突延续所带来的经
济与地缘政治不稳定局势下，世界经济格局也受到影响。国际货币基金组织
（IMF）预测，全球经济增速将从 2022 年的 3.5%放缓至 2023 年的 3.0%和
2024 年的 2.9%④。互联网普及率的提高、全球人口的增长、新兴市场和发展
中经济体的崛起等因素或将导致全球可支配收入增加。一方面与娱乐相关的产
品和服务需求增加，包括电影和所有其他形式的视频内容；另一方面会对用户
偏好及用户群体造成一定程度的影响。

全球娱乐及传媒产业规模从 2018 年的 17506.2 亿美元增长至 2023 年的 23887.9
亿美元，复合年均增长率（CAGR）为 6.41%，呈现强劲的发展态势⑤。从 2023 年
的实际数据来看，与普华永道（PWC）所预测的 2023 年全球娱乐及传媒产业
24260 亿美元的规模相比虽略有差距，但总体符合预测的增长情况（见图1）。

---

① https：//www.forbes.com/sites/janakirammsv/2024/01/02/exploring-the-future-5-cutting-
edge-generative-ai-trends-in-2024/? sh=683c2bf206e0.

② https：//www.forbes.com/sites/legalentertainment/2023/12/05/deals-that-shook-up-the-
media-and-entertainment-space-in-2023-and-trends-to-watch-out-for-next-year/? sh=
d5425dc48a1c.

③ https：//www.globenewswire.com/news-release/2023/08/15/2725970/0/en/Media-And-
Entertainment-Industry-Size-Share-Analysis-Growth-Trends-Forecasts-2023-2028.html.

④ https：//www.imf.org/en/Publications/WEO/Issues/2023/10/10/world-economic-outlook-
october-2023.

⑤ https：//www.thebusinessresearchcompany.com/report/entertainment-and-media-global-market-
report.

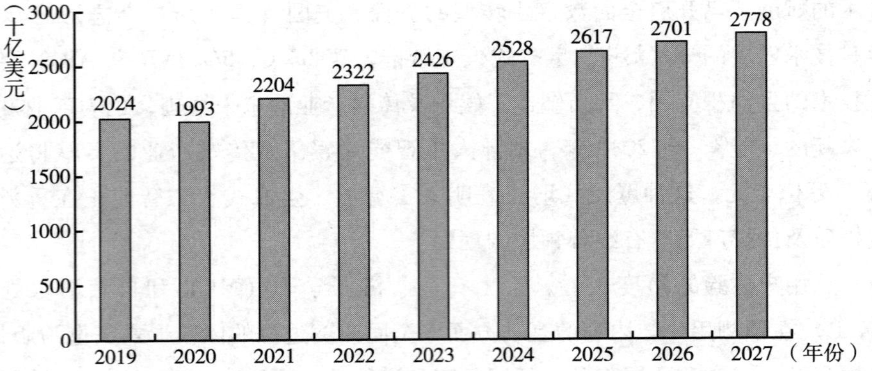

图1　2019～2027年全球娱乐及传媒产业规模预测

资料来源：PWC，https：//www.pwc.com/gx/en/industries/tmt/media/outlook.html。

2023年，全球娱乐及传媒产业正在经历全面数字化转型，流媒体服务行业不断发展，数字时代彻底改变了消费者的观看内容和观看方式。后疫情时代，用户的消费习惯并未彻底反弹，仍保持2022年的线上消费趋势，并且越来越倾向于个性化的点播内容。

与此同时，传统业务与数字化业务的竞争变得愈发激烈，传统业务的收入，尤其是报刊出版、图书出版、传统电视业等领域出现减少态势，传统的广告收入在逐步减少的同时，数字出版及数字广告收入正在不断攀升。

从细分市场占比来看，数字内容、搜索引擎及社交媒体占比最高，达30.97%（见图2）。从增长来看，2018～2023年，数字内容、搜索引擎及社交媒体的复合年均增长率最高，为16.87%，预计2023～2028年将实现14.06%的复合年均增长率。印刷媒体复合年均增长率（2024～2028年）最低，为1.67%，预计2023～2028年将仅实现2.58%的复合年均增长率[①]。

按地区来看，2023年北美是最大的媒体市场，以7988.1亿美元占据全球媒体市场33.44%的份额。亚太地区排名第二，为6947.6亿美元[②]。

总体来说，2023年是全球娱乐及传媒产业彻底入局数字化及科技化的一

---

① https：//www.thebusinessresearchcompany.com/report/entertainment－and－media－global－market－report.

② https：//www.thebusinessresearchcompany.com/report/entertainment-and-media-global-market-report.

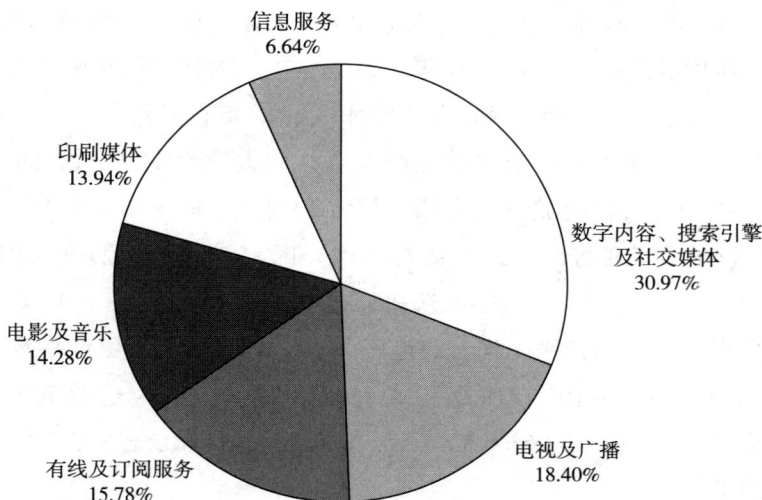

图2 2023年全球媒体各细分市场占比

注：因四舍五入，图中细分占比总和出现不为100%的情况。

资料来源：PWC，https://www.pwc.com/gx/en/industries/tmt/media/outlook.html。

年，在全面拥抱新兴行业和高新技术的势头下，预计未来几年将看到更多数字化带来的变革，与此同时，也需保持对过度数字化可能带来风险的警惕。目前，人工智能技术的大面积应用已引发行业对人类主体性的思考和人类不可替代性的担忧，预计在未来几年内全球娱乐及传媒产业也将对这个命题保持关注。

二 全球娱乐及传媒产业各行业发展状况

（一）报纸、杂志和图书出版业

1.报纸和杂志出版业

全球实体报纸和杂志出版业持续面临收入紧缩的危机；同时，数字报纸和杂志则显示出持续增长的态势。2023年，全球报纸和杂志出版业总收入为1658亿美元，同比下降0.72%。其中印刷报纸和杂志产业收入为1272亿美元，同比下降2.53%；数字报纸和杂志产业收入为386亿美元，同比增长

5.66%。预计到 2029 年全球报纸和杂志出版业市场规模将降至 1524 亿美元，预计复合年均增长率（2024~2029 年）为-1.42%，实体印刷领域市场规模将减少至 1078 亿美元，数字领域市场规模则增长为 445 亿美元①。

2023 年，全球印刷报纸和杂志产业总订阅人数为 16 亿人，同比下降 5.88%；数字报纸和杂志产业总订阅人数为 20 亿人，同比增长 5.26%，预计 2029 年二者之间差距将扩大至 10 亿人。2023 年，全球印刷报纸和杂志产业用户人均消费为 78.88 美元，数字报纸和杂志产业用户人均消费为 19.08 美元，与往年数据相比基本持平。收入的地区分布情况也与往年保持一致，美国（425.2 亿美元）、中国（219.3 亿美元）、日本（161.4 亿美元）、德国（108.2 亿美元）和法国（63.3 亿美元）仍是全球报纸和杂志出版业收入最多的 5 个国家②。

（1）报纸出版业

世界报业和新闻出版商协会（WAN-IFRA）发布的报告中调研了来自 60 个国家的 175 名新闻业高级从业人员，他们认为出版业正在通过数字化转型适应新的数字广告生态系统，以努力应对目前生成式人工智能的兴起、出版业与平台关系的变化以及新闻自由等因素带来的挑战③。

2023 年，参与调研的出版商预计报纸出版业的总体收入将比上一年增长 15.2%，到 2024 年将增长 18.5%。多数出版商表示会优先考虑数字订阅和其他形式读者收入的增长，但实际上，数字广告仍然是许多新闻媒体的主要收入来源，预计占总收入的 43%。报告显示，出版商将继续致力于实现收入来源多元化，希望通过增加读者端收入（83%）、产品研发（81%）以及其他收入来源（80%）实现这一目标；同时，试图依托数字技术，如直播、电子商务等形式，更多地发掘除广告和订阅、发行销售之外的新收入来源，以减少对数字广告的依赖④。

---

① https：//www.statista.com/outlook/amo/media/newspapers-magazines/worldwide.
② https：//www.statista.com/outlook/amo/media/newspapers-magazines/worldwide.
③ https：//wan-ifra.org/2024/01/new-world-press-trends-report-showcases-publishers-positive-outloo k-amid-uncertainty/.
④ https：//wan-ifra.org/2024/01/new-world-press-trends-report-showcases-publishers-positive-outloo k-amid-uncertainty/.

除数字广告外，数字付费订阅依然是 2023 年报纸出版商的主要发展方向，如《经济学人》最近决定将其大部分播客置于付费专区，只有支付每月 4.90 美元/英镑或每年 49 美元/英镑的订阅者才能访问①。

生成式人工智能的出现对报纸出版业的影响也不可忽视。根据国际报刊联盟（FIPP）发布的《2023 全球数字订阅报告》数据，截至 2023 年 12 月，订阅人数已突破 941 万人的《纽约时报》也正在面临人工智能的挑战——《纽约时报》指控 ChatGPT 的所有者 Open AI 侵犯版权，称 Open AI 在未经许可的情况下使用了《纽约时报》发表的数百万篇文章来训练其大型语言模型②。

（2）杂志出版业

2023 年，全球杂志出版市场规模达到 1018 亿美元，预计到 2032 年市场规模将达到 1201 亿美元，复合年均增长率为 1.9%③。目前杂志出版市场主要的收益增长点是数字杂志及广告。此外，数字出版技术的应用、智能手机和平板电脑的日益普及、数字杂志和报纸的订阅量不断增加都是推动市场规模增长的一些关键因素。

数字杂志的便利性、灵活性和用户交互性较印刷杂志更强，再加上数字杂志成本效益比高、可持续性强、易于获取以及更广泛的覆盖范围等特点，在大众中迅速流行。此外，媒体平台中 VR 和 AR 的应用，也使杂志出版商能够提供更加个性化和互动化的内容来吸引读者④。

2. 图书出版业

2023 年，全球图书出版业总收入约为 882.6 亿美元，同比增长 5.16%。伴随疫情后线下图书市场的回暖，以及仍未减退的线上阅读热潮，全球图书出版业目前处于稳健增长阶段。其中，有声读物市场总收入达到 60.2 亿美元，较上年突破性增长 36.51%。从长远来看，预计复合年均增长率（2024~2029 年）为 1.58%，预计到 2029 年市场规模将达到 994.7 亿美元⑤。

---

① https：//wan-ifra. org/2024/01/new-world-press-trends-report-showcases-publishers-positive-outloo k-amid-uncertainty/.

② https：//www. fipp. com/news/global-digital-subscription-snapshot-2023-q4-now-available/#.

③ https：//www. researchandmarkets. com.

④ https：//www. globenewswire. com.

⑤ https：//www. statista. com/outlook/amo/media/books/worldwide.

具体来看，2023 年，全球实体书产业收入为 680.8 亿美元，电子书产业收入为 141.6 亿美元。在经历 2022 年的短暂回落后，目前电子书市场已恢复并超越 2021 年的规模，实现稳健增长。但预测显示，到 2029 年实体书市场都难以恢复至 2021 年的水平①。近年来，随着数字技术的兴起，图书出版业也正在经历重大变化。数字化趋势导致越来越多的读者在平板电脑和智能手机等电子设备上阅读。部分出版商目前正考虑跨文本、音频和视频模式的内容创作和推广，并尝试依托新兴技术，为读者打造在线视觉体验社交网站②。

Nielsen Book Data 和 GFK Entertainment 联合发布了 2023 年的《全球图书销售市场概况》，对 16 个国家的图书销售市场进行了调查。数据显示，2023 年尽管全球图书市场面临各种危机和挑战，但许多国家的收入都有所增长。总体而言，16 个国家中有 12 个国家实现了收入增长。只有 4 个国家，包括澳大利亚（-2.1%）和新西兰（-5.4%），2023 年 1~12 月收入出现下降③。从 Wordsrated 发布的《全球图书销售统计》数据来看，美国占据着全球图书销量的 24.7%以上，紧随美国之后的是中国，图书销量占全球销量的 19.4%④。

目前，从销售渠道来看，在线图书销售量不断增长，尤其是自疫情发生以来，如今全球超过 25%的图书销售是通过在线渠道完成的，其余部分来自专卖店和零售店。线下书店的图书销量占全球图书销量的一半以上，贡献了总销售收入的 50.3%⑤。

（二）电视和视频业

1. 电视业

目前，全球电视市场主要分为有线电视、IPTV（交互式网络电视）、卫星电视和付费 DTT（数字地面电视）四种形式。Digital TV Research 数据显示，到 2023 年底，全球付费电视普及率达到 56%，到 2029 年底微降至 54%。预计

---

① https：//www.statista.com/outlook/amo/media/books/worldwide.
② https：//www.grandviewresearch.com/industry-analysis/books-market.
③ https：//publishingperspectives.com/2024/03/nielsen-gfks-pre-london-book-fair-global-book-market-report/.
④ https：//wordsrated.com/global-book-sales-statistics/.
⑤ https：//wordsrated.com/global-book-sales-statistics/.

2023~2029 年，IPTV 用户数将增加 3600 万人。2018 年，IPTV 用户数超过付费卫星电视用户数，并将在 2024 年超过数字有线电视用户数①。

2023 年传统电视和互联网电视（Over The Top，OTT）持续竞争。随着 OTT 等流媒体视频服务兴起，基于互联网的联通性、更广泛内容的可用性以及点播内容的便利性等因素，传统电视的受欢迎程度持续下降。2023 年，全球传统电视行业收入为 3879 亿美元，同比增长 0.82%；OTT 行业收入为 2882 亿美元，同比增长 12.62%，目前二者差距逐渐缩小，预计在 2027 年持平，2028 年 OTT 行业收入预计将首次超过传统电视②。PWC 调查数据显示，虽然传统电视在覆盖范围方面仍然占据一席之地，但拥有有线电视的家庭数量目前正在迅速减少，超过 3800 万户家庭将在 2027 年前放弃有线电视③，原因包括内容选择有限以及传统电视套餐相关成本较高等。

此外，市场的另一个趋势是流媒体平台制作的原创内容越来越受欢迎，Netflix、Amazon Prime Video 和 Disney+等公司正在大力投资制作独家节目和电影，导致市场竞争加剧，市场份额从传统广播公司向流媒体平台转移。从观众的总人数来看，2023 年，传统电视观众数量与 2022 年的 52 亿人基本持平；而 OTT 用户数已增长至 50 亿人④，较上一年增长 8.7%。

2. 视频业

2023 年，全球数字视频市场规模达到 1930 亿美元。IMARC Group 预计，2032 年全球数字视频市场规模将达到惊人的 5037 亿美元，2024~3032 年复合年均增长率为 10.9%⑤。原因主要在于，目前消费者对流媒体平台点播视频内容的需求不断增长，以及数字视频在各行业的广泛运用，包括娱乐、教育、营销和电子商务等行业。同时，视频压缩、流媒体协议和 5G 等新技术的进步显著提高了视频质量并减少缓冲问题，由人工智能驱动的内容推荐也在提高用户体验感和参与度。

从流媒体视频平台总体的访问数量来看，OTT 平台访问用户数从 2022 年

---

① https://digitaltvresearch.com/？s=global.
② https://www.statista.com/outlook/amo/media/tv-video/worldwide.
③ https://www.pwc.com/gx/en/industries/tmt/media/outlook/segment-findings.html.
④ https://www.statista.com/outlook/amo/media/tv-video/worldwide.
⑤ https://www.imarcgroup.com/digital-video-content-market.

的 32.3 亿人增加到 2023 年的 35 亿人。截至 2023 年第三季度，Netflix 依旧是全球最大的流媒体平台，拥有 16% 的市场份额。从付费会员的数量来看，全球范围内付费会员最多的视频平台分别为 Netflix（2.31 亿人）、Amazon Prime Video（2 亿人）、Disney +（1.38 亿人）、腾讯视频（1.24 亿人）、爱奇艺（1.06 万人）、Warner Bros 华纳兄弟探索（9510 万人）①。

除流媒体市场外，2023 年全球视频游戏市场同样表现亮眼。预计 2023 年行业收入将增长 2.6% 至 1877 亿美元，这得益于游戏机销售额增长 7.4%②。

2023 年短视频内容持续强势覆盖全球，到 2024 年，短视频内容将占据互联网流量的 90%。根据 Woosuite 和 LinkedIn 的数据，短视频广告产生的收入预计将超过 100 亿美元。此外，根据美国营销公司 HubSpot 数据，73% 的消费者更喜欢通过短视频了解产品或服务，短视频更是"Z 世代"和"千禧一代"了解新产品的首选渠道③。以短视频为主的平台之争也在 2023 年出现了转折，2023 年 Instagram 的应用下载量超过 TikTok，为 7.68 亿次，同比增长 20%。相比之下，TikTok 的应用下载量仅增长 4%，达到 7.33 亿次④。

（三）音乐、广播和播客业

2023 年，全球音乐、广播和播客业的总收入突破 1139 亿美元，相比于 2022 年的 1022 亿美元，同比增长 11.44%，首次超过 2019 年的 928.1 亿美元。其中，数字音乐产业收入达 417.7 亿美元，同比增长 23.29%；传统音乐产业收入达 367.9 亿美元，同比增长 11.98%；传统广播产业收入达 353.3 亿美元，与 2022 年基本持平⑤。预计 2024～2029 年全球音乐、广播和播客业市场规模复合年均增长率为 3.25%，到 2029 年市场规模将达到 1400 亿美元。

1. 音乐业

现场音乐行业已完全复苏，其收入在 2023 年超过疫情前的水平，并且在

---

① https：//contentdetector. ai/articles/ott-statistics.
② https：//www. reuters. com/technology/video-gaming-revenue-grow-26-2023-console-sales-stren gth-report-2023-08-08/.
③ https：//www. yaguara. co/short-form-video-statistics/.
④ https：//content-na1. emarketer. com/instagram-beat-tiktok-2023-downloads-fight-isn-t-over.
⑤ https：//www-statista-com. didavsh. cn/outlook/amo/media/music-radio-podcasts/worldwide.

预测期内每年都会有所增长。数字音乐流媒体仍然很受欢迎，预计全球收入将从 2022 年的 214 亿美元增至 2027 年的 276 亿美元①。

与此同时，实体录制音乐市场正在不断萎缩，收入将在未来数年间持续呈下降趋势，预计将从 2022 年的 61 亿美元降至 2027 年的 45 亿美元。数字录制音乐收入在录制音乐收入中的份额将增加，从 2022 年的 74.3%上升到 2027 年的 80.7%。根据国际唱片业协会（IFPI）的数据，2023 年全球录制音乐收入增长 10.2%，主要是由付费流媒体订阅用户数增长拉动的。其中，仅订阅流媒体收入就增长 11.2%，几乎占据全球录制音乐市场收入的一半（48.9%）。2023 年，音乐流媒体服务的付费订阅人数也首次超过 5 亿人，目前付费订阅人数达到 6.67 亿人②。

2. 广播业

广播业目前也面临新技术趋势下的转型挑战，市场规模预计将从 2022 年的 837.4 亿美元增长到 2023 年的 873.1 亿美元③。但由于广播电台必须与流媒体音频（例如 Spotify Technology SA 和 Pandora Media，LLC.）竞争，加上目前全球远程办公的大趋势，黄金时段收听率受到了一定影响，广播电台的整体收听率一直在下降。同时，对无线电频谱的监管一直是广播市场发展的阻碍之一。以美国为例，每个无线电台都是由美国联邦通信委员会（FCC）负责维护及分配特定的频率。然而，法规限制广播电台使用超过分配的频率范围来覆盖更大的区域，这种限制可能会阻碍广播电台的发展④。此外，目前部分新上市的电动汽车和混合动力汽车降低了无线电设备装车的优先级，可能导致新车缺乏 AM 天线覆盖，或将对重要高峰时段的车载广播收听率造成极大影响。

然而，目前随着云端系统的成熟及主流化，广播业的可扩展性及迭代速度都已发生极大的变化⑤。此外，传统广播节目是按计划播放的，而流媒体的出现，从 Snapchat 到 TikTok 再到 YouTube、Facebook Live 等多渠道、多平台的战

① https：//www.pwc.com/gx/en/industries/tmt/media/outlook/segment-findings.html.
② https：//www.ifpi.org/ifpi-global-music-report-global-recorded-music-revenues-grew-10-2-in-2023/.
③ https：//finance.yahoo.com/news/radio-station-market-reach-87-171500045.html.
④ https：//finance.yahoo.com/news/radio-station-market-reach-87-171500045.html.
⑤ https：//www.cgi.com/en/article/dira/redtech-industry-trends-2023.

略布局以及非线性的收听模式使广播公司产生了质的改变，开启了广播业值得期待的未来。

3. 播客业

2023 年，具有沉浸特性和内容专业性的播客产业表现亮眼，凭借可持续吸引受众注意力的独特能力，成为全球最受欢迎的广播类型。全球播客业市场规模从 2022 年的 201.4 亿美元增长到 2023 年的 258.5 亿美元，全球播客听众已达 4.647 亿人[1]，这一增长标志着全球播客的受欢迎程度和需求不断增加。播客作为娱乐和信息消费主流形式的影响力正不断扩大，将成为长期和持续增长的潜在领域[2]。

目前，全球播客业拥有最多听众的音频流媒体主要是 Apple Podcasts、Spotify 和 iHeartRadio。以 Spotify 为例，其于 2008 年推出音乐流媒体服务，并于 2015 年在其平台上引入播客。目前 Spotify 已在 180 多个国家或地区的市场获得用户 6.02 亿人和订阅 2.36 亿次，牢固确立了音频流媒体龙头企业地位。除了超过 1 亿首歌曲外，Spotify 还拥有 500 万个播客节目，这一数字还在不断增加[3]。根据 Emarketer 数据，目前北美洲拥有世界上最多的播客听众，但到 2025 年，北美洲将被拉丁美洲超越，而到 2027 年，中国将超过北美洲和欧洲，并与拉丁美洲持平，播客听众达 1.787 亿人（见图 3）[4]。

（四）电影业

英国高尔街分析公司（Gower Street Analytics）的数据显示，2023 年，全球电影票房达到 339 亿美元，较 2022 年增长 30.5%。虽然这代表着全球范围内电影业的持续复苏，但这一数字仍比 2017~2019 年的平均水平低 15%[5]。随着全球观影人数逐年攀升，预计到 2025 年，电影票房收入将恢复至疫情前的水平。中国电影市场也在疫情过后大幅回暖，2023 年初春节档票房大幅跃升，

---

① https：//podcasthawk.com/podcasting-trends-in-2023-what-entrepreneurs-need-to-know/.

② https：//podcasthawk.com/podcasting-trends-in-2023-what-entrepreneurs-need-to-know/.

③ https：//www.emarketer.com/insights/the-podcast-industry-report-statistics/.

④ https：//www.emarketer.com/content/global-podcast-listeners-forecast-2023.

⑤ https：//deadline.com/2024/01/global-box-office-2023-total-barbie-super-mario-bros-oppenheimer-international-china-1235694955/.

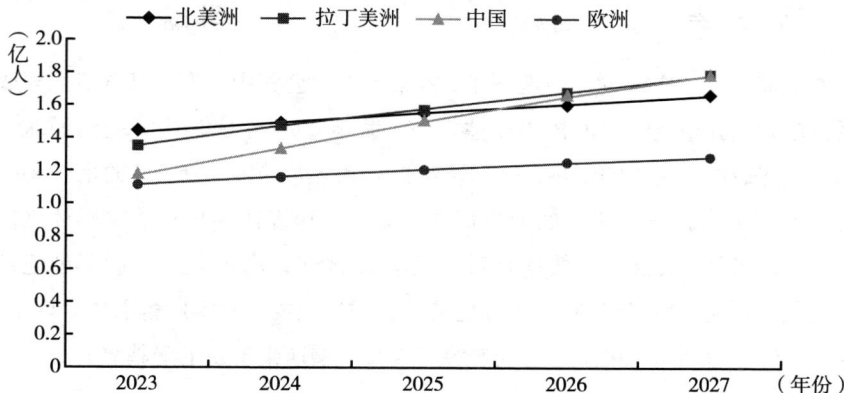

图3　2023~2027年全球主要地区播客听众数量预测

资料来源：Emarketer，https：//content－na1.emarketer.com/global－podcast－listeners－forecast-2023。

《满江红》作为其中最火爆的电影之一斩获中国第一季度最高票房①。2023年部分国家的罢工事件影响了电影发行，预计2024年全球票房收入将降至315亿美元②。

2023年北美仍然是全球最大的电影市场，估计票房为90.7亿美元，同比增长21%，票房仍低于2017~2019年的平均水平21%，占全球票房的26.8%。2023年，中国的票房收入为549.1亿元（约合77亿美元），同比增长83%。

2023年，全球三大重点地区均实现了同比增长，欧洲、中东和非洲地区的票房略低于90亿美元，较2022年增长25%，但相比于2017~2019年的平均水平，仍低了15%。2023年，亚太地区票房占全球票房的38.9%，高于2022年的35.6%，主要得益于中国的票房增长拉动。此外，2023年拉丁美洲票房表现值得一提，较2022年增长32%，预计达到26.6亿美元③。

---

① https：//www.pwc.com/gx/en/industries/tmt/media/outlook/insights－and－perspectives.html.
② https：//deadline.com/2024/01/global－box－office－2023－total－barbie－super－mario－bros－oppenheimer－international－china－1235694955/.
③ https：//deadline.com/2024/01/global－box－office－2023－total－barbie－super－mario－bros－oppenheimer－international－china－1235694955/.

（五）广告业

按市值计算，广告收入仍是全球5家最大上市公司中4家的部分或主要收入来源，是大部分企业收入的核心支柱之一。截至2023年底，尽管受到通胀、高利率、经济低迷等因素的影响，全球传统广告市场收支仍以5.8%的增长率持续增长（见图4）。广告业未来的前景依然可观，零售媒体和户外数字媒体规模也有望大幅扩张①。从目前的数据来看，截至2023年，广告业规模达到创纪录的8560亿美元，到2026年将超过1万亿美元，增长主要由数字广告引领，以电视、广播、户外、印刷品、电影为主的传统广告收支增速则出现下降趋势。

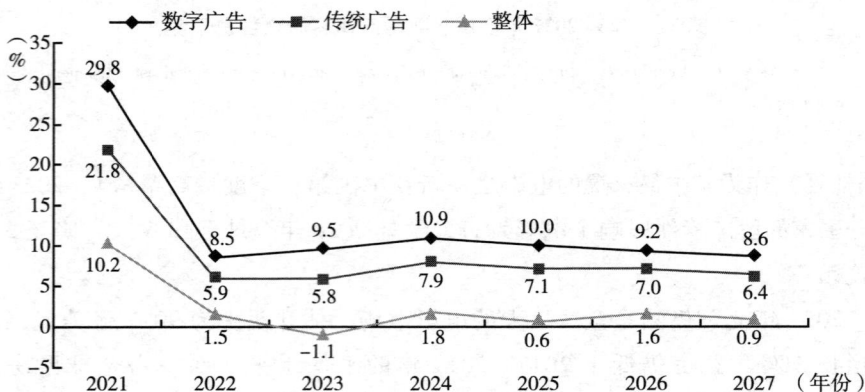

图4　2021~2027年全球广告业收支增长趋势

资料来源：Emarketer，https：//content－na1.emarketer.com/worldwide－ad－spending－update-2023。

1. 数字广告

随着传统广告收支进入负增长或增长停滞阶段，数字广告将以每年多个百分点的增长速度抢占市场份额。到2025年，全球广告费用将有超过70%用于数字媒体。尽管数字广告收入在增长，但随着越来越多的参与者（包括电子商务网站、视频游戏和流媒体平台）入场瓜分市场份额，数字广告市场的垄

---

① https：//www.groupm.com/this－year－next－year－2023－global－end－of－year－advertising－forecast/.

断情况将逐渐减少①。曾由 Meta 和 Alphabet 双寡头占据的全球数字广告市场份额于 2023 年迎来连续第六年下降，首次跌破 50%。从 Dentsu 发布的报告来看，数字化在 2023 年的反弹看起来并不稳定，亚太地区的许多国家实现约 4.0% 的总体增长，但北美和西欧正朝着不稳定的方向发展。具体来看，中国作为世界第二大广告市场，2023 年的大幅增长将有助于抵消美国的疲软。

2. 电视广告

虽然正面临日益加剧的全球经济逆风，但视听广告仍然在广告商的营销计划中发挥着重要的作用，占据全球广告市场的大部分份额。自 2021 年开始，电视广告表现强劲，包括线性电视、广播式视频点播（BVOD）和联网电视（CTV）在内的全球电视广告总支出较 2020 年增长 8.0%，2022 年又小幅增长 1.7%。2023 年与 2022 年基本持平，但可预见的是，2024 年将增长 3.3%，总支出达到 1887 亿美元，主要得益于将在 2024 年举办的巴黎奥运会。

3. 其他广告市场（电影、印刷、户外）

虽然数字广告和电视广告支出目前占全球广告支出的 80% 以上，但品牌仍会利用印刷、音频、户外和电影广告来获得专属的机会及触达针对性的目标群体②。然而，所有这些渠道（电影院除外）都可以成为数字生态系统的一部分。

随着数字化进程的全面推进，传统印刷出版商越来越关注电子商务主导的数字多元化，2022 年美国、英国、澳大利亚和西班牙等关键市场的数字广告支出已超过传统印刷广告支出。疫情期间，人员流动性下降导致户外广告支出下降 20.1%，但在数字户外产业逐渐增长的帮助下，户外广告呈现复苏的态势③。

（六）社交媒体

截至 2023 年 10 月，全球社交媒体活跃用户超过 49.5 亿人。目前，全球

---

① https：//content-na1. emarketer. com/worldwide-ad-spending-update-2023？_gl=1*1jf0ks c*_ga*MTY5NDc2ODgyNi4xNzExNjIyOTcz*_ga_XXYLHB9SXG*MTcxMTYzNDU1MS4z LjEuMTcxMTYzNzQyNy40MC4wLjA._gcl_au*MTY3MDYxOTQzLjE3MTE2MjI5NzA.&_ga= 2. 177410213. 1855765556. 1711622973-1694768826. 1711622973.

② https：//www. statista. com/outlook/amo/advertising/worldwide#ad-spending.

③ https：//www. statista. com/outlook/amo/advertising/worldwide#ad-spending.

有61.4%的人使用社交媒体，其中18岁以上人口中这一比例高达80.8%。虽然平台上新用户的增长速度正在放缓，但由于电子设备对发展中地区的覆盖面逐渐扩大，能够接入互联网和拥有智能手机的人数也在持续增长，因此，社交媒体的渗透率将继续攀升①。

社交媒体市场规模依然保持稳健增长，收入从2022年的1935.2亿美元增长至2023年的2190.6亿美元。预计到2028年，社交媒体市场规模将以13.2%的复合年均增长率增长到4131.6亿美元。乐观的预期增长可归因于电子商务的整合、AR和VR的普及、对隐私和安全措施的重视以及营销的有效性等。目前社交媒体的主要发展趋势包括短视频占据主导地位、社交商务活动激增、音频平台崛起以及对隐私的日益关注等②。

全球网络指数发布的研究数据显示，全球53个国家16~64岁的用户每月定期访问的社交媒体平台平均数量为6.7个，16~24岁年轻人访问的平台数量则上升至7.5个。此外，截至2023年第二季度，全球53个国家16~64岁用户平均每天花在社交媒体上的时间为2小时24分钟。日本的平均访问社交媒体平台数量最少，仅有3.5个；巴西则以8.1个居首位③。

截至2023年，Facebook以活跃用户30.3亿人成为全球活跃用户最多的社交媒体平台；YouTube紧随其后，拥有活跃用户24.91亿人，52%的互联网用户表示每月至少访问一次YouTube；Instagram和WhatsApp紧随其后，均拥有活跃用户20亿人；微信、TikTok、Facebook Messenger都拥有活跃用户10亿人以上（见图5）④。

社交媒体的收入来源主要包括社交媒体广告和社交媒体订阅。而2023年社交媒体的新趋势则在于主要利用电子商务来增加收入。以Instagram为例，作为一家照片和视频共享社交网络服务公司，在电商风靡的背景下其应用程序的"搜索"页面中加入了"购物"标签。根据Instagram for Business的调查，44%的用户每周使用"购物"标签等功能在Instagram上购物⑤。其中，11%的

---

① https：//backlinko.com/social-media-users#global-social-media-growth-rates.
② https：//www.researchandmarkets.com/reports/5781298/social-media-global-market-report.
③ https：//backlinko.com/social-media-users#most-popular-social-media-platforms.
④ https：//backlinko.com/social-media-users#most-popular-social-media-platforms.
⑤ https：//www.researchandmarkets.com/reports/5781298/social-media-global-market-report.

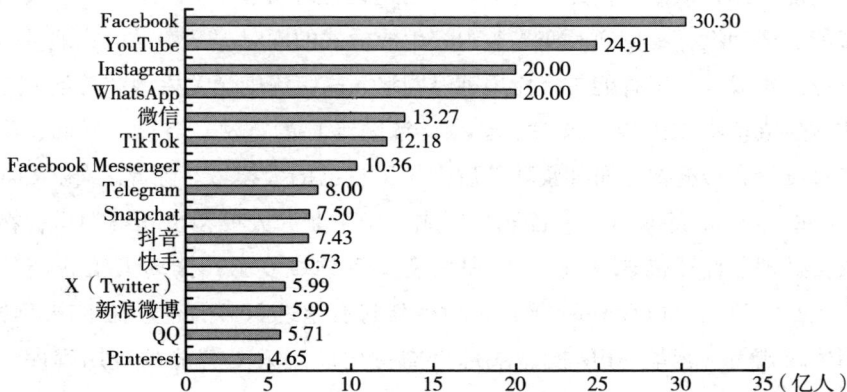

图 5　2023 年全球社交媒体平台活跃用户数量

资料来源：https：//backlinko. com/social－media－users#most－popular－social－media－platforms。

用户选择立即购买，44%的人推迟在线购买，21%的人则选择在零售店内购买。数据显示，76%的用户根据品牌的社交媒体帖子购买了产品，这也反映了社交媒体一定程度上对零售业造成的影响①。

从社交媒体内容的类型来看，目前依旧是以短视频（通常时长不到 1 分钟）形式为主。短视频以简洁和真实的风格，吸引了 66%消费者的注意力。这些简短的视频具有高度的可分享性，吸引力是较长视频的 2.5 倍。值得一提的是，TikTok 作为全球短视频平台，2023 年创造了 3.5 亿美元的收入，轻松超过 Facebook、Instagram、Twitter 和 Snapchat 2.05 亿美元的收入总和②。

（七）新兴传媒业

1. 人工智能和媒体产业

2023 年，人工智能无疑是全球最炙手可热的技术之一。Open AI 在微软的支持下于 2022 年 11 月推出人工智能大模型 ChatGPT，首次将可应用的生成式

---

① https：//www. forbes. com/advisor/business/social-media-statistics/#source.

② https：//www. forbes. com/advisor/business/social-media-statistics/#source.

人工智能带到大众面前，并在两个月内迅速在全球揽获 1 亿用户①。生成式人工智能一经问世，在彻底改变人类内容生成模式的同时，开始暴风式地重塑所有行业。生成式人工智能是指使用神经网络、高级深度学习模型和其他人工智能技术生成多媒体内容（文章、音频、视频等）的方法。谷歌、Meta、英伟达和百度等大型科技公司都紧随其后发布了自己的大模型。除此之外，Claude 3、Copilot、Kimi 等来自人工智能初创或专研企业的大模型也相继问世，在自然语言处理、计算机视觉（CV）和大模型等领域发力，推动人工智能的发展②。据 IT 研究公司 Gartner 预测，2024 年将有超过 80% 的企业在生产环境中使用生成式人工智能 APIs 模型或部署支持生成式人工智能的应用程序，而 2023 年初这一比例还不到 5%③。

生成式人工智能的出现彻底改变了目前内容创作、个性化推荐、智能对话的形式。它可以智能化地生成新内容，而不是分析和分类现有材料，使创作者能够制作高度个性化的内容，为简化工作流程、降低成本和提高整体输出质量提供了新的可能性④。据彭博社数据，到 2032 年，生成式人工智能的收入贡献将从占 IT 硬件、软件服务、广告支出和游戏市场总支出的不到 1% 扩大到 10%。拉动收入增长的主要是用于训练大型语言模型（LLMs）的生成式人工智能基础设施即服务（到 2032 年为 2470 亿美元）、由该技术驱动的数字广告（1920 亿美元）和专门的生成式人工智能助手软件（890 亿美元）收入。在硬件方面，收入将由人工智能服务器（1320 亿美元）、人工智能存储（930 亿美元）、计算机视觉人工智能产品（610 亿美元）和对话式人工智能设备（1080 亿美元）拉动⑤。

未来十年全球人工智能市场规模将出现显著增长。Statista 数据显示，全球人工智能市场规模预计将从 2023 年的 2418 亿美元增长到 2030 年的近 7400 亿美元，复合年均增长率为 17.3%。同时，根据 Next Move Strategy Consulting 的数据，2023

① https：//www.pwc.com/gx/en/industries/tmt/media/outlook/insights-and-perspectives.html.
② https：//www.pwc.com/gx/en/industries/tmt/media/outlook/insights-and-perspectives.html.
③ https：//www.crn.com/news/cloud/the-10-coolest-ai-tools-and-genai-products-of-2023.
④ https：//rsmus.com/insights/industries/media - entertainment/creative - industries - need - to - prepare-for-generative-ai-disruption-or-risk-falling-behind.html.
⑤ https：//www.bloomberg.com/company/press/generative-ai-to-become-a-1-3-trillion-market-by-2032-research-finds/.

年人工智能市场规模约为 2080 亿美元，预计到 2030 年将达到 1.85 万亿美元①。

从娱乐及传媒领域的应用来看，到 2030 年，全球娱乐及传媒领域的人工智能市场规模将达到 994.8 亿美元，2023～2030 年的复合年均增长率为 26%。虚拟创作也在娱乐及传媒业务中日益普及，以创建高清图形和实时虚拟世界的能力，为市场提供更多的机遇②。

2. 游戏与电子竞技产业

Newzoo 发布的《2023 年全球游戏市场报告》显示，到 2023 年，全球游戏玩家数量将达到 33.8 亿人，同比增长 6.3%。几乎一半的游戏玩家在多个平台上玩游戏，15% 的游戏玩家在三个平台（PC、游戏机和移动设备）上玩游戏③。目前电子游戏市场规模正一路飙升，2023 年全球各类游戏市场规模约为 2270 亿美元。预计到 2026 年，市场规模将达到 2880 亿美元④，这意味着大约有 7 亿人加入游戏行列⑤。

手游仍是游戏产业的重要组成部分。据 Sensor Tower 发布的数据，全球手游市场在经历了 2022 年的回调之后，2023 年大盘走势趋于稳定，收入达到 767 亿美元，比疫情前高出 22%，按此趋势预计 2028 年全球手游市场收入有望突破 1000 亿美元⑥。2023 年，大富翁 IP 游戏 *Monopoly Go!* 和派对游戏《蛋仔派对》等新游上市，*Royal Match*、*Travel Town* 和 *Gossip Harbor*©等手游热度高涨，玩家在休闲类手游中的支出显著提升。其中，混合休闲手游收入增速高达 30%，超过 21 亿美元。截至 2023 年，美国仍是全球手游收入最高的市场，2028 年有望达到 335 亿美元。中国 iOS 手游市场的内购收入同样稳定增长，日本和韩国市场则出现不同程度的下滑。

---

① https：//www.statista.com/statistics/941835/artificial－intelligence－market－size－revenue－comparisons/.

② https：//www.globenewswire.com/news－release/2024/01/15/2809030/0/en/Global－AI－In－Media－Entertainment－Market－Size－Share－Trends－Analysis－2023－2030－Market－to－Soar－at－26－CAGR－Reaching－99－48－Billion－by－2030.html.

③ https：//newzoo.com/games－market－reports－forecasts.

④ https：//www.pwc.com/gx/en/industries/tmt/media/outlook/segment－findings.html.

⑤ https：//newzoo.com/games－market－reports－forecasts.

⑥ https：//sensortower－china.com/zh－CN/blog/state－of－mobile－game－market－outlook－2024－report－CN.

2023 年 PC 细分市场规模预计增长 3.9%，达到 404 亿美元。《2023 年全球游戏玩家研究报告》显示，74000 名受访者中的 80%观看游戏中的视频内容，这意味着人们对游戏的参与度将继续提高，包括通过在线游戏社区进行社交、在 IRL 上聊天并参与视频游戏、参加会议以及收听游戏播客①。

从游戏企业的市场份额来看，游戏市场收入分布一直是头重脚轻，排名前十的头部企业瓜分了大部分的市场份额。腾讯以 154 亿美元的收入蝉联榜首，比第二名的索尼高出 7.4 亿美元。此外，Microsoft 和动视暴雪的联手将在 2024 年和未来几年持续撼动全球市场，行业整合和大规模并购交易预计将成为值得关注的趋势②。

3. 元宇宙、AR 与 VR、加密货币产业

2023 年全球元宇宙市场规模为 924.6 亿美元，预计到 2033 年将达 50285.7 亿美元，2024~2033 年复合年均增长率达到 50.2%。目前元宇宙市场以技术来区分，主要包括 VR 和 AR、区块链等。元宇宙市场规模的增长是基于全球娱乐和游戏行业不断增长的需求，AR、VR 和 MR 技术被越来越广泛地采用，并出现了 VR 头戴式设备、MR 头戴式设备、HUD、HMD、智能眼镜和智能头盔等一系列相关产品③。

2023 年，全球 AR 和 VR 市场实现 321 亿美元的收入，预计 2024~2028 年将实现 10.77%的复合年均增长率，预计到 2028 年市场规模将达到 581 亿美元。AR 和 VR 市场中最大的细分市场是 AR 软件，预计到 2024 年 AR 软件市场规模将达到 130 亿美元。预计到 2028 年 AR 和 VR 全球市场用户数量将达到 36.74 亿人。美国、中国以及日本为 AR 和 VR 领域全球三大市场，年收入分别为 85.6 亿美元、66 亿美元和 18.8 亿美元④。

目前，AR 及 VR 技术已经开始在游戏、娱乐、文化、旅游行业广泛应用，在报纸及新闻媒体行业的应用也在日益增多。《纽约时报》使用 VR 讲述身临其境的故事，例如《流离失所者》（The Displaced），它讲述了 3 名因战争而流

---

① https：//newzoo. com/resources/blog/video-games-in-2023-the-year-in-numbers.
② https：//sensortower-china. com/zh-CN/blog/state-of-mobile-game-market-outlook-2024-report-CN.
③ https：//www. marketsandmarkets. com/Market-Reports/metaverse-market-166893905. html.
④ https：//www. statista. com/study/125081/arandvr-market-report/.

离失所的儿童的生活。而英国广播公司（BBC）则以 AR 技术加持对哈里王子和梅根婚礼等事件的报道①。

此外，苹果公司于 2023 年 WWDC 大会上发布售价为 3499 美元的 Apple Vision Pro，这成为科技史上的一个标志性时刻——独立头戴式设备问世，彻底改变了 AR 及 VR 行业。

2023 年加密货币和不可替代代币（NFT）市场也有复苏的迹象，并且市场正在产生变革性影响。Chainalysis 数据显示，2023 年加密货币的市场总收益为 376 亿美元，虽远低于 2021 年牛市期间的 1597 亿美元，但相较于 2022 年的预估损失 1271 亿美元已有显著提升②。

三　反思与趋势

（一）技术赋能下的用户：“Z 世代”正在定义未来

从各种角度来看，“Z 世代”和“千禧一代”都是有史以来最多元化的一代。作为数字原生代，“Z 世代”花更多时间观看视频。比起单纯使用媒介，他们更希望媒体和娱乐能够反映他们所看到的世界和理解他们的生活方式。共同创造对于“Z 世代”来说至关重要，他们希望无论是流媒体还是广告内容都能将其纳入考量③。“Z 世代”有着自己独特的兴趣取向和偏好，无论是媒介使用习惯、消费习惯，还是视频观看习惯等，大部分媒体从业者认为，他们必须了解“Z 世代”的最新趋势，从而避免与核心用户人群的价值观偏离④。

“Z 世代”和生成式人工智能之间的交互已经成为塑造社会的强大力量，他们在新兴工具使用方面一直处于领先地位。生成式人工智能为“Z 世代”提供了难以想象的创造可能性以及扩展技术应用范围和广度的方法，预计将在塑

---

① https：//en. hive-mind. community/blog/394，emerging-technologies-and-their-impact-on-media.

② https：//www. chainalysis. com/blog/cryptocurrency-gains-by-country-2023/.

③ Dentsu，https：//www. dentsu. com/id/en/from-gen-z-to-gen-z.

④ https：//www. emarketer. com/content/how-reach-gen-z-2024-according-new-data.

造人才方面发挥不可或缺的作用。调查数据显示，美国18%的"Z世代"使用生成式人工智能创建图像，25%的"Z世代"使用它创建文本，更有22%的"Z世代"认为生成式人工智能可以创作更有趣的电视节目和电影[1]。

（二）流媒体用户倦怠危机：付费价值遭质疑

德勤（Deloitte）调查数据显示，美国消费者开始质疑流媒体的价值，并表示他们不愿意为社交媒体付费。原因主要在于，流媒体视频提供商正在试图重新应用付费电视的广告模式，然而流媒体内容最初受到欢迎的原因正是没有广告。同时，部分流媒体平台提高了用户订阅费用，比如 Netflix 最近将基本计划用户的费用从每月 9.99 美元提高到 11.99 美元[2]。

因此，预计到 2024 年将有越来越多用户转向 FAST（免费广告支持）流媒体服务。在美国，2023 年超过 55%的流媒体用户使用 FAST 平台，这一比例将在 2024 年有所提高。随着 5G 网络的覆盖，速度更快、更流畅的视频也将为用户提供无可挑剔的观看体验[3]。

此外，随着基于订阅的视频流媒体服务大量增加，目前部分流媒体平台面临用户流失的风险，用户开始呈现倦怠趋势。用户对优质内容的需求也在此趋势下增长，到 2023 年底，全球优质内容市场产生的收入将从 2017 年的 60 亿美元增至 200 亿美元[4]，创下历史新高。目前，为了留住用户，在线视频平台已经开始探索通过按次付费、广告或其他创新商业模式而不是按月/按年订阅来获利的创造性方法。

（三）传媒行业监管升级：人工智能催生新法案

在《通用数据保护条例》（GDPR）继续影响全球数据隐私制度的背景下，欧盟通过发布《数字服务法》（New Digital Services Act）和《数字市场法》（Digital Markets Act）更新了其数字服务规则。这两项法案均于 2022 年底生

---

[1] https：//variety.com/2024/digital/news/consumer-survey-generative-ai-shows-movies-better-than-human-1235947003/.

[2] https：//www2.deloitte.com.

[3] https：//www.vplayed.com/blog/video-streaming-trends/.

[4] https：//www.vplayed.com/blog/video-streaming-trends/.

效，旨在促进欧盟的数字确权并确保提供安全、公平和开放的数字服务。与此同时，澳大利亚政府提议对该国的《隐私法》（A Modernisation of the Country's Privacy Act）进行修改，包括赋予人们选择退出定向广告、起诉侵犯隐私行为以及删除个人数据的权利[①]。

人工智能已迅速成为数字监管的下一个前沿领域。意大利数据保护机构于2023年4月对 ChatGPT 实施了临时禁令。欧洲议会目前正在制定《人工智能法案》，这是欧盟围绕快速发展的技术设置监管措施的首次重大努力。

（四）展望2024，人工智能的风险与机遇

编程的核心活动一直是人类编写代码，直到 2023 年生成式人工智能的出现及应用。随着生成式人工智能在海量数据集中学习及更新迭代，数字主权尤其是数据所有权和控制权将变得越来越重要。人类编码的核心地位也正在受到极大的挑战[②]，预计 2024 年 Web3.0 技术与生成式人工智能的协作有望提高用户参与度和数据安全性[③]。

2024 年，人工智能将迎来大量发展机遇。与此同时，模型和应用程序的治理和监管，以及其安全性和透明度将受到更多重视。此外，预计 2024 年将研发量子人工智能，将量子技术与机器学习相结合，有望加快复杂生成式人工智能模型的训练。2024 年，预计许多智能应用程序将成功地实现生成式人工智能作为部件的跨功能、跨领域全面部署，并全方位实现获利[④]。

2024 年初，Open AI 的 Sora、谷歌的 Lumiere 等人工智能文生视频大模型问世，在生成式人工智能的基础上再次刷新了人们对人工智能的想象。它们可以根据用户的提示创建最长 60 秒的高清视频，还可以上传静态图像。这类工具预计将在 2024 年迅速席卷视频赛道，可能导致 YouTube 及 TikTok 等视频平台人工智能生成内容过剩，对原创视频发布者造成不小的

---

① https://www.pwc.com/gx/en/industries/tmt/media/outlook/insights-and-perspectives.html.

② https://thenewstack.io/generative-ai-in-2023-genai-tools-became-table-stakes/.

③ https://medium.com/@jdamodaran/genai-what-to-expect-in-2024-d6199dbf92de.

④ https://www.madrona.com/genai-in-2024-another-decade-in-one-year/.

冲击①。

在人工智能势头正盛的同时，其风险也再次引发担忧。2024年，视频、音频大模型都将出现更加强大、真实的版本，那意味着，它们在欺诈、错误信息和其他风险情况中的使用机会大大增加。2023年，ActiveFence发布的一些统计数据显示，从各个角度来看，人工智能都正面临一些无法避免的风险。例如，有人试图利用生成式人工智能针对美国选民发表与外交和经济政策相关的分裂言论；同时，儿童犯罪组织使用生成式人工智能工具创建露骨内容威胁受害者②。

展望未来，不断迭代升级的人工智能加上不断加强的监管，将使全球传媒产业进入全新、未知和快速迭代的阶段。与此同时，人工智能也将为各行各业带来新的可能性，为产业带来里程碑式的变化，加速产业的更新、重组以及换代。

---

① https：//www.theverge.com/2024/2/15/24074151/openai-sora-text-to-video-ai.
② https：//www.prnewswire.com/news-releases/activefence-forecast-key-generative-ai-threats-for-2024-302031168.html.

B.31
中国传媒行业文化出海新趋势

——结合 2023~2024 年国家文化出口重点项目的分析

胡 钰 朱戈奇*

摘 要： 2023 年，以网络游戏、网络文学、影视为代表的文化载体成为传媒行业文化出海的"三驾马车"。以米哈游、腾讯为代表的网络游戏头部企业在海外市场保持稳定的竞争能力和赢利能力，东南亚、中东、南美等新兴市场成为企业布局游戏出海的重要方向。以阅文集团为代表的网络文学企业布局从内容输出、文化输出向生态输出转型，推动文化 IP 全球共创。古装类、科幻类剧集成为影视出海最受欢迎的主题，国内微短剧出海仍是一片蓝海。以人文经济学为指导，以数字技术为支撑，以全球视野为出发点，将为传媒行业文化出海开辟新的可能。

关键词： 传媒行业 文化出海 网络游戏 网络文学

2023 年 10 月，商务部、中央宣传部、文化和旅游部、国家广电总局发布《关于 2023—2024 年度国家文化出口重点企业和重点项目的公告》，公布了最新一批 367 家国家文化出口重点企业、115 个国家文化出口重点项目。从区域分布来看，北京有 12 个重点项目，上海有 15 个重点项目，广东、广西共 11 个重点项目，江苏、浙江共 9 个重点项目，传统文化产业强省重点项目数量较多。从产品（服务）类型来看，项目提供的产品（服务）涉及服务平台、营销平台、线上展示、数字动漫、影视作品、网络游戏、图书出版等，围绕传播中华优秀传统文化和"一带一路"文化交流重点展开。其中，以上海米哈游

---

* 胡钰，清华大学新闻与传播学院教授、博士研究生导师；朱戈奇，清华大学新闻与传播学院博士研究生。

影铁科技有限公司"米哈游原神游戏软件"、上海沐瞳科技有限公司 *Mobile Legends: Bang Bang* 为代表的 12 个重点项目涉及网络游戏及其市场生态，以优酷信息技术（北京）有限公司"古装剧《沉香如屑》海外发行"、华强方特文化科技集团股份有限公司"'熊出没'系列产品"为代表的 24 个重点项目涉及网络影视及其平台建设，以南京辰趣优创信息技术有限公司"网络文学漫画多语言输出"为代表的 10 个重点项目涉及网络文学及其翻译出海。

以网络游戏、网络文学、影视为代表的文化产品数字化水平较高，立足丰富的文化底蕴，以数字技术、创意设计提升传播效果，成为中国传媒行业文化出海的"三驾马车"，推动对外文化贸易高质量发展。

一　网络游戏

2023 年，全球移动游戏市场规模达 6062.7 亿元，同比增长 1.98%[①]。中国、美国、日本成为全球前三大移动游戏市场，分别占据 37.4%、22.8%、12.8%的份额。全球移动游戏市场逐渐从疫情"红利"中冷静，市场规模整体增速放缓，用户获取成本逐渐上升。头部移动游戏市场整体规模变化较小，陆续进入存量竞争状态。2023 年，中国自主研发的游戏在海外市场的实际销售收入为 163.66 亿美元，同比下降 5.65%[②]。受到地缘政治、平台隐私政策调整等因素的影响，中国移动游戏出海市场面临出海赛道竞争激烈、缺乏本土化人才、流量获取成本上升的问题。

从区域来看，伽马数据显示，美国、日本、韩国是中国自研移动游戏出海收入占比最高的三个国家，分别达 32.51%、18.87、8.18%。英国、美国、德国等移动游戏市场的策略类游戏畅销榜前十常年有半数以上为中国游戏，国产移动游戏在全球市场仍然展现出强大的竞争力[③]。在出海企业进一步巩固主要市场的同时，人口红利大、互联网用户快速增长的东南亚、中东、南美等新兴

---

① 伽马数据：《2023 全球移动游戏市场企业竞争力报告》，2024 年 2 月。
② 伽马数据：《2023 全球移动游戏市场企业竞争力报告》，2024 年 2 月。
③ 《国产游戏出海透视：连续四年创收超千亿元"中国智造"赢得欧美日韩核心市场》，"新华财经客户端"百家号，2024 年 1 月 19 日，https://baijiahao.baidu.com/s? id = 1788473 786553176244&wfr = spider&for = pc。

市场成为企业布局游戏出海的重要方向。上海沐瞳科技有限公司旗下 MOBA 类手游《Mobile Legends：BangBang》在全球发行中深耕东南亚市场，一方面缩小游戏包体，开发增量下载的模式拓展用户群体；另一方面将金刚神、马来西亚传奇勇士巴当、韩国武将李舜臣、三国武将赵云、神话人物嫦娥融入游戏设计，体现多元文化特色，在泰国、印度尼西亚等市场长期位居畅销榜前三。东南亚人口占全球比重不足 10%，但其手游市场下载量逐年增长，2023 年第一季度下载量突破 21 亿次，贡献全球近 15% 的手游下载量。其中，*Mobile Legends: BangBang* 同时登顶 2023 年第一季度中国手游出海东南亚下载榜和收入榜①。

从头部企业来看，2023 年海外手游市场用户支出的约 24% 流向中国发行商旗下产品，而全球海外收入 Top100 发行商中，29 家为中国发行商②。中国 27 家手游发行商海外营收成功突破 1 亿美元，其中米哈游超越腾讯，首次登顶出海收入榜榜首，腾讯、三七互娱、莉莉丝、点点互动、IM30、壳木游戏、悠星网络、网易、IGG 分别位列中国手游发行商收入第二至第十。在全球手游市场整体收缩的环境下，米哈游和腾讯出海业务逆势增长，米哈游出海手游收入增长 14%，腾讯出海手游收入增长超过 10%。尽管中国出海手游整体收入有所下降，但头部企业依旧在海外市场保持着稳定的竞争能力和赢利能力。米哈游主要依托自行研发的游戏产品《原神》《崩坏：星穹铁道》获得海外销售收入，腾讯通过授权代理重磅级 IP 进一步提升游戏海外运营收入，"研运一体"和"授权代理"两类模式发展日趋成熟。

从游戏产品来看，SensorTower 数据显示，《原神》、*PUBG MOBILE*、《崩坏：星穹铁道》、《使命召唤手游》、*Puzzles & Survival*、《万国觉醒》、*Whiteout Survival*、*Age of Origins*、口袋奇兵和 *Mobile Legends: Bang Bang* 位列 2023 年中

①《SensorTower：2023 年第一季度东南亚市场手游下载量突破 21 亿次 全球占比近 15%》，"智通财经"百家号，2023 年 4 月 27 日，https：//baijiahao.baidu.com/s? id = 1764296084487688717&wfr=spider&for=pc。

②《data.ai：2023 年海外移动游戏市场用户支出约 24% 来自中国发行商旗下产品》，"金融界"百家号，2024 年 2 月 28 日，https：//baijiahao.baidu.com/s? id=1792107417245117370&wfr=spider&for=pc。

国出海手游收入前十，SLG、团队战斗 RPG、MOBA 等长期优势游戏赛道表现突出①。2023 年 4 月，米哈游发布科幻题材 RPG 游戏《崩坏：星穹铁道》，以中华文化为基底，构建国风科幻世界，上线后迅速登顶中、美、日、韩等 136 个国家及地区应用商店下载榜单，上线首月全球移动端收入超过 20 亿元，创造全球二次元手游历史最高首月销售纪录，并在 Google Play 公布的 2023 年度最佳奖项中获得年度最佳游戏、年度最佳剧情游戏。2023 年 3 月，腾讯旗下的 MOBA 手游 Honor of Kings 在巴西手游市场推出，对游戏内的英雄、皮肤、配音等进行充分本地化处理，以适应巴西玩家的审美和习惯。2022 年 12 月，点点互动上线模拟经营+SLG 游戏 Whiteout Survival，贡献了发行商全年总收入的超 50%。2023 年 9 月，莉莉丝旗下手游《万国觉醒》开启全球历史文明联动计划"万国志"，并与陕西历史博物馆在全球范围开展联动，以数字化的方式，在游戏中还原错金杜虎符的真实面貌，让海外市场受众感受中国传统文化的魅力。

二　网络文学

2022 年 9 月，大英图书馆宣布 16 部中国网络文学作品首次入选大英图书馆馆藏，这些作品覆盖中国近 20 年的经典网络文学作品，作品题材多种多样，如《穹顶之上》《赘婿》《掌欢》《大国重工》《复兴之路》等，这也说明中国网络文学正成为一种重要的当代文化载体和内容产品而被海外受众接受和认同。中国社会科学院文学研究所发布的《2023 中国网络文学发展研究报告》（以下简称《网文报告》）指出，2023 年，网络文学全行业海外营收规模为 40.63 亿元，比 2021 年增长 39.87%，翻译出海作品约 3600 部，比 2020 年增长 110%。网络文学出海的作品质量和数量持续稳定增长。

从头部企业来看，2023 年阅文集团实现营收 70.1 亿元，同比下降 8%；实现归母净利润 8 亿元，同比增长 32.3%，对应归母净利率达 11.5%，同比提升 3.5 个百分点；毛利率从上一年的 52.8% 下降至 48.1%，毛利额也同比减少

---

① 《出海年度成绩单：头部厂商吸金 78 亿美元，米哈游、腾讯蝉联冠亚军》，新浪网，2024 年 1 月 29 日，https：//k.sina.com.cn/article_2953054937_b0040ad90190176rn.html。

16.3%。受到公司分化渠道进一步优化、生产聚焦高质量产品、运营效率逐渐提升等整体布局变动影响，在线收入增长略微不及预期。

从用户分布来看，《网文报告》显示，截至 2023 年 10 月，阅文集团海外门户起点国际的海外访问用户约 2.2 亿人，同比增长 3 倍，用户覆盖全球 200 多个国家和地区，其中"Z 世代"用户占比近八成，日均阅读时长超过 90 分钟。法国、突尼斯、希腊、津巴布韦、南非成为海外用户增长最快的国家。截至 2023 年 12 月，晋江网文出海已成功拓展到 20 多个国家和地区，包括泰国、越南、缅甸、马来西亚、韩国、日本、俄罗斯、匈牙利、葡萄牙、德国、巴西、法国、西班牙、意大利、新加坡、哈萨克斯坦、土耳其、斯里兰卡等，涵盖范围广泛。

从网文作品来看，《网文报告》指出，阅文与企鹅兰登、Libre 等近百家海外出版机构合作，面向东亚、东南亚、欧洲、北美洲等全球多地授权数字出版和图书出版作品近 2000 部，涉及英语、法语、俄语、日语、韩语、土耳其语等近 20 种语言，囊括仙侠、玄幻、科幻、言情、奇幻、都市等多种主题类型。女性作家更关注爱情喜剧、复仇文、悬疑爱情；男性作家更爱写冒险故事、系统文、成长升级。在阅文集团海外门户起点国际上，玄幻类小说《超级神基因》《诡秘之主》、游戏类小说《全民领主：我的爆率百分百》、现代言情类小说《许你光芒万丈好》成为 2023 年最受欢迎中国网文翻译作品。在俄语翻译网站 Rulate 上，玄幻类作品《全职法师》的浏览量超过 2000 万次。《天道图书馆》翻译成英语、土耳其语、法语等多种语言，在起点国际上长期占据海外点击榜、推荐榜双榜第一，截至 2023 年 12 月，海外阅读总量突破 1.8 亿次。值得注意的是，网络文学创作打破传统精英—大众、生产者—消费者边界，构建人人皆可创作和传播的新形态，让普通人通过网络文学创作实现文化交流。截至 2023 年 10 月，起点国际培养了约 40 万名来自全球 100 多个国家和地区的海外网络文学作者，推出海外原创作品约 61 万部。其中，美国、菲律宾、印度、印度尼西亚、尼日利亚、英国、巴基斯坦、马来西亚、加拿大和澳大利亚是网络作家数量排名前十的国家，网络文学作者覆盖教育、医疗、金融、餐饮等多个行业领域。起点国际的签约作家中"00 后"占比达到 42.3%，表明新生代成为网络文学创作的中坚力量，提升了网络文学的青春度、活跃度和创意性。其中，"东方奇幻"是网文出海作品的重要题材之一，许多海外作家受到中国网文风格和内容的影响，在角色设定、情节安排和情感内核中具有鲜明的中华文化特质，如美国网文作品《在线修真》以中文为角色命名。随着网络文学出海的进一步发展，阅文集团旗下网文平台诞生了《斗罗大陆》《庆余年》《全职高手》等重要的文化 IP，从内容输出、文化输出向生态输出升级，为中华文化的世界传播探寻一条创新路径。

从出海路径来看，以 AIGC 为代表的数字技术推动翻译效率提升近 100 倍，翻译成本降低约 90%，2023 年翻译出海作品约为 3600 部，比三年前增长 110%。中译英的玄幻作品《神话纪元，我进化成了恒星级巨兽》等多部 AI 翻译作品成为起点国际上的畅销作品。AIGC 的发展为网络文学出海带来了新的机遇，进一步弱化了文化折扣带来的消极影响。

三　影视

优酷发布的《2023 剧集价值报告》显示，2023 年优酷发行各品类内容超 1300 部、节目版权 1.4 万集，海外累计播放量近 203 亿次，收获海外粉丝近 5700 万人，国剧出海题材涉及古装、悬疑、都市、甜宠、历史等主题，展现了国产剧稳定增长的市场竞争力[①]。此外，"三体""流浪地球"等当代文化 IP 受到海外市场关注，电影行业强势复苏，加快"走出去"的步伐。2023 年 8 月，《热烈》在泰国上映 5 天收获票房 521 万泰铢，随后登顶近三年中国电影泰国票房冠军。2023 年 9 月，《封神第一部：朝歌风云》在澳大利亚、新西兰、美国等多地上映，累计票房突破 2000 万元。2023 年 10 月，索尼影业宣布翻拍《你好，李焕英》，成为首部被好莱坞翻拍的国产喜剧电影。此外，综艺《乘风破浪的姐姐》越南版上线，《三十而已》泰国版在曼谷开拍，整体体现了中国传统文化 IP 和当代文化 IP 在出海中的不俗表现。

在网络微短剧市场，除了爱奇艺、优酷、腾讯的国际版 App 及其在 YouTube、Tiktok 上的官方微短剧频道外，网络文学平台推出的 ReelShort、

---

① 优酷：《2023 剧集价值报告》，2024 年 1 月 7 日。

FlexTV 等独立微短剧出海 App 在海外市场广受关注，并将北美市场作为出海主阵地。根据 SensorTower、各短剧 App 的统计数据，截至 2023 年 12 月 31 日，ReelShort、DramaBox、FlexTV、ShortTV、MoboReels、Goodshort 等累计下载量超过 100 万次的短剧 App 中，来自美国的收入占比分别为 68.9%、53.9%、51.8%、65.8%、33.5%、67.4%，展现了美国受众对微短剧的强大消费能力。例如，中文在线通过上线在线小说应用"Kiss"与互动故事游戏"Chapters"，反哺其短剧 App ReelShort 的微短剧产出，其热映的 *Big Bad Husband* 和 *The Double Life of My Billionaire Hubby* 等均是由 Chapters 同名互动小说改编而来。Sensor Tower 数据显示，2023 年 ReelShort 全球双端流水营收约合 3577 万美元，美国地区下载量占全球下载量的 29.0%，贡献 68.8% 的流水收入。FlexTV 则瞄准东南亚市场，2023 年全球双端流水营收约合 381 万美元，美国地区下载量占全球下载量的 21.9%，贡献 60.0% 的流水收入。德塔文数据显示，2023 年上半年中国共上新短剧 481 部，出海短剧数量较少。公开资料显示，ReelShort 月更两部短剧，目前平台上短剧数量较少，且短剧类型仍然以本地人创作、本土演员参演为主，中国公司的微短剧出海仍是一片蓝海。

国家广电总局广播影视发展研究中心发布的《中国动画国际传播报告（2023）》显示，2023 年，电视动画出口额仅次于电视剧和网络视听节目，占各类节目出口总额的 6.14%；出口时长占中国出口节目总时长的 12.15%。2012～2023 年，中国动画出口单价最高的国家是日本和韩国，美西方市场是中国动画第二大海外市场。2012～2023 年，中国动画在欧美国家的出口额占全球出口总额的 29.49%。整体而言，中国动画内容市场规模较小，整体上处于平稳发展状态。2023 年 7 月，动画《时光代理人》第一季，在权威动画网站 MyAnimeList 上以 8.88 的评分进入世界总榜 Top20，成为该榜单上排名最高的国创作品。2023 年 7 月，《熊出没·伴我"熊芯"》在俄罗斯、美国等 130 多个国家和地区院线、流媒体平台播映，其中在俄罗斯上映时刷新国产动画在海外上映的票房纪录。2023 年 9 月，啊哈娱乐（上海）有限公司旗下中国原创动漫《伍六七》系列第四季在 Netfilx 上线，成为首部连续四季登陆 Netfilx 的中国动漫，展现出其持续赢得国际市场认可的号召力。

四　中国传媒行业文化出海新趋势探析

（一）理论指导：人文经济学

人文经济学是基于中国经济实践提出的新的经济学范式，以人文视角看待经济发展，关注文化与经济的关系。人文经济学的基本理念为分析中国传媒行业文化出海新趋势提供了理论视角。

其一，要充分把握企业文化建设，发挥文化调节功能。当前中国文化出海路径包括并购海外优质文化资产、公司、团队实现资本出海，投资海外公司或制作面向海外市场的产品实现内容出海，搭建海外运营服务平台实现生态出海，团队成员的复杂性和多样性进一步提升，让管理层与员工保持良好的关系，保持员工对文化产品的热爱能够促进高质量产品的产出。其二，要与出海市场追求共同富裕，实现双赢。以沐瞳科技为例，为了更好地在东南亚市场推广产品，其会帮助当地开展网络基础设施建设，这是体现人文经济学基本理念的鲜活实践。其三，文化出海应当实现社会效益和经济效益相统一，换言之，评价文化出海的效果除了赢利能力，还应当关注是否能够进一步提升中国国际传播能力、促进文明交流互鉴，使文化出海产品具有"中华内核，全球意识"。其四，对文化出海企业来说，要切实发扬人文精神，在经营与贸易行为中坚持以人为本的原则，考虑本地化的文化特征与市场需求，重视本地化的市场规则，秉持诚信、自律的原则，规范自身的市场经济行为。

（二）技术支撑：AIGC 的应用

AIGC 的发展为文化内容的调研、生产、制作、翻译、推广全流程带来质效提升的趋势。在市场分析与定位阶段，通过对海量用户数据的挖掘与分析，AIGC 能够预测特定文化产品或服务在目标市场的潜在受欢迎程度，帮助企业开发出更受全球市场欢迎的文化作品。在内容创作与丰富阶段，以游戏企业为例，AIGC 通过参与内容策划、代码调节、美术设计提升游戏创作效率，使优质内容的供需矛盾得到缓解。在文字翻译与解读阶段，AIGC 将最大限度提升文字翻译效率，实现"一键出海"。阅文集团旗下起点国际启动多语种发展计划，借助 AI 翻译上线英语、西班牙语、印度尼西亚语、葡萄牙语、德语、法语、日语等多个语种，推动人机配合的 AI 翻译模式提升网文出海效率。在智能推广与传播阶段，AIGC 可在政策允许范围内应用于用户数据分析，实现个性化内容推荐。

值得注意的是，在 AIGC 赋能文化出海的同时，需要强有力的知识产权保护理念、体系和工具。针对新技术环境带来的知识产权保护新问题，AIGC 技术应当推动版权保护技术的进一步发展，迅速发现和定位盗版内容，保护原创作者的合法权益，维护文化市场的公平竞争环境，这对于文化行业的健康发展具有重要意义。

（三）内容挖掘：优质文化 IP

生产高质量文化产品应当具备全球视野，培养文化多样性的理念，提升文化包容性。全球视野要求在世界范围内挖掘优质的文化符号，汲取世界各国不同的文化给养，海纳百川、自成一体，如美国功夫电影《功夫熊猫》、日本游戏公司开发的《三国志》系列游戏，均是基于中华优秀传统文化，并结合一定本国历史文化特质开发形成的文化产品。

打造优质文化 IP 要善于吸引国际资本的关注与投入，善于在国际重要会议、国际体育赛事、国际交往活动等重要场合展示文化品牌，展现中国企业文化产品、中华优秀传统文化的魅力。

近年来，越发深厚的文化自信，越发创新的数字技术，越发普及的包容理念推动中国传媒行业文化出海不断实现自我革新。随着国家经济的整体复苏和全球化进程的加快，中国传媒行业文化出海将成为提升国家文化软实力的重要路径，向全球展现更绚烂多姿、立体丰富的中国形象。

B.32
2023年美国传媒产业发展报告

史安斌　俞雅芸[*]

摘　要：　2023年，美国印刷、电视等传统新闻业面临市场萎缩与传播力下降的严峻考验，而音频媒体在数字时代焕发出蓬勃生机；互联网原住民"Z世代"走向网络舆论场与消费市场的舞台中央，其使用习惯与信息获取方式影响着数字平台的发展方向；在越来越多科技巨头入局泛娱乐行业的背景下，影视娱乐与流媒体产业呈现百花齐放的状态；当数智化变革使广告市场的增长点均集中于在线渠道，美国政府开始尝试通过立法要求数字产业将其获取的广告利润与传统媒体机构共享；2023年成为人工智能的关键转折点，生成式人工智能技术不断革新，文字、图片、视频等多模态大模型相继问世，市场规模不断扩张。

关键词：　美国　新闻传播　传媒产业　数智时代

在以"危机连锁"为核心特征的"2020+"阶段，2023年的美国传媒产业经受着整体经济下行与数智化迭代的时代"双重变奏"。

一　新闻与广播电视业

2023年，美国传媒业发展依旧受宏观经济下行的制约，在广告收入疲软、数字订阅量停滞等多重因素的影响下，数家美国大型新闻机构不得不选择大幅

* 史安斌，清华大学新闻与传播学院教授、博士研究生导师，伊斯雷尔·爱泼斯坦对外传播研究中心主任；俞雅芸，清华大学新闻与传播学院博士研究生。清华大学新闻与传播学院博士研究生张琪云、硕士研究生张丹瑜、邓诗晴、唐婧溦、符奋参加了资料搜集和部分文稿的撰写，特此致谢。

裁员以节省开支。例如,《华盛顿邮报》在年初缩小新闻编辑部规模后,于下半年再度裁减 240 余名员工,约占员工总数的 10%①;美国国家公共电台(NPR)、《洛杉矶时报》、纽约公共广播电台等传统媒体机构陆续宣布裁员计划;创刊已逾 70 年的《体育画报》陷入入不敷出的财务困境,做出全员解雇的选择。2023 年,美国新闻业的解雇人员数量近 2700 人,是新冠疫情席卷全球以来裁员规模最大的一年②。

究其根本,传统媒体机构的大幅裁员与新闻业近年来愈演愈烈的"数字化转向"息息相关。2023 年,86%的美国公众选择通过互联网获取新闻,其中,以社交媒体为主要渠道的人数占近一半③。而与之形成鲜明对比的是美国传统印刷纸媒呈现的低迷颓势,全国排名前 25 的报纸发行量持续走低,总量较 2022 年下降 14%,且无一实现同比正增长④。可见,新闻业从印刷、电视与广播等传统形式向数字空间过渡与转换已成信息时代不可逆转的定势。

而相较于大型全国性媒体机构,美国地方新闻业遭受的打击则更为严重,面临营收与信任度双重下滑的窘境。一方面,地方新闻机构接连不断地关停致使美国"新闻荒漠"(News Deserts)现象进一步加剧。据统计,2023 年,美国平均每周有 2.5 家地方报纸停刊⑤。另一方面,面对地方新闻机构关停造成的信息空白,党派力量乘虚而入,通过创设模仿当地媒体的"假报纸",利用公众长期以来对地方报业的信任,将政治诉求隐秘地植入地方新闻。这种看似是新闻,实则为政治广告,且以"洗稿"为写作特征的新兴类型被称作"肉渣新闻"(Pink Slime Journalism)。《哥伦比亚新闻评论》(*Columbia Journalism Review*)于 10 月率先曝光了这一现象,并指出此类新闻正以低质量信息和极化观点摧毁地方媒体生态系统、煽动党派间的信息战等,相关现象若不加以遏制必将随着 2024 年美国大选的临近而走向白热化⑥。

---

① https://www.nytimes.com/2023/10/10/business/media/washington-post-job-cuts.html.

② https://thehill.com/homenews/media/4360246-media-outlets-job-cuts-journalism/#:~:text=News%20media%20outlets%20have%20done, to%2Ddate%20total%20since%202020.

③ https://www.pewresearch.org/journalism/fact-sheet/news-platform-fact-sheet/.

④ https://pressgazette.co.uk/media-audience-and-business-data/media_metrics/top-25-us-news paper-circulations-down-march-2023/.

⑤ https://localnewsinitiative.northwestern.edu/projects/state-of-local-news/2023/report/.

⑥ https://www.cjr.org/?p=91209.

付费在线新闻的公众占比稳步上升，于2023年突破20%，较上年上升2%①。然而，订阅人数的上升并不代表订阅量的增加。受整体经济下行的影响，约20%的在线新闻订阅者表示他们不再同时订阅多家媒体，而是打算仅保留一家媒体，以节省在新闻消费上的开支。与此同时，美国新闻业虽通过数字化转型逐步适应了受众现今的信息获取渠道偏好，却依旧未能赢得公众的信任。调查显示，相信新闻的美国公众占比依旧低于40%，且很有可能在即将到来的总统大选期间再度下降②，甚至，最受美国公众信任的媒体机构并非本土品牌，而是英国广播公司新闻频道（BBC News）③。

作为美国乃至全球媒体行业的数字化"领跑者"——《纽约时报》在2023年依旧取得亮眼的成绩，数字订阅收入增至10.9亿美元，已然超过其印刷收入的两倍④。具体而言，《纽约时报》的持续赢利在很大程度上得益于其商业模式的转型，即将单一的新闻订阅服务转化为囊括多种数字内容产品的全包式"套餐"（The Bundle），包括游戏、烹饪、电子产品评测网站及体育新闻网站等。由于"套餐"订阅的收益和用户留存率高于纯粹的新闻订阅，《纽约时报》通过提高单独订阅的费用，成功达到反向推动受众订阅"套餐"的效果。截至2023年底，《纽约时报》近半的数字用户（约422万人）均订阅了全包式"套餐"⑤。因此，当依靠巨额流量和广告收入、未积累起用户基底的数字媒体"嗡嗡喂"（BuzzFeed News）在新的数字化风口前衰亡倒台时，"老牌劲旅"《纽约时报》反而凭借以新闻为核心、以多样化内容为动力的模式立足，找到新的赢利方向。

与印刷媒体类似，在社交媒体、流媒体平台的强劲攻势下，美国电视业亦

---

① https：//pressgazette. co. uk/north-america/reuters-digital-news-report-2023-us-americans-trust/.

② https：//reutersinstitute. politics. ox. ac. uk/digital-news-report/2023/dnr-executive-summary.

③ https：//pressgazette. co. uk/north-america/reuters-digital-news-report-2023-us-americans-trust/.

④ https：//www. niemanlab. org/2024/02/the-new-york-times-made-more-than-1-billion-from-digital-subscriptions-in-2023/#:~:text=The% 20New% 20York% 20Times% 20ended，presented%20to%20investors%20on%20Wednesday.

⑤ https：//www. niemanlab. org/2024/02/the-new-york-times-made-more-than-1-billion-from-digital-subscriptions-in-2023/#:~:text=The% 20New% 20York% 20Times% 20ended，presented%20to%20investors%20on%20Wednesday.

难以挽回其每况愈下的局面。路透社新闻研究报告显示，2023 年，通过社交媒体获取新闻的美国公众占比首次与将电视作为新闻消费渠道的美国公众占比持平（48%），并预估未来互联网平台将进一步取代电视，成为美国公众最为主要、关键的新闻媒介①。从 2023 年收视率排名前 25 的电视台来看，美国全国广播公司（NBC）以约 454 万名观众的收视总量再度领先，福克斯（Fox）则依靠超级碗这一重大体育赛事集中"收割"了 18～49 岁的中青年观众。值得注意的是，观众数量增幅最大的是 Grit 频道。除了该频道观众基数相对较小的原因，更关键的因素在于其开始主打西方怀旧电影和剧集，由此吸引了一大批仍在观看电视的老年忠实粉丝。这表明在日益萎缩的电视市场中，"银发族"是易被忽视却需重点把握的目标群体。

不同于印刷与电视媒体的颓势，音频媒体在数字时代焕发出蓬勃生机。以播客（Podcast）为代表的音频媒介成为媒体行业投资的巨大蓝海。据爱迪生公司发布的年度报告，10 年前仅有 12% 的美国青少年及成年公众拥有收听播客的习惯；时至今日，该项数据直线攀升至 42%②。从受众的年龄构成来看，青年群体对播客的青睐程度明显更高，数据显示，在 18～29 岁的美国人中，2023 年内收听过播客的占比高达 67%，而在 65 岁及以上的美国人中，这一占比为 28%③。

在美国整体经济下行的宏观危机之下，新闻业未能幸免于难——上至大型主流媒体机构的裁员潮，下至地方新闻业面临的"肉渣新闻"问题，无一不体现印刷、电视等传统媒体正在面临经营不善与传播力下降的双重严峻考验。同时，置身于这个公众愈加青睐在线传播渠道的信息时代以及流量"退潮"的新市场环境下，传统媒体需审慎选择更为长久的转型模式。在积极融入智媒技术的洪流之时，如何高效地进行新闻生产并重获受众的信任，是美国新闻工作者亟待解决的问题。面对流媒体平台的冲击，美国广播电视业尚有突围出口，以"银发族"为核心受众的怀旧节目，有望帮助部分电视台摆脱收视困

---

① https：//reutersinstitute. politics. ox. ac. uk/digital-news-report/2023/dnr-executive-summary.

② https：//www.edisonresearch. com/wp-content/uploads/2023/03/The-Podcast-Consumer-2023-1. pdf.

③ https：//www. pewresearch. org/ journalism/2023/04/18/podcasts - as - a - source - of - news - and - information/.

局。而在获得"Z世代"强烈青睐的播客市场，深耕用户关系是提升听众忠诚度及转化效果的必经之路。

二　互联网和社交媒体

2023年，互联网和社交媒体深度嵌入美国公众的生活，特别是以"Z世代"为代表的年轻用户。近年来，关于社交媒体"毒害"青少年的论调虽然在美国社会日益高涨，但依旧未能阻止青年群体对社交媒体平台进行密集、持续的使用。相关调查显示，超过九成（92%）的"Z世代"用户每天至少在社交媒体上花费4个小时[①]。美国青少年群体纷纷告别了一度占据主导地位的Facebook和Twitter（现更名为X），转而投入YouTube、TikTok、Snapchat、Instagram等新兴社交媒体平台的怀抱[②]，这体现了"Z世代"从图文到音视频的信息消费与自我表达的形式转向以及趋于"轻量化"的内容接收特征（见图1）。

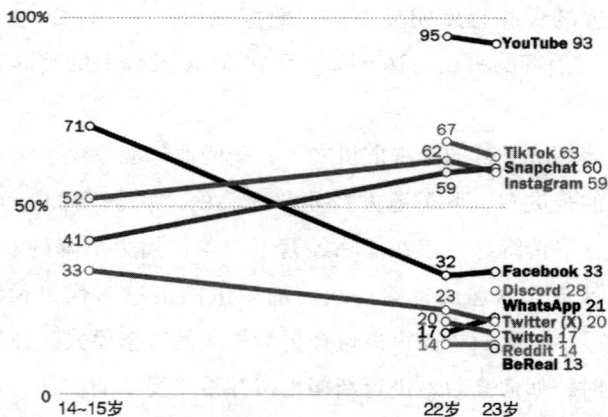

图1　2023年美国青少年社交媒体平台使用偏好

资料来源：https：//www.pewresearch.org。

---

① https：//pro.morningconsult.com/instant-intel/gen-z-social-media-usage.

② https：//pro.morningconsult.com/instant–intel/gen–z–social–media–usage；https：//www.pewresearch.org/internet/2023/12/11/teens-social-media-and-technology-2023/.

随着"Z世代"的入场，并走向网络舆论场的舞台中央，其使用习惯也在很大程度上影响着社交媒体平台的发展方向。在音视频转向的大背景下，以TikTok为代表的短视频平台蓬勃兴起，其简洁、快节奏的内容，精准的算法推送和对趣缘社区与弱关系网络的关注，不仅形塑了新一代社交媒体用户的表达与互动方式，还带动了硅谷社交媒体平台的"TikTok化"（TikTokification）潮流。例如，Meta公司与YouTube平台接连推出竞品应用或上线类似功能，旨在仿照TikTok竖屏与瀑布流的呈现方式，迎合用户的消费习惯转变。一批主流媒体、权威机构也纷纷入驻TikTok等短视频平台，通过更接地气的方式与用户进行互动，既丰富了短视频平台的内容生态，又通过网络效应形成了更为多元的社群。

20世纪90年代以来，美国互联网科技产业历经数十年的快速扩张，已经实现了全球范围的普及和业务样态的延伸，给民众生活带来便捷、便利的同时，逐渐进入创新发展的"平台期"。与此同时，虚假信息、舆论极化、算法黑箱、隐私泄露、平台垄断等问题层出不穷，使用户对互联网科技公司的不信任，甚至反感情绪与日俱增，取代了快速发展阶段的普遍乐观情绪。《经济学人》（*The Economist*）以"技术后冲"（Techlash）这一概念来描述这种乐观主义情绪的日益消散①，牛津词典将其进一步定义为"对大型科技公司，特别是总部位于硅谷的科技公司不断增长的权力和影响力产生的强烈而广泛的负面反应"②。在"技术后冲"思潮的持续深化下，民众和政府开始警惕互联网技术本身的"基础设施化"与互联网科技公司的商业化、私有化属性之间的根本矛盾，对互联网平台监管的关注度日渐提高。一项民意调查显示，近八成的美国公众认为科技公司所拥有的权力过于庞大；74%的民众表示十分忧虑互联网虚假信息的传播及其带来的严重后果；用户的在线隐私同样成为一项重要关切，民众担心互联网公司对个人数据的储存、占据、售卖将产生隐私泄露等一系列问题③。

---

① https：//www.economist.com/news/2013/11/18/the-coming-tech-lash.

② https：//www.balticapprenticeships.com/blog/what-is-techlash-and-what-does-it-mean-for-the-digi tal-industry/#：~：text=Techlash%20is%20a%20term%20coined，those%20based%20in%20Silicon%20Valley.%E2%80%9D

③ https：//knightfoundation.org/reports/techlash-americas-growing-concern-with-major-technology-co mpanies/.

从外部监管层面而言，尽管美国公众的忧虑情绪在一定程度上推动了政府展现出更为积极的监管态度，但与自2016年起便围绕虚假信息、数字隐私、人工智能等问题推出一揽子法律政策的欧盟相比，美国政府的立法监管依旧延续着"雷声大雨点小"的缓慢推进模式。不过，美国政府对于非本土平台的格外警惕成为例外。2023年3月初，美国政府发布新版《美国国家网络安全战略》，宣称其旨在通过改善数字安全的整体方法，帮助美国应对新出现的网络威胁。2024年初，多位美国议员联合提出一项新法案，要求TikTok在165天内从其母公司剥离，否则将禁止其在应用商店上架。令人意外的是，美国两党难得地统一战线，并在短短几天内在众议院一致通过法案。美国总统拜登更是公开表态，称若该法案得以在众议院、参议院通过，则不会多加干涉。美国政府和国会针对"外来"平台的一系列举措，标志着美国互联网治理思维不再贯彻其数十年宣称的自由、开放理念，反而展现出数字主权逻辑留下的深深烙印。

从平台"自治"维度而言，随着社交媒体平台逐渐从以无序竞争、"跑马圈地"为特征的初期发展阶段过渡至相对平稳、成熟的新阶段，一些新兴硅谷公司开始主张以强化用户体验替代吸引流量的竞争理念，以避免传统意义上基于流量与用户留存时间的激烈竞争产生信息失序、隐私泄露等一系列问题，以及利用猎奇、窥私心理进行的恶性竞争。例如，社交媒体平台Pinterest的首席执行官比尔·雷迪（Bill Ready）表示，社交媒体未必注定"有毒"（Toxic），在更为合理的自我治理、管理措施下，其可以变得更为健康、友善[①]。在业务实践中，Pinterest利用人工智能技术向用户推送建设性内容，旨在帮助受众维护情绪健康。而与瀑布流式的被动接受不同，Pinterest和LinkedIn等平台鼓励用户发挥主动性，自主选择感兴趣的内容，搭建社会互动网络。这种积极的价值观导向不仅有利于用户的心理健康，也与大部分广告商倡导的积极生活方式不谋而合，从而带来更多的赢利可能。从长远来看，关注数据安全与用户身心健康、鼓励增强其创造性，或将成为互联网和社交媒体走出瓶颈期的破局之道。

---

① https：//www.ft.com/content/6b3137ef-988c-4755-954c-7e2829aaf8d3.

三　影视娱乐和流媒体

2023 年的美国影视娱乐与流媒体产业，大体延续了上一年的强劲复苏态势，同时在越来越多的科技巨头入局泛娱乐行业的背景下，呈现百花齐放的局面。虽然 2023 年美国前十大电影的票房收入（34.4 亿美元）未能超过 2022 年的票房收入（38.3 亿美元），但票房总额突破 80 亿美元，成为继新冠疫情期间票房低谷后回暖的一个重要里程碑①，特别是夏季电影票房的极佳表现已基本回升至疫情前的火爆程度，帮助缓解了由"好莱坞大罢工"所引起的秋冬季影业困局②。总票房高达 6.362 亿美元的电影《芭比》成为 2023 年最畅销的电影，帮助华纳兄弟在全美发行公司排名中跻身前五；与之同日上映的人物传记电影《奥本海默》也不遑多让，以 3.260 亿美元的票房位列第五（见表 1）。这两部高票房电影联合创造了美国影史上名列前茅的周末票房成绩，并几近占据全年电影放映时间的一半（45%）。

表 1　2023 年美国票房排名前十的电影

单位：亿美元

排名	片名	美国票房	上映档期	发行方
1	《芭比》	6.362	2023 年 7 月 21 日	华纳兄弟
2	《超级马力欧兄弟大电影》	5.749	2023 年 4 月 5 日	环球影业
3	《蜘蛛侠：平行宇宙》	3.813	2023 年 6 月 2 日	索尼/哥伦比亚影业
4	《银河护卫队 3》	3.589	2023 年 5 月 5 日	华特迪士尼工作室/漫威工作室
5	《奥本海默》	3.260	2023 年 7 月 21 日	环球影业
6	《小美人鱼》	2.981	2023 年 5 月 26 日	华特迪士尼工作室
7	《阿凡达：水之道》	2.830	2022 年 12 月 16 日	华特迪士尼工作室/20 世纪工作室
8	《蚁人与黄蜂女：量子狂潮》	2.145	2023 年 6 月 15 日	华特迪士尼工作室/漫威工作室

---

① https：//www.boxofficepro.com/the-top-10-movies-of-2023-at-the-domestic-box-office/.

② https：//www.boxofficepro.com/the-top-10-movies-of-2023-at-the-domestic-box-office/.

续表

排名	片名	美国票房	上映档期	发行方
9	《疾速追杀4》	1.871	2023 年 3 月 24 日	狮门影业
10	《自由之声》	1.841	2023 年 7 月 4 日	天使影业

资料来源：Boxoffice。

2023 年，华特迪士尼公司自 2014 年以来票房首次未能实现突破 10 亿美元[①]。这家"百年老店"的受挫成为美国影视行业的热点话题，特别是对比其 4 年前在票房收入上的一枝独秀，则显得更为落寞。2019 年，全球票房排名前十的电影中，有 7 部由该公司制作。时至今日，《芭比》《超级马力欧兄弟大电影》《蜘蛛侠：平行宇宙》等最受欢迎的作品皆出自其竞争者之手。华特迪士尼公司票房的疲软与观众对"超级英雄"题材的审美疲劳紧密相关。连续多部"超级英雄"电影的票房、口碑双失利，均反映出观众对这一电影类型的审美疲劳[②]。

就流媒体平台而言，流媒体平台与美国公众生活的高度嵌入产生了渠道依赖、促进了观看习惯的形成。尽管居家隔离限制早已不在，但使用流媒体平台的人群占比不降反升，超过九成的美国家庭订购了来自 Netflix、Amazon Prime 或 Hulu 的流媒体服务。从观看时长来看，平均每位美国人每天在流媒体平台上花费的时间已达 3 小时；各大流媒体平台过去一年的视频播放总时长高达 2100 万年，比 2022 年增长 21%[③]。消费时长的增长反映出流媒体服务在美国娱乐与信息获取中发挥的核心作用。在关注流媒体热潮的同时应重视竞争激烈的行业现状。目前，入局流媒体行业的公司可大体分为三类：以 Netflix、YouTube 为首的科技企业，以 NBC、HBO 为代表的传统电视公司，以华特迪士尼、环球影业为代表的老牌影视娱乐巨头。在所有平台中，Netflix 延续了其

---

① https：//www.bbc.com/culture/article/20231221-disney-at-100-why-the-mouse-house-flopped-hard-in-its-centenary-year.

② https：//www.bbc.com/culture/article/20230330-superhero-films-is-this-the-end-of-the-road.

③ https：//www.nielsen.com/insights/2024/streaming-unwrapped-streaming-viewership-goes-to-the-library-in-2023/.

在行业中的主导地位，在全球共拥有 2. 628 亿用户，同时在用户满意度方面表现优异，且远超其竞争对手①。

不过，受"好莱坞大罢工"的影响，2023 年流媒体平台新增的节目与内容相较于上一年明显减少。一方面，库存节目的所剩无几与新剧目的"难产"促使流媒体平台开始实施内容共享机制，不再强调视频节目或剧作的独家和专属。《金装律师》（Suits）成为这一转变的最大受益者，该剧于 2011~2019 年在 NBC 首播，2023 年被 Netflix 与 Peacock 引入后，连续 12 周居全美电视剧观看量排行榜首，最终在年度流媒体非原创剧（Aacquired Streaming Program）观看量排名中勇摘桂冠②。另一方面，美国的影视寒冬使流媒体行业格外关注内容货币化策略，几乎所有的流媒体平台在过去一年选择提高订阅费。以 Amazon 为例，即使是订购其会员服务的观众依旧会在观看电视剧或电影时浏览到广告，若想完全避开广告，则需每月额外支付 2. 99 美元。这一变化与流媒体行业的初始阶段形成了鲜明对比：2019 年，华特迪士尼公司与苹果公司进入流媒体行业时，大多流媒体平台通过提供大量且低价的原创内容获得观众的关注与青睐。

尽管流媒体的原创剧目深受编剧和演员罢工事件的影响，但仍有少数作品于 2023 年进入市场并取得亮眼成绩。全美排名前十的流媒体原创电视剧共收获了超过 1330 亿分钟的观看时长。同时，几乎没有受到演员罢工事件波及的动画类作品以及流媒体行业所储备的庞大影视库，在很大程度上避免了观众陷入无剧可看的局面。据统计，各大平台可观看的原创与非原创剧目、电影、综艺已逾 110 万部③。更为关键的是，随着直播类应用程序的兴起，这些公司不再满足于影视类节目的点播，而是寄希望于生产更为多元化的内容以扩张自身的业务版图，进一步模糊了有线电视和流媒体平台之间的界限，特别是，本被视作电视收视率关键来源的直播体育赛事与流媒体平台纷纷形成合作关系，甚至成为流媒体的独家内容，凸显了有线电视未来或将被替代的困境。

---

① https：//www. forbes. com/home-improvement/internet/streaming-stats/.

② https：//www. nielsen. com/insights/2024/streaming-unwrapped-streaming-viewership-goes-to-the-library-in-2023/.

③ https：//www. nielsen. com/zh/insights/2024/streaming-unwrapped-streaming-viewership-goes-to-the-library-in-2023/.

四 广告业

过去一年，美国在全球广告市场中依旧保持着领先地位，超过第二大市场中国1倍有余。在所有广告类型中，搜索引擎和社交媒体成为美国广告市场持续扩大的主要驱动力，相较于2022年分别增长10%和14%。从更为细分的领域而言，一个不可忽视的变化是电子游戏成为2023年广告领域表现最为突出的增长点。据统计，美国游戏玩家的数量已然逼近总人口的半数[1]。同时，虽然34岁以下的游戏玩家高达50%[2]，但是随着游戏产业伴随过去几代人的成长并成为他们生活的组成部分，游戏玩家的平均年龄在逐渐提高，27%的游戏玩家年龄在45岁以上[3]。游戏玩家数量的日益增加促使越来越多的商家倾向于将广告投放至电子游戏渠道，美国游戏产业的广告收入在过去5年增长1倍有余，并即将突破85亿美元大关[4]。而与互联网新兴产业蓬勃发展的广告市场形成鲜明对比的是，公共电视、地方媒体、印刷媒体的广告收入无一例外地进一步萎缩，反映出互联网行业与传统媒体广告市场的差距正日益扩大[5]。

近年来，互联网行业对广告利润的攫取招致了新闻行业的集体不满。继澳大利亚、加拿大后，美国加州的立法者也于2023年初发起"加州新闻保护法案"，旨在对互联网平台分发新闻文章获得的广告利润进行"征税"，为因广告收入暴跌而衰落的新闻业提供新的生机。然而，以Meta与Alphabet为首的科技巨头对此表示了强烈不满，并声称若该法案通过，则将从自身搜索引擎或社交媒体平台上删除所有来自该州的新闻文章，以避免支付费用[6]。互联网企业的"恐吓"成功地延缓了立法的步伐，该法案原本在两党共同支持下于6月移交至州参议院，并预计在7月召开听证会，如今听证会已被重新安排至

---

[1] https://www.insiderintelligence.com/insights/us-gaming-industry-ecosystem/.

[2] https://www.statista.com/statistics/189582/age-of-us-video-game-players/.

[3] https://www.statista.com/statistics/189582/age-of-us-video-game-players/.

[4] https://www.insiderintelligence.com/insights/us-gaming-industry-ecosystem/.

[5] https://magnaglobal.com/digital-advertising-reaccelerated-in-2023-major-events-will-fuel-tradition al-media-in-2024/.

[6] https://www.npr.org/2023/05/31/1179184256/news-facebook-california-journalism-preservation-act.

2024 年，具体召开的时间仍未明确。

事实上，广告利润从传统媒体行业迁移至数字渠道并非新现象，但令人意外的是，苹果公司于 2021 年推出的隐私政策（ATT）虽然通过要求其商店应用必须主动询问用户是否允许跟踪其数字轨迹以限制科技公司收集、共享、售卖用户个人信息的可能，但并未对社交媒体广告收入造成根本性打击。在颁布隐私政策两年后的今天，互联网行业的广告收入以超过 10% 的年增长率高歌猛进。固然，部分原因在于，即使苹果公司对应用程序提出需征得用户同意的要求，但近半数左右的用户尚未理解、明晰应用软件的数据使用意涵，这促使他们为图便利直接点下了"同意"按钮。同时，有研究发现，部分 iOS 应用程序仍在利用技术漏洞或政策"灰色区"，将用户的个人信息收入囊中。更为关键的是，互联网产业及其巨头大多已然寻找到替代途径。一方面，美国作为全球最大的广告市场，在过去一年使新兴技术融入广告成为可能，裸眼 3D 广告、VR 广告以及品牌 NFT 物料等新颖的数字化方式进一步丰富了用户的参与方式[1]。电影《芭比》的广告与营销手段即为典型案例，其通过推出由人工智能技术驱动的"芭比自拍生成器"网站，吸引了大量观众生成电影风格的自拍海报，并在社交媒体平台进行了二次传播[2]，这彰显了借助人工智能和模因化（Meme-ification）的广告效果。另一方面，短视频或直播电子商务成为社交媒体平台提高广告收入的重要因素。2023 年 9 月，横空出世的"TikTok Shop"在短短几日内便吸引了超过 20 万个商家的注册，这一功能将使社交媒体平台的"变现"——从流量到广告，再到购买——的转化变得更为直接、有效[3]。正因如此，Meta 公司也在 2023 年选择与 Amazon 联手，希冀通过其在社交媒体平台的主导角色与在传统电子商务行业的统治性地位，组成社交媒体电子商务模式的流量闭环，以此重新挽回因苹果公司隐私政策而沉失的部分小型企业[4]。

---

[1] https：//www.pwc.com/us/en/industries/tmt/library/global-entertainment-media-outlook.html.

[2] https：//blog.hubspot.com/marketing/barbie-movie-marketing.

[3] https：//finance.yahoo.com/news/how-meta-tiktok-and-the-social-media-industry-are-changing-to-survive-170842119.html.

[4] https：//techcrunch.com/2023/11/09/meta-and-amazon-team-up-on-new-in-app-shopping-feature-on-facebook-instagram/.

新一期的美国总统大选季待 2024 年方才正式开始，但这一可预见的关键事件也影响着 2023 年广告业的众多决策。过去，美国绝大部分政治广告投放至地方或全国电视、广播机构，但如今越来越多的资金正流向数字平台。Twitter（现更名为 X）作为美国政治在线舆论场的主阵地，原本自 2019 年起便在全球范围内禁止了政治广告，但其被马斯克（Elon Musk）收购后，在 2023 年初解除了这一禁令，允许政党、候选人在该平台上投放广告。根据最新数据，美国的政治广告市场已然硕大无比，2024 年美国总统大选的广告资金预计将增加至 160 亿美元，该数字甚至超过澳大利亚所有广告类型的总金额[①]。这一创纪录的金额也势必会对美国 2024 年的广告业格局产生广泛的影响与空前的冲击。

五 新兴媒介产业

2023 年是人工智能发展的关键转折点。一方面，其见证了生成式人工智能（AIGC）的技术革新。在 ChatGPT 于 2022 年末火爆全球后，GPT-4、Gemini、Midjourney、DALL-E 等文字、图片、视频多模态大模型的相继问世，展现了生成式人工智能显著提高与增强的人机交互水平和逻辑能力，标志着自然语言处理、图像视频处理等技术的跨越式发展，为迈向通用人工智能（AGI）奠定了可能。另一方面，人工智能市场规模也在 2023 年得到快速扩张。相关统计报告显示，2023 年人工智能的全球市场规模高达 1966.3 亿美元[②]，其中，美国作为人工智能技术与市场长期以来的领跑者，在过去一年依旧处于领先地位。

目前，人工智能技术已然逐渐应用在新闻采集、生产、分发全流程中，具体表现在信息采集、自动化生成新闻、受众分析、事实核查、个性化推荐等[③]。例如，彭博社的创新实验室 BHIVE 推出移动应用程序 The Bulletin，借助自然语言处理技术归纳分析新闻稿件，使用户在打开该软件时便可以看到一

---

① https：//www. axios. com/2023/12/08/us-political-ad-market-2024-spending.

② https：//www. grandviewresearch. com/industry-analysis/artificial-intelligence-ai-market.

③ https：//www. cjr. org/tow_ center_ reports/artificial-intelligence-in-the-news. php.

组最新消息的摘要，以满足用户利用片刻空隙便可快速了解当下最新动态的需求[①]。同时，美联社、《华盛顿邮报》等多家美国主流媒体则选择将人工智能技术嵌入新闻生产的流程之中，特别是在转录语音、翻译、事实核查方面进行大规模的应用，以尽可能提高信息的生产力和效率。

　　然而，在热烈拥抱新技术的同时，有不少媒体由此陷入公信力的争议与危机中。调查发现，聚焦科技产业的新闻网站 CNET 借用人工智能生成了 77 篇新闻报道，其中超过半数有错误；甘尼特报业集团使用名为 LedeAI 的人工智能服务撰写体育快报，却因其文章用词古怪，并出现多处数据重复，而遭公众嘲讽，最终被迫停用[②]。更为严峻的是，生成式人工智能面临的版权边界争议。2023 年底，《纽约时报》向 OpenAI 及其投资人微软公司提起侵犯版权诉讼，指控二者未经许可使用其数百万篇文章训练人工智能模型。此次诉讼拉开了未经授权使用已发布作品训练人工智能技术的"法律战役"序幕，或将成为影响生成式人工智能领域走向的重大事件。一项面向世界 500 强企业的调研显示，近 1/3 的从业者表示，知识产权问题是他们在使用生成式人工智能过程中最大的担忧[③]。正因如此，2023 年 11 月，OpenAI 为可以公开访问的网站提供了一款用于版权保护的插件 Copyright Shield，并承诺保护商业客户免受版权索赔。

　　从短期来看，人工智能市场仍处于并将持续处于火热的状态，且这一市场的火爆与其作为未来通用人工智能、元宇宙实现的基础不可分割。以日前 OpenAI 推出的视频生成模型 Sora 为例，其能够生成具有多个角色、包含特定运动的复杂场景，已初步具备理解动态物理世界的能力。从根本上看，这一生成式人工智能软件融合了生成式人工智能、混合现实、计算机视觉等前沿技术，实现了较高水平的交互能力和沉浸式视觉体验，为推动元宇宙从运用 2D 数据的 1.0 时代走向完全理解 3D 环境的 2.0 时代奠定了坚实的基础，在一定程度上解决了数字互动的滞后性和视觉效果的失真问题。但综合来看，各类生

---

① https：//www. bloombergmedia. com/press/bloomberg－medias－innovation－lab－launches－bulletin/.

② https：//edition. cnn. com/2023/08/30/tech/gannett-ai-experiment-paused/index. html.

③ https：//techcrunch. com/2023/11/06/openai-promises-to-defend-business-customers-against-copyright-claims/.

成式人工智能产品技术逻辑相似，区别仅在于能够实现交互的方向不同，如Gemini 之所以能成为继 GPT-4 之后最受关注的生成式人工智能产品，是因为它能够实现 Google 产品生态的跨平台交互。由此，未来生成式人工智能竞争将从基于文本、单一平台走向多模态、跨平台，并可能在技术逐渐成熟后进入一段平台期，朝着规范化、标准化的发展方向进入新阶段。

六　发展趋势与展望

2024 年，在百年变局、"危机连锁"与"人机共生"的传播生态中，数智化潮流中的传媒产业将迎来的危机与转机，也是美国传媒产业面临的挑战与机遇。从纵向的时间维度来看，美国传媒产业已然从在线化进一步升级为数智化。然而，尽管尚未适应数智化转向的媒体机构处于相对劣势地位，但其发展方向并非完全由数智化程度所决定。"老牌劲旅"《纽约时报》的长盛不衰与数字媒体"嗡嗡喂"（BuzzFeed News）的轰然倒台恰恰表明，在流量"退潮"的新市场环境下，传统媒体仍需审慎选择更为长久的转型模式，特别是当"技术后冲"思潮对美国政府、公众产生广泛、深刻的影响，新兴硅谷公司主张以强化用户体验替代吸引流量的竞争理念，避免传统意义上基于流量与用户留存时间的激烈竞争产生信息失序、隐私泄露等一系列伦理问题或恶性竞争，实现技术安全、健康、向善地应用，或将成为互联网行业走出瓶颈期的破局之道。与此同时，虽然数家媒体机构在经济下行的宏观危机下覆灭，但也有不少新兴媒介技术、产业、机构应运而生。无论是深耕用户关系并展现出显著转化效果的播客节目，抑或在后疫情时代依旧深受观众青睐的流媒体产业，还是在创办后 6 个月便已赢利的科技新闻机构"404 媒体"，都表明在积极融入智媒技术洪流的同时，以高质量的信息生产重塑"传播主体—受众"关系，有望成为美国传媒工作者适应不断迭代的信息流通环境、开发"新质生产力"、重建传播价值观的制胜之宝。

B.33
2023年欧盟传媒产业发展报告

张莉 周心怡*

摘 要： 2023年，欧盟传媒产业继续走在数字化转型道路上，整体市场收入创新高。印刷媒体使用率下降，公众更倾向于使用电视或在线新闻平台获取新闻；公共电视和广播是公众最信任的新闻来源；广播使用率略有下降，但流媒体音频产业蓬勃发展；数字付费电视的订阅数量不断增长，订阅式视频点播（SVOD）是欧洲视频点播（VOD）市场的主要增长驱动力；电影行业回温，本土电影作品发挥关键作用；欧洲是全球第二大录制音乐市场，流媒体推动的收入和表演权收入增长；欧盟互联网用户达到总人口的92%，90%的互联网用户使用移动设备，ChatGPT问世后欧盟进一步加快了推进《人工智能法案》正式实施的步伐，平衡创新与安全。

关键词： 欧盟 传媒产业 数字化转型 视频点播 人工智能

2023年，全球传媒行业处于新旧交汇点，欧盟抓住数字化转型和产业发展的机遇，拥抱数字经济趋势，也聚焦可持续发展和创新内容生产，以满足多样化的观众需求。2023年，欧洲传媒产业总收入约为3384.6亿美元，较上一年增长约4.2%，其中电视和视频部分创收最高，占总收入的42.4%[①]。

在数字化浪潮中，欧盟公众的媒介使用习惯发生变化。根据欧盟委员会的调查，相较于2022年，2023年使用社交媒体平台获取新闻的受访者占比提高11%，使用消息应用（+5%）、视频平台（+4%）和播客（+2%）的受访者占

---

* 张莉，清华大学新闻与传播学院副院长、教授、博士研究生导师；周心怡，清华大学新闻与传播学院硕士研究生。

① https://www.statista.com/outlook/amo/media/europe#revenue.

比也有所提高。同时，所有年龄段的公众对新兴媒体的使用占比都有所提高①。2011~2023 年，欧盟公众每天或几乎每天都使用的媒体占比也发生变化，尤其是 2022~2023 年有更多公众每天或几乎每天都收听播客（见图 1）。

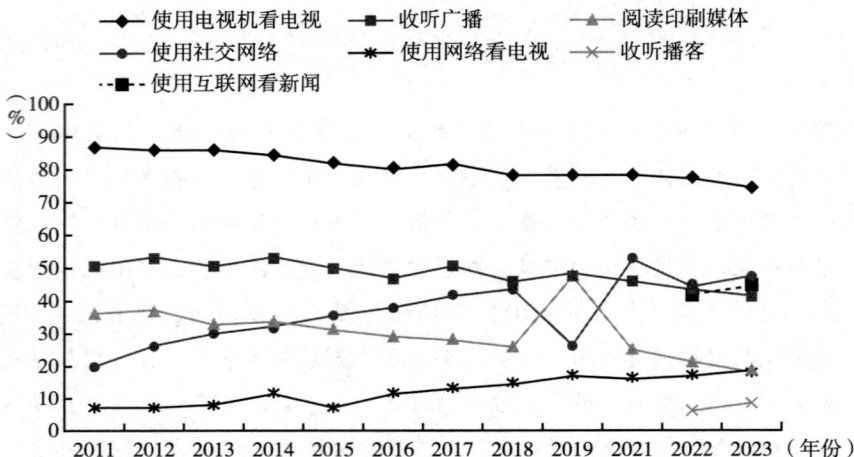

图 1　2011~2023 年欧盟公众每天或几乎每天都使用以上媒体的占比

注：调查时间为 2011~2023 年，其中 2020 年欧盟委员会未进行数据统计调查。
资料来源：European Commission。

欧盟在人工智能产业的发展上表现出监管先行、创新驱动和国际合作的特点，旨在确保人工智能的安全、伦理和透明，同时促进技术创新和产业竞争力的提升。2023 年，欧盟继续推进《人工智能法案》的正式实施，配套发布了《数字服务法案》《数字市场法案》《数据治理法案》等一系列法案，旨在规范数据利用和流转制度，加强数据的安全保护，防范算法自动化决策的潜在风险，同时建立相关伦理价值标准，保障个人权利，构建监管与创新发展的平衡机制。

同时，欧盟加大了数字化转型的力度，通过地平线欧洲（Horizon Europe）和数字欧洲计划（Digital Europe Programme）的一系列举措和投资，为实现数字化转型和应对环境、能源、数字化与地缘政治挑战提供了支持。

---

① *Flash Eurobarometer Media & News Survey 2023.*

一 报刊产业

与其他传统媒体相比，印刷媒体在欧洲人的新闻获取渠道中的优先程度降至最低，使用时间也不断缩短，但受信任程度仍然较高。2023年欧盟委员会的调查显示，在欧盟27国中，71%的受访者表示他们通过电视获取新闻，其次是在线新闻平台和新闻网站，占42%，广播和社交媒体平台并列第三，均占37%，而印刷媒体排在最后，仅占21%。调查还显示，社交媒体平台用于获取新闻的使用率显著增长，相较于2022年4~5月进行的媒体使用情况调查，增长11%①。

公众花费在印刷媒体上的时间也在缩短。以挪威为例，2012年，该国日均阅读报纸23分钟，到2022年日均阅读报纸时间减少至10分钟。在这方面，不同年龄组表现出的差异较大。2022年，67~79岁的个体日均阅读报纸26分钟，而25~44岁的年轻人日均阅读报纸仅为3分钟②。

此外，在公众对不同新闻来源的信任程度方面，公共电视和广播（包括其在线平台）被48%的公众视为最可信的新闻来源，其次是印刷媒体（包括其在线平台），占38%，而私人电视和广播的信任度则为29%③。

在报刊发行量方面，由于数字媒体的影响，与全球其他地区类似，欧洲的报纸发行量多年来呈下降趋势④。由于报刊对读者的吸引力减弱，广告商对印刷媒体的支出持续下降。统计数据显示，2023年在欧洲印刷媒体上投放的广告支出下降3.6%，预计2024年将继续下降4.6%⑤。

总体而言，欧洲的报纸与杂志市场2023年收入为455.1亿美元，比2022年增长2.0%，但预计2024年下降1.6%，2024~2028年的平均增长率为−2.27%，长期呈收缩趋势⑥。

---

① https：//europa. eu/eurobarometer/surveys/detail/3153.

② https：//www. statista. com/topics/4039/media-usage-in-europe/#topicOverview.

③ https：//www. europarl. europa. eu/news/en/press-room/20231115IPR11303/tv-still-main-source-for-news-but-social-media-is-gaining-ground.

④ https：//www. statista. com/topics/3965/newspaper-market-in-europe/#topicOverview.

⑤ https：//www. statista. com/outlook/amo/advertising/print-advertising/europe#ad-spending.

⑥ https：//www. statista. com/outlook/amo/media/newspapers-magazines/europe#revenue.

近年来，欧洲出版商通过多元化的方法适应数字化时代，从而保持其业务的可持续发展和竞争力。通过提供高质量的内容、入驻社交媒体、优化订阅模型和数据驱动决策，这些出版商的业务正在转型为以数字收入为主导①。

二　广播和流媒体音频产业

在欧盟，广播是继电视、社交媒体和在线新闻之后的第四大使用媒介。根据欧盟委员会的调查，过去几年中广播的使用略有减少，2023年日常收听广播的个体占比由2022年的43%降至41%。就信任角度而言，丹麦人更加信任广播，而匈牙利人相对不太信任。就广播听众数量而言，德国处于领先地位，听众超过5800万人，而马耳他的广播消费者不足35万人②。不同欧洲国家的传统广播观众能够带动的广告收入存在差距，瑞士位列榜首，平均每位收听者带动广告收入116.85美元，其次是德国，为67.38美元，马耳他最低，为3.91美元③。

近年来，流媒体音频产业在欧洲蓬勃发展。播客的用户数量持续上升，2023年，西欧国家收听播客的个体占比由2022年的28.1%上升至29.8%，预计2026年将达到32.8%④。在法国，使用最多的播客软件是Apple Podcasts（39.4%），Spotify位列第二（30.2%），之后分别是Players Embed（10.1%）、Deezer（8.9%）、Castbox（3.4%）。而法国用户最常听的播客类型是广播播客（46%），其次分别是有声书（31%）、网络播客（30%）、广播剧（23%）⑤。播客广告市场也在持续扩大，以德国为例，2023年德国播客的广告收入上涨到4200万欧元（见图2）。整体而言，到2024年，欧洲播客广告市场的收入预计达到4.475亿美元。2024~2027年预计年均增长率为5.86%，到2027年市场规模将达到5.308亿美元⑥。

---

① https://www.statista.com/study/134755/media-report-newspaper-and-magazines/.
② https://www.statista.com/topics/4039/media-usage-in-europe/#topicOverview.
③ https://www.statista.com/forecasts/1245938/average-radio-advertising-revenue-per-radio-listener-europe-country.
④ https://www.statista.com/statistics/1291333/podcast-listeners-europe-by-country/.
⑤ https://www.statista.com/study/109617/podcasting-in-selected-markets-in-europe/.
⑥ https://www.statista.com/outlook/dmo/digital-media/digital-music/podcast-advertising/europe.

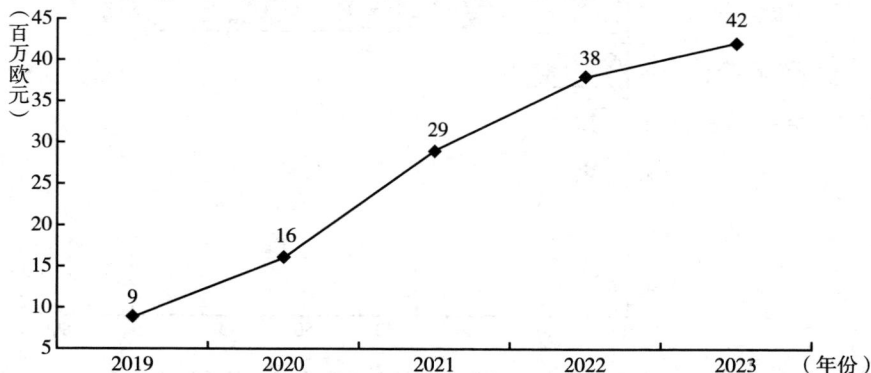

图2 2019~2023年德国播客的广告收入

注：调查时间为2019~2023年。
资料来源：德国数字经济联合会（Bundesverband Digitale Wirtschaft）。

三 电视和流媒体视频产业

2023年，74%的欧盟公众每天或几乎每天使用电视机观看电视节目（见图3），虽然近十年该占比呈下降趋势，但电视仍是欧洲人每日使用最多的媒介①。欧洲电视观众数量在2023年达到7.17亿人，呈上升趋势，预计2028年增加至7.22亿人②。其中，保加利亚和葡萄牙的电视观众占比较高，分别为90%和89%③。在卢森堡和瑞典，传统电视的受欢迎程度较低，仅不到2/3的受访者每天使用电视机④。

欧洲的电视格局随着流媒体视频的推广正逐步改变，在线电视通过互联网提供实时电视节目，具有更大的灵活性和选择空间⑤。据2023年初的一项调查，马耳他是欧盟国家中在线电视最受欢迎的国家，有42%的受访者表示他们每天或几乎每天通过互联网观看电视节目。相反，保加利亚和希腊的在线电视受

---

① https：//www. statista. com/statistics/422572/europe-daily-media-usage/.

② https：//www. statista. com/forecasts/1259664/tv-viewers-europe-number.

③ https：//www. statista. com/statistics/422702/europe-daily-tv-usage/.

④ https：//www. statista. com/topics/4039/media-usage-in-europe/#topicOverview.

⑤ https：//www. statista. com/topics/8626/television-industry-in-europe/#topicOverview.

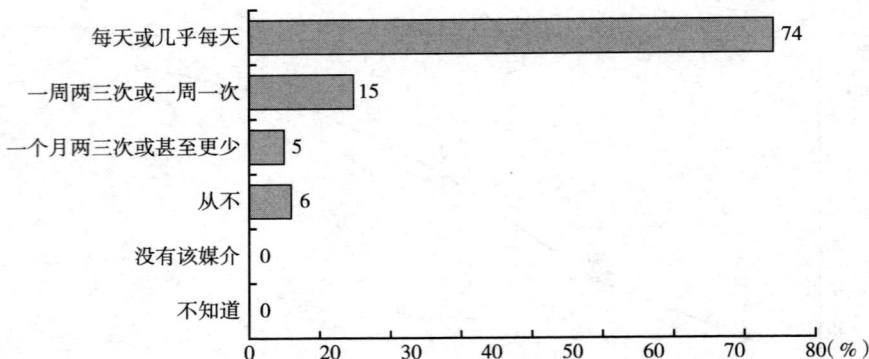

图 3 2023 年欧盟公众使用电视机观看电视节目的频率占比

注：调查时间为 2023 年 1 月 12 日至 2 月 6 日。

资料来源：European Commission。

欢迎程度最低，每日使用用户仅占 9%①。流媒体视频尤其受到年轻一代的青睐，2022 年，瑞典 15～44 岁的居民观看流媒体视频的占比相当可观，达到 74%②。

在付费电视方面，有线模拟电视的付费订阅用户数量持续下降，而数字付费电视的订阅用户数量不断增长，有线模拟电视可能会完全从市场上消失③。2018～2028 年，东欧数字付费电视的订阅用户数量将增加 800 万户，到 2028 年达到 7300 万户。相比之下，有线模拟电视的付费订阅用户数量预计减少至零④。

订阅式视频点播（SVOD），即用户以固定的月费无限制地观看数字视频内容，是欧洲视频点播（VOD）市场中收入最高的细分市场，已成为该市场的主要增长驱动力。随着数字流媒体内容的不断丰富，欧洲的视频订阅用户数量每年都在增加⑤。据统计，2023 年，欧洲 SVOD 市场收入达 183.0 亿美元，

---

① https：//www. statista. com/statistics/452479/daily-online-tv-viewing-penetration-in-europe/.

② https：//www. statista. com/statistics/643007/share-of-individuals-watching-online-tv-per-day-in-sw eden-by-age-group/.

③ https：//www. statista. com/topics/8626/television-industry-in-europe/#topicOverview.

④ https：//www. statista. com/statistics/483856/number－digital－pay－tv－subscribers－eastern－europe/.

⑤ https：//www. statista. com/topics/8351/video-on-demand-in-europe/#topicOverview.

预计到 2027 年增加至 265.6 亿美元①。在欧洲 SVOD 市场中，Netflix 是无可争议的领导者，2022 年第三季度，Netflix 在西欧 SVOD 市场中拥有最高的市场份额（34.5%）。然而，这家流媒体巨头的订阅份额近年来有所下降，而迪士尼+、Discovery+、HBO Max 和 Paramount+等四个新服务商的受欢迎程度不断提高，总市场份额达到 17.2%。另外，Amazon Prime Video 拥有欧洲第二高的 SVOD 市场份额，2023 年为 24.8%②。除 SVOD 服务外，观众还可以选择多种非订阅基础的视频娱乐服务，如广告支持的视频点播（AVOD）平台 YouTube 或 Pluto TV，这类平台通过广告获得收入。2023 年，欧洲 AVOD 市场收入在 VOD 市场总收入中排第二位，为 53.4 亿美元，预计在 2027 年增加至 76.2 亿美元③。

近年来，欧洲电视行业的收入情况有所波动。2023 年，付费电视的收入最高，约为 377.7 亿美元，传统电视广告收入约为 301.6 亿美元，公共电视许可费收入约为 230.1 亿美元，实体家庭视频（以物理形式发行的视频媒体，如 DVD、蓝光光盘等）收入为 28.6 亿美元。预计，未来传统电视广告和实体家庭视频（以物理形式发行的视频媒体，如 DVD、蓝光光盘等）的收入有所下降，付费电视和公共电视许可费的收入有所增加④。

在欧洲消费者的视频支出方面，2013～2022 年，数字视频的支出从 13 亿欧元增加到 210.2 亿欧元，电视点播（TVOD）的支出从 7.2 亿欧元增加到 10.9 亿欧元，而实体零售视频（如 DVD、蓝光光盘等）和实体租赁视频（如租借的 DVD）的支出显著下降，分别从 58.1 亿欧元和 6.6 亿欧元下降至 11.4 亿欧元和 0.3 亿欧元⑤。

四　电影产业

2022 年是欧洲电影产业复苏的重要一年。在欧盟和英国，电影入场人数

---

① https：//www.statista.com/outlook/dmo/digital-media/video-on-demand/video-streaming-svod/europe#revenue.

② https：//www.statista.com/statistics/1307992/svod-subscriptions-western-europe-by-service/.

③ https：//www.statista.com/outlook/dmo/digital-media/video-on-demand/advertising-avod/europe#revenue.

④ https：//www.statista.com/forecasts/1259602/europe-revenue-tv-home-video-market-segment.

⑤ https：//www.statista.com/statistics/370464/consumer-spending-on-video-in-europe-by-sector/.

在 2022 年增长约 62.7%，观影人次超过 6.55 亿人，票房收入超过 50 亿欧元，较 2021 年增长 68.5%。即使受到新冠疫情、乌克兰危机和能源成本上升等影响，在国际电影院联盟下的 39 个欧洲国家，2022 年共售出 8.209 亿张电影票，收入估计达到 58 亿欧元[①]。

但欧洲各国恢复率存在差异，罗马尼亚、保加利亚和比利时是恢复速度较快的欧洲市场，与 2019 年相比，票房销售仅下降 21%[②]。

2022 年，欧洲电影入场人数和票房的增长主要是由知名国际影片推动的。《阿凡达 2：水之道》《壮志凌云 2：独行侠》《小黄人大眼萌 2：格鲁的崛起》《侏罗纪世界 3》《奇异博士 2：疯狂多元宇宙》是 2022 年在欧洲观影人次较多的电影[③]。

本土电影作品也对 2022 年欧洲电影产业复苏发挥了关键作用。法国本土电影的市场份额达到 41.1%，捷克达到 33.5%、丹麦达到 26%、芬兰达到 25.2%。保加利亚、斯洛文尼亚和捷克的本土电影市场份额甚至超过 2019 年的水平[④]。

但挑战仍然存在，欧洲电影院运营商主要面临的问题有美国大片发行数量较少、本地大片匮乏、商业潜力较小的制作难受到关注、需要与流媒体平台竞争内容、固定成本不断增加等[⑤]。

2023 年第一季度，EMEA 地区（欧洲、中东和非洲地区）成为全球（不含中国）票房最高的子区域，占国际（不含中国）总票房的一半以上（54%）。这是该地区电影票房在新冠疫情发生以来最佳的季度表现，略高于 2021 年第四季度（+0.3%），比 2022 年同期增长 32%[⑥]。

五 音乐产业

2022 年，全球录制音乐市场增长 9.0%，这一增长主要由付费订阅流媒体

① *UNIC Annual Report 2023*.
② *UNIC Annual Report 2023*.
③ *UNIC Annual Report 2023*.
④ *UNIC Annual Report 2023*.
⑤ *UNIC Annual Report 2023*.
⑥ *UNIC Annual Report 2023*.

推动，实体音乐、表演权和同步收入也再次出现增长，只有下载和其他（非流媒体）数字收入出现了下滑[1]。欧洲作为全球第二大录制音乐市场，2022年在全球市场的份额为27.7%，总收入为73亿美元，同比增长7.54%，标志着该地区连续第四年增长[2]。欧洲区域内前三大市场均实现了增长：英国（+5.4%）、德国（+2.2%）和法国（+7.7%）[3]。

从细分来看，欧洲的流媒体收入占全球流媒体收入的1/4以上（26.0%）[4]。2022年，欧洲的流媒体收入增长11.9%，达到46亿美元，占欧洲录制音乐市场总额的62.9%。其中，依靠广告支持的流媒体收入增长14.6%，达到4.71亿美元，创历史最高水平[5]。

2022年，欧洲的表演权收入增长11%，总计达到14亿美元，占欧洲总收入的18.7%。欧洲是全球表演权收入最高的地区，2022年占全球表演权收入的56%以上[6]。

2022年，欧洲的实体音乐收入下降9.9%，总额为10.8亿美元，低于2021年的收入。然而，黑胶唱片收入继续表现出两位数的增长，并在2022年占实体音乐收入的50%以上[7]。

六 互联网产业

2023年，欧盟互联网用户占总人口的比重为92%，2010年该占比仅为67%。据欧盟委员会统计，2023年，卢森堡、荷兰和丹麦的互联网用户占比达到99%，芬兰和瑞典均为98%，爱尔兰为96%，罗马尼亚、希腊和保加利亚的互联网用户占比相对较低，但其互联网用户从2010年到2023年的占比增长显著。例如，罗马尼亚从2010年的36%翻一倍多，达到2023年的89%，希腊从44%增至85%，

---

① *Global Music Report 2023.*

② https：//www.impalamusic.org/stats-2/.

③ https：//www.ifpi.org/ifpi-global-music-report-global-recorded-music-revenues-grew-9-in-2022/.

④ *Global Music Report 2023.*

⑤ https：//www.impalamusic.org/stats-2/.

⑥ https：//www.impalamusic.org/stats-2/.

⑦ https：//www.impalamusic.org/stats-2/.

保加利亚从43%增至80%①。此外，2023年第二季度，欧洲部分国家公众使用互联网的每日平均时长为5.0~7.5小时（见图4）。

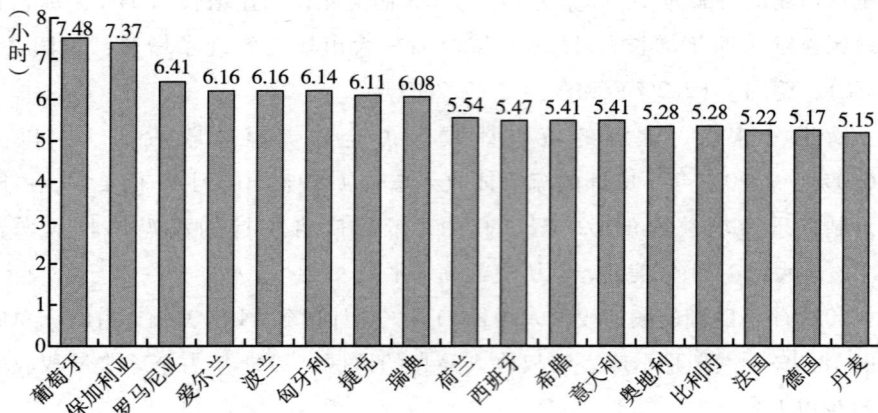

图4　2023年第二季度欧洲部分国家公众使用互联网的每日平均时长

资料来源：DataReportal。

欧盟内城乡间互联网接入具有差异性。2023年，保加利亚（17个百分点）、克罗地亚（15个百分点）、希腊（14个百分点）和葡萄牙（12个百分点）的城乡互联网接入率之间的差距均超过两位数。卢森堡、荷兰和丹麦的城乡互联网接入情况相似②。

关于使用互联网的设备，2023年，90%的欧盟互联网用户使用移动设备连接互联网，63%选择通过笔记本电脑或平板电脑连接互联网，31%通过台式电脑连接互联网③。

关于互联网的具体用途，2023年，18%的欧盟互联网用户在网络上表达

① https：//ec. europa. eu/eurostat/statistics-explained/index. php？title＝Digital＿ economy＿ and＿ society＿ statistics＿ -＿ households＿ and＿ individuals#Internet＿ access＿ of＿ individuals. 2C＿ 2010＿ and＿ 2023.

② https：//ec. europa. eu/eurostat/statistics-explained/index. php？title＝Digital＿ economy＿ and＿ society＿ statistics＿ -＿ households＿ and＿ individuals#Internet＿ access＿ of＿ households. 2C＿ 2010＿ and＿ 2023.

③ https：//ec. europa. eu/eurostat/statistics-explained/index. php？title＝Digital＿ economy＿ and＿ society＿ statistics＿ -＿ households＿ and＿ individuals#Devices＿ used＿ to＿ connect＿ to＿ the＿ internet.

自己的政治观点，54%的欧盟互联网用户与公共机构进行了互动①。在网络购物方面，2023 年，平均有 70%的欧盟互联网用户在网上订购或购买了服务或商品，而 2018 年这一占比为 56%。罗马尼亚（50%）和保加利亚（45%）网购的互联网用户占比最低②。

虚拟现实（VR）技术和增强现实（AR）技术在传媒行业的应用越来越广泛，2023 年 7 月欧盟通过了《Web4.0 和虚拟世界的倡议：在下一次技术转型中领先》，这也预示着未来互联网数字经济的新蓝海。

近年来，人工智能产业迎来革命性突破和发展，欧洲在市场份额方面低于美国和亚洲。2023 年第三季度，美国（47%）仍占据最高的人工智能初创企业交易份额，亚洲（28%）位列第二略高于欧洲（20%）③。但人工智能的高速发展也带来诸多风险，欧盟正在搭建世界上第一个人工智能治理法律框架，将对人类社会平衡科技与安全具有极大的参照意义。2023 年 12 月 8 日，欧盟成员国及欧洲议会议员就全球首个监管包括 ChatGPT 在内的人工智能的全面法规达成初步协议④。2021 年欧盟委员会提议通过《人工智能法案》，在 ChatGPT 问世后，欧盟进一步加快了推进《人工智能法案》正式实施的步伐，并在 2023 年正式通过《数据法案》，为构建人工智能生态提供了可靠的基础设施⑤。2024 年 1 月，欧盟推出针对人工智能开发和基础设施的一揽子支持计划，该计划将提供广泛的措施来支持人工智能创业和创新，包括为人工智能初创企业和创新群体提供超级计算机的使用特权⑥。

七 趋势展望

欧盟传媒和娱乐产业市场在未来几年将显著增长，其中电视与视频是最大

---

① https：//ec. europa. eu/eurostat/statistics-explained/index. php？title＝Digital_ economy_ and_ society_ statistics_ -_ households_ and_ individuals.

② https：//ec. europa. eu/eurostat/statistics-explained/index. php？title＝Digital_economy_and_society_ statistics_ -_ households_ and_ individuals#Ordering_ or_ buying_ goods_ and_ services.

③ https：//www. statista. com/statistics/1369626/ai-startup-deals-by-regional-share/.

④ https：//www. reuters. com/technology/stalled-eu-ai-act-talks-set-resume-2023-12-08/.

⑤ https：//digital-strategy. ec. europa. eu/en/policies/european-approach-artificial-intelligence.

⑥ https：//ec. europa. eu/commission/presscorner/detail/en/ip_ 24_ 383.

的细分市场，而数字媒体将发挥关键作用，数字平台在媒体格局中的重要性日益增强。VOD 市场将继续蓬勃发展，但行业龙头企业来自美国，这意味着未来很长一段时间，欧洲流媒体供应商将面临美国在该市场占据结构性优势所带来的挑战。免费广告支持的流媒体电视（FAST）在欧洲仍处于起步阶段，可能是欧洲产业发展的一个机会。

欧洲消费者正在逐渐转向在线获取新闻，在线媒体已成为欧洲目前第二大使用较多的媒介，超过广播和印刷媒体，且越来越多的人使用社交媒体获取新闻。这需要报刊产业持续进行数字化转型，确保高质量和公正的新闻报道触及广泛受众。同时，需要对在线平台的信息真实性进行核查。生成式人工智能的发展给互联网误导性信息的治理带来指数级增加的挑战。

此外，无人机在电影和视频制作中也将更加流行。

在新兴科技人工智能方面，欧盟出台一系列措施平衡创新与安全，更多的规定将在未来生效。但新的规定也许会让科技公司耗费大量资源聘请律师，而不是聘请人工智能工程师①，不利于推动创新及欧洲本土产业发展，从而使产业难以获得竞争优势。但 2023 年末社交媒体平台上出现的深度伪造视频事件，又体现了欧盟目前对人工智能的监管力度仍然不够。未来，欧盟可能需要针对《人工智能法案》和《数据法案》的具体细节进行更多讨论，需要根据行业发展做出灵活调整。

---

① https：//www.digitaleurope.org/news/23173/.

B.34
2023年英国传媒产业发展报告[*]

徐 佳[**]

摘 要： 在英国空前的通货膨胀压力之下，2023年传媒及娱乐产业保持稳定增长。传媒产业通过广告、订阅、授权经营、执照费、小程序内购买、在线零售、B2B等多元方式实现营收，生成式人工智能成为新的增长点。新闻、视听、搜索、社交媒体、游戏、在线购物等细分产业中均呈现显著的头部效应，且除新闻板块外，占据头部的均为来自美国的产品与服务，英国传媒产业持续面临本土困境。

关键词： 英国 传媒产业 头部效应 生成式人工智能

2023年，英国GDP为2.274万亿英镑[①]，较上一年小幅上涨0.1%[②]。然而，消费价格通货膨胀率在2023年间几度超过10%[③]，英国物价以40多年来最快的速度上涨，英国人正在负担大幅增加的生活成本。同时，社会失业率仍徘徊在3.8%~4.0%[④]。这些经济、社会宏观因素对英国传媒产业产生复杂影响。

---

[*] 本研究由复旦大学新闻学院一流学科项目经费支持。

[**] 徐佳，复旦大学新闻学院副教授。

[①] Statista, Gross Domestic Product of the United Kingdom from 1948 to 2023, https://www.statista.com/statistics/281744/gdp-of-the-united-kingdom/#:~:text=Published%20by%20D.%20Clark%2C%20Feb%2019%2C%202024%20The, of%20the%20UK%20economy%20was%202.27%20trillion%20pounds.

[②] Office for National Statistics, Gross Domestic Product: Quarter on Quarter Growth: CVM SA %, https://www.ons.gov.uk/economy/grossdomesticproductgdp/timeseries/ihyq/qna.

[③] Office for National Statistics, CPIH ANNUAL RATE 00: ALL ITEMS 2015 = 10, https://www.ons.gov.uk/economy/inflationandpriceindices/timeseries/l55o/mm23.

[④] Office for National Statistics, Unemployment Rate (Aged 16 and Over, Seasonally Adjusted): %, https://www.ons.gov.uk/employmentandlabourmarket/peoplenotinwork/unemployment/timeseries/mgsx/lms.

一　产业概况

（一）网络接入

2022 年，英国电信产业实现整体营收 318 亿英镑。2023 年，92%的英国家庭接入互联网，4790 万名成年人上网，平均每天上网时长为 3 小时 41 分钟，其中使用智能手机上网的时长占 3/4。全光纤互联网在 2022 年实现了用户规模 52%的大幅增长，超高速宽带互联网已覆盖 2690 万名英国人[1]。

关于"上网"，英国人的认知态度较为复杂：71%的成年网民认为上网对个人有益，但对于社会整体而言，仅有 40%认为有益，45%认为利弊中和，15%认为弊大于利。依据 Ofcom 的调查，英国成年人在网上经历的五种主要危害分别是虚假信息（39%），粗俗语言（36%），诈骗（36%），不需要的朋友、请求或信息（30%），拖钓行为（23%），其中排名第一的虚假信息包含政治或选举类、歧视类以及财务类。针对青少年上网的态度则较为乐观：超过 80%的英国青少年及家长认为互联网有助于课业，超过 60%的认为互联网能帮助建立或维护友谊，超过 50%的认为互联网能为处理个人事务提供有用的信息。此外，48%的青少年认为互联网在保持其精神健康方面有积极效果，该占比显著高于成年人群（31%）[2]。

对于未接入互联网的英国人来说，"没兴趣或没需求"仍是主要原因（65%），同时，应注意到，该人群中仍有 1/4 因费用（包括安装及使用宽带的费用、购买及使用终端设备的费用等）未能接入互联网。

（二）头部效应

对于几近完全转向线上的英国传媒产业而言，与全球诸多国家市场一样，Alphabet 与 Meta 两大矩阵几乎渗透了全部英国网民，头部效应显著。人均每

---

[1]　Ofcom, *Communications Markert Report 2023*, https：//www. ofcom. org. uk/_ _ data/assets/pdf_ file/0034/264778/Communications-Market-Report-2023. pdf.

[2]　Ofcom, *Online Nations 2023 Report*, https：//www. ofcom. org. uk/_ _ data/assets/pdf _ file/0029/272288/online-nation-2023-report. pdf.

日使用 Meta 产品（Facebook、WhatsApp、Instagram 等）长达 45 分钟，使用 Alphabet 产品（Google、YouTube 等）长达 35 分钟。头部效应亦出现在每一个细分产业中，如社交媒体板块中 91% 的用户使用 YouTube、搜索板块中 86% 的用户使用 Google、零售板块中 88% 的用户使用 Amazon（见表 1）。

表 1 英国成年人广泛使用的互联网产品

单位：%

板块	头部产品	用户渗透率	板块	头部产品	用户渗透率
搜索	Google	86	零售	Amazon	88
生成式人工智能	ChatGPT	23	游戏	Candy Crush Saga	5
新闻	BBC	70	交友	Tinder	5
社交媒体	YouTube	91			

资料来源：Ipsos, Ipsos Iris Online Audience Measurement Service, May 2023, Age: 18+, UK。

（三）本土困境

在英国成年网民最常访问的十大媒体机构中，7 家来自美国，本国机构仅占三席：BBC Corporation 的用户渗透率为 77%、由 120 余家媒体品牌组成的新闻机构 Reach Plc 的用户渗透率为 72%[①]、广告机构 Mail Metro Media 的用户渗透率为 60%（见表 2）。访问本国政府网站的用户比率尽管仍然维持在近六成，但近年来呈逐年下降态势（2021 年为 67%、2022 年为 62%、2023 年为 59%）。

表 2 英国成年网民最常访问的十大媒体机构

单位：%

序号	机构	总部	用户渗透率	序号	机构	总部	用户渗透率
1	Alphabet	美国	99	6	Reach Plc	英国	72
2	Meta	美国	97	7	eBay Inc	美国	64
3	Amazon Inc	美国	89	8	Apple Inc	美国	63
4	Microsoft Corporation	美国	87	9	PayPal Inc	美国	62
5	BBC Corporation	英国	77	10	Mail Metro Media	英国	60

资料来源：Ipsos, Ipsos Iris Online Audience Measurement Service, May 2023, Ranking Report, Age: 18+, UK, England, Scotland, Wales, and Northern Ireland。

---

① Reach Plc, https://www.reachplc.com/about-us/at-a-glance.

英国的状况再次显示，"西方"已不再是一个统一的概念，西方国家内部信息传播产业结构的不平衡日渐加剧。

（四）商业模式

英国传媒产业中大致存在七种营收方式：广告、订阅、授权经营、执照费、小程序内购买、在线零售及B2B（见表3）。

表 3　英国传媒产业的营收方式

营收方式	新闻服务	社交媒体	生成式人工智能	交友网站	游戏	在线购物
广告	√	√	√	√		
订阅	√	√	√	√	√	√
授权经营			√			
执照费	√					
小程序内购买				√		
在线零售						√
B2B						√

新闻服务的营收依然主要依赖广告。2022年，英国新闻媒体公司的数字广告营收达到6.35亿英镑，同时付费订阅收入的规模持续扩大。此外，BBC则一直将征收执照费作为收入来源。社交媒体的营收同样依赖广告，通过精准研判用户的人口学特征及上网行为，2022年英国社交媒体领域的广告收入达67亿英镑，在五年内翻了一番；随着社交广告趋于饱和，社交媒体公司也在探索付费订阅模式。诸多交友网站同样在探索"基本服务免费+优选服务收费"的模式，游戏公司则迎来了用户付费订阅的历史最高峰（47%）。在线购物平台通过在线零售、订阅及B2B方式赢利。生成式人工智能的赢利方式则仍在初步探索中，目前及可见的未来仍将探索广告、订阅、授权经营等多种方式①。

二　产业细分构成

各细分产业在保持结构稳定的同时呈现新的现象：一是生成式人工智能发

---

① Ofcom, *Online Nations 2023 Report*, https：//www.ofcom.org.uk/_ _ data/assets/pdf _ file/0029/272288/online-nation-2023-report.pdf.

展迅速且进入主流产品行列，二是出现一批新的产品与服务，包括社交产品Threads、在线购物平台Temu等。

（一）生成式人工智能

英国用户对生成式人工智能有较强的探索兴趣：30%的成年用户以及74%的16~24岁青少年用户使用相关产品，聊天/探索技术、娱乐、辅助工作或学习是主要的目的。

基于语言模型的ChatGPT是当下最受欢迎的生成式人工智能产品，覆盖23%的英国互联网用户（见表4）。ChatGPT正在推动在线产业的变革——各公司或自行开发生成式人工智能工具，或将ChatGPT纳入其产品中，如Snapchat嫁接ChatGPT推出的Snapchat My AI，成为最受英国青少年（51%的7~17岁人群）欢迎的生成式人工智能产品。

表4　英国网民常使用的生成式人工智能产品

单位：%

排名	产品	用户渗透率	排名	产品	用户渗透率
1	ChatGPT	23	4	DALL-E	9
2	Snapchat My AI	15	5	Google Bard	9
3	Bing Chat	11	6	Midjourney	8

资料来源：Ofcom，Online Research Panel Poll：Generative Artificial Intelligence。

（二）新闻

传统上，英国新闻业由一个强势的广电业（公共播出服务与商业电视）及一个竞争激烈的报业构成[①]。如今，通过传统电视（52%）或报纸（14%）接触新闻的受众规模在过去10年内大幅缩减，线上接触新闻的比重（74%）不断升高，9%的用户为线上新闻付费。

---

① Nic Newman with Richard Fletcher, Kirsten Eddy, Craig T. Robertson, and Rasmus K. Nielsen, *Reuters Institute Digital News Report 2023*, https://reutersinstitute.politics.ox.ac.uk/sites/default/files/202306/Digital_ News_ Report_ 2023. pdf.

英国的在线新闻业由三个部分构成：传统广电或印刷机构媒体提供的线上服务、纯线上新闻服务以及依靠多种内容来源的新闻聚合服务。BBC 依然是用户规模最大的在线新闻机构（见表5），每日平均有 31% 的英国网民使用 BBC 线上新闻服务。地方媒体机构，如 Metro、Manchester Evening News 等的访问量均遭遇了锐减，跌出前十榜单①。

表 5　英国网民常使用的在线新闻机构

单位：万人

排名	机构	用户规模	排名	机构	用户规模
1	BBC	3350	6	The Independent	1750
2	Mail Online	2390	7	The Guardian	1710
3	The Sun	2190	8	Sky News	1420
4	Mirror	2000	9	The Telegraph	1340
5	Apple News	1870	10	Daily Express	1270

资料来源：Ipsos, Ipsos Iris Online Audience Measurement Service, Ranking Report, Category：News, May 2023, Age：18+, UK.

此外，社交媒体（38%）日益成为年轻群体接触新闻的渠道，最常被用作新闻来源的社交媒体包括：Facebook（17%）、Twitter（13%）、YouTube（10%）、WhatsApp（9%）、Instagram（6%）、Facebook Messenger（3%）。

（三）视听

2022 年，视听板块总营收增长 5.3%，达 200 亿英镑，在结构上则依然保持"传统缩减+数字增长"的态势。

一方面，尽管传统电视仍保持相对较大的体量，但其覆盖率从上一年度的 83% 继续下降至 79%。4~34 岁的年轻群体正在加速离开传统电视（较上一年度锐减 21%），同时，64 岁以上人群收看传统电视的比重也较上一年度缩减了 6%。此外，英国人收看传统电视的时间也进一步缩短至每日平

---

① Ipsos, Ipsos Iris Online Audience Measurement Service, Ranking Report, May 2022 and May 2023, Age：18+, UK.

均 2 小时 38 分钟。这样的结果是，商业电视台、数字多频道以及付费电视等传统电视板块的年度总营收下降 1.8%，达 111 亿英镑。另一方面，英国人收看在线视频的时间增加至 1 小时 50 分钟，该领域整体营收增长 17.8%，达 62 亿英镑。3 种收入模式中，视频点播订阅服务日趋成熟，年收入大幅增长 21.5%，达 33 亿英镑，占整体收入的 52%；在线视频广告营收大幅增长 13%，达 27 亿英镑，占整体收入的 43%，另 5% 则由内容授权等数字交易贡献①。

针对 Netflix、Disney+ 等全球平台在英国市场上的渗入，公共播出服务加大了对英国原创内容首播的投入，较上一年度增长 10.3%，达到 29 亿英镑。相应地，原创内容产出时长也增加至 32712 小时，为 2016 年以来最长。其中，体育节目时长达到 10 年来最长，为 3367 小时；剧情节目时长增长 47%，达 407 小时，真人秀娱乐节目时长达到 10 年来最长，为 1749 小时。对原创内容生产投入的增加体现在这些产出的增加，也反映出通胀压力对制作费用的影响②。

广播部分，88% 的英国成年人收听广播，平均每周收听 20 小时。由于地方广告与赞助的增加（达 1.02 亿英镑，此外，全国性广告营收 3.37 亿英镑，商业赞助 1.28 亿英镑，其他收入 0.89 亿英镑），加之模拟信号 AM 进一步关停并转向基于数字的 DAB 带来的设备及传输动力成本的降低，（传统的）商业广播总体收入增长 3%，达 6.56 亿英镑。同样，英国人的广播收听行为日益转向线上——40% 的英国家庭至少拥有一台智能音箱，通过智能音箱和互联网实现的收听已达 24.5%，播客广告收入大涨 41%③。

相较于直播广播，年轻的英国人则更倾向于收听流媒体音乐。尽管在唱片、CD 等物理介质上的支出较上一年下降 4%，但消费者用于录制音乐

① Ofcom, *Media Nations UK 2023*, https：//www. ofcom. org. uk/__ data/assets/pdf_ file/0029/265376/media-nations-report-2023. pdf.

② Ofcom, *Communications Markert Report 2023*, https：//www. ofcom. org. uk/__ data/assets/pdf_ file/0034/264778/Communications-Market-Report-2023. pdf.

③ Ofcom, *Communications Markert Report 2023*, https：//www. ofcom. org. uk/__ data/assets/pdf_ file/0034/264778/Communications-Market-Report-2023. pdf.

的支出继续增长，至 2022 年已达 20 亿英镑，其中 83% 为支付给 Spotify、Apple Music 等的订阅费用，Spotify 仍是最受欢迎的流媒体音乐平台①。

（四）搜索

Google 仍是英国用户使用最多的搜索产品，覆盖 86% 的英国网民，其中半数使用者每日使用。Bing 排名第二，用户渗透率为 46%。除两款头部产品之外，其他产品的用户渗透率均低于 4%。搜索板块排名前十的产品中，有 8 款来自美国，另有 1 款为德国产品、1 款为俄罗斯产品，没有英国本土产品。非美国搜索产品倾向于将社会使命作为其商业模式的核心，如德国搜索引擎 Ecosia、OceanHero 及马来西亚搜索引擎 Ekoru② 均以不同方式参与地球环境保护。

搜索板块积极地探索生成式人工智能的应用。例如，Bing 将 ChatGPT-4 技术用于其产品迭代，于 2023 年 2 月推出名为 Bing Chat 的新版本搜索服务及 Edge 网页浏览器，英国用户渗透率从 1 月的 33% 大幅提升至 5 月的 46%。Google 也推出实验性的 Google Bard，尽管目前还未成为其核心业务③。

（五）社交媒体

社交媒体板块同样被全球产品，尤其是美国产品垄断，缺乏英国本土产品。2023 年，YouTube 及 Facebook & Messenger 的用户渗透率较高，成为受英国人欢迎的社交媒体产品（见表 6）。Instagram 于 2023 年 7 月 5 日推出文字交流应用产品 Threads，5 天之内全球有 1 亿名用户下载④，至 9 月初，23% 的英国用户便已使用过该产品且其中约三成的使用者称已在该产品上发布内容，该

---

① Ofcom, *Media Nations UK 2023*, https://www.ofcom.org.uk/__data/assets/pdf_file/0029/265376/media-nations-report-2023.pdf.

② Forbes, How the Search Engine Ekoru is Cleaning Up our Oceans, 19 January 2020.

③ Ofcom, *Online Nations 2023 Report*, https://www.ofcom.org.uk/__data/assets/pdf_file/0029/272288/online-nation-2023-report.pdf.

④ Quiver Quantitative, Threads Tracker, *Counts Generated Using the Threads Account Numbers Shown on Instagram Pages*, Reported in Forbes, *Threads Now Fastest-Growing App In History—With 100 Million Users In Just Five Days.*

占比已高于 X（Twitter）（29%）。TikTok 则已覆盖 44%的英国网民，在 18~24 岁英国青年群体中，TikTok 拥有 380 万名用户，且日均使用时长高达 55 分钟，在吸引用户方面表现突出。

表6　英国成年网民常使用的十大社交媒体

单位：万人，%

排名	产品	用户规模	用户渗透率	排名	产品	用户规模	用户渗透率
1	YouTube	4350	91	6	LinkedIn	1890	39
2	Facebook & Messenger	4340	91	7	Reddit	1560	33
3	Instagram	3470	73	8	Pinterest	1250	26
4	X（Twitter）	2400	50	9	Snapchat	1030	21
5	TikTok	2120	44	10	Nextdoor	820	17

资料来源：Ipsos，Ipsos Iris Online Audience Measurement Service，May 2022 and May 2023，Age：18+，UK。

（六）游戏

在 16 岁以上的英国成年人中，38%的人使用线上游戏服务；在 3~15 岁英国儿童中，则有 57%的儿童玩线上游戏。英国人尽管每周玩游戏的时间从 2022 年第二季度的 8 小时 16 分钟缩短到 2023 年第二季度的 7 小时 11 分钟，但仍愿意为游戏付费——47%的游戏玩家付费订阅游戏服务，其中 PlayStation Plus 是最受欢迎的订阅产品，20%的英国玩家购买了该服务[①]。

Candy Crush Saga 仍是下载最多的游戏，以 2023 年 5 月为记，有 254 万名英国成年网民玩该游戏，而 Royal Match（同样是一款免费的猜谜视频游戏）在上线两年之内快速吸引了近 200 万名英国成年网民。4%的英国成年人则每

[①] Ofcom Technology Tracker 2023，QE10：In the Last 3 Months，Have You or Has Anyone Else in Your Household Used Any of These Gaming Subscription Services，Note：Xbox Games Pass Includes ultimate/console/PC version. "A Game Streaming Service e. g. Google Stadia，GeForce Now" 1% Not Shown on Chart，Base：16+：855.

月至少玩一次增强现实游戏，基于该技术的 Pokemon GO 在最受英国成年网民欢迎的十款游戏中排名第三（见表7）。

表 7　最受英国成年网民欢迎的十款游戏

单位：万人，%

排名	游戏	用户规模	用户渗透率	排名	游戏	用户规模	用户渗透率
1	Candy Crush Saga	254	5.3	6	Coin Master	145	3.0
2	Royal Match	198	4.1	7	Dominoes-Classic Edition	144	3.0
3	Pokemon GO	187	3.9	8	Candy Crush Soda Saga	113	2.4
4	Roblox	163	3.4	9	Wordscapes	111	2.3
5	Solitaire-Grand Harvest	152	3.2	10	Monopoly GO!	90	1.9

资料来源：Ipsos，Ipsos Iris Online Audience Measurement Service，Mobile App，May 2023，Age：18+，UK。

（七）在线购物

英国国家统计局数据显示，2023 年第二季度，在线零售销售额已占整体销售额的 25%[1]。在英国运营长达 25 年的 Amazon 稳居英国线上零售市场第一位，87%的成年网民（4140 万人）使用该服务，2022 年 Amazon 英国业务总体营收为 220 亿英镑[2]；居第二位的 eBay 用户渗透率则为 64%（3050 万人）（见表8）。

中国拼多多集团旗下的在线购物平台 Temu 于 2023 年 4 月在英国上线，用户渗透率达 29%，且 Amazon 访问者中有 48%也访问了 Temu[3]。Temu 销售来自中国的产品并提供免费运输，有分析认为，其能快速打开英国市场或与当地生活成本增加相关，人们开始寻求"超值产品"[4]。

---

[1] Office for National Statistics，Internet Sales as a Percentage of Total Retail Sales（Ratio）（%），May 2023.

[2] Amazon News，2022：Amazon's Economic Impact in the UK，1 June 2023.

[3] Ipsos，Ipsos Iris Online Measurement Service，Cross-Visiting Report，May & August 2023，Age：18+，UK.

[4] Reuters，China's E-commerce Discount Race to the Bottom Puts Incumbents Under Pressure.

表8　受英国网民欢迎的十大在线购物平台

单位：万人，%

排名	平台	用户规模	用户渗透率	排名	平台	用户规模	用户渗透率
1	Amazon	4140	87	6	ASDA	1450	30
2	eBay	3050	64	7	Temu	1380	29
3	Apple	2090	44	8	Etsy	1300	27
4	Tesco	1840	39	9	Marks&Spencer	1240	26
5	Argos	1610	34	10	Boots	1200	25

资料来源：Ipsos，Ipsos Iris Online Audience Measurement Service，Category：Retail & Commerce，May 2023，Age：18+，UK。

结　语

从规模上看，2023年，英国传媒产业保持稳定增长，涨幅依然大幅领先GDP。从结构上看，传统产业进一步缩减，数字产业增长且头部效应显著。从驱动上看，生成式人工智能强势介入多个细分领域并促进其产品迭代与产业更新。值得关注的是，除新闻板块以外，英国传媒产业整体上被全球产品尤其是美国产品垄断，尽管英国持续加大对本土原创内容的投入，但本土产品与服务仍面临困境，这为理解当下国际传播格局中"西方"的变化提供了又一实证。

B.35
2023年法国传媒产业发展报告[*]

张　伟[**]

摘　要： 2022年，新冠疫情对法国经济的影响逐渐变小，文化部门整体呈现逐渐复苏的迹象，全年销售额有实质性的增长。数字化技术的发展对法国社会产生越来越大的影响，在所有媒体和文化产业中，视听影像以及游戏是增长相对较快的行业。基于法国的历史文化背景，文化数字经济将呈现快速发展的趋势。

关键词： 法国　文化与传媒　文化数字经济

一　综合发展情况

根据法国国家统计和经济研究所发布的数据，2022年，法国GDP为26402.07亿欧元，较上一年增长约2.5%。2022年，服务消费的强劲增长推动了消费量的增加，家庭实际消费以欧元计算增长2.4%。2022年法国消费价格指数（CPI）增长5.2%，高于2021年的1.6%、2020年的0.5%[①]。

纵观2019~2022年法国文化产业各领域的发展，媒体和文化、创作和传播、建筑与文化管理这三大领域2022年的产值较2019年均有所增长，但在各领域内部细分产业中，媒体和文化领域内的电影和新闻这两个产业的收入仍低于2019年（见表1）。

---

[*] 因部分产业数据发布滞后，相关数据为2022年统计数据。

[**] 张伟，北京工商大学设计与艺术学院副教授。

[①] INSEE, *Les Comptes de la Nation en 2022*, https://www.insee.fr/fr/statistiques/, Apr. 3, 2024.

表 1   2019~2022 年法国文化产业产值

单位：百万欧元

细分产业	2019 年	2020 年	2021 年	2022 年
媒体和文化				
电影	1777	625	846	1416
广告	15174	12715	13866	15521
新闻	11459	9953	10368	11036
视听影像*	21172	19644	21006	23089
广播	1250	1168	1249	1281
图书	8382	7888	9205	9186
音乐	1807	1760	2063	2187
游戏	2348	2847	2627	2962
创作和传播				
现场演出	5687	3257	3628	6358
视觉艺术	8120	7281	8580	10699
艺术教育	868	785	1060	1126
建筑与文化管理				
建筑	6351	5817	6346	6965
文化管理	484	269	320	512

注：＊表示不包括电影放映、广播和游戏。
资料来源：INSEE /DEPS，法国文化部，2023。

在媒体和文化领域内的细分产业中，视听影像以及游戏是过去三年中增长相对较快的产业。这一方面是受新冠疫情的影响，居民线下活动范围缩小，线上活动增多；另一方面也是得益于数字化技术的高速发展，用户体验不断提升。

在广告领域，从 2012~2022 年的数据来看，互联网广告收入整体呈上升趋势，增长迅速，成为广告收入的主要来源（见图 1）。法国媒体和文化领域内的细分产业在经济复苏的背景下呈现恢复性发展，部分细分产业的产值已超过 2019 年。数字技术的飞速发展带动了相关文化数字产业的产值增长，结合法国较强的文化内容创造能力，文化数字产业未来可期。

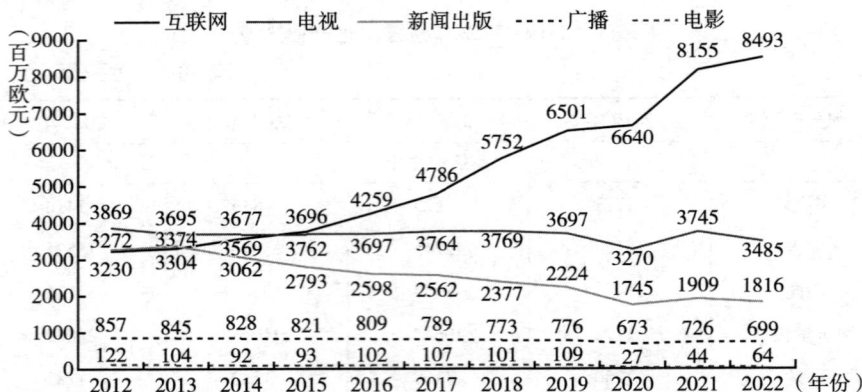

图1　2012~2022年法国主要媒体的广告收入

资料来源：INSEE/DEPS，法国文化部，2023。

二　电影业

根据法国国家电影中心CNC发布的数据，2023年，法国电影行业总票房约为13亿欧元，总体观影人数约为1.81亿人次，比2022年总体增长18.9%。但相较于2017~2019年这3年的平均数，依然下降13.1%。尽管如此，法国影院的反弹速度比欧洲其他国家更快和强劲。

在2023年法国电影票房排名前十的影片中，好莱坞制作影片仍然占据绝对优势的地位（见表2）。其中，迪士尼影业的《阿凡达：水之道》以绝对的票房优势成为2023年法国电影票房冠军，第二名是环球影业的《超级马力欧兄弟大电影》。法国本土票房冠军为纪尧姆·卡内（Guillaume Canet）的知名漫画改编IP《高卢英雄：中国大战罗马帝国》。

表2　2023年法国电影票房排名前十的影片

单位：万美元

排名	影片	出品方	国家	票房
1	《阿凡达:水之道》	迪士尼影业	美国	6338
2	《超级马力欧兄弟大电影》	环球影业	美国	6041

续表

排名	影片	出品方	国家	票房
3	《芭比》	华纳兄弟	美国	4403
4	《奥本海默》	环球影业	美国	4145
5	《高卢英雄:中国大战罗马帝国》	科恩传媒集团	法国	3539
6	《借口公司2》	欧映嘉纳	法国	3346
7	《银河护卫队3》	迪士尼影业	美国	3231
8	《夺宝奇兵5:命运转盘》	迪士尼影业	美国	2456
9	《疯狂元素城》	索尼影业	美国	2376
10	《速度与激情10》	环球影业	美国	2156

资料来源：Boxofficemojo，2024。

三　电视业

在法国的电视广播领域，公共和私营频道构成了法国的电视频道集群。法国音频视听传播监管机构（L'Autorité de régulation de la communication audiovisuelle et numérique）负责分配电视频率，确保公众和专业人士的接收质量。例如，在多路复用器1上有法国电视2台、法国电视3台、法国电视4台、Franceinfo；在多路复用器2上有BFMTV、C8、CStar、Gulli、CNews；在多路复用器3上有Canal＋、Canal＋Cinéma、Canal＋Sport、Planète＋、LCI、Paris Première。7个多路复用器在大都会区域汇集了30个频道。其他频道是私营频道，其中5个是付费频道（Canal＋、Canal＋Cinéma、Canal＋Sport、Planète＋和Paris Première）。这些私营频道由Arcom签订特许协议①。

电视设备方面，2022年，90%的家庭拥有电视，这一比重较4年前略有下降（3个百分点）。电视仍然是家庭中最主要的屏幕，占比超过电脑（86%）、智能手机（82%）和平板电脑（48%）。2022年，年龄在4岁及以上且拥有电视的人群中，人均每天观看电视的时长达到206分钟，比2021年减少15分钟（见图

---

① L'Anne'e TV 2022. La TV，média repère dans un univers vidéo en mouvement，Médiamétriejanvier 2023.

2）。在年龄为 4~14 岁的人群中，电视消费量明显下降：他们的人均每天观看电视的时长在 8 年内减少近 60 分钟，从 2014 年的 118 分钟减少至 2022 年的 61 分钟。相反，在同一时间段内，50 岁及以上的人每天观看电视的时长增加 21 分钟①。

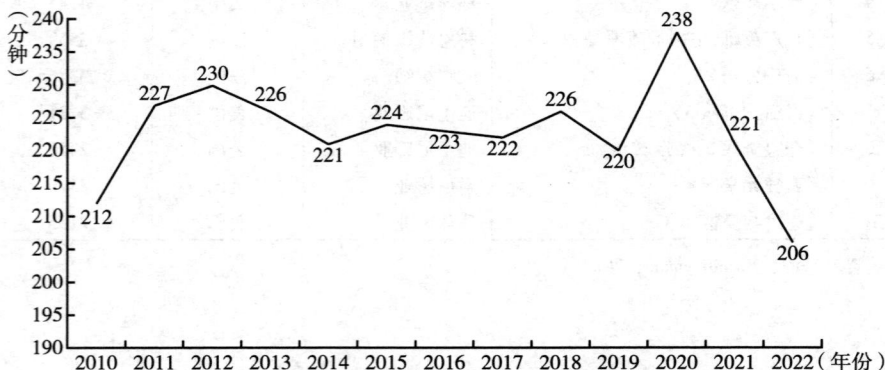

图 2　2010~2022 年法国人均每天观看电视的时长

注：此处的个人指年龄在 4 岁及以上且拥有电视的人。

资料来源：Ministère de la Culture et de la Communication，*Chifres Clés Statistique de la Culture et de la Communication*，DEPS，Paris，2023，p. 301。

历史频道和 TNT 免费频道在 2022 年获得了 91% 的收视率。法国电视 1 台（19%）在收视率方面仍然位居第一，超过法国电视 2 台（15%）、法国电视 3 台（9%）、M6（8%）、法国电视 5 台和 Arte（3%）。数据显示，France Télévisions 在 2022 年仍然是法国最大的电视集团，获得了近 29% 的收视率。体育节目依然是法国收视率最高的节目：在法国电视 1 台上，有 2410 万名观众观看 2022 年 12 月法国对阿根廷的世界杯足球决赛，这创造了法国电视历史上的收视率纪录。

四　互联网业

2022 年，超过九成的法国人上网。根据 Crédoc② 数字指数，2022 年至少

---

① Observatoire de l'équipement audiovisuel des foyers de France métropolitaine, résultats des 3e et 4e trimestres 2022 pour la télévision, Arcom, juillet 2023.

② Crédoc（Centre de Recherche pour l'Étude et l'Observation des Conditions de Vie），法国生活条件研究和观察研究中心，是为经济和社会生活中的参与者提供研究和观察服务的法国机构。

偶尔上网的人数占比稳定在92%，比2021年增加4个百分点[①]。智能手机和电脑在家庭中占据核心位置，是最常用的互联网设备（见图3）。

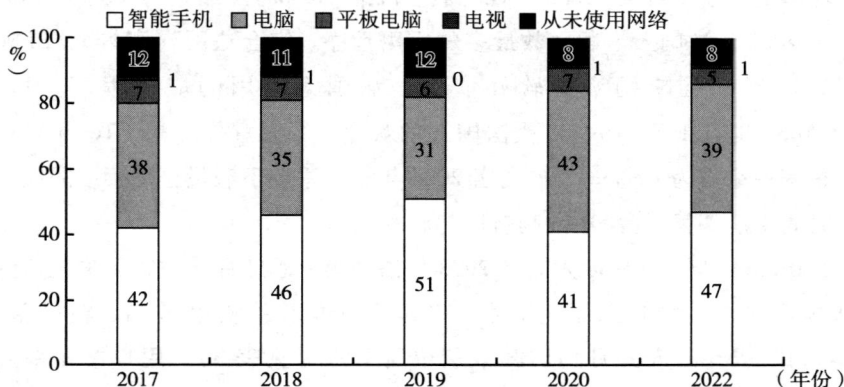

图3 2017~2022年法国居民连接互联网的常用设备

注：由于法国文化部统计因素，2021年数据未公布。

资料来源：Ministère de la Culture et de la Communication, *Chiffres Clés Statistique de la Culture et de la Communication*, DEPS, Paris, 2023, p. 250。

2022年，智能设备（智能家居、电子产品等）和智能音箱在家庭中继续普及：拥有这些设备的家庭比重相较于2020年增加7个百分点，分别达到40%和27%。在线购物2022年继续保持向上的发展势头：80%的人表示他们在2022年至少进行过一次在线购物。家庭拥有固定宽带互联网连接的人数占比多年来稳定在85%，其中56%的用户现在使用光纤或有线网络（超高速）。

2022年数字化文化产品消费指数显示，86%的互联网用户在线消费文化产品，15岁及以上的法国互联网用户中有86%消费数字化文化产品。2022年，超过及接近一半的法国15岁及以上互联网用户消费电影（54%）、音乐（50%）和电视剧（49%）。60%的互联网用户为在线内容付费。互联网用户在线内容付费倾向明显，其用户数占数字化文化产品消费者的60%。有三种产品较受欢迎：电影（62%）、电视剧（60%）和书籍（57%）。相反，有四种

[①] Baromètre du numérique – édition 2022 – Rapport，https://www.credoc.fr/publications/barometre-du-numerique-edition-2022-rapport.

产品的付费消费占比不到 1/3：纪录片（33%）、播客（27%）、新闻（24%）和摄影（18%）。

法国电信监管机构 Arcep 和视听监管机构 Arcom 开展的一项数字使用调查展示了 2022 年法国人下载次数最多的应用程序。综合法国《资本》、BFM 的报道，消息和社交网络类软件依旧是法国人常用的应用程序。其中，WhatsApp、TikTok 和 Doctolib 受法国人的欢迎，令人意外的是，Temu 以快速的增长率一举成为 Google Play 商店 2024 年第一季度下载量排名第一的应用程序，时尚生活零售平台 Shein 则挤进前五。

NetRatings 联合 Fevad 发布了 2023 年法国第三季度月均访客数量较多的前 20 大电商平台，数据覆盖 PC 端、移动手机端和平板电脑端。在榜单中，Amazon 以 3696 万人的月均访客数量位居第一（见表 3），用户覆盖率接近 60%。排名第二和第三的均为法国本土电商平台。AliExpress（阿里速卖通）则排名第九，eBay 掉落为第 18 名。

表 3　2023 年法国第三季度电商平台月均访客数量 Top10

单位：万人

排名	名称	月均访客数量	创始国别	排名	名称	月均访客数量	创始国别
1	Amazon	3696	美国	6	Booking.com	1493	荷兰
2	LeBoncoin	2805	法国	7	Fnac	1480	法国
3	Cdiscount	1746	法国	8	Carrfour	1360	法国
4	Vinted	1694	法国、德国	9	AliExpress	1301	中国
5	E. Leclerc	1508	法国	10	LeroyMerlin	1216	法国

资料来源：NetRatings、Fevad。

根据 Fevad 发布的数据，2022 年，法国电子商务产品和服务在线销售额爆发式增长，达到 1469 亿欧元，与 2021 年相比增长 13.8%[①]。受此影响，运输、旅游等产品和服务在线销售额同步增长。

---

① Analyse de l'enquête bilan du e-commerce 2022 et du sondage réalisé pour le Grand Prix des Favor'i 2023，https://www.fevad.com/analyse-de-lenquete-bilan-du-e-commerce-2022-et-du-sondage-realise-pour-le-grand-prix-des-favori-2023/.

B.36
2023年日本传媒产业发展报告[*]

林 杨[**]

摘 要: 近年来,日本传媒市场的数字化转型进一步深化,传统媒体加速数字化转型,以报业和广播电视为代表的传统媒体在互联网业务方面的竞争逐渐显现。随着新冠疫情影响的变小,电影行业明显复苏。受众信息消费方式的转变则推动了在线音乐、在线视频等流媒体的持续发展,其广告收入的明显提升推动了互联网广告市场的进一步增长。

关键词: 日本 传媒产业 流媒体 数字化转型

日本内阁府经济社会综合研究所公布的国民经济计算显示,2022年,日本名义GDP为559.7万亿日元,同比增长1.3%。这一年日本对新冠疫情的管控逐渐放缓,社会和经济活动开始恢复正常,就业形势趋于稳定,个人消费和企业设备投资等领域的活跃度提高,有效地拉动了内需。受美元加息影响,日元出现了31年来的大贬值,进而引发了国内物价上涨,国民对于性价比的关注度持续攀升。

一 报纸与出版

据日本报业协会统计,2022年,日本报业市场总收入13271亿日元;其中报纸销售收入6625亿日元,广告收入2577亿日元,其他收入4069亿日元(见图1)。

---

* 因数据统计,文中数据为2022年数据。

** 林杨,清华—日经传媒研究所所长助理。

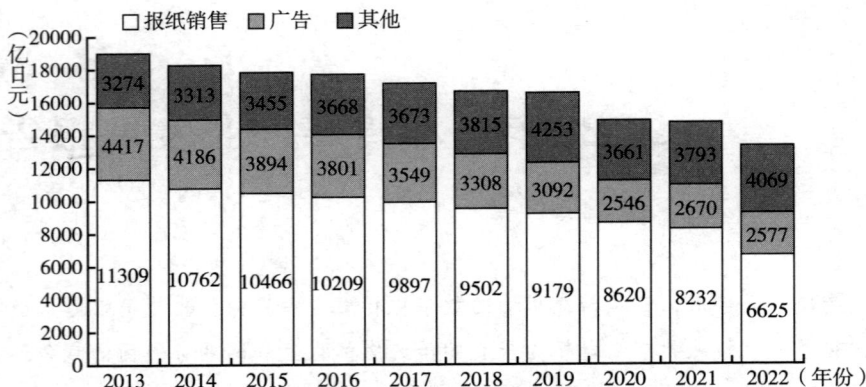

图1　2013~2022年日本报业总收入细目

资料来源：日本报业协会。

2022年，日本报纸发行量为3085万份，同比下降6.6%；户均订阅量下降至0.53份（见图2）。因自2022年起采用新的企业会计收入准则，2022年的收入规模不宜直接与上年进行对比，但从整体情况来看，报纸发行量的下降直接导致报纸销售收入缩水，数字化业务基本恢复到疫情前水平，但尚不能弥补广告收入和报纸销售收入下降产生的损失。从户均订阅量来看，即使在发行量连年下降的市场环境中，日本依然能保持每两户有一户订阅报纸的水平。

图2　2013~2022年日本报纸发行量及平均每户订阅报纸份数

资料来源：日本报业协会。

日本出版科学研究所的数据显示，2022 年，日本出版市场规模约为 16305 亿日元，同比下降 2.6%。传统出版方面，纸质出版市场规模为 11292 亿日元，同比下降 6.5%。其中，纸质图书市场规模为 6497 亿日元，同比下降 4.5%；纸质期刊市场规模为 4795 亿日元，同比下降 9.1%。电子出版市场规模为 5013 亿日元，同比增长 7.5%（见图 3）。在电子出版市场中，电子漫画市场规模为 4479 亿日元，同比增长 8.9%；电子图书市场规模为 446 亿日元，同比下降 0.7%；电子期刊市场规模为 88 亿日元，同比下降 11.1%。

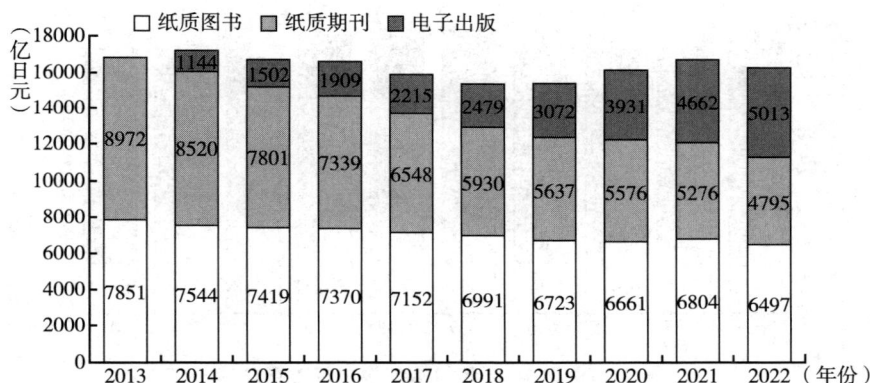

图 3　2013~2022 年日本出版市场规模

注：日本出版科学研究所自 2014 年起开始测算日本电子出版市场规模，由读者支出的电子出版物消费额推算而来，不包括电子出版物的广告收入。

资料来源：日本出版科学研究所的 2013~2022 年度《出版指标年报》。

日本图书市场规模在连续 4 年增长后首次出现下降。除受到大热作品数量限制的影响外，物价上涨和疫情导致的消费观念转变也是图书市场规模下滑的原因。电子出版市场规模在连续快速增长后呈现增速放缓的趋势，表明日本电子出版市场逐步进入发展成熟期。受媒介环境变化影响最大的仍然是纸质期刊，纸质期刊市场规模呈现连年缩小的趋势，而电子期刊市场规模在 2022 年出现小幅增长的趋势。

二　广播电视

日本总务省信息通信统计数据及 NHK 业务报告书数据显示，2022 年，日本广播电视市场规模约为 36696 亿日元，同比下降 0.9%。其中，NHK 经常性事业收入为 6973 亿日元，同比下降 1.1%；民营地面电视台市场规模为 21473 亿日元，同比下降 0.4%；卫星电视市场规模为 3370 亿日元，同比下降 1.4%；有线电视市场规模为 4880 亿日元，同比下降 2.2%（见图 4）。广播方面，日本民间放送联盟《2022 年度民放决算概要》显示，2022 年，日本广播市场规模为 1038 亿日元，同比增加 0.6%。

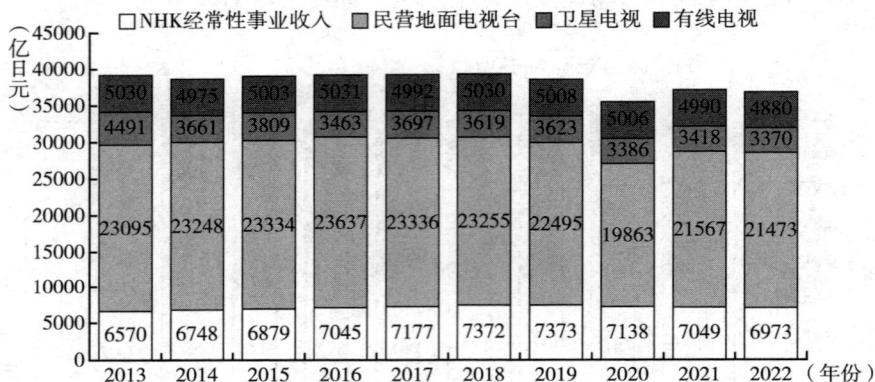

图 4　2013~2022 年日本广播电视市场规模

资料来源：日本总务省信息通信统计数据库、各年度 NHK 业务报告书。

2022 年度，日本广播电视行业营收基本维持上一年度的规模，但 NHK 受下调收视资费的影响，营收呈现持续下降的趋势。为确保广播电视作为主流媒体的影响力，日本总务省牵头多次召集"关于数字时代广播电视制度的研讨会"，探讨广播电视行业今后的发展方向。在这些讨论中，NHK 被认为应通过持续稳定地运营免费互联网信息服务业务来确保自身的公共服务属性。然而，这一结论却引发以报协为代表的报社及通讯社的强烈反对。他们认为，以收视费为主要收入来源的 NHK 将收入用于扩大互联网业务，不仅加剧了正在推进数字化转型的传统报业的压力，也违背了公共电视台使用收视费的根本原则。

三　电影

据日本电影制作者联盟统计，2022 年，日本电影票房收入 2131 亿日元，同比增长 31.6%。其中,国产电影票房 1466 亿日元,同比增长 14.3%;进口电影票房 665 亿日元,同比增长 97.9%。2022 年,日本电影的观影人数 15201 万人次,同比增长 32.4%(见图 5)。日本全年共上映 1143 部作品,其中国产片 634 部,进口片 509 部。全国总银幕数 3634 块,较上一年减少 14 块。

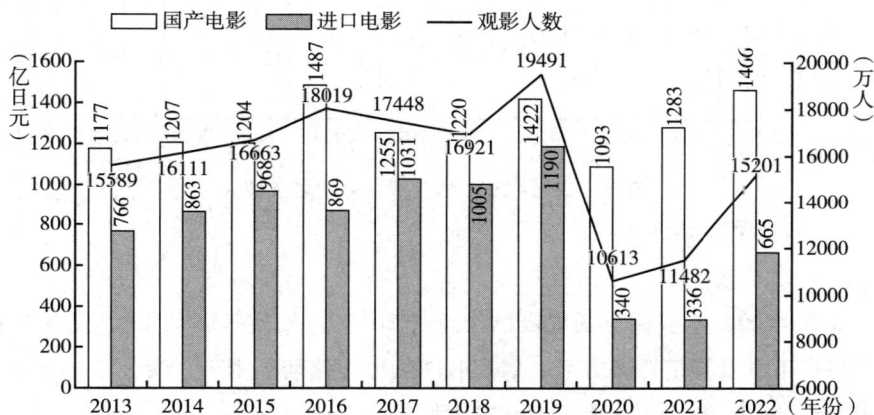

图 5　2013~2022 年日本电影票房收入及观影人数

资料来源:日本电影制作者联盟。

从票房收入和观影人数来看,日本电影市场基本恢复到疫情前的水平,有三部国产动画电影(《航海王:红发歌姬》票房 197 亿日元、《咒术回战0》票房 138 亿日元、《铃芽之旅》票房 131 亿日元)和一部进口电影(《壮志凌云 2:独行侠》票房 135.7 亿日元)票房超过 100 亿日元,活跃了电影市场。

四　音像

据日本唱片协会统计,2022 年,日本音像市场规模 3074 亿日元,同比增长 8.6%。其中,实物唱片市场规模 1349 亿日元,同比增长 5.4%;音乐影像(DVD 及蓝光)市场规模 675 亿日元,同比增长 2.9%;网络付费下载及增值服务市场规模 1050 亿日元,同比增长 17.3%(见图 6)。

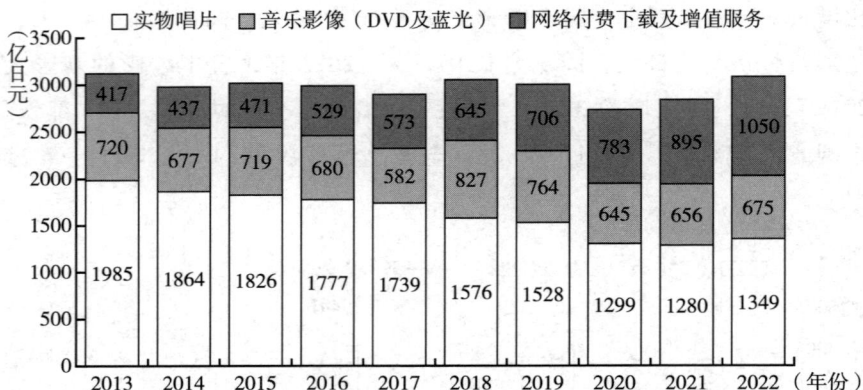

图 6 2013~2022 年日本音像市场规模

资料来源：日本唱片协会。

2022 年的日本音像市场规模已经超过 2018 年（3048 亿日元），尤其是在网络付费下载及增值服务方面，居家时间的增多拉动了用户对线上音乐服务的需求，订阅收入和广告收入都迎来较大增长。

五 互联网

日本总务省发布的《信息通信白皮书》（2023 年版）数据显示，2022年，日本互联网普及率为 84.9%，12 岁以下及 60 岁以上的网民有所增加。其中，通过互联网使用 SNS、网络购物和信息检索功能的日本网民超过 6 成（见图 7）。

在社交媒体的使用方面，月活跃用户最多的服务依次为 LINE（9600 万人）、YouTube（7120 万人）、Twitter（X，6650 万人）、Instagram（6600 万人）、TikTok（2700 万人）、Facebook（2600 万人）等①。

近年来，日本政府针对互联网巨头的监管政策有所增加。2021 年 3 月，

---

① 基于对公开发表数据的整理，数据更新日期分别为：LINE（2023 年 12 月）、YouTube（2023 年 10 月）、Twitter（X）（2023 年 12 月）、Instagram（2023 年 11 月）、TikTok（2023年 9 月）、Facebook（2019 年 3 月，此后未公开用户规模）。

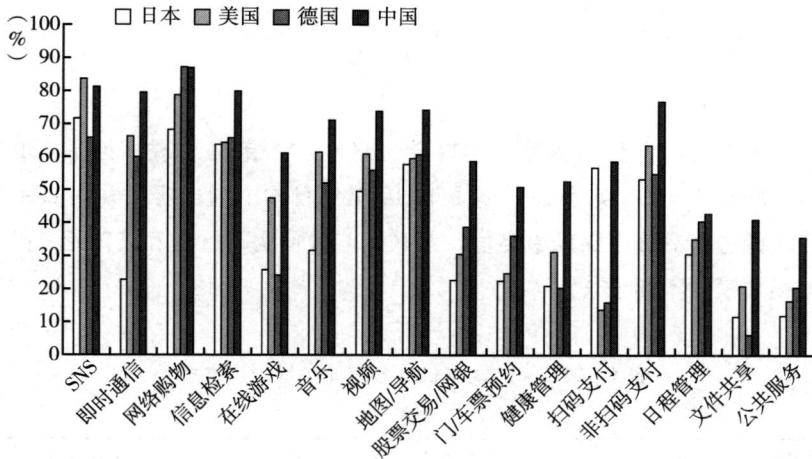

图7 日本、美国、德国、中国网民使用数字服务（部分）的情况

资料来源：日本总务省发布的《信息通信白皮书》（2023年版）。

软银集团旗下的雅虎日本母公司 Z 控股（ZHD）与日本即时通信应用提供商 LINE 实现合并经营，"诞生"了日本最大规模的 IT 企业。为应对已经出现和可能出现的不正当竞争，日本政府制定了《特定数字平台透明性及公正性促进法案》并于 2021 年 2 月开始实施。2023 年 6 月，修订后的日本《电信事业法》生效，该法将大规模搜索引擎及社交媒体服务商（免费活跃用户规模超过 1000 万人或付费活跃用户规模超过 500 万人）纳入了《电信事业法》的规制范围。基于该法，微软、谷歌、LINE 雅虎、Meta、TikTok、Twitter（X）被认定为电信运营商，在开展业务时应确保用户的知情权，公开披露接收用户信息的经营者名称及信息的使用目的，给予用户拒绝分享 Cookie 的选择权，不得违规向外部公开用户的浏览历史或 Cookie 等。

在网络游戏方面，根据《Fami 通游戏白皮书 2023》（日本角川 ASCII 综合研究所）的测算，2022 年日本游戏市场规模为 20316 亿日元，其中在线游戏（不包括家用游戏机上的可联网游戏）市场规模为 16568 亿日元，约占游戏市场整体规模的 82%；家用游戏机硬件市场规模为 2098 亿日元；家用游戏机市场规模（实物版与电子版合计）为 3893 亿日元。得益于网络游戏的飞速发展，与 2012 年（约 9800 亿日元）相比，日本游戏市场规模实现了飞跃式的增长。

六　广告

据日本电通广告公司测算，2022 年，日本广告市场总规模为 71021 亿日元，同比增长 4.4%（见表 1）。这是自 1947 年日本电通广告公司对日本的广告市场规模进行测算以来的最高值。互联网广告首次超过 3 万亿日元，推动了广告市场规模的不断增长。

表 1　2015~2022 年日本各媒体类型的广告费

单位：亿日元

媒体类型	2015 年	2016 年	2017 年	2018 年	2019 年	2020 年	2021 年	2022 年
报纸	5679	5431	5147	4784	4547	3688	3815	3697
杂志	2443	2223	2023	1841	1675	1223	1224	1140
广播	1254	1285	1290	1278	1260	1066	1106	1129
地面电视	18088	18374	18178	17848	17345	15386	17184	16768
卫星媒体	1235	1283	1300	1275	1267	1173	1209	1251
互联网	11594	13100	15094	17589	21048	22290	27052	30912
推广展示	21417	21184	20875	20685	22239	16768	16408	16124

注：①互联网广告中包括来自传统媒体的数字业务广告，其中 2022 年报纸数字广告规模为 221 亿日元，同比增长 3.8%；期刊数字广告规模为 610 亿日元，同比增长 5.2%；广播数字广告规模为 22 亿日元，同比增长 57.1%；电视数字广告规模为 358 亿日元，同比增长 40.9%。②推广展示广告包括户外广告、交通展示类广告、折页广告、DM 广告、免费画册广告、POP、大型活动及展示类广告、楼宇内视频广告等。

资料来源：日本电通广告公司发布的各年度《日本的广告费》。

从广告市场全年发展情况来看，2022 年上半年的北京冬奥会、下半年的国际足联世界杯，以及市场景气的回升和消费心理的改善，都是推动广告主积极投放广告的重要因素。视频广告，尤其是流内广告的需求明显增加，进一步推动了互联网广告市场的成长。

B . 37
2023年拉丁美洲传媒产业发展报告

刘慧宁*

摘　要：　2023年，拉丁美洲大众传媒仍旧呈现商业逻辑主导、所有权集中度过高的特点，其中，印刷媒体持续推进数字化进程；电视依旧是拉美用户获取新闻的重要渠道，但遭遇不同程度的危机；借助互联网技术，播客产业快速发展。互联网接入率和移动互联网使用人数不断提升与增加，但在区域、国家和城乡层面存在明显差距；Facebook依旧是拉美地区使用人数最多的社交媒体，但其增速乏力，TikTok成为增长最快的社交媒体应用，并受到拉美政坛领导人的追捧。拉丁美洲电影市场在2023年出现明显复苏，但仍未达到疫情前水平，美国电影占据拉美国家主要票房市场；在流媒体领域，Netflix居于领先地位，但随着更多流媒体平台的入局，该领域竞争将加剧。人工智能工具正在被拉美传媒业应用，并将给拉美新闻业带来更大的改变。

关键词：　拉丁美洲　传媒产业　社交媒体　人工智能

一　报刊与广播电视业

在互联网的冲击和智能手机的普及下，传统媒体在拉丁美洲与加勒比地区不断遭遇危机与挑战，其中尤以印刷媒体为甚。2023年，拉丁美洲与加勒比地区纸质报纸和杂志的收入为63.2亿美元，同比减少2.6%，预计到2026年，该地区纸质报纸和杂志的收入将进一步下降至58亿美元①。纸媒的遇冷也体现在用户与纸质媒介的接触时间上，2022年上半年，拉丁美洲用户每天阅读

＊　刘慧宁，中国传媒大学媒体融合与传播国家重点实验室博士研究生。

①　https：//www.statista.com/outlook/amo/media/newspapers－magazines/print－newspapers－magazine s/latam？currency＝USD.

印刷媒介的时间为 37 分钟，在所有媒介中排名最末①。在纸媒经营收入不断减少的背景下，拉美地区的印刷媒体纷纷走上数字化转型之路。2023 年，拉丁美洲与加勒比地区数字报刊的收入为 12.2 亿美元，并将持续上涨②。在巴西，《巴西日报》（*Jornal do Brasil*）早在 1995 年便开始推出数字化报道，其后《圣保罗州报》（*O Estado de São Paulo*）、《圣保罗页报》（*Folha de S. Paulo*）、《环球报》（*O Globo*）等巴西主流报刊也相继推出数字化报道③，巴西体育报纸《兰斯报》（*Lance!*）更是于 2020 年宣布停刊印刷版并把业务集中在网络渠道。目前，巴西报刊市场主要采用订阅制，即用户在免费访问一定量的数字内容后需进行订阅方可继续访问④。在墨西哥，墨西哥大报《宇宙报》（*El Universal*）将其网站的内容管理系统更换为由《华盛顿邮报》开发的 Arc XP，以期使旗下编辑记者从纸质思维转变为 100% 的数字思维⑤。在阿根廷，最大的印刷媒体《号角报》（*Clarín*）一方面通过网站订阅服务实现内容付费，另一方面通过在线广告实现广告收入，并成立专门的数据分析团队，通过分析用户的阅读习惯和偏好，为用户提供更好的阅读服务，以此增加订阅用户数⑥。智利的两大报纸《第三日报》（*La Tercera*）与《信使报》（*El Mercurio*）都在其官网设置"付费墙"，《信使报》（*El Mercurio*）还运营名为 Emol 的新闻网站，该网站支持通过观看广告实现免费访问⑦。虽然印刷媒体通过"付费墙""程序化广告"等各种方式提高经营收入，但数据显示，拉美用户对"新闻付费"的意愿并不高，2023 年的一项调查显示，来自墨西哥、哥伦比亚、秘鲁、阿根廷、智利的受访者中，不到 1/5 的人表示他们愿意为新闻付费⑧。因此，印刷媒体的数字化转型之路虽然成效卓著，但依旧举步维艰。

---

① https：//www. statista. com/statistics/1305971/daily-time-media-latin-america/.

② https：//www. statista. com/outlook/amo/media/newspapers - magazines/digital - newspapers - magazi nes/latam？currency = USD.

③ https：//www2. ufrb. edu. br/reverso/a-internet-e-o-jornalismo-digital/.

④ https：//www. meioemensagem. com. br/midia/estrategias-dos-jornais-no-meio-digital.

⑤ https：//www. eluniversal. com. mx/tendencias/el - universal - avanza - en - su - transformacion - digital/.

⑥ https：//latamjournalismreview. org/es/articles/7-lecciones - de - como - clarin - de - argentina - se - convir tio-en-el-periodico-en-espanol-con-mas-suscriptores-digitales-del-mundo/.

⑦ https：//reutersinstitute. politics. ox. ac. uk/digital-news-report/2023/chile.

⑧ https：//www. statista. com/statistics/718551/digital-news-purchase-penetration-latin-america/.

电视依旧是拉美用户获取新闻的重要渠道，2023年初的调查显示，在哥伦比亚、阿根廷、巴西、智利和秘鲁，分别有48%、57%、51%、56%和51%的受访者提到电视是其新闻来源①。2023年，拉丁美洲电视产业的收入为300.5亿美元，其中付费电视为186.9亿美元，传统电视广告为102.9亿美元，家庭录像带为10.7亿美元，预计2024年，拉丁美洲电视产业的收入将略微上涨，达到309.7亿美元②。受到OOT平台的冲击，拉丁美洲电视产业遭遇不同程度的危机。在墨西哥，2023年初的调查显示，虽然有42%的受访者将电视作为其获取新闻的渠道，但63%的受访者表示他们从社交媒体上获取信息③。此外，墨西哥作为拉丁美洲付费电视用户数量最多的国家，付费电视用户数量在2016年达到顶峰2100万户以后一直呈下降趋势，目前稳定在1600万户左右④。2023年，阿根廷免费电视收视率再次下降，Kantar IBOPE Media的数据显示，阿根廷7个开放电视频道在过去12个月内的平均收视得分为18.4分，与2021年相比下降1.1分⑤。在智利，公共电视台智利国家电视台（TVN）经营困难，不得不向音像制作公司出租其部分设施⑥。

在音频领域，2023年拉丁美洲传统广播收入为13.1亿美元，预计2024年将达到13.3亿美元⑦。虽然传统广播市场表现平平，但借助互联网，播客听众数量在拉丁美洲取得快速增长。2023年，拉丁美洲拥有1.352亿名播客听众，其中巴西以5180万名居首位，受益于拉美地区更多的人将接入互联网，预测到2025年，拉丁美洲的播客听众总数将超过北美洲，到2027年，拉丁美洲播客听众数量的增长将领跑全球。在音频播放平台方面，2023年8月的数据显示，在拉美地区有90%的受访者通过Spotify来收听音频内容，6%的受访

① https：//www.statista.com/study/89919/news-in-latin-america/.

② https：//www.statista.com/outlook/amo/media/tv-video/traditional-tv-home-video/latam?curren cy=USD.

③ https：//www.statista.com/statistics/718589/mexico-news-sources/.

④ https：//www.globenewswire.com/news-release/2024/03/19/2848769/0/en/Latin-America-Pay-TV-Market-Forecasts-Report-2024-2029-Number-of-Subscribers-will-Remain-Stagnant-at-53-54-Million.html.

⑤ https：//www.c5n.com/ratingcero/rating-television-aire-que-canal-lidero-el-2023-n141110.

⑥ https：//reutersinstitute.politics.ox.ac.uk/digital-news-report/2023/chile.

⑦ https：//www.statista.com/outlook/amo/media/music-radio-podcasts/traditional-radio/latam?cur rency=USD#revenue.

者通过 Apple Podcasts 来收听音频内容，Spotify 之所以占据主导地位是因为在拉丁美洲 73% 的用户使用安卓系统，而使用 iOS 系统的用户仅占 27%。由于 Apple Podcasts 应用程序是 iOS 系统独有的，因此 Spotify 占据主导地位。拉美地区虽然播客发展前景广阔，但在广告方面却严重滞后，2023 年拉美地区在音频播客上的广告支出仅为 6250 万美元，这与美国在该行业 20 亿美元的广告支出规模相差甚远①。在具体内容方面，根据 Triton Digital 的数据，2023 年 12 月，总部位于马德里的 Grupo PRISA 运营的墨西哥电台 LOS40 MX-La Corneta 是拉丁美洲下载量最大的播客，以每周超过 73.8 万次的下载量排名第一，巴西环球集团旗下的四档播客 Mais Recentes、O Assunto、Repórter CBN、Modus Operandi 则分别以每周 37.4 万次、37.3 万次、37.2 万次、31.6 万次的下载量排名第二到第五②，这也凸显了 LOS40 MX-La Corneta 在整个拉丁美洲西班牙语地区的主导地位和巴西环球集团在巴西本国音频内容的领先者地位。

值得注意的是，不管是报刊业还是广播电视业，拉美地区都呈现商业逻辑主导、所有权集中度过高的特点，在拉丁美洲的多个国家，大众传媒产业都呈现寡头竞争的竞争格局。

二 互联网与社交媒体

在互联网普及率方面，截至 2023 年 1 月，拉丁美洲和加勒比地区的互联网普及率为 74.63%，互联网使用在区域、国家、城乡三个层面呈现明显差异。在区域层面，南美洲地区的互联网普及率为 80.6%，中美洲地区和墨西哥为 74.9%，加勒比地区为 68.4%③。在国家层面，安提瓜和巴布达、巴哈马、智利、乌拉圭在互联网接入方面占据领先地位，互联网普及率超 90%，阿根廷、多米尼加、巴西、厄瓜多尔等国的互联网普及率超 80%，而尼加拉瓜和海地的互联网普及率却不足 60%④。在城乡层面，世界银行的报告显示，秘鲁城市与农村之间的固定互联网普及率相差 29 个百分点，这一数字在智利为 24 个百

---

① https：//www.genuinamedia.com/blog/la-industria-del-podcast-en-america-latina.
② https：//tritonrankers.com/rankers/latam/podcasts/2023/12.
③ https：//www.statista.com/statistics/934738/penetration-rate-internet-latin-america-region/.
④ https：//www.statista.com/statistics/726145/latin-america-internet-penetration-countries/.

分点，在阿根廷为 21 个百分点，在玻利维亚为 20 个百分点①。在使用人数方面，截至 2023 年 1 月，在拉丁美洲与加勒比地区，巴西的互联网使用人数最多，为 1.818 亿人，墨西哥（1.006 亿人）排名第二，阿根廷（3979 万人）排名第三②。

随着通信技术的快速发展与智能手机的普及，拉丁美洲与加勒比地区的移动互联网使用人数也逐年增多，2023 年拉丁美洲与加勒比地区的移动互联网使用规模约为 3.96 亿人，预计这一数字将在 2025 年达到 4.4 亿人③。此外，移动互联网的普及率同样在区域和国家层面呈现不均衡的分布，在区域层面，截至 2023 年 1 月，南美洲地区移动互联网普及率较高，中美洲地区和墨西哥次之，加勒比地区较低④。在国家层面，2022 年乌拉圭（89.69%）、智利（87.79%）、哥斯达黎加（83.91%）、阿根廷（80.42%）在移动互联网普及率方面占据领先地位，但是洪都拉斯（45.51%）、尼加拉瓜（43.25%）、圭亚那（42.86%）、海地（37.79%）、古巴（36.93%）等国的移动互联网普及率却不足50%⑤。智能手机也成为占据拉丁美洲消费者最多时间的媒介平台，2022 年上半年，拉丁美洲消费者平均每天花在各类媒介平台上的时间为：手机，5 小时 7 分钟；电脑/平板电脑，4 小时 8 分钟；广播电视，2 小时 26 分钟⑥。

在社交媒体使用方面，Facebook（3.72 亿人）、Instagram（2.34 亿人）、TikTok（1.5 亿人）、Twitter（X）（7790 万人）、Snapchat（3980 万人）是拉丁美洲和加勒比地区在 2023 年使用人数较多的社交媒体平台。预计到 2025 年，Facebook 将一直是拉丁美洲和加勒比地区使用人数最多的社交媒体平台，但增

---

① https：//openknowledge. worldbank. org/server/api/core/bitstreams/12e40c3f – 5e54 – 440e – 8f0f – 982edcb156c9/content.

② https：//www. statista. com/statistics/186919/number – of – internet – users – in – latin – american – countries/.

③ https：//www. statista. com/statistics/437373/number-of-mobile-internet-users-in-latam/.

④ https：//www. statista. com/statistics/934766/penetration – rate – mobile – internet – latin – america – region/.

⑤ https：//www. statista. com/forecasts/1169131/mobile – internet – penetration – in – latin – america – by – country.

⑥ https：//www. statista. com/statistics/1305971/daily-time-media-latin-america/.

速乏力，与之形成鲜明对比的是短视频平台 TikTok。TikTok 作为拉丁美洲和加勒比地区增长速度最快的社交媒体平台，预计使用人数在 2025 年将达到 1.73 亿人①。

拉丁美洲依旧是 YouTube 的重要市场，截至 2024 年 1 月，巴西和墨西哥分别以 1.44 亿人与 8310 万人的用户规模成为 YouTube 在全球的第三大市场和第五大市场②。

三 电影和流媒体

拉丁美洲电影产业在 2023 年迎来显著增长，但尚未达到疫情前的票房数据③。墨西哥是 2023 年拉丁美洲电影市场最大的国家，根据墨西哥国家电影工业商会（CANACINE）公布的数据，墨西哥电影产业在 2023 年出现显著复苏，电影票房收入达到 155.9 亿墨西哥比索，较 2022 年同比增长 29.62%，但与 2019 年相比依旧相差 18.16 个百分点。具体来看，墨西哥 2023 年共发行 446 部电影，其中本土电影 95 部，美国电影 143 部，其他国家和地区电影 208 部。值得注意的是，2023 年墨西哥电影票房排名前 10 的电影都是美国电影，这凸显了美国电影工业在墨西哥强大的影响力和票房号召力。此外，墨西哥电影票房的集中度很高，2023 年前 15 部票房较高的电影占据了墨西哥总电影票房的 93.39%④。

作为拉丁美洲的第二大电影市场，巴西在 2023 年的电影票房为 22 亿雷亚尔，较 2022 年的 18 亿雷亚尔增长 22%，但与疫情之前的票房水平相比仍有差距。此外，巴西票房排名前 10 的电影中也没有一部是巴西本土电影，为此，巴西国会恢复了有关"巴西本土电影放映配额"的法令，该法令规定巴西影院和商业公共展厅有义务放映巴西本土电影，并应符合最低放映场次和影片种

---

① https：//www.statista.com/statistics/1305948/social-networks-users-reach-latin-america/.
② https：//www.statista.com/statistics/280685/number-of-monthly-unique-youtube-users/.
③ https：//deadline.com/2024/01/global-box-office-2023-total-barbie-super-mario-bros-oppenheimer-international-china-1235694955/.
④ https：//canacine.org.mx/wp-content/uploads/2024/02/Resultados-de-industria-2023.pdf.

类多样性等要求①。阿根廷同样面临这一问题，2023 年阿根廷票房较高的 10 部电影也都为美国电影②，在哥伦比亚，情况同样如此③。因此，如何在美国电影的夹击下推动本土电影产业的发展成为拉美国家电影工业急需解决的问题。

依靠获取视听内容的便捷性、随时随地观看的实用性以及经济性，越来越多的拉美消费者选择通过流媒体平台获取视频内容。与传统电视业收入略微上涨不同，拉丁美洲 OTT 视频收入增长强劲，2023 年拉美地区 OTT 视频收入为99.1 亿美元，预计 2024 年将达到 107.5 亿美元④。其中，Netflix 为该地区市场规模最大的流媒体平台，2023 年 Netflix 在拉丁美洲的业务创造了约 44.46 亿美元的收入，高于上一年的 40.7 亿美元，占其全球总收入的 13.2%，年均增长率约为 9%⑤。

此外，拉美地区也涌现一批本土化的 OTT 平台。在巴西，巴西环球集团旗下的流媒体平台 Globoplay，依靠巴西环球集团在巴西深厚的月户基础和旗下多个电视台生产的丰富内容，跻身成为巴西主流流媒体平台，2023 年第四季度 Globoplay 在巴西流媒体平台的市场份额为 10%，在巴西流媒体平台中排名第五⑥，除订阅收入外，Globoplay 还推出广告细分技术，可以根据用户的年龄、地域和性别等数据，向其呈现不同的广告内容⑦。由 Grupo Televisa 和美国西班牙语内容提供商 Univision 合并的公司 Televisa Univision 推出流媒体平台VIX，该平台集合了 Televisa 和 Univision 两大集团旗下的丰富内容，旨在占领墨西哥和美国的西班牙语市场⑧。此外，美洲电信公司（América Móvil）推出

---

① https：//www. poder360. com. br/brasil/rendimento-de-filmes-brasileiros-nos-cinemas-cai-17-em-2023/.

② https：//www. clarin. com/espectaculos/2023-exitoso-cines-argentina-solo-barbie_0_rzdwqxRtyP. html.

③ https：//www. larepublica. co/ocio/peliculas-mas-taquilleras-de-2023-3774153.

④ https：//www. statista. com/outlook/amo/media/tv-video/ott-video/latam? currency=USD.

⑤ https：//www. statista. com/statistics/1088546/annual-revenue-netflix-latin-america/.

⑥ https：//www. tudocelular. com/mercado/noticias/n217743/netflix-lidera-fatia-de-mercado-streamin g-brasil. html.

⑦ https：//netshow. me/blog/plataformas-de-streaming/.

⑧ https：//www. dallasnews. com/espanol/al-dia/espectaculos/2022/02/16/televisa-univision-vix-vix-nueva-plataforma-streaming/.

流媒体平台 Claro Video，哥伦比亚 RCN 电视台推出流媒体平台 RCN Total[①]。随着 VIX、Claro Video、RCN Total 等本土平台以及 Disney +、HBO、Paramount+等国际平台的入局，拉美地区流媒体领域的竞争也将更为激烈。

四 广告业

根据 Mediabrands 旗下部门 Magna 提供的数据，2023 年拉丁美洲广告业实现 8.8%的增长，达到 268 亿美元，超过全球广告市场 6%的增幅。其中，数字广告市场增长 16%，达到 147 亿美元，在整个广告市场的份额为 55%。尽管如此，拉丁美洲市场仍被认为是新兴且欠发达的市场，2023 年拉丁美洲人均广告投资为 56 美元，明显低于 148 美元的世界平均水平。随着消费者购买力的逐步增强，预计拉丁美洲人均广告投资到 2024 年将增至 61 美元，到 2028 年将增至 77 美元[②]。

在该区域内，广告市场因国家而异。巴西是拉丁美洲广告市场最大的国家，2023 年，巴西广告市场达 234 亿雷亚尔，较 2022 年增长 10.4%，电视广告份额在巴西广告市场中最大。其中，开放电视的市场规模为 92.8 亿雷亚尔，占 39.6%，付费电视为 11.6 亿雷亚尔，占 5%，但数字广告市场正加速增长，以 89.6 亿雷亚尔的市场规模占 38.2%[③]。墨西哥是拉丁美洲的第二大广告市场，在墨西哥，数字广告与传统广告之间的市场规模正在不断扩大，2023 年墨西哥数字广告市场占 59%，传统广告市场占 41%。在数字广告中，社交广告占 25%，其次是付费搜索（18%）、数字视频（15%）、Banner 广告和富媒体（12%）、KOL 营销（9%）、原生内容（6%）、零售媒体（5%）等数字广告类型；在传统广告中，开放电视占 29%，其次是 OOH 广告（23%）、报刊（18%）、付费电视（18%）、广播（8%）和影院（3%）[④]。

---

① https：//www.hollogramtv.com/2023/10/canal-colombiano-rcn-sigue-expandiendo.html.

② https：//www.adlatina.com/publicidad/la-industria-publicitaria-crecio-88-por-ciento-en-latinoame rica.

③ https：//www.bol.uol.com.br/noticias/2024/03/20/publicidade-movimentou-r-234-bi-no-brasil-em-2023-digital-segue-em-alta.htm.

④ https：//marketing4ecommerce.mx/inversion-publicitaria-en-mexico-iab/.

数字广告在拉丁美洲的第三大广告市场阿根廷中同样占据领先地位。2023年上半年，受通货膨胀影响，阿根廷媒体广告投资市场规模按阿根廷比索计算同比增长103%，按美元计算同比增长8%，其中，数字广告居于领先地位，占42.5%，电视、户外广告、广播、印刷媒体和影院则分别占38%、11.5%、6.5%、1.1%、0.4%①。

五　人工智能技术在传媒业中的应用

2023年是人工智能飞速发展的一年，ChatGPT、Sora、Midjourney、Jasper、Descript等人工智能工具的推出给拉丁美洲新闻业带来改变。Latam Intersect 公关公司对拉丁美洲新闻业状况进行的第四次年度调查显示，人工智能的使用已逐渐在拉丁美洲的新闻编辑室中占据一席之地，绝大多数（82%）的拉美记者认为人工智能驱动的工具（如 ChatGPT）对他们的工作有用，并没有将其归类为威胁。在受访的拉美国家中，哥伦比亚"经常"或"每周至少一次"使用人工智能的记者占比最高，超过1/3（37%），该地区的平均占比为24.9%。在使用目的方面，调研占据第一位（25.1%），其次分别是文本翻译（22%）、编辑（16.8%）、文本缩减（13.6%）②。

在具体应用层面，墨西哥媒体 Radio Fórmula 于2023年3月推出人工智能女主播 Nat，由她主持的新闻节目已在墨西哥 Fórmula 集团旗下的电视、广播、社交媒体等多个平台上播出③。在秘鲁，圣马科斯大学传播学院的学生创建了会说盖丘亚语（Quechua）的虚拟主播伊拉里（Illariy），她能够使用南美洲数百万名原住民使用的土著语言——盖丘亚语进行新闻播报，这也彰显了人工智能技术在保护和促进文化多样性方面的作用④。此外，拉美国家媒体也积极利

---

① https：//www.iabargentina.com.ar/descargas/CAAM＿informe%20de%20inversion＿cierre＿2023.pdf.

② https：//www.vozdeamerica.com/a/la-ia-gran-impacto-trabajo-periodistas-america-latina-encuesta/7395182.html.

③ https：//www.radioformula.com.mx/tecnologia/2023/3/23/nat-la-presentadora-de-formula-creada-con-ia-debuta-oficialmente-video-755034.html.

④ https：//www.infobae.com/peru/2024/03/23/illariy-la-primera-presentadora-creada-por-inteligen cia-artificial-que-narra-noticias-en-quechua/.

用人工智能技术进行深度新闻报道。来自阿根廷和巴拉圭等南方国家的记者搭建了 Image2Text 平台，该平台能够在计算机视觉模型的支持下，识别视频、图像和信息图表中的物体和人物，提高新闻编辑室的搜索效率①。在仇恨言论于拉丁美洲甚嚣尘上的背景下，巴西调查新闻协会（ABRAJI）和批判数据组织（Data Crítica）的成员开发了"攻击探测器"（Attack Detector）工具，该工具基于开源的多语言自然语言处理模型，通过"情感分析"和"观点提取"等方法识别文本背后的情感基调，检测社交网络上针对记者等群体的仇恨言论②。秘鲁调查新闻媒体 Ojo Público 利用人工智能技术在 2023 年推出 Quispe Chequea 工具，该工具是一个根据验证参数设计的新闻核查平台，能够使用三种秘鲁土著语言，即盖丘亚语（quechua）、艾马拉语（aimara）和阿瓦胡恩语（awajún），自动生成文本并将其转换为音频，供秘鲁九个地区的广播电台播放③。

但与此同时，随着人工智能技术的深入应用和社交媒体成为用户主要信源的背景下，"深度伪造"（Deepfake）技术在危害新闻真实、侵犯用户隐私等方面也给拉美国家带来诸多威胁。2022 年的一项调查显示，拉美地区至少有70%的人不知道什么是"深度伪造"，67%的被调查者无法辨别视频是否用这种技术进行过编辑④。因而，面对人工智能在拉美社会各领域的应用，防范人工智能技术带来的各类风险成为拉丁美洲国家应考虑的事宜。

---

① https：//github. com/JournalismAI/Image2text.
② https：//github. com/JournalismAI/attackdetector.
③ https：//ojo - publico. com/4879/quispe - chequea - inteligencia - artificial - contra - la - desinformacion.
④ https：//pulsoslp. com. mx/cienciaytecnologia/desinformacion-y-deepfakes-impacto-en-america- lat ina/1770100.

Abstract

Report on Development of China's Media Industry is an annual work started in 2004. It is a collaborative innovation project led by the Center of Media Economy and Management Research, Tsinghua University, co-edited by CTR, CSM, and many domestic and foreign experts and scholars. The report has been authenticated as a source periodical of the Chinese Social Sciences Citation Index (CSSCI) since 2012 and has become an authoritative reference book on the study of China's media industry and understanding of the global media industries.

Report on Development of China's Media Industry (2024) continues to observe the development of various fields of media ecology, systematically combs the development status of China's media segments in 2023 from multiple perspectives such as content production, scene development, business innovation, science and technology application, and capital operation, and analyzes and predicts the development trend amid the influence of new technological changes. In addition, the development of media industry in major regions and representative countries is specifically discussed and comprehensive comparative research is carried out.

In 2023, the media industry is affected by the recovery of offline consumption, the cost reduction and efficiency of business operations and the new concept of science and technology, and the industry business environment gradually returns to normal, repair and growth become the main theme, and the total scale growth of the media industry returns to be positive. The emergence of new formats such as anime games, live commerce, and short play shows that in the media field, expanding new business tracks or refining the blank of existing potential tracks is the key for media enterprises to break through in the stock competition. In the capital market, the trend of the media industry index and the trend of the science and technology industry index converge, reflecting the importance of new quality productive forces in media development. In the future, new logical system of technological symbiosis of innovative application solutions and large language model is a technical opportunity for the media industry to seize.

The analysis of the ecological changes and development trends of the media industry has reference meanings to government authorities, the industry, academia, and media management institutions. It has an important impact on the design and planning of the national information dissemination system, media policy formulation, and media organization development. It is also an empirical basic research book for college teachers and researchers who are engaged in journalism research, especially media economics and management research.

Keywords: Media Ecology; Media Industry; AIGC; Digital Platform

Contents

I   General Report

Abstract: In 2023, the total output value of China's media industry reached 3151. 823 billion yuan, representing a year-on-year increase of 8. 38% and surpassing the 3 trillion yuan threshold for the first time. Breakthrough technological innovations have reshaped media forms and business models, becoming the core driving force for the ecological development of the media industry. China's media industry is characterized by extensive research and application of digital technology, media actively deploying in the AIGC arena, prominence of audience subjectivity, and intelligent development in segmented industries. The development of New Quality Productive Forces in the media industry, the enhancement of artificial intelligence and data governance, and the innovation of international communication models and pathways will become the key focuses for future media development.

Keywords: Media Ecosystem; Media Industry; Artificial Intelligence; Digital Platform

II   Media Industry Insight

Abstract: In 2024, media convergence entered its second-decade phase, marked by its importance that were not only promoted as a state strategy but also deeply integrated into the very fabric of societal development after years of implementations of transformative policies aimed at "fostering the integration and development of mainstream and emerging media", "upgrading media combination to comprehensive media integration" and "accelerating the progression of in-depth media convergence and development". The strategic blueprint at the national level, coupled with regulatory guidance, paved the way for the establishment of a comprehensive media communication system. Media groups concentrated their endeavors on the rapid evolution of an all-encompassing media matrix. Such concerted efforts precipitated a paradigm shift in the content production mechanism. The adoption of cutting-edge technologies heralded the exploration of novel markets, while "Media +" services became intimately woven into the local economic and social progress. Aligned with the consumer appetite for premium yet streamlined content, innovation in content creation have been relentlessly refining. The brand-driven marketing and synergies will further catalyze the reconfiguration and expansion of both the industrial and value chains.

Keywords: Media Market; Media Integration; All-media Communication

B.3 China Media Convergence Innovation and Development Report 2023 *Jiang Tao, Liu Muyuan and Wang Zichun* / 040

Abstract: In 2023, China's media convergence will be further integrated under the promotion of technology, and innovative highlights continue to emerge. In the era of big audio-visual, mainstream media actively explore the deep integration of content, focus on culture, rely on content advantages, constantly expand the boundary of "content+" and enrich the innovation of content. Meanwhile, they promptly catch the trend of mobile Internet, actively lay out incremental platforms, break into the micro-short drama market, and win large traffic for positive energy. In the face of the development of AIGC, mainstream media outlets have set up integrated media innovation departments at the same time as Research & Development platform tools to coordinate resources. I In the face of the acceleration of the digital transformation of the media industry, they have tried cross-industry cooperation, explored the development of new business formats, and strived to expand new business space. In terms of international communication, they responded to the trend of short video communication, upgraded the brand strategy of international communication, and the influence of international communication has been rising.

Keywords: Media Convergence; Cultural Digitalization; AIGC; International Communication

Ⅲ Media Industry and Market

B . 4 China's TV Industry Development Report 2023
—*Rebalancing of TV Value in the Process of Deep Media Integration* *Zheng Weidong* / 049

Abstract: Policies, marketing, technology, and other aspects continue to adjust the competitive relationships and development trajectories of television and online video, Industrial practices keep pace with industry changes, market hotspots appear more frequently and give birth to new momentum for high-quality development. TV " matryoshka-doll" subscription fee governance and "live broadcast as soon as TV's turned-on " policies and regulations had boosted TV's boot rate, while deep integration of media continues to promote the transformation of the broadcasting industry into a greater audio-visual ecosystem. TV and the Internet both coexist and resonate across screens, empowering and promoting mutual growth in both directions, and jointly creating a trillion-dollar industrial economy. This report observes and analyzes several aspects of China's television industry's development in 2023, focusing on several phenomena and processes of governance, transformation, reconstruction, and empowerment, while discussing the value rebalance of television in the process of deep media integration.

Keywords: TV Portal; Customer Stickiness; Cross-screen Resonance; Marketing Dimensionality Enhancement; Value Rebalancing

B.5   Report of Radio and Television Market in China 2023

Wang Ping / 061

Abstracts: In 2023, the traditional and emerging media faced unprecedented growth opportunities survival challenges. TV media, remaining to be one of the mainstream media, its audience reach and loyalty maintained stable, with only a slight decrease in ratings for heavy viewers. The market share of major channels categories varied in different markets, with the national TV channels and provincial satellite TV channels accounting for more half of the total market share, and the leading provincial satellite TV channels boosting the overall market share of all provincial satellite TV channels. The increase in viewing share have been affecting and diverting traditional TV viewing for many years reversed and decreased in 2023. In the traditional live radio listening market, while the overall listening volume remained the same as the previous year, the amount and proportion of in-car radio listening continued to increase. Local provincial and city radio stations accounted for more than 85% of the market share, mainly gaining listener shares with their programs of news report, traffic information and music play.

Keywords: Radio and Television; Satellite TV Channels; Traditional Live Radio Listening Market; In-car Radio Listening; Radio Stations

B.6   China's Film Industry Report 2023   *Yin Hong, Sun Yanbin* / 074

Abstract: In 2023, the rapid recovery of China's film market and improvement of industrial activity help the recovery of the film industry around the world. Film industry Indicators, such as product supply, box office, and the admissions have rebounded, domestic films performed good in the market. The box office distribution is more balanced and the quality of domestic films improved rapidly. The capital market is recovering, platform enterprises and independent film studios complement each other's advantages, innovating the whole film industry chain from production to marketing, driving the high-quality development of Chinese films. Chinese films are still limited to domestic demand, the overseas market is still weak, the effective supply of high-quality products is uncertain, and the viewing demand is affected by the consumption and media differentiation. Facing both opportunities and challenges, China's film industry has reached and surpassed the best level in history .

Keywords: China's Film Industry; Middle Level Film; Independent Film Studio; High-quality Development

B . 7   Review of TV Play Market Broadcast and Ratings 2023

Li Hongling ∕ 089

Abstract: In 2023, China's teleplay market has achieved certain results, and it is gradually recovering. Quality is the most important thing. The upstream and downstream of the industrial chain have recognized this point. Both TV dramas and Network dramas have explosive trends. From content to form, from theme to style, a group of remarkable and distinctive new dramas have emerged. However, it should also be noted that there are still a large number of low-quality dramas, unrealistic dramas, and padding dramas. Boosting market confidence indicates that the future of China's TV play market is turning positive and the momentum is improving.

Keywords: TV Play Market;Large Screen Market;Broadcasting Characteristics; Popular Teleplay

B . 8   China's Newspaper Industry Report 2023

Zheng Libo, Zheng Lei ∕ 100

Abstract: Although the number of publications and total printed pages of domestic newspapers continued to decline in 2023, overall revenue increased by 7% compared to last year. This reflects the positive attempts of the newspaper industry in transitioning and exploring new survival paths, as well as the recovery of domestic newspaper revenue after hitting the bottom. AI empowerment and the exploration of digital content were the highlights of the domestic newspaper industry's development in 2023. The report made several recommendations: strengthening technology-driven content innovation, enhancing user engagement and personalized experiences, reinforcing media integration and all-media development, expanding international cooperation, and building a news work environment with clear responsibilities and ethical standards.

Keywords: Newspaper Industry; Artificial Intelligence; Media Integration; Diversified Operations;Digitalization

B.9 China's Book Publishing Industry Report 2023 *Wei Yushan* / 108

Abstract: From 2022 to 2023, China's book publishing industry has sought progress while maintaining stability. Theme books, major publishing projects and key book publishing have been widely valued, and a series of representative books will be published. Book distribution channels have been further adjusted, and the proportion of online channel book retail has exceeded 80% of the entire book retail, and there is a trend of further improvement. As a new publishing industry form, the industrial chain of digital publishing industry continues to expand, and its industrial scale continues to grow. Generative artificial intelligence brings opportunities to the publishing industry, but it will also bring challenges.

Keywords: Book Publishing; Theme Publishing; Digital Publishing; Industrial Scale

B.10 Advertising Marketing Trends and Prospects in 2023−2024

Zhao Lili, Cao Xueyan / 115

Abstract: In 2023, the Chinese advertising market showed a trend of recovery, and the gradual recovery of the consumer market provided strong support for the growth of the advertising market. From the perspective of media and industry data, the revenue of various types of media generally rebounded, showing the recovery of market vitality. It is worth mentioning that, with consumers' increasing attention to and diversification of demand in the field of health, the performance of health products is positive, and product segmentation is deepened. In terms of media marketing development, the industry actively expands its marketing boundaries and seeks various integration advantages to adapt to the rapidly changing market environment. At the same time, driven by digital marketing, brands further strengthen their relationship with consumers by integrating multiple values, enhancing brand influence and market competitiveness. Overall, the Chinese advertising market is developing towards a more diversified, refined and intelligent direction.

Keywords: Advertising; Consumer; Media Marketing; Digital and Intelligent Marketing

B.11 Development Report on the Social Responsibility
of Mainstream Chinese Media 2022−2023 *Wang Ting* / 122

Abstract: In 2023, it is the tenth time that the media social responsibility reporting system has been implemented in the field of news media, and it is also the tenth year since the proposal of the "Chinese Dream". On the occasion of the tenth year of pursuing dreams, "deep mediatisation" has become an important feature of social operation in our country, and the media industry format, functions, and boundaries are undergoing significant changes. This report selects five central media outlets and ten provincial-level radio and television media outlets as observation samples to analyze their innovative and effective development characteristics in the process of fulfilling social responsibilities. It is found that news media, starting from political responsibility, service responsibility, human care, and cultural responsibility, are playing an increasingly important role in constructing the "Chinese national community" and participating in and promoting the improvement of social governance. Mainstream media at the construction of an all-media system gradually realizes the knowledge premium and service premium, expanding the influence in the era of network audio-visual.

Keywords: News Media; Mainstream Media; Social Rresponsibility

B . 12   China's Mobile Internet Industry Development

Report 2023   *Yan Tingting, Zhao Ting* / 131

Abstract: Based on CTR's proprietary SaaS product, CTR-Xinghan Mobile User Analysis system, as of December 2023, the number of active users of China's Mobile Internet has reached 1. 438 billion. The year-on-year growth rate of monthly active users has been between 2. 4% and 3. 4% in the past year, indicating a generally stable overall traffic and a more mature state of China's Mobile Internet market. In the current market environment, opportunities and challenges coexist in various sub-sectors. The trend of mobile internet users pursuing convenient, beautiful, and intelligent lives is becoming increasingly Apparent. This report will review the overall development trends of China's Mobile Internet in 2023 and analyze the App usage preferences of eight major consumer groups, including Generation Z, Town youth, Sophisticated mothers, Emerging white-collar workers, Senior middle-class, Urban silver-haired, Urban blue-collar workers, and Town middle-aged people, for the reference of the industry.

Keywords: Mobile Internet; New Media; Eight Major Consumer Groups

B . 13   China's Online Game Industry Report 2023

Chen Jiali, Chen Xinling / 146

Abstract: In 2023, the actual sales revenue and user scale of China's online game industry reached a new high. The promulgation of laws has collaborated with industry self-discipline, and the work of juvenile online game fatigue system has entered a normal stage. The industry in the form of "game +" promotes cross-border empowerment, game technology has become a new driving force for the digital and real economy integration of traditional industries. Quality online games are an important medium for cultural inheritance, and the cultural attributes of games can be highlighted. In addition, AI technology will become the focus of the next stage of game development and operation, and cross-platform games will stimulate new growth in user scale and market sales revenue.

Keywords: Online Game; Super Digital Scene; Cultural Inheritance; Cross-border Empowerment

B . 14   China's Online Video Industry Development Report 2023

Zhou Kui / 157

Abstract: In 2023, the Chinese online audio-visual industry exhibited significant growth, with the total user base reaching 1. 074 billion, accounting for 98. 3% of the total internet user population, and the market size expanding to 11,524. 81 billion yuan. The total number of short video accounts on online audio-visual platforms reached 1. 55 billion, and the number of professional live streamers amounted to 15. 08 million, indicating the vibrancy of the industry and the emergence of new professions. In terms of content, the inventory of long-form video platforms exceeded 120,000 titles, with user preferences including micro-dramas, TV/online dramas, and movies/online films, among others. The development of the online audio-visual sector has not only facilitated the inheritance of China's excellent traditional culture but also driven employment, content innovation, and the formation of new business models, thereby exerting a significant impact on socio-economic development.

Keywords: Online Audio-Visual;Short Video;Content Innovation

B . 15   China's Short Video Industry Development Report 2023

Fan Liyao / 167

Abstract: In 2023, the China's short video industry reached a high level of maturity, facing both pressure and momentum for development. Driven by various factors, the short video industry entered a "post-development" era, with its highly potential subcategory, micro-drama, becoming a new trend of media content integration, demonstrating strong operational momentum. The online traffic influence continuously radiates offline, and the cross-regional, cross-social-circle influence has become the pathfinder for the rise of "internet celebrity cities" and the revitalization of cultural tourism across the country. The rapid development of generative artificial intelligence in the field of short video production has attracted industry attention, and user habits are also undergoing subtle changes. Content e-commerce continues to deeply integrate with short videos, as various platforms seek differentiation and competitiveness. Regulatory authorities and industry colleagues have abandoned the "sole focus on traffic" mentality, jointly promoting the positive development of the industry.

Keywords: Short Video; Subcategory; Standardized Management

B.16   China's E-commerce Market Report 2023   *Chen Yuanyuan* / 180

Abstract: In 2023, China's online retail sales continued to grow, and rural e-commerce became a key competitive area in the existing market. Cross-border e-commerce has opened up the international market and become a new driver of foreign trade growth. The improvement of service experience for platform users and support plans for merchants complemented each other. On this basis, more small and medium-sized companies can expand their business in e-commerce field, and e-commerce industrial belt gradually formed. As the center of commercial ecology, E-commerce will continue to develop rapidly, and online retail sales are expected to continue to grow.

Keywords: E-commerce; Cross-border E-commerce; Rural E-commerce; Industrial Belt

B.17   Research on Online Live Streaming Index of Mainstream Media 2023   *Tian Yuan, Zhang Tianli* / 187

Abstracts: The advantages and capabilities of broadcasting and television media in the field of live streaming have been further deepened and enriched with the deepening of media integration. This report comprehensively reflects the webcast release and communication performance of mainstream media accounts on TikTok and Kwai platforms according to the 2023 mainstream media online live streaming index of CSM Media Research. Research has found that in 2023, the main news account online live streaming of provincial television stations will strengthen content productivity, highlighting the Matthew effect in dissemination. The top account online live streaming will exhibit characteristics such as fast hot topic tracking, deep cultivation of hard news, expansion of people's livelihoods, and diversified government services; Hot topics/emergencies, people's livelihood live streaming accounts are the main force of high traffic network live streaming content, and exhibit characteristics such as fast timeliness, strong resources, and deep investigation.

Keywords: Online Live Streaming; News; Mainstream Media; Integrated Media Communication

B . 18   China's Animation Industry Report 2023

Sun Ping, Wang Tana / 197

Abstract: In 2023, China's animation industry has shown many new characteristics. Animation has broken through the niche market, with phenomenon-level hits appearing multiple times. Both the production and box office of animated films have seen tremendous growth. Traditional cultural themes remain popular, with audience positioning shifting from young children to teenagers and all ages; television animation is targeted at young children, with sequels being released based on IP; online animation embraces the new national style, with intensified ACGN (Animation, Comics, Games, and Novels) collaboration, and platforms focusing on talent cultivation and project incubation; in the animation derivative industry, the cultural and tourism industry may be on the cusp of a boom; with the advent of the AI era, under the trend of intensified technology research and development, platform competition, and integration, the animation industry will face dramatic changes.

Keywords: Animation Industry; Animation Film; Television Animation; Network Animation; Derivatives

B.19 Annual Report on Media Convergence Communication
Effect of China's Mainstream Media 2023

Liu Muyuan, Wang Zichun / 205

Abstract: At the 2023 National People's Congress and the National People's Congress, "solidly promoting the deep integration of media" was written into the government work report for the first time. In the 10th year of media convergence as a national strategy, radio and television media continue to promote the in-depth development of media integration, innovate products and content from channels, technologies, creators, industries, forms, functions and other aspects, rely on its own Applications and other platforms to further convey mainstream voices, expand media services, deepen the value of media convergence, and meet the spiritual and cultural needs of people in multiple aspects. Based on CTR social media monitoring data, this paper focuses on 38 radio and television media organizations at the provincial level and above, and sorts out the current situation, communication highlights and potential communication trends of China's radio and television media. In the global context, radio and television media continue to make efforts on major overseas social media platforms, issuing a "Chinese voice" to the international community in major events, demonstrating the value and responsibility of major media.

Keywords: Radio and Television Media; Media Convergence; Communication Effects

B.20 Report on the Development of China's Short Drama
Industry 2023 *Yang Guoying, Xing Hejuan and Ding Jing* / 216

Abstract: In 2023, short drama continued the rapid development trend of the previous two years. The number of filming registration, the number of new products on the platform, and the total market size have all reached new highs. Compared to long length TV/web dramas with huge investments, long time production cycles, and high investment risks, short dramas with tiny investments, shorter cycles, and faster of investment returns are increasingly favored by capital. At the same time, the core audience group of short dramas has gradually expanded from the "Generation Z" young people to the "silver haired group", and the export of short dramas has become one of the new highlights of China's cultural "going global". Although the business model of the short drama industry has not yet fully formed, profit channels and cooperation formats such as membership payment, advertising implantation, platform distribution, and brand customization are becoming increasingly clear. In addition, AI empowerment brings more possibilities for intelligent content production, promotion, and drainage of short dramas.

Keywords: Short Drama; Short Drama Going Global; AI Empowerment

B.21 Research on News/Teleplay and Variety Media
Convergence Index of Provincial TV Station 2023

Zhang Tianli, Wang Lei / 224

Abstracts: In 2023, media integration keeps pushing forward in depth. Based on CSM's news/teleplay and variety media convergence Index of provincial TV station, this report analyzes the convergence communication effect of provincial TV stations' news / teleplay and variety content. From the actual performance, the effect of media convergence of provincial TV stations remained improved, the growth of index level was slower than before. However, the effectiveness of provincial TV Stations' communication in third-party platform has leveled out after a period of rapid growth. In a new stage, Provincial TV stations will focus on the enhancement of content quality and the development of own mobile application or transmission platform.

Keywords: Media Convergence; News; Teleplay and Variety; Provincial TV Stations

IV   Media Capital Operation and Innovation

B.22   Observation on China's Media Capital Market 2023

Guo Quanzhong, Peng Zitao / 235

Abstract: With the post-epidemic economic recovery and the outbreak of the AI concept, the media industry performance has recovered significantly, but the capital market investment is slightly cautious. The capital market in 2023 continued the basic characteristics of 2022, a large amount of capital influx of new technology, digital new media sector, a number of Internet media companies overseas investment success not only stirred up the industry pattern, but also drive a large number of enterprises to go out to sea and far away from the ocean. Looking ahead to 2024, technology that focuses on short-term gains and delivers long-term returns will remain the focus of the media capital market.

Keywords: Media Industry; Capital Markets; Internet; AIGC; Overseas Investment

B.23   Analysis on Chinese Listed Publishing Companies 2023

Lin Qixian, Ren Mengni / 248

Abstract: Different participants in the publishing industry are divided into publishing groups, publishers and publishing companies according to the different roles in the industrial chain. The listed companies of the publishing group are mainly state-owned publishing groups or publishers. The local state-owned publishing groups have good cash flow and sustained dividend ability due to the qualification of local textbooks publishing and distribution. These publishing groups actively explore new formats and actively layout with education as the starting point. Among the leading publishing listed companies, China Publishing is a state-owned publishing group that takes social and economic benefits into account, has strong brand influence, and has the largest retail market share. Chinese Media is a local publishing group in Jiangxi

Province, with steady growth in publishing and distribution business, and actively layout new formats such as games, education and marketing through mergers and acquisitions.

Keywords: Publishing Listed Company;China Publishing Group;Chinese Media Group

B . 24   Video Publicly Listed Companies Analysis Report 2023

Xia Jiali, Lin Qixian / 259

Abstract: Long-form videos primarily featuring PGC (Professionally Generated Content) content differ from mid-to-short-form videos that are predominantly PUGC (Professional User-Generated Content)/UGC (User-Generated Content) in terms of Satisfied user content demands, business models, and core competitiveness. Among the leading publicly listed companies in the video industry, Mango Excellent Media, as a leader in state-owned new media company, has been the first to achieve profitability among long-form video platforms. Kuaishou has seen healthy growth in its user community and has fully entered a period of profit release. Bilibili has transitioned from a niche website for "second dimension" (referring to anime and manga culture) bullet comments to a youth PUGC video community. The user base and commercialization of each video company continue to grow, driven by high-quality content, and they are actively exploring international expansion and promoting the integration of cutting-edge technology with content.

Abstract: Video Publicly Listed Companies; Mango Excellent Media; Kuaishou Technology; Bilibili

B . 25   Analysis on Chinese Online Game Companies 2023

Lu Siyu, Zhang Chi and Kuang Shi / 270

Abstract: In 2023, China's online gaming industry experienced significant recovery, with both revenue and user base showing a clear rebound, reaching an alltime high in terms of revenue. After the resumption of game license issuance, there was a noticeable increase in the supply of games, a significant rise in the number of high-quality products. So there is a richer selection for players. At the same time, game developers continued to enhance the gaming experience through multi-platform operations and long-term management strategies. Companies actively explored new tracks to increase their influence in their areas of strength. Looking at the sub-sectors, mobile gaming revenue recovered the most significantly, PC games saw a slight increase, while overseas expansion experienced a decline.

Keywords: Online Gaming; Game License; Mobile Gaming

B.26 Radio and Television Listed Companies Analysis Report 2023

Kuang Shi, Ye Minting / 279

Abstract: In 2023, guided by the strategies of Smart Radio and Television and Digital China, the construction of 5G in the broadcasting industry continued to advance. The government introduced a series of policies aimed at regulating and promoting the healthy development of the broadcasting industry, further accelerating the integration of media and technology. The scale of cable television users in China has shown a trend towards stability, with the trends of high-definition and intelligence becoming increasingly evident. These developments will further propel the cable television industry towards a more digital, high-quality, and intelligent direction, bringing about promising opportunities and prospects for industry development.

Keywords: Radio and Television Industry; Smart Radio and Television; Digital China

B.27 Effective Acceleration VS AI Superalignment: Value Logic on the Development of AI with LLM

Yu Guoming, Jin Liping / 287

Abstract: Effective Acceleration and AI Superalignment are two integral aspects of large language model (LLM) development and governance, which are not linear opposite but dynamic and complementary with each other. Based on the current situation and dilemma of value alignment of AI with LLM, this paper proposes that the concept of AI Alignment should be re-examined with complex paradigm, and the static alignment of single standard should be replaced with broadband, range and dynamic control of flexible alignment. Secondly, as a complex system engineering in practice, AI Alignment is divided into bottom line and top line, in which the fundamental value alignment is related to the underlying criterion, and all concrete rules can not violate this underlying criterion. Value framework and structure alignment are related to specific rules, which can be constructed and adjusted according to local conditions in different countries, nations and cultures. Functional value alignment emphasizes flexible adjustment according to service objects and specific scenarios, adapting to diversified scenarios with specific targets and approach of grasping the large and letting go of the small. Finally, the alignment goal changes with the complex flow of time and space, and there are different levels such as goal control, process control and detail control. In essence, the core of value alignment under the complex system paradigm is to clarify the boundary between human intelligence and artificial intelligence, and find the greatest common divisor of putting people first in the human-technology-society dynamic game, so as to achieve a state that can be dialogable, adjustable and controllable.

Keywords: LLM; AI Alignment; Effective Acceleration; AIGC Government; Complex Paradigm

B.28 Frontiers of Artificial Intelligence Technology
　　　　Applications 2023－2024　　　　*Yu Menglong, Shen Yang* / 299

Abstract: The year 2023 marks a key turning point in the development of artificial intelligence (AI) technology, the application of which has become a central driver of global economic, social and cultural transformation. Generative artificial intelligence (GAI) technology has ushered in a transformation in the field of content production, playing a pivotal role in promoting interdisciplinary integration and cross-domain applications, and providing new avenues for solving complex problems. The diversification and deepening of AI technology applications not only empower innovative applications in traditional fields such as finance, healthcare, education, and manufacturing, but also pioneer new scenarios in extended reality, smart city development, and sustainable energy management. While exploring the potential of AI technology, ensuring its alignment with human values and sustainable development is becoming an international consensus. Breakthroughs in GAI technology have brought global attention to AI development to new heights. New technological trends such as advancements in multimodal interaction and natural language processing applications, have brought new expectations for AI development.

Keywords: Artificial Intelligence; Generative Artificial Intelligence; Technological Applications; Human-computer Interaction

B.29 Diversity, Intelligence and Innovation: Review of Major International Financial Media Operations 2023

Zhou Changcheng, Qi Xue / 311

Abstract: In 2023, amidst the dual challenges of a complex and volatile global economic environment and technological transformations, international financial media demonstrated strong adaptability and steady progress. With the continuous advancement of artificial intelligence technology, intelligent transformation has become a key driver for deepening changes in financial media. Major media organizations' investments in the field of generative AI have not only improved content production efficiency and user experience but also opened up new business opportunities, promoting the intelligent transformation of the media industry. In the future, international financial media will continue to explore the integrated development of diversified content, services, and platforms, optimize business models and subscription strategies, and develop industry-specific large models for the finance and financial sectors, enhancing industry competitiveness and sustainable development capabilities.

Keywords: International Financial Media; Business Performance; AIGC; Business Model

V　Global Media Market

Abstract: The global media industry 2023 will undergo a reshaping transformation empowered by artificial intelligence (AI), augmented reality (AR), virtual reality (VR) and other emerging technologies. The R&D and application of GenAI are expected to change the production mode, business model, and user experience of the media industry comprehensively while bringing new opportunities and challenges to the media industry. Besides, the digitalization of the media industry has begun in full swing, and the physical-to-digital shift is gradually covering every segment of the media industry, including TV, publishing, broadcasting, and social media. Despite the unstable global economic outlook, the media industry is expected to unleash more possibilities by enhancing new forms of technology.

Keywords: Global Media Industries; Digitalization; Artificial Intelligence; Media Digital Transformation

Abstract: In 2023, cultural carriers represented by online games, online literature and online film & tevevision will become the "troika" of cultural exchange via Chinese media industry. The online game top-tier enterprises represented by miHoYo and Tencent maintain stable competitiveness and profitability in overseas markets, and emerging markets such as Southeast Asia, Middle East and South America have become important directions for enterprises to layout games for cultural exchange. The online literature enterprise represented by China Literature Group has transformed from content output and cultural output to ecological output, and promoted the global co-creation of cultural IP. Costume and sci-fi have become the most popular theme of film and drama for cultural exchange, domestic mini-drama has great potential for cultural exchange. Guided by humanistic economics, supported by digital technology and starting from a global perspective, we can open up new possibilities for the cultural exchange of the media industry.

Keywords: Media Industry; Cultural Exchange; Online Games; Online Literature

B.32　Media Industry in United States 2023　*Shi Anbin, Yu Yayun* / 352

Abstract: In 2023, traditional news industries such as printing and television in the United States are experiencing market shrinkage and declining communication power, while audio media is rapidly developing in the digital age; The "Generation Z" group has become the main force in the online public opinion field and consumer market, and their usage habits and information acquisition methods affect the development direction of digital platforms; More and more technology giants are entering the entertainment industry, and there are also many highlights in the development of film and television entertainment and streaming media industries; When the transformation of digitization and intelligence has focused the growth of the advertising market on online platforms, the US government has begun to attempt to legislate to require the digital industry to combine its advertising profits with traditional media; 2023 has become a key turning point for artificial intelligence, with continuous innovation in generative AI technology and the emergence of multimodal models such as text, images, and videos, leading to a continuous expansion of the market size.

Keywords: United States; News Communication; Media Industry; The Digital Intelligence Era

B.33　Media Industry in the European Union 2023

Zhang Li, Zhou Xinyi / 367

Abstract: In 2023, the European media industry has continued on the road of digital transformation, with overall market revenue reaching a new high. Print media usage declined in favor of TV and online news platforms, with public television and radio being the most trusted news sources. While radio saw a slight decrease in usage, streaming audio thrived. Digital pay-TV subscriptions grew, with subscription video on demand (SVOD) driving the VOD market's growth. The film industry rebounded, significantly supported by local productions. Europe maintained as the second-largest recorded music market globally, with streaming and performance rights revenues increasing. EU Internet users have reached 92% of the total population, and 90% of Internet users use mobile devices. After the advent of ChatGPT, the EU has further accelerated the pace of promoting the Artificial Intelligence Act to balance innovation and security.

Keywords: EU; Media Industry; Digital Transformation; VOD; Artificial Intelligence

B.34　Media Industry in UK 2023

Xu Jia / 379

Abstract: Under the unprecedented inflation pressure, the UK's media and entertainment industry achieved steady growth during the year 2023. The industry's diverse revenue model included advertising, subscription, licencing, licence fee, in-app purchase, online retail and B2B. Generative AI became a new growth point and impetus. The Mathew Effect appeared prominently in all sections of the industry. Apart from news, all other sections including audiovisual, social media, gaming and online retail were mainly captured by products and services from the US. The UK's media industry continuously finds itself in between the domestic and global dilemma.

Keywords: UK;Media Industry; Mathew Effect;AIGC

B.35 Media Industry in French 2023   *Zhang Wei* / 390

Abstract: In 2022, the impact of the COVID‐19 on the French economy gradually lightened, and the overall cultural sector showed signs of gradual recovery, and the annual sales of the cultural sector had substantial growth. The development of digital technology was having an increasing impact on French society, and among all media and cultural industries, video industry and the game industry were relatively fast growing industries. Based on the historical and cultural background of France, the cultural digital economy will show a rapid development trend.

Keywords: French; Culture and Media; Culture Digital Economy

B.36 Media Industry in Japan 2023   *Lin Yang* / 397

Abstract: In recent years, the digital transformation of the Japan media market has been further deepened, and the traditional media has accelerated the digital transformation. The traditional media represented by the newspaper industry and radio and television have gradually emerged in the competition of Internet business. As the COVID‐19 has eased, the film industry has significantly recovered. The change of the audience's information consumption mode has promoted the continuous development of online music, online video and other streaming media, and the significant improvement of their advertising revenue has generated the further growth of the Internet advertising market.

Keywords: Japan;Media Industry;Streaming Media;Digital Transformation

B.37 Media Industry in Latin America and the Caribbean 2023
                                                          Liu Huining / 405

Abstract: In 2023, mass media in Latin America continues to be characterized by a dominant commercial logic and a high concentration of ownership. Print media continues to push forward the digitization process; television still is a key channel for users to get news, but has encountered varying degrees of crisis; with the help of Internet technology, the podcasting industry is growing rapidly. The Internet penetration rate and the number of mobile Internet users continue to rise, but there are obvious gaps between regions, countries, and urban and rural areas. Facebook remains the most used social media in Latin America, but its growth rate is sluggish, and TikTok has become the fastest-growing social media application and is sought after by Latin American political leaders. The Latin American movie market saw a significant recovery, but it has yet to reach pre-epidemic levels, with U. S. movies dominating the main box office market in Latin American countries. In the streaming space, Netflix leads the way, but competition in the space is set to intensify as more streaming platforms enter the market. Artificial intelligence tools are being used by the Latin American media industry and will bring greater change to Latin American journalism.

Keywords: Latin America; Media Industry; Social Media; Artificial Intelligence

社会科学文献出版社

皮 书

智库成果出版与传播平台

❖ 皮书定义 ❖

皮书是对中国与世界发展状况和热点问题进行年度监测，以专业的角度、专家的视野和实证研究方法，针对某一领域或区域现状与发展态势展开分析和预测，具备前沿性、原创性、实证性、连续性、时效性等特点的公开出版物，由一系列权威研究报告组成。

❖ 皮书作者 ❖

皮书系列报告作者以国内外一流研究机构、知名高校等重点智库的研究人员为主，多为相关领域一流专家学者，他们的观点代表了当下学界对中国与世界的现实和未来最高水平的解读与分析。

❖ 皮书荣誉 ❖

皮书作为中国社会科学院基础理论研究与应用对策研究融合发展的代表性成果，不仅是哲学社会科学工作者服务中国特色社会主义现代化建设的重要成果，更是助力中国特色新型智库建设、构建中国特色哲学社会科学"三大体系"的重要平台。皮书系列先后被列入"十二五""十三五""十四五"时期国家重点出版物出版专项规划项目；自2013年起，重点皮书被列入中国社会科学院国家哲学社会科学创新工程项目。

权威报告·连续出版·独家资源

皮书数据库
ANNUAL REPORT(YEARBOOK)
DATABASE

分析解读当下中国发展变迁的高端智库平台

所获荣誉

- 2022年，入选技术赋能"新闻+"推荐案例
- 2020年，入选全国新闻出版深度融合发展创新案例
- 2019年，入选国家新闻出版署数字出版精品遴选推荐计划
- 2016年，入选"十三五"国家重点电子出版物出版规划骨干工程
- 2013年，荣获"中国出版政府奖·网络出版物奖"提名奖

皮书数据库　　"社科数托邦"
微信公众号

成为用户

　　登录网址www.pishu.com.cn访问皮书数据库网站或下载皮书数据库APP，通过手机号码验证或邮箱验证即可成为皮书数据库用户。

用户福利

- 已注册用户购书后可免费获赠100元皮书数据库充值卡。刮开充值卡涂层获取充值密码，登录并进入"会员中心"—"在线充值"—"充值卡充值"，充值成功即可购买和查看数据库内容。
- 用户福利最终解释权归社会科学文献出版社所有。

数据库服务热线：010-59367265
数据库服务QQ：2475522410
数据库服务邮箱：database@ssap.cn
图书销售热线：010-59367070/7028
图书服务QQ：1265056568
图书服务邮箱：duzhe@ssap.cn

社会科学文献出版社 皮书系列
SOCIAL SCIENCES ACADEMIC PRESS (CHINA)

卡号：466469328555
密码：

S 基本子库
UB DATABASE

中国社会发展数据库（下设 12 个专题子库）

紧扣人口、政治、外交、法律、教育、医疗卫生、资源环境等 12 个社会发展领域的前沿和热点，全面整合专业著作、智库报告、学术资讯、调研数据等类型资源，帮助用户追踪中国社会发展动态、研究社会发展战略与政策、了解社会热点问题、分析社会发展趋势。

中国经济发展数据库（下设 12 专题子库）

内容涵盖宏观经济、产业经济、工业经济、农业经济、财政金融、房地产经济、城市经济、商业贸易等 12 个重点经济领域，为把握经济运行态势、洞察经济发展规律、研判经济发展趋势、进行经济调控决策提供参考和依据。

中国行业发展数据库（下设 17 个专题子库）

以中国国民经济行业分类为依据，覆盖金融业、旅游业、交通运输业、能源矿产业、制造业等 100 多个行业，跟踪分析国民经济相关行业市场运行状况和政策导向，汇集行业发展前沿资讯，为投资、从业及各种经济决策提供理论支撑和实践指导。

中国区域发展数据库（下设 4 个专题子库）

对中国特定区域内的经济、社会、文化等领域现状与发展情况进行深度分析和预测，涉及省级行政区、城市群、城市、农村等不同维度，研究层级至县及县以下行政区，为学者研究地方经济社会宏观态势、经验模式、发展案例提供支撑，为地方政府决策提供参考。

中国文化传媒数据库（下设 18 个专题子库）

内容覆盖文化产业、新闻传播、电影娱乐、文学艺术、群众文化、图书情报等 18 个重点研究领域，聚焦文化传媒领域发展前沿、热点话题、行业实践，服务用户的教学科研、文化投资、企业规划等需要。

世界经济与国际关系数据库（下设 6 个专题子库）

整合世界经济、国际政治、世界文化与科技、全球性问题、国际组织与国际法、区域研究 6 大领域研究成果，对世界经济形势、国际形势进行连续性深度分析，对年度热点问题进行专题解读，为研判全球发展趋势提供事实和数据支持。

法律声明

　　"皮书系列"（含蓝皮书、绿皮书、黄皮书）之品牌由社会科学文献出版社最早使用并持续至今，现已被中国图书行业所熟知。"皮书系列"的相关商标已在国家商标管理部门商标局注册，包括但不限于 LOGO（▓）、皮书、Pishu、经济蓝皮书、社会蓝皮书等。"皮书系列"图书的注册商标专用权及封面设计、版式设计的著作权均为社会科学文献出版社所有。未经社会科学文献出版社书面授权许可，任何使用与"皮书系列"图书注册商标、封面设计、版式设计相同或者近似的文字、图形或其组合的行为均系侵权行为。

　　经作者授权，本书的专有出版权及信息网络传播权等为社会科学文献出版社享有。未经社会科学文献出版社书面授权许可，任何就本书内容的复制、发行或以数字形式进行网络传播的行为均系侵权行为。

　　社会科学文献出版社将通过法律途径追究上述侵权行为的法律责任，维护自身合法权益。

　　欢迎社会各界人士对侵犯社会科学文献出版社上述权利的侵权行为进行举报。电话：010-59367121，电子邮箱：fawubu@ssap.cn。

社会科学文献出版社